Hans Esselborn
—
Die Erfindung der Zukunft in der Literatur

Der Autor:

Prof. Dr. Hans Esselborn, Neuere deutsche Literaturwissenschaft an der Universität zu Köln, Promotion 1979: G. Trakl. Die Krise der Erlebnislyrik, Habilitation1987: Das Universum der Bilder. Die Naturwissenschaft in den Schriften Jean Pauls, Gastprofessor in den USA, Frankreich und Polen. Bisherige Buchveröffentlichungen zur Science Fiction: Die literarische Science Fiction. Hagen 2000; Utopie, Antiutopie und Science Fiction im deutschsprachigen Roman des 20. Jahrhunderts (Hg.). Würzburg 2003; Ordnung und Kontingenz. Das kybernetische Modell in den Künsten (Hg.). Würzburg 2009.

Hans Esselborn

Die Erfindung der Zukunft in der Literatur

Vom technisch-utopischen Zukunftsroman
zur deutschen Science Fiction

Königshausen & Neumann

Bibliografische Information der Deutschen Nationalbibliothek

Die Deutsche Nationalbibliothek verzeichnet diese Publikation in der Deutschen
Nationalbibliografie; detaillierte bibliografische Daten sind im Internet
über http://dnb.d-nb.de abrufbar.

© Verlag Königshausen & Neumann GmbH, Würzburg 2019
Gedruckt auf säurefreiem, alterungsbeständigem Papier
Umschlag: skh-softics / coverart
Umschlagabbildung: Sebastian Kaulitzki: Code matrix; #3856088 © Fotolia.com
Bindung: docupoint GmbH, Magdeburg
Alle Rechte vorbehalten
Dieses Werk, einschließlich aller seiner Teile, ist urheberrechtlich geschützt.
Jede Verwertung außerhalb der engen Grenzen des Urheberrechtsgesetzes ist
ohne Zustimmung des Verlages unzulässig und strafbar. Das gilt insbesondere
für Vervielfältigungen, Übersetzungen, Mikroverfilmungen und die Einspeicherung
und Verarbeitung in elektronischen Systemen.
Printed in Germany
ISBN 978-3-8260-6261-2
www.koenigshausen-neumann.de
www.libri.de
www.buchhandel.de
www.buchkatalog.de

Für Helga

für Verständnis und Unterstützung

Inhalt

Eine Geschichte der deutschen Science Fiction? ... 11

1. Utopie, Futurologie und Science Fiction ... 13
1.1 Die moderne Beschreibung der Zukunft ... 16
1.2 Utopien und Zukunftsentwürfe ... 18
1.3 Zukunftsforschung ... 21
1.4 Die Konstruktion möglicher Zukünfte im Roman ... 26

2. Konturen der Gattung ... 31
2.1 Kontroverse Definitionen ... 33
2.2 Science Fiction und Wissenschaft ... 37
2.3 Suvins maßgebende Definition ... 41
2.4 Science Fiction und Phantastik ... 44
2.5 Science Fiction und Utopie ... 49

3. Entstehung der Science Fiction ... 55
3.1 Vorgeschichte der Science Fiction im 17. und 18. Jahrhundert ... 58
3.2 Die Herausbildung der Science Fiction um 1900 ... 63
3.3 Die Entstehung der amerikanischen Pulp-SF ... 69

4. Merkmale der Science Fiction ... 75
4.1 Themen und Motive ... 76
4.1.1 Die wichtigsten Motive ... 77
4.1.2 Planetenreisen ... 81
4.1.3 Begegnung mit Außerirdischen ... 84
4.1.4 Künstliche Intelligenz ... 87
4.2 Erzählweise und Untergattungen ... 92

5. Aktualisierung der *voyage imaginaire* durch Jules Verne ... 99
5.1 Jules Vernes literarische Neuerungen ... 100
5.2 *Reise um den Mond* ... 108

6. Schrecken der Zukunft bei Herbert G. Wells — 115
6.1 Wells' *Scientific Romances* — 117
6.2 *Der Krieg der Welten* — 119
6.3 Das Novum bei Wells — 128

7. Kurd Laßwitz' technische und ethische *Zukunftsträume* — 135
7.1 Die Synthese von Technik, Wissenschaft, Philosophie und Phantasie — 136
7.2 *Auf zwei Planeten* als Bildungsroman der Menschheit — 143
7.3 Neue Technologien bei Laßwitz — 149
7.4 Laßwitz als Begründer der deutschen Science Fiction — 155

8. Der technisch-utopische Zukunftsroman bis zum Ersten Weltkrieg — 161
8.1. Der abenteuerliche Zukunftsroman nach Jules Verne — 162
8.2 Bernhard Kellermanns Technikphantasie *Der Tunnel* — 165
8.3 Der utopische Zukunftsroman nach Kurd Laßwitz — 173
8.4 Paul Scheerbarts „astraler" Roman *Lesabendio* — 174

9. Der technische-utopische Zukunftsroman in der Zwischenkriegszeit — 183
9.1 Der technische Zukunftsroman — 185
9.2 Der politische Zukunftsroman — 188
9.3 Der Triumph des deutschen Erfinders bei Dominik — 193
9.3.1 Motive und Erzählweise der Zukunftsromane — 195
9.3.2 *Atlantis* und *Lebensstrahlen* — 201
9.3.3 Dominik in der Nachfolge Jules Vernes — 206
9.3.4 Dominik, ein Faschist? — 208

9.4 Mensch, Natur, Technik in Döblins *Berge Meere und Giganten* . . . 211
9.4.1 Merkmale des technisch-utopischen Zukunftsromans . . . 212
9.4.2 Die Entwicklung der Technik im Roman . . . 215
9.4.3 Vergleich Döblins mit Laßwitz . . . 221
9.4.4 Ambivalenz als Grundmuster des Romans . . . 223
9.4.5 Döblins Roman als verfremdete Wirklichkeit . . . 229

10. Der Zukunftsroman in der Nachkriegszeit der BRD . . . 235
10.1 Atomkatastrophen in der abenteuerlichen Science Fiction . . . 236
10.2 Arno Schmidts dystopische Zukunftsromane . . . 242
10.3 Ernst Jüngers technisch-utopisches Zukunftsbild in *Heliopolis* . . . 247

11. Utopisch-phantastische Literatur der ehemaligen DDR . . . 261
11.1 Besonderheiten der utopisch-phantastischen Literatur der DDR . . . 262
11.2 Der utopische Produktionsroman (Fahlberg, del'Antonio) . . . 265
11.3 Raumfahrtromane (del'Antonio) . . . 270
11.4 Dystopische und satirische Texte (J. und G. Braun) . . . 273
11.5 Kontinuität und Innovation (A. und K. Steinmüller) . . . 280

12. Vom Zukunftsroman zur Science Fiction . . . 291
12.1 Isaac Asimov als repräsentativer Autor der amerikanischen Science Fiction . . . 293
12.2 Asimovs Roboter als Zukunftsmodell des Menschen . . . 301
12.3 Kybernetische Maschinen bei Philip Dick und William Gibson . . . 312

12.4 Die deutsche Science Fiction nach anglo-amerikanischem Modell 317
12.4.1 Die *Perry Rhodan*-Serie 317
12.4.2 Der Science Fiction-Roman 319

13. Die Science Fiction von den sechziger Jahren bis ins 21. Jahrhundert 325
13.1. Herbert W. Franke 327
13.1.1 Diktatur und Konsumgesellschaft 328
13.1.2 Computer und virtuelle Welten 333
13.2 Carl Amery 337
13.3 Wolfgang Jeschke 337
13.3.1 *Midas* 338
13.3.2 *Das Cusanus-Spiel* 341
13.4 Andreas Eschbach (*Quest*) 344
13.5 Andreas Brandhorst (*Das Artefakt*) 349
13.6 Frank Schätzing (*Der Schwarm*) 350
13.7 Hans Joachim Alpers (*Shadowrun*) 353
13.8 Michael Marrak (*Lord Gamma*) 355
13.9 Uwe Post (*Walpar Tonnrafir*) 355
13.10 Marcus Hammerschmitt (*Target*) 357
13.11. Benjamin Stein (*Replay*) 360
13.12 Dietmar Dath 362
13.12.1 *Die Abschaffung der Arten* 363
13.12.2 *Pulsarnacht* 365
13.12.3 *Feldeváye* 376
13.12.4 *Venus siegt* 378

Literaturverzeichnis 385
Zitierte Science Fiction-Texte 385
Besprochene Science Fiction-Texte 387
Forschung zur Science Fiction 396
Bildnachweis 427

Eine Geschichte der deutschen Science Fiction?

Eine Geschichte der deutschen Science Fiction ist ein Novum. Während der Deutsche Zukunftsroman in den fünfziger und sechziger Jahren zum ersten Mal in den Blick der Wissenschaft geriet,[1] beschäftigte sich die Germanistik erstmals in den siebziger Jahren in polemisch-ideologischen Überblicken,[2] aber auch in seriösen wissenschaftlichen Studien, besonders zu Kurd Laßwitz mit dem bisher vernachlässigten Genre.[3] In den achtziger und neunziger Jahren erschienen Überblicke[4] und zwei Forschungsberichte.[5] Eine umfassende Geschichte der deutschen Science Fiction wurde indes nicht entworfen, weil es erstens nach wie vor an einer tragfähigen Gattungsdefinition mangelte, die eine Unterscheidung zwischen reinen Unterhaltungstexten und literarisch interessanten Texten erlaubt, und weil zweitens die deutschen Science Fiction nach wie vor im Schatten der angloamerikanischen steht.

Notwendige Voraussetzung für eine Geschichte der Science Fiction ist die Konzentration auf literarische Texte unter Verzicht auf mediale Produktionen wie Filme, Fernsehserien und Computerspiele. Gleichermaßen gilt es, eine Definition des Genres zugrunde zu legen, anhand derer die Geschichte der Gattung und ihre wichtigsten Merkmale dargestellt werden können. Obwohl die internationalen Verflechtungen für ihre Geschichte unerlässlich sind, hebt diese Studie in erster Linie die Selbstständigkeit und genuinen Leistungen der deutschen Science Fiction hervor. Im Zentrum steht die Frage, ob der deutsche Zukunftsroman in der Darstellung einer technisch hoch entwickelten Zukunft eher zum spannenden Abenteuer tendiert wie die anglophone Literatur oder zu utopischer und anthropologischer Reflexion.

Das Buch führt den Leser von den Vorläufern im 17. Jahrhundert, den Anfängen der Science Fiction bei Jules Verne, H.G. Wells, Kurd Laßwitz und der amerikanischen Pulp Fiction über die

---

1 Schwonke 1957, Krysmanski 1963.
2 Pehlke und Lingenfeld 1970, Nagl 1972, Klein 1976.
3 Rottensteiner 1971, Hienger 1972, Jehmlich u. Lück 1974, Just 1976, Ritter 1978, Schweikert 1979.
4 Wenzel 1987, Fischer 1987, Hermand 1988, Müller 1989, Fisher 1991, Innerhofer 1996.
5 Jehmlich 1980, Friedrich 1995.

anglophonen Einflüsse nach dem Zweiten Weltkrieg bis in die Gegenwart der deutschen Science Fiction, geprägt von Kybernetik, Pop und Postmoderne. Ein Überblick über die Konturen der Gattung, typische Merkmale und Themen ergänzt das Gesamtbild. Der Leser kann sich so selektiv in einzelnen in sich abgeschlossenen Kapiteln über bestimmte Phasen der Entwicklung, gattungstheoretische Aspekte, Umbrüche und Highlights informieren oder durch die Interpretationen unterschiedlichster Texte neue Lektüreanregungen und Lektüreerfahrungen gewinnen.

1. Utopie, Futurologie und Science Fiction

Die Vorstellung der Zukunft, verstanden als planbarer Raum der Gesellschaft für die bevorstehende Zeit, wie sie heute in der Zukunftsforschung, Zukunftsliteratur und der politischen und wirtschaftlichen Planung verstanden wird, ist keine Selbstverständlichkeit, sondern ein historisches Resultat der materiellen und geistigen Entwicklung der europäischen Gesellschaften.

> Die Vorstellung von der Zukunft als einem einheitlichen Zeitraum [...] bildete sich erst im Laufe des 17. und 18. Jahrhunderts in Westeuropa und hängt eng mit dem neuzeitlichen Konzept der Geschichte zusammen, welches die Geschichte erstmals als einen zusammenhängenden Prozeß der Menschheitsentwicklung entworfen hat (Hölscher, 1999, S. 7).[1]

Eine geistige Voraussetzung für diese Auffassung der Zukunft ist die jüdisch-christliche eschatologische Ansicht der Zeit, als zielgerichtete Abfolge von Ereignissen auf das Jüngste Gericht und das neue Jerusalem hin und nicht als zyklische Wiederkehr der immer gleichen Vorgänge wie im Mythos. „Plötzlich erscheinen Religionen auf der Weltbühne, in denen die Zukunft die Gegenwart bestimmt, ja, in denen alles, was auf Erden geschieht, auf künftige Ereignisse ausgerichtet ist" (Mamczak, 2014, S. 60). Der maßgebende, paradigmatische Text ist die Apokalypse des Johannes am Ende der Bibel, welche bis heute zum literarischen Vorbild zahlloser Geschichten von Katastrophen, Überlebenden und Neuanfängen geworden ist. Eine entscheidende Verschiebung dieses religiösen Konzeptes der Geschichte, nämlich von der Aktivität Gottes zu der der Menschen, erfolgt mit der Aufklärung im 18. Jahrhundert nach Vorläufern seit der Renaissance. Nun bedeutet Zukunft nicht mehr Erwartung göttlicher Aktionen wie die Geburt Jesu zu Weihnachten, sondern als Prozess aufgefasste menschliche Geschichte.

> Erst als die christlichen Zeittafeln durch persönliche Kalender ersetzt wurden, erst als aus ‚adventum' (das was naht) ‚futurum' (das, was wird) [...] wurde, entstand der Zukunftsbegriff praktisch aller heutigen Gesellschaftsformen [...]: die Zukunft als in

---

[1] Vgl. Flechtheim, 1968, S. 8: „Sicherlich hat der Mensch [...] von jeher ganz anders als das Tier in der Zeitdimension, d.h. aber in Vergangenheit, Gegenwart und auch Zukunft, gelebt. Die herkömmliche Form der Zukunftsbewältigung war aber im Wesentlichen identisch mit der Vorstellung einer Verlängerung der Vergangenheit oder mit der Hoffnung auf ein Jenseits."

die Zeit verlagerter Raum, auf den wir zugehen, den wir bewältigen, den wir erobern (Mamczak, 2016, S. 107).[2]

Der Mensch wird vom passiven Zuschauer zum aktiven Gestalter des kollektiven Fortschritts, der in der Geschichtsphilosophie von Lesssing, Kant, Herder, Rousseau und Condorcet sowie in der individuellen Vervollkommnung der Bildung bei Pestalozzi, Schiller und Jean Paul entworfen wird.

Unterstützt wird der Bedeutungswandel der Zukunft von der Industrialisierung und den politischen Ereignissen des 18. und 19. Jahrhunderts. „Die bislang in der Abfolge der Generationen eingebundene Erfahrungswelt wurde durch die Ereignisse der Französischen Revolution in Verbund mit dem sich stetig dynamisierenden technisch-industriellen Wandel aufgesprengt" (Uerz, 2006, S. 123).[3] Einerseits ermöglichte die Technik eine immer eingreifendere materielle Veränderung der Umwelt des Menschen mit der Perspektive der ständigen Verbesserung der Maschinen durch die Ingenieure; andererseits führte das politische Experiment der Französischen Revolution über die Frühsozialisten zum Marxismus, der den Anspruch erhob, zugleich eine wissenschaftliche Theorie und ein Programm zur Gestaltung der Geschichte zu sein, wie es Marx in der 11. These über Feuerbach fordert: „Die Philosophen haben die Welt nur verschieden *interpretiert*; es kömmt darauf an, sie zu *verändern*" (*Thesen*, S. 341).[4]

---

2 Vgl. Minois, 2002, S. 538: „Die aus der Aufklärung hervorgegangenen Geschichtsphilosophen sehen die Zukunft im allgemeinen optimistischer: die Geschichte werde von einer inneren Kraft gelenkt, deren Natur zwar unbestimmt bleibe, die aber die Menschheit trotz aller Wechselfälle […] unfehlbar zu einem entwickelteren, der Entfaltung ihrer Möglichkeiten entsprechendem Stadium führe."

3 Vgl. Salewski, 1994, S. 77: „Technik und Zukunft gehören zusammen. Jedes neue technische Produkt oder Verfahren verändert zukünftiges Handeln, lässt die Mittel und Methoden der Gegenwart und Vergangenheit als ‚altmodisch' erscheinen. […] nur in diesen beiden Jahrhunderten [19. und 20.] entwickelte sich die Technik als Massen- und Gesellschaftsphänomen, wurde Technik zusammen mit Wissenschaft zum Hauptantriebsmotor der gesellschaftlichen Entwicklung auf nahezu allen Feldern."

4 Ähnlich Leucht, 2016, S. 15: „dass Naturwissenschaft und Technik ab der Mitte des 19. Jahrhunderts nicht mehr dazu dienten, die Welt zu erklären, sondern auch, sie zu verändern."

1.1 Die moderne Beschreibung der Zukunft

Die Beschreibung der Zukunft, die zugleich ihre Erfindung und Festlegung in sprachlicher Form ist, kann mit differenzierter Funktion grundsätzlich auf drei unterschiedliche Weisen erfolgen, als utopischer oder satirischer Zukunftsentwurf, als wissenschaftliche Zukunftsforschung oder als fiktiver Zukunftsroman oder Science Fiction. Diese drei Möglichkeiten werde ich zunächst anhand von Werken Wells' vorstellen und dann systematisch erläutern.

Während die klassische Utopie Werte repräsentiert und die späteren Zukunftsentwürfe politisches und praktisches Engagement vermitteln, bietet die Futurologie Erkenntnis und Planung und die Science Fiction Orientierung und Unterhaltung mit der Spekulation über die Zukunft. Die markanten Umbrüche dieser drei Arten der literarischen Zukunftsbeschreibung finden in zeitlicher Nähe zu einander statt und sind zudem mit dem Autor Herbert G. Wells verknüpft, bei dem sich ihre Ausdifferenzierung gut studieren lässt, da er deutliche Vorlieben je nach seinen Werkphasen hat. In die erste gehören seine erzählenden *Scientific Romances*, die in einem eigenen Kapitel ausführlich interpretiert werden.

> Wells himself thought about the future in two very different ways. If before 1900 he tended to think ironically and to put much of his most adventuresome imaginative energy into writing fantasies, after 1900 he paid increasing attention to developing modes of forecasting (Huntington, 1982, S. 1).[5]

Die *politisch-gesellschaftliche Utopie* verliert durch die Verwandlung in die Zeitutopie im 18. Jahrhundert die ewige Distanz des Ideals zur Wirklichkeit und dynamisiert es.[6] Im 19. Jahrhundert wird sie bei den französischen Frühsozialisten immer konkreter, und seit der Wende zum 20. Jahrhundert nimmt sie als politischer Zukunftsentwurf am politischen Tageskampf teil. Wells' *A Modern Utopia* markiert die Abkehr von der früheren abstrakten Beschrei-

---

5 Beispiele für die drei Kategorien sind: 1. The Time Machine. An Invention (1895), 2. Anticipations of the Reaction of Mechanical and Human Progress upon Human Life and Thought (1901) und The Discovery of the Future (1902). 3. A Modern Utopia (1905).

6 Vgl. Vosskamp, 2016, S. 135-149: ‚Fortschreitende Vollkommenheit'. Der Übergang von der Raum- zur Zeitutopie.

bung eines statischen Idealstaates zu einer prozesshaften politischen Planung.⁷

Zwar wird der philosophische Skeptizismus auch in den sozialpolitischen Überlegungen der *Modern Utopia* nicht aufgegeben, doch wird er überführt in einen politischen Aktivismus, der sich weniger dem Prinzip der Wahrheit als vielmehr dem Prinzip der Machbarkeit verpflichtet weiß (Nate, 2008, S. 38).

Die romanhafte Form ist dabei nur eine Frage der Vermittlung und wird durch ausführliche Erklärungen und Begründungen der gesellschaftlichen Ordnung konterkariert. Neu stellt sich die Frage ihrer Realisierbarkeit und der möglichen Folgen ihrer Realisierung.⁸

Jede Generation wird ihre neue Version von Utopia haben, etwas gewisser und vollständiger und realer, wobei die Probleme immer näher an den Problemen des Werdenden liegen, bis schließlich aus utopischen Träumen funktionierende Pläne entstehen und die ganze Welt den endgültigen Weltstaat bildet, den gerechten, großen und fruchtbaren Weltstaat, der nicht mehr bloß Utopie ist, sondern diese Welt.⁹

Während so die modernisierte Utopie realitätsnäher und politischer wird, finden sich um 1900 zusammen mit dem Fortschrittsoptimismus und den technischen Erfindungen die ersten Ursprünge der *Futurologie*, wenn diese auch erst im und nach dem zweiten Weltkrieg in den USA als eigene Wissenschaft entsteht (vgl. Seefried, S. 49ff). Wells ist wahrscheinlich Europas erster Futurologe. „He had already moved from fictional prophecy to what would be called futurological writing in a series of books published immediately before *A Modern Utopia: Anticipations, Mankind in the Making* und *The discovery of the Future*" (Parrinder, 1995, S. 100). Nach der Vorgeschichte der Planetenreisen des 17. Jahrhunderts, die eng mit den Raumutopien verbunden sind, und Vorläufern wie Mary Shelleys *Frankenstein* entsteht der *Zukunftsroman* am Ende

---

7 Vgl. Parrinder, 1995, S. 96: „Utopias are dreams – ,The Utopian story imagines a better and a happier world and makes no pretence to reality' – wheras anticipatory tales, profess to foretell – more often then not, with warnings and forebodings."
8 Vgl. Saage, 1991, S. 262 „Was einst unerreichbar schien oder nur als Fernziel anvisierbar war, ist nun in den Bereich des Machbaren gerückt."
9 H. G. Wells: *A Modern Utopia*, die Übersetzung zitiert nach Saage, 1991, S. 223.

des 19. Jahrhunderts im Glauben an den unaufhaltsamen Progress von technischen Neuentwicklungen und aufgrund der Erfahrung der imperialen Eroberung der gesamten Erde. Infolge der Ausdifferenzierung gegenüber den beiden anderen Beschreibungsarten wird in der Science Fiction der narrative und unterhaltsame Aspekt dominant im Gegensatz zur idealisierenden oder satirischen Utopie bzw. ihrer politisch engagierten neueren Version und der wissenschaftlich-prognostischen Tendenz der späteren Futurologie.

1.2 Utopien und Zukunftsentwürfe

Es ist in der Forschung strittig, inwieweit die Utopien bestimmte gesellschaftliche und politische Ziele als Normen und Ideale aufstellen, sie für realisierbar halten oder gar zur Verwirklichung auffordern. Die ältere geschichtliche und soziologische Deutung ist noch davon ausgegangen, dass z.B. Thomas Morus' *Utopia* von 1516, das Paradigma der Gattung, in seinem 1. Teil eine satirische Kritik der gegenwärtigen Gesellschaft formuliert und im 2. Teil einen Vorschlag für eine optimale Staatsordnung vorlegt. So konnte Norbert Elias definieren:

> Eine Utopie ist ein Phantasiebild einer Gesellschaft, das Lösungsvorschläge für ganz bestimmte ungelöste Probleme der jeweiligen Ursprungsgesellschaft enthält, und zwar Lösungsvorschläge, die entweder anzeigen, welche Änderungen der bestehenden Gesellschaft die Verfasser oder Träger einer solchen Utopie herbeiwünschen oder welche Änderungen sie fürchten und vielleicht manchmal beide zugleich (Elias, 1985, S. 103).

Für Elias entwickelt Morus in der Utopia „seinen Wunschtraum [oder ‚Idealbild'] von einem besseren Staat" (Elias, 1985, S. 113). Anders steht es mit der Realisierbarkeit und damit auch dem Aufforderungscharakter der Utopie. „Morus konnte zu seiner Zeit noch ziemlich sicher sein, daß wenig Hoffnung auf Verwirklichung der kühnen Wunschträume bestünde, die er für seine Leser in der Form einer Utopie niedergeschrieben hatte" (Elias, 1985, S. 145). Die heutige, besonders literaturwissenschaftliche Forschung schwankt zwischen 2 Lesarten, nach Jameson „between Utopia taken seriously as a social and political project and Utopian thought ridiculed as a pipe dream" (Elias, 1985, S. 23). Er selbst macht einen klaren Unterschied zwischen der politischen Theorie Machiavellis (*Il principe*) und dem Text Morus', der „is not meant to be a call to practical political action or to emulation" (Elias, 1985, S. 36).

Ähnlich sieht es die deutsche Forschung, für die Wilhelm Voßkamp stellvertretend stehen kann, der ausgehend von der Rezeption den Text in der Schwebe sieht zwischen 1. der didaktisch-moralischen Satire des 16. Jahrhunderts, 2. dem ‚Idealstaat' „als Norm für die Kritik am christlichen Europa" und damit als „normative (positive) Gegenwelt" und 3. einer „Reformschrift, konkret staatstheoretischen Abhandlung". So gilt insgesamt: „Satire tendiert zur konstruktiven Utopie" (Voßkamp, 2016, S. 23). In der Synthetisierung der spezifischen Elemente dieser drei Gattungen schafft Morus die Voraussetzungen für die spätere literarische Utopie des 16. und 17. Jahrhunderts. Die gesellschaftliche Funktion der Utopie beruht auf den Themenbereichen des Textes.

> Der erste Themenbereich [„Möglichkeiten einer neuen politischen Ordnung und deren verfassungsgemäße Institutionalisierung"] lässt sich als umfassend in dem Sinne bezeichnen, daß er die prinzipiellen Rahmenbedingungen auch für die anderen Bereiche angibt. Das Entscheidende ist das Moment der zweckrationalen Konstruktion eines politischen Rechts- und Verfassungssystems ohne (zusätzliche) theologische Legitimierung (Voßkamp, 2016, S. 26).

Es geht also um Politik, allerdings nicht um den Aufruf zur Realisierung eines bestimmten idealen Modells des Staates, da der Text infolge von „Komplexität und Polyvalenz" (Voßkamp, 2016, S. 29) nicht eindeutig ist und die Gesellschaft der Utopier nicht ausdrücklich als Vorbild hingestellt wird. Anders sieht es mit den utopischen Entwürfen – meist in romanhafter Form – aus, die vermehrt um 1900 entstehen.[10] Diese mehr oder minder sachlichen, von Wunsch, Furcht, Hoffnung und Polemik geprägten Zukunftsbeschreibungen wollten nach den bisherigen bloß prophetischen Ausblicken auf die Zukunft eine planbare Darstellung der nahen künftigen Ereignisse um die Gesellschaft zu verbessern. „Morus' Utopia ist ein politischer Text, der eine durchdringende und um-

---

10 Vgl. Hölscher, 1991, S. 129: „Die Jahrzehnte nach 1890 führen uns in das eigentliche Zeitalter der gesellschaftlichen Zukunftsentwürfe und literarischen Zukunftsutopien."

fassende Systemkritik liefert" (Seeber, 1985, S. 360) Bellamys *Ein Rückblick aus dem Jahr 2000 auf 1887* (1987) dagegen möchte „mit seinem Text ganz gezielt in das politische Geschehen eingreifen" (Seeber, 1985, S. 368). Beides schlägt sich in der Form nieder: „Morus' Dialog ist ein esoterisches, ironisch-ästhetisches Spiel mit ernsten sozialen Implikationen; Bellamys Roman ist ein fiktional angereicherter, auf Breitenwirkung angelegter programmatischer Traktat über das anzustrebende bessere Amerika der Zukunft" (Seeber, 1985, S. 374).

Die bekanntesten Zukunftsentwürfe um 1900 waren optimistisch und hatten eine sozialistische, genauer antikapitalistische Tendenz wie der internationale Bestseller Edward Bellamys und die deutsche Entsprechung, August Bebels *Die Frau und der Sozialismus* von 1910 (entstanden schon 1879). Beide Texte wurden in der Öffentlichkeit intensiv diskutiert und haben zahlreiche Folgetexte hervorgerufen, neben zustimmenden viele kritische, konservative bis reaktionäre Gegenentwürfe. Claus Ritter beschreibt zahlreiche antisozialistische Romane, die das Schreckgespenst einer blutigen Revolution und einer diktatorischen Herrschaft mit allgemeiner Verelendung ausmalen.[11]

> Mit Zukunftsromanen und Zukunftsbildern – die eine enorme Auflagenhöhe erreichten – weckten sie nicht nur im deutschen Kleinbürgertum fortschrittsfeindliche Vorstellungen und Gefühle, die noch bis weit ins 20. Jahrhundert hinein verhängnisvolle antikommunistische Aversionen begründeten (Ritter, 1978, S. 133).

Dabei wurde die hypothetische Prognose der nahen Zukunft zum Zweck der Beeinflussung der Öffentlichkeit teilweise mit krassen

---

11 Z.B. Richard Michaelis: Ein Blick in die Zukunft. Eine Antwort auf Ein Rückblick von Edward Bellamy. Leipzig 1890 oder Eugen Richter: Sozialdemokratische Zukunftsbilder. Frei nach Bebel. Berlin 1891. Ritter, 1987 berichtet S. 127, dass sogar im Reichstag kritisch auf Bellamys Text Bezug genommen wurde, der als „Versuch einer utopistischen Darstellung des Zukunftsstaates der Sozialdemokratie" missverstanden wurde. Daneben gab es konservative, monarchistische, aber auch präfaschistische Zukunftsentwürfe wie Excelsior (Pseudonym): Michael der Große. Eine Kaiserbiographie der Zukunft. Leipzig 1912, Graf Teja (Pseudonym): Der Abgrund. Bilder aus der deutschen Dämmerung im Jahr 2106, Leipzig 1914. Auch die Lebensreformbewegung sucht mit romanhaften Zukunftsbildern auf die Öffentlichkeit einzuwirken vgl. Friedrich Eduard Bilz: Der Zukunftsstaat. Staatseinrichtung im Jahre 2000. Leipzig 1904.

fiktiven Handlungselementen und karikaturistischen Personen ausgemalt. Polemik, Fortsetzung und Abgesang gilt auch für die Folgetexte eines eher liberalen Entwurfs wie Theodor Hertzkas *Freiland. Ein soziales Zukunftsbild* von 1893, den einen Gruppe von Freiwilligen sogar vergebens in Ostafrika zu verwirklichen suchte, wie übrigens auch Bellamys Zukunftsgesellschaft.[12] Dies beweist die Politiknähe dieser Bücher. Im 20. Jahrhundert wurden dann die bekannten dystopischen Zukunftsbilder von Jewgeni Samjatin, Aldous Huxley und George Orwell veröffentlicht, die politisch Stellung beziehen, allerdings von manchen Forschern als Science Fiction angesehen werden.

Ob sich die Utopien nun in Form von Plänen, Reformen oder idealen Gesellschaften darstellen, stets haben sie einen prädiktiven Aspekt, weil sie dazu beitragen, das kollektive Imaginäre zu prägen, und damit zu sozialen Forderungen gelangen. Auch insofern ist die Utopie eine Vorhersage, die zur Selbsterfüllung tendiert (Minois, 2002, S. 539).

1.3 Zukunftsforschung

Im frühmodernen Staat spielten Vorhersage und Planung eine zunehmend wichtige Rolle und im 18. Jahrhundert werden mit Hilfe der neuen Mathematik genaue Statistiken z.B. Sterbetafeln für die Versicherungen erstellt und ausgewertet. „Im Zeichen des Messens und Zählens wurden demographische Daten auf die Gesamtbevölkerung hochgerechnet, aber auch – für die strategische Ressourcenschätzung – in die Zukunft extrapoliert" (Seefried, 2015, S. 31). Seit etwa 1900 gibt es, hauptsächlich ausgehend von der Entwicklung der Technik;[13] vermehrt Ansätze für eine wissenschaftliche Prognose der Zukunft in den modernen Industriegesellschaften,

---

12 Vgl. Ritter, 1987, S. 205 bzw. 124. Folgetexte zu Hertzka sind Rudolf Elcho: Freiland. Berlin u.a. 1898, Wilhelm Hegeler: Die frohe Botschaft. Stuttgart 1911 und Arnold v. d. Passers (Pseudonym): Mene tekel! Eine Entdeckungsreise nach Europa. Erfurt, Leipzig 1893.

13 Vgl. Seefried, 2015, S. 36: „Die technische Entwicklung bildete demnach um die Jahrhundertwende den Hauptgegenstand des Prognostizierens, und die Technik war für diese Autoren, blickt man auf die positiv konnotierte Deutung des technischen Fortschritts, die Triebkraft auf dem Weg in die Zukunft."

die außer in Statistiken und Graphiken in sprachlich diskursiver Weise erfolgt, so etwa bei dem Autor H.G. Wells, der eine Vorreiterrolle einnimmt.

> Die Vorhersage könne zwei Formen annehmen: den Sciencefiction-Roman und die seriösen Arbeiten. Für Wells ist ersterer sehr viel heikler und zufälliger, da die Erfordernisse der Erzählung den Autor zwingen, konkreter zu sein, auch wenn er es vorzöge, die Wahl offen zu lassen und sich mit allgemeinen Betrachtungen zu begnügen. Die Personen bewegten sich in einer konkreten Welt; aber je deutlicher man werde, desto mehr könne man sich irren (Minois, 2002, S. 662).[14]

In den Jahren nach dem zweiten Weltkrieg entsteht in Nordamerika und Westeuropa die optimistische Zukunftsforschung mit wissenschaftlichem Anspruch zur Unterstützung der politischen Praxis.

> Die fatalistische Auffassung, dass die Zukunft unvorhersehbar und unvermeidlich sei, wird nach und nach aufgegeben. Man beginnt einzusehen, dass es eine Fülle möglicher Zukünfte gibt und diese Möglichkeiten durch entsprechende Interventionen verschieden gestaltet werden können.[15]

Schon 1943 hat Ossip Flechtheim den Begriff der Futurologie geprägt, welche den Versuch einer wissenschaftlichen Prognostik zur optimalen Gestaltung der Zukunft mit einem allerdings nicht einlösbaren Anspruch auf Exaktheit und Richtigkeit darstellt. Flechtheim unterscheidet innerhalb der Futurologie die Futuristik, die Prognostik und die konkrete Planung. „Die Futuristik wiederum umfasst die Philosophie, die Politik und die Pädagogik der Zukunft" (Flechtheim, 1968, S. 45), die nach seiner Meinung zu einem besseren Leben der Menschheit führen sollen. Die Prognostik bildet nach allgemeiner Ansicht als Extrapolation der Gegenwart den Kern einer wissenschaftlichen Zukunftsforschung.

> Mit ihrer [Prognostik] Hilfe will man ohne eigene Stellungnahme und aktive Einwirkung die jeweils möglichen positiven und negativen Ereignisse und Daten, Tendenzen und Trends voraus-

---

14 Zu Wells als Pionier der Zukunftsforschung vgl. Steinmüller, 1995, S. 39-43, auch Seefried, 2015, S. 37ff. zur Prognostik um 1900.
15 Robert Jungk: Weltweite Zukunftsforschung, 1968, zit. nach Seefried, 2015, S. 1.

sagen oder gar vorausberechnen. Die Zukunft erscheint dann als eine verlängerte Gegenwart. Der Status quo wird fortgeschrieben, grundlegend Neues gibt es, wenn überhaupt, nur im Bereich des technischen Fortschritts (Flechtheim, 1987, S. 43).[16]
Zur Prognostik gehören nach Flechtheim die Methoden der Trendextrapolation, der Spieltheorie, der Simulation, der intuitiven Vorausschau (Delphimethode der Expertenbefragung) und des Szenarios, die in der Nachkriegszeit, besonders in den USA, mit Hilfe der Kybernetik und der Spieltheorie entwickelt werden. „Zum ersten gewannen *Simulationsmodelle* zentrale Bedeutung, welche mittels Modellen Prozesse simulieren sollten, um so Erkenntnisse über die Wahrscheinlichkeit zukünftiger Entwicklungen eines Systems zu erhalten" (Seefried, 2015, S. 60ff). Hierbei ist die wiederholte Berechnung des Verlaufs (Rekursion) durch den Computer unerlässliche Voraussetzung. Dies gilt ebenso für die grundlegende Methode des Szenarios, welche oft ein ganzes Spektrum von Lösungen anbietet. „Verwandt mit der Simulation war zum zweiten die Szenariomethode, welche hypothetische Veränderungen in einzelnen Entwicklungsfaktoren in größere Zukunftsbilder oder –modelle (Szenarien) goss und in Entwicklungspfaden veranschaulichte" (Seefried, 2015, S. 62).
Wenn auch heute Prognosen über den detaillierten Verlauf der Geschichte auf statistischer Basis unverzichtbar und allgegenwärtig sind, so zeigt sich seit den sechziger Jahren des 20. Jahrhunderts doch eine Skepsis gegenüber der positivistischen und technokratischen Zukunftsforschung, die mit einem Pessimismus gegenüber der Planung überhaupt einhergeht. Kritisiert wurden vor allem die Voraussagen von Herman Kahn in z.B. *The Year 2000* (1967). Denn gerade die technischen Leistungen der Umgestaltung der Natur führten zu nicht vorhergesehenen Katastrophen wie der Klimaerwärmung. Inzwischen hat sich die Einsicht durchgesetzt, dass der Verlauf der Zukunft weder vollständig erkannt, noch gezielt herbeigeführt werden kann, denn er ist nicht objektiv determiniert, sondern immer stärker vom menschlichen Einfluss abhängig. Schon das publizierte Wissen um eine mögliche Zukunft ruft

---

16 vgl. Hölscher, 1999, S. 103: „Von der Statistik über die Nationalökonomie bis hin zur Soziologie richteten sich alle Anstrengungen der neuen Gesellschaftswissenschaften darauf, diese neue Zukunft zu erkunden und der menschlichen Gestaltungskraft zu erschließen."

Reaktionen hervor, die das Umfeld signifikant verändern können.[17] So kann es letztlich nur darum gehen zu vermuten, in welche Richtung bestimmte Trends verlaufen und wie die Zukunft gestaltet werden kann. Dabei gibt es vor allem zwei Probleme.

Erstens sind die Ausgangsbedingungen in der Gegenwart nicht genügend bekannt für eine hinreichend genaue wissenschaftliche Extrapolation. So spricht man von ‚wild cards‘ als unvorhersehbaren Ereignissen wie der Erfindung des Internets und plötzlichen Trendbrüchen wie Katastrophen.

> Auch als Planende haben wir stets mit dem Eintreten von Ereignissen zu rechnen, die wir nicht hätten in Rechnung stellen können, mit dem Eintreten von Zufällen, Verhängnissen oder Chancen, die blitzartig in unseren Bauplan oder in unsere halbfertigen Planbauten einschlagen könnten.[18]

Zweitens ist die Geschichte ein offenes, eher chaotisches System, in dem periphere Vorgänge ungeahnte Folgen haben können, wie es das Schmetterlingstheorem beschreibt. Besonders hervorzuheben ist die Wirkung der menschlichen Reaktionen auf Zukunftsentwürfe, die durch kybernetische Rückkopplung nicht nur zur Verstärkung, sondern auch zur Verhinderung führen können. Man spricht einerseits von der ‚self-fulfilling‘ und andererseits von der ‚self-destroying prophecy‘. So trug die Theorie von Marx zur Reform des Kapitalismus bei,[19] und die erwartete kommunistische Revolution in Deutschland und Italien wurde vom Faschismus als Gegenbewegung blockiert.

> Menschliche Handlungen und Unterlassungen, die ein untrennbarer Bestandteil der sich entfaltenden Zukunft sind, müssen dabei möglichst genau in die Vorhersage einbezogen werden. […] Freilich wird nun die Futurologie ihrerseits das durch eine

---

17 Vgl. Minois, 2002, S. 697: „Vergessen wir indes nicht, dass eine der wesentlichen Funktionen der Vorhersage darin besteht, es dem Menschen zu ermöglichen, Maßnahmen zu ergreifen, um den Lauf der Dinge zu korrigieren und zu verhindern, dass der vorhergesehene Alptraum Wirklichkeit wird."

18 Flechtheim, 1987, S. 76f. Herbert W. Frankes Kurzgeschichte *Die Zukunftsmaschine* suggeriert die Unmöglichkeit wissenschaftlicher Prognosen aufgrund des unberechenbaren Zufalls.

19 Vgl. Flechtheim, 1987, S. 73: „In Wirklichkeit trug sein [Marx'] Wirken dazu bei, dass der Kapitalismus sich reformierte und regenerierte. Insofern haben sich die Marxschen Prognosen eher als sich selbst vernichtende Vorhersagen entpuppt."

fundierte Kenntnis der Zukunft mitbeeinflusste Verhalten der Menschen wieder in ihr Kalkül einzubeziehen versuchen (Flechtheim 1968, S. 24).

Aus diesen Voraussetzungen folgt die Erkenntnis, dass die Zukunft nur probabilistisch, nach Wahrscheinlichkeiten, vorhergesagt und nur experimentierend mit ungeahnten Nebeneffekten gestaltet werden kann.

> Die Zukunft war im Westen eben nicht determiniert, sondern in der Planung offen. Dieser semantische Wechsel eines Plurals von Zukunft war das zentrale Element eines wissenschaftlichen Paradigmas der Zukunftsforschung, welches Bestand hatte: Der Begriff der Zukünfte prägt die Zukunftsforschung noch heute (Seefried, 2015, S. 56).[20]

Einer der schärfsten Kritiker der Futurologie war der Science Fiction-Autor Stanislaw Lem. „Die Futorologie verfügt weder über eigene Paradigmata noch Theorien; dennoch versucht sie, die Zukunft und zwar ausschließlich die Zukunft vorherzusagen!" (Lem, 1984, S. 144). Die Unsicherheit der Prognosen beruht auf Extrapolationen als Hauptmethode: „sie projizieren Vergrößerungen dessen, was die Autoren in ihrer eigenen Gegenwart für die Haupttendenzen hielten, in die Zukunft" (Lem, 1984, S. 151). Aus der Verwechslung des zufälligen historischen Ausgangspunktes mit einem Standardzustand der Welt resultiert ein Paradox. „Die Idee, künftige Entdeckungen vorhersagen zu können, entspricht doch dem Wunsch, das zu entdecken, was unentdeckt ist" (Lem, 1984, S. 165f). Es fehlt dabei aber der Faktor der Kreativität, welcher dem Unbekannten und dem Zufall gerecht werden kann. Aus guten Gründen ist die Futurologie von der positivistischen Extrapolation abgekommen:

> Im Gegensatz zu Studien aus den fünfziger und sechziger Jahren wird heute in der Regel kein autonomes und quasi naturgesetzliches Fortschreiten von Wissenschaft und Technik mit allen daraus folgenden Konsequenzen mehr vorausgesetzt, es wird statt dessen verstärkt nach Gestaltungsspielräumen, nach Zielen, Bewertungen, Leitbildern gefragt., Zukunft nicht als ein im guten

---

20 Ähnlich lässt die physikalische Quantentheorie Plancks nur Voraussagen mit einer gewissen Wahrscheinlichkeit zu und das Eingreifen des Beobachters führt nach Heisenberg zu einer Unschärfe der Ergebnisse.

wie Schlechten unabwendbares Geschick, sondern als gestaltbare Zeitdimension begriffen (Steinmüller, 1995, S. 1).

Damit ergibt sich eine Annäherung an den Zukunftsroman. Lems Lösung ist die Schaffung „angemessener Möglichkeitsräume" (Lem, 1984, S. 164), die er z.B. dem Science Fiction-Autor Heinlein attestiert, der in seiner Erzählung *Solution Unsatisfactory* ein nicht eingetroffenes, aber informatives „futurologisches Szenarium" des kalten Krieges mit einem Atombombenabwurf entwirft.

> Für jede Konstellation der Welt gibt es einen Faktor, der die Eigenschaft hat, den bisher existierenden Möglichkeitsraum annullieren und einen völlig neuen kreieren zu können. An kritischen Punkten gehen diese Räume ineinander über: der alte Raum schrumpft auf Null zusammen und der neue dehnt sich aus (Lem, 1984, S. 165f).

Der Möglichkeitsraum ist das Produkt der schöpferischen Phantasie der Literatur. Lem unterscheidet nun zwischen einer passiven und aktiven Futurologie, man würde wohl besser sagen wissenschaftliche bzw. künstlerische Zukunftsprognose:

> Die ‚passive' Futurologie betritt die Zukunft von der Gegenwart aus, andere Bewegungen kann sie nicht ausführen. Die ‚aktive' Futurologie kann darüber hinaus von einem selbst lokalisierten Zukunftsraum ausgehen und solche Durchgänge – also transformatorische Handlungen – suchen, die das Gegenwartssystem in ein Zukunftssystem überleiten können (Lem, 1984, S. 166f).

Der Bezug der fiktiven, zukünftigen oder alternativen Welt auf die reale ist nach Suvin und Lem die Grundstruktur der Science Fiction. „Hierbei bildet die reale Welt den Nullpunkt unseres Koordinatensystems als ein ‚Bezugsuniversum', als dessen spezifische Transformation sich die Universa der phantastischen Werke erweisen werden" (Lem, 1984, S. 87).

1.4 Die Konstruktion möglicher Zukünfte im Roman

Um 1900 entsteht zugleich mit dem massenhaften Auftreten der utopischen Zukunftsentwürfe der Zukunftsroman, der sich als narrative und unterhaltsame Beschreibung zukünftiger Möglichkeiten immer deutlicher von den Zukunftsvoraussagen der Futurologie, aber auch von den Staatsutopien und -dystopien unterscheidet.

> Sie [Science Fiction) ist weder ein Ersatz für noch eine populäre Darstellung von Prophetie, Prognose oder Futurologie. Wohl aber erfasst sie wie kein anderes Gebiet der Literatur die Zukunft als eine Dimension der Gegenwart – nicht die eine Zukunft, die tatsächlich kommen wird, sondern den Fächer von virtuellen Zukünften, in dem sich die (oder einige) Tendenzen, Erwartungen, Hoffnungen, Befürchtungen und Fragen der Gegenwart spiegeln (Simon 1992, S. 145).

Die dritte Möglichkeit der literarischen Zukunftsdarstellung, nämlich die genuin literarische Form des Zukunftsromans, heute Science Fiction genannt, hat sich weitgehend auf die Grenzen der Erkennbarkeit und Planbarkeit der Zukunft eingestellt und deshalb ihren Akzent auf die romanhafte Darstellung von Zukunftsmöglichkeiten gelegt.

> Der Fortschritt hatte kein bestimmtes Ziel, sondern war ein Prozess der ständigen Veränderung; und die Zukunft war nicht nur ein Raum, auf den der Mensch zuging, sie war ein prinzipiell offener, sogar unendlicher Raum: von jetzt bis ‚irgendwann'. In dieser Zukunft konnte *alles* geschehen, und so entwickelten sich die Zukunftsromane, die wie Pilze aus dem Boden schossen, auch in alle Richtungen: Es gab vor utopischen Einfällen nur so strotzende ‚Berichte aus der Zukunft' ebenso wie düstere Szenarien vom Ende der Menschheit. Eines allerdings stand nicht mehr in Abrede: dass wir es sind, die diese Zukunft gestalten, dass wir es sind, die sich in dieser Zukunft behaupten müssen (Mamczak, 2014, S. 77).

Science Fiction ist ein narratives Ausspinnen des Möglichkeitsdenkens auf eine kohärente und konsequente Weise, die eine rationale Erklärung erfordert und ermöglicht. Ausgehend von einem neuen, meist zukünftigen prägenden Moment erfolgt eine Konstruktion von möglichen alternativen Welten, zukünftigen Gesellschaften und fremden Wesen, die sich von der empirischen Umgebung des Autors grundsätzlich unterscheiden, aber implizit auf sie zurückverweisen. Dies wird im nächsten Kapitel ausführlicher erklärt. Die Zukunftsliteratur fragt „was wäre, wenn" und versteht sich als „Gedankenspiel" oder „Gedankenexperiment" (Hienger, 1972, S. 14), in dem eine alternative oder zukünftige Welt erfunden und mit

Hilfe einer spannenden Handlung aus der Perspektive von Personen erzählt wird.

> Wenn wir als Basishypothese voraussetzen, dass SF-Autoren jeweils derzeitig entstehende wissenschaftliche und technische Impulse frühzeitig aufgreifen und in ihren Gedankenexperimenten auf mögliche soziale, kulturelle, wirtschaftliche, ökologische, philosophische etc. Implikationen prüfen, dann liegt es nahe, SF auch für Foresight zu nutzen (Steinmüller, 2010, S. 22).

Die von der Literatur erfundene Zukunft kann deshalb nur wahrscheinliche oder wünschbare Szenarien einer veränderten Gegenwart bieten, deren Folgen ungewiss sind, oder sie beschränkt sich auf partielle Vorgänge und subjektive Wertungen. Es geht also um Möglichkeiten der gesellschaftlichen oder menschheitlichen Entwicklung unter hypothetischen Voraussetzungen.[21]

> Bei Science Fiction handelt es sich um die Schilderung dramatisierter Geschehnisse, die in einer fiktiven, aber prinzipiell möglichen Modellwelt spielen. Für dieses Modell benützt man oft genug in der Zukunft angesiedelte Situationen. Doch ist Science Fiction keine prognostische Literatur und läßt sich aus diesem Aspekt heraus auch nicht bewerten. Gegenstand von Science Fiction können alle möglichen Themen sein, doch liegt der Schwerpunkt auf Konflikten, die aufgrund von naturwissenschaftlich-technisch initiierten Veränderungen entstanden sind (*Science Fiction*, S. 75).

Die Science Fiction ist besonders geeignet für manche Szenarien, nämlich plötzliche Trendbrüche und Multiperspektivität.

> Es werden verschiedene Zukünfte durchgespielt, wobei auch versucht wird, die Wege in diese Zukünfte schrittweise zu erläutern und alternative Möglichkeiten aufzuzeigen. Dabei spielt die kreative Phantasie eine größere Rolle als etwa bei der Simulation. Insofern ist ein Szenario sogar der Utopie verwandt. [...] [So] versucht der Verfasser von Szenarios, dem Leser mögliche, wahrscheinliche und wünschenswerte Zukünfte näher zubringen (Flechtheim, 1987, S. 68).

Man kann die Science Fiction als Zukunftsmaschine ansehen, die angetrieben von persönlichen Erwartungen, Wünschen und Be-

---

21 Nach Steinmüller, 1995 S. 93 bestehen strukturelle Parallelen zwischen Futurologie und Science Fiction in Szenarien der Zukunft, Interventionsparadoxien, spekulativer Konsequenzableitung und Problemen des Vorhersagens.

fürchtungen fiktive Szenarien in einem Feld von wahrscheinlichen Zukünften produziert, um durch die dramatische Darstellung die Realisierbarkeit und Wünschbarkeit konkreter Möglichkeiten zu testen und zusätzlich den Leser durch ein Probehandeln daran zu gewöhnen.[22] Die Science Fiction dient so als Rückkopplung der Zukunftserwartungen an die Gegenwart, damit die möglichen Verläufe nach ihrer Wahrscheinlichkeit und Wünschbarkeit beurteilt werden können.[23] Deren geistige und emotionale Beleuchtung durch die bildhafte und narrative Form übt einen Einfluss auf ihre Wahrnehmung und die Pläne zu ihrer Gestaltung aus. So vermittelt der Zukunftsroman erstens zwischen der scheinbar objektiven Prognostik mit ihren verdeckten Implikationen und Vorentscheidungen,[24] zweitens dem von Interessen geleiteten Veränderungswillen und drittens der Erkenntnis von möglichen Entwicklungen, indem sie diese in Bildern, Motiven und Ereignissen objektivierend dargestellt.

Aufgrund eines jeweils anderen Verhältnisses zur Wirklichkeit geht es also nicht um eine Vorausschau der Zukunft, etwa im Sinne der Technikfolgenabschätzung, wie in der Futurologie und nicht um Leitbilder des Handelns wie in der Utopie, sondern vor allem um Orientierung in einem Feld mit unbekannten und überraschenden Entwicklungen.[25] Dazu gehört die Bewertung wahrscheinlicher

---

22 Vgl. Clute, 2015, S. 89f.: „Doch erst seit etwa dem Ende des 18. Jahrhunderts fanden wir uns […] langsam dazu in der Lage, uns eine Vorstellung von zukünftigen Welten zu machen, die nicht existieren und nie existieren konnten. Sich auszumalen, dass man solche Welten bewohnt, ist eine seltsame Geste des menschlichen Verstandes; dass wir Selbiges inzwischen so beiläufig tun, sollte nicht davon ablenken, wie sonderbar es ist. Es ist das Wunder jener besonderen Modalität der ‚Fantastika', die wir im Rückblick Science Fiction nennen."

23 Umgekehrt sieht es Jameson, 2005, S. 286: Die Science Fiction hat zum Ziel „not to give us ‚images' of the future […] but rather to defamiliarize and reconstructure our experience of our own present, and to do so in specific ways distinct from all other forms of defamiliarization."

24 Vgl. Gaßner, 1992, S. 226: „Obwohl die Mehrheit der Science Fiction-Texte nicht zum Zweck der Vorhersage geschrieben wird, zwingt allein die Wahl des (zukünftigen) Schauplatzes die Autoren zur Entwicklung von Zukunftsbildern, in die die Wünsche und Ängste – oder allgemeiner: die Erwartungen und Projektionen – des Autors und indirekt auch die der potentiellen Leser einfließen."

25 Vgl. Spreen; 2008, S. 25: „Weiterhin ermöglicht der [Science Fiction] Roman durch Identifikation mit den Helden ein fiktives Probehandeln am Modell und ermöglicht damit eine orientierende Reflexivität." Ähnlich S. 27: „SF [!]

und alternativer Verläufe nach Wünschbarkeit und Realisierbarkeit. Voraussetzung der Orientierung ist die Erkenntnis des eigenen Standpunktes, die durch den erfolgreichen Umgang mit dem Unbekannten gewonnen wird, seiner Ablehnung, Annahme oder Modifikation.[26] Insofern kann man von einem doppelten Veränderungsdenken sprechen, der eigenen Position und des Status' des Anderen. Dies ist eine Art Bildung im Angesicht der Zukunft ohne Didaktik oder Populärwissenschaft, welche die Science Fiction bei ihrer Entstehung hinter sich gelassen hat.[27]

Um das Genre der Science Fiction neu zu bestimmen, könnte man erstmals den Be-griff der *Ästhetik der Zukunft* einführen. Diese meint die Perspektive möglicher und virtueller Entwicklungen, zwar realistisch dargestellt, aber nicht affirmativ als wirklich behauptet. Eine Hauptlinie ist Fortschritt oder Verfall im zeitlichen Verlauf, eine Nebenlinie parallele und alternative Welten. Fortschritt heißt im westlichen Kulturkreis besonders neue technische Erfindungen, Verfall zivilisatorische Degeneration. Die Ästhetik der Zukunft betreibt die Spekulation über Unbekanntes und Fremdes, welches das Gegenwärtige und Bekannte in alternativen Szenarien übersteigert. Die Erfahrung der möglichen Zukünfte wird narrativ in Abenteuern und Gefahren oder in Rätseln und Überraschungen anschaulich gemacht.

---

macht es denkbar, auf anderen Welten, in anderen Dimensionen oder in völlig artifiziellen Umgebungen zu leben, womit auch Möglichkeiten der Technisierung des Körpers in den Blick kommen."

26 Vgl. Spreen; 2008, S. 30: „SF [!] macht es für Einzelne wie für Gesellschaften vorstellbar, anders zu sein und (wo)anders zu leben. Damit unterstützt sie die individuelle und gesamtgesellschaftliche Kompetenz, mit dem vielfältigen kulturellen Kontingenzdruck umzugehen, dem sich das Individuum und die Gesellschaft in der Moderne ausgesetzt sehen."

27 Schröder, 1998, S. 55 sieht die soziale Rolle der Literatur nicht in der Prognose, sondern im Problembewusstsein: „Die Science Fiction kann in ihren besten Fällen zum Verständnis von Zukunft und möglichen zukünftigen Problemen beitragen und sie so zu einem Bestandteil der Gegenwart machen."

2. Konturen der Gattung

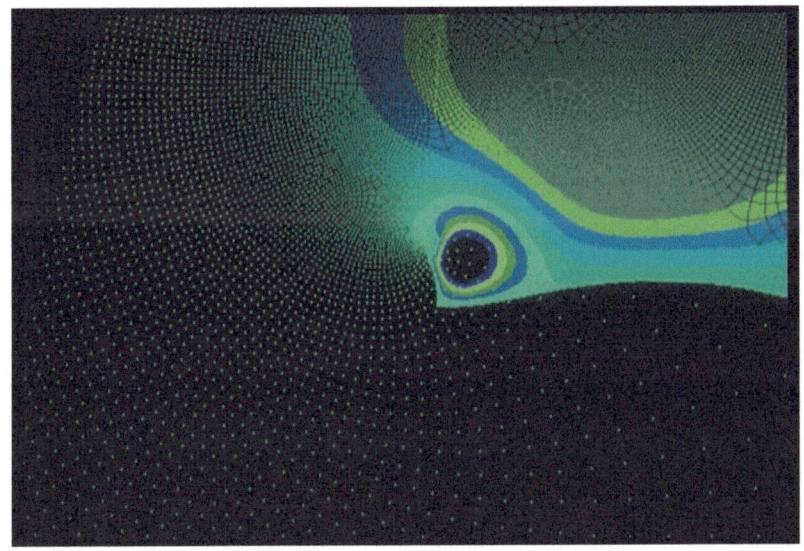

Die literarische Gattung der Science Fiction zu bestimmen, ist schwierig und, wenn man alle nationalen Besonderheiten, historischen Entwicklungen und die verschiedenen literarischen Niveaus und Produktions- wie Rezeptionsweisen berücksichtigen wollte, sogar fast unmöglich, weil die Konturen verschwimmen, so speziell beim neuen alternativen Begriff der Science Fantasy.[1] Ausgangspunkt einer trotzdem gewagten Definition soll der Begriff der Science Fiction als Literatur des wissenschaftlich-technischen Zeitalters, als Ausdruck des Möglichkeitsdenkens und als Vorwegnahme überraschender Entwicklungen der Zukunft sein.

> We examine the historical development of sf [!] as a genre, a kind of paraliterary writing with the peculiar ability to encode the deep experience of the epochs of information, computation, mass education and, above all, an unappeasable thirst for anticipation: for the imaginative creatio, out of the already-known, of its own fecund futures and alternatives (Broderick, 1995, S. 20).

Zuerst möchte ich nach einem Überblick kontroverse Definitionen anführen und die Bestimmung Suvins erklären. Danach die Gattung durch Abgrenzung von anderen Arten der Literatur besonders der Phantastik und Utopie einkreisen. Dabei wird das präskriptive Moment im Vordergrund stehen, da Gattungen eher Idealtypen als empirisch einheitliche Textmengen sind. So wie der Kriminalroman neben Verbrauchstexten, die in Millionenauflage produziert und schnell vergessen werden, auch literarisch anspruchsvolle Texte umfasst, so gibt es bei der Science Fiction neben einer trivialen Massenproduktion (Space Operas oder Abenteuer-Science Fiction) mit Klischees und trivial verwendeten Motiven[2] eine anspruchsvolle, eher wissenschaftliche und philosophische Linie mit Überschneidungen mit der Utopie, welche Richtung erst die Möglichkeiten des Genres ausschöpft.[3]

---

[1] Diesen Begriff verwendet Malmgren, 1991, S. 139ff als eine eigene Kategorie.

[2] Friedrich, 1995, S. 10 betont „die Diskrepanz zwischen Gattungspotential und -wirklichkeit" der Science Fiction, zwischen den erheblichen Ansprüchen und deren mangelhafter Verwirklichung in der überwiegenden Mehrzahl der trivialen Texte.

[3] Vgl. Lem, 1987, S. 45: „Die SF ist ‚ein ganz besonderer Fall', weil sie zwei grundverschiedenen und nirgends außerhalb von ihr sich überlappenden Sphären der Kultur angehören soll. Diese Sphären werden wir ‚das untere Reich' – oder das

2.1 Kontroverse Definitionen

Für die Science Fiction gibt es zwei extreme Definitionen, eine zu weite: „The term can be taken to include […] the whole tradition of a realistic travel literature from Lucian to Rabelais, Cyrano and beyond" (Freedman, 2000a, S. 21f.) und eine zu enge: „American pulp tradition established in 1926 when H. Gernsbeck launched *Amazing Stories*" (Freedman, 2000, S. 21f.). Es ist fast unmöglich beiden extremen Realisierungen der Science Fiction theoretisch in gleicher Weise gerecht zu werden, zumal oft zwei Entwicklungslinien konstruiert werden, entweder angefangen bei Mary Shelleys *Frankenstein* (1818) in der Tradition der Schauerromane[4] oder bei Gernsbacks neuen Pulpmagazinen 1926.[5] Wenn man meint: „Erst mit dem Namen und den eigenen Medien begann die Science Fiction als eigenständige Literaturgattung" (Alpers, 1972, S. 244), so definiert man sie als ‚pulp fiction' der billigen und rein unterhaltenden Magazine, als Paraliteratur in einem eher subkulturellen Raum abseits der ‚mainstream' Literatur und zugleich als amerikanisches Produkt. Es ist auffällig, dass hier die Herausgeber (Gernsback und Campbell) und der Vertrieb in Magazinen und später Taschenbüchern im Vordergrund stehen, während es bei der literarisch anspruchsvollen Reihe eindeutig die Autoren sind. Beide Richtungen sind ganz unterschiedlich rezipiert und beachtet worden. Erstere wird von der akademischen Kritik in den USA seit den sechziger Jahren mit Hilfe von Theorien über das Genre untersucht,[6] letztere wird lange Zeit nur von den ‚Machern' und den Fans wahrgenommen und von der Forschung auch heute noch meist nur registriert. Eine Ausnahme ist Boulds und Vints *Concise History*, die von den Magazinen ausgeht, aber beide Seiten parallel zu berücksichtigen sucht. Dem Problem der beiden Traditionen

---

Reich der Trivialliteratur – und ‚das obere Reich' – oder das der ‚mainstream'-Literatur – nennen."

    4 Vgl. Bouldt u. Vint, 2011, S. 2: „The sense that SF is, or must be, something far larger than the American magazine and paperback tradition has tempted many to try to identify an earlier print of origin, the most successful in gaining adherents being the publication of Mary Shelley's Frankenstein (1818)."

    5 Vgl. Bould u. Vint, 2011, S. 5: „The first [meaning] sees the genre originating in 1920s American pulps. It emphasises the role of Gernsback as editor, publisher and proponent of the new genre, and argues for the importance of the fans".

    6 Vgl. den Forschungsbericht in Moylan, 2001, S. 35ff.

werde ich so entsprechen, dass ich wie die überwiegende Forschung von der ‚gehobenen' Science Fiction und ihren Merkmalen ausgehe, die in gewissem Maße auch bei der Massenliteratur zu finden sind, und später deren spezielle Eigenheiten als Abenteuer-Science Fiction und Space Opera gezielt berücksichtige.

Eine uferlose Ausweitung der Bezeichnung jenseits von Text und Kunst zu einer Art modernem Lebensgefühl zeigt sich im Oxford Handbook of Science Fiction von 2014:

> This *Handbook* acknowledges this extraordinary explosion and profilation of science-fictional texts and modalities, which has made SF today less a genre than a way of being in the world. As Landon puts it, SF is now ‚the new realism of technological society,' a ‚meta-genre so broad and so pervasive as to be a concept and force quite outside the boundaries of fiction, and of art itself (Latham, 2014, S. 6).

Dem entsprechen die Überschriften der vier Teile, deren Kapitel ebenfalls in ungewohnter Weise ausgreifen: ‚Science Fiction as Genre', ‚Science Fiction as Medium', ‚Science Fiction as Culture' und ‚Science Fiction as Worldview.' Überhaupt gibt es eine Tendenz der neueren Forschung, die Genrevorstellung mehr oder minder aufzulösen.

> This book is premised on the idea that there is no such *thing* as SF, but instead multiple and constantly shifting ways of producing, marketing, distributing, consuming and understanding texts as SF. The experience of a text shifts in various ways once it is labelled as being, or not being SF; and different features of the text will dominate in relation to the reader's social and historical position (Bouldt u. Vint, 2011, S. 1).

Trotzdem kommt die *Concise History of Science Ficton* zu einer breiten, aber ziemlich kohärenten Beschreibung der Geschichte der Science Fiction anhand zahlreicher Werke. Vorsichtiger verfährt Rieder, wenn er die Zweifel an der Einheitlichkeit des Genres in fünf Thesen auflistet, die aber nicht vom Versuch einer Abgrenzung entbinden:

> 1. SF ist historisch und wandelbar. 2. SF hat keinen essenziellen Wesenskern, kein einzelnes, sie vereinendes Merkmal, keinen Ausgangspunkt. 3. SF bezeichnet keine Schnittmenge von Texten, sondern ist eine Art, Texte zu nutzen und Beziehungen zwischen ihnen herzustellen. 4. Die Identität von SF ist eine dif-

ferenziert ausgeprägte Position in einem historisch wandelbaren Feld von Genres. 5. Die Zuschreibung eines Textes zur SF bedeutet eine aktive Intervention in dessen Distribution und Rezeption (Rieder, 2016, S. 31).

In *Colonialism and the Emergence of Science Fiction* übernimmt er von einem Genreforscher den Ausdruck der Familienähnlichkeit.

> Pointing to the notorious proliferation of conflicting definitions of science fiction Kincaid argues that science fiction, or any other literary genre, is best understood as a group of objects that bear a ‚family resemblance' to one another rather than sharing some set of essential, defining characteristics (Rieder, 2016, S. 16).[7]

Wenn man unter den Ähnlichkeiten bestimmte Absichten, Erzählweisen und Motive versteht, trifft diese Definition zu. Es bleibt aber die Aufgabe, die relevanten Elemente anhand ausgesuchter Texte zu finden und zu beschreiben. „Approaching science fiction as a web of resemblances, rather than a set of defining characteristics, puts the question of inclusion and exclusion that have preoccupied definers of the genre from Gernsback to Darko Suvin into their proper place" (Rieder 2008, S. 17).

Demgegenüber zeichnen sich in dem älteren Lexikon von Nicholls von 1979 einerseits stabile Bestimmungen und andererseits historisch wechselnde Tendenzen ab, die zunächst um die Frage der Wissenschaftlichkeit und Zukunft kreisen, dann aber stärker Fragen der Anthropologie, der Alternative und der Veränderung akzentuieren, auch wenn der Verfasser des Artikels schließlich doch nur das wissenschaftliche Wissen und die abenteuerliche und phantasievolle Gestaltung hervorhebt.[8] Gegen die Beliebigkeit des ‚labels' kann man einwenden,[9] dass Produzenten wie Rezipienten ein relativ klares Bild der Science Fiction in Literatur und ande-

---

7 Broderick, 1995, S. 3 sieht ähnlich die Science Fiction als „texts produced and received in ways marked only [...] by certain generic, modal or strategic family resemblances."

8 Nicholls, 1979, S. 159-161, besonders S. 161: „A survey of the accounts of the genre quoted above reveals two main expectations: that a work of sf should be concerned with the extension of scientific knowledge and all manners of consequences thereof; and that it should be imaginatively and intellectually adventurous".

9 Eine totale Beliebigkeit ist gegeben, wenn Pehlke und Lingfeld, 1970, S. 16 meinen, Science Fiction sei das, was die Verlage dazu erklären.

ren Medien haben, das sich allerdings nach den kulturellen Bedingungen und zeitlichen Umständen wandelt. Symptom der Konstanz ist die permanente Rückbeziehung auf Figuren, Motive, Gegenstände und Benennungen besonders paradigmatischer Werke wie Asimovs Robotergesetze oder Wells' Zeitmaschine, die die Untergattung der Zeitreise prägt. „Once Wells had firmly embedded a time machine within a SF story, that gadget entered into the accumulating conventions of the genre, where it could be appropriated and utilized by other SF writers" (Malmgren, S. 148). Somit kann man von einer Selbstkonstitution oder Autopoiesis der Gattung durch Intertextualität sprechen.[10]

Eine Bestimmung des offenen Genres kann nicht alle Variationen und Mischgattungen berücksichtigen, zumal in der Moderne die Abweichung notwendig für die Aufmerksamkeit geworden ist. Die Konturen der Gattung Science Fiction nachzuzeichnen, ist aber schon als heuristisches Instrument nötig, doch muss man sich vor glatten, abstrakten Definitionen hüten. Der übliche Zugang zur Bestimmung der Gattung über die Nomenklatur ist problematisch, da diese in den verschiedenen Nationalsprachen voneinander abweicht. Die englische Version „Science Fiction" hat sich aber auch in Deutschland durchgesetzt.

> Im Rahmen dieser phantastischen Literatur kommt der ‚Science Fiction' nur deshalb eine besondere Bedeutung zu, weil sie sich - auf die Dauer und international gesehen - als das erfolgreichste Etikett erwiesen hat […]. In Deutschland, wo dieser Begriff erst Anfang der fünfziger Jahre übernommen wurde, verwandte man bis dahin Bezeichnungen wie […] ‚technischer Zukunftsroman', ‚phantastischer Abenteuerroman', ‚Roman aus der Zukunft der Technik', ‚phantastisch-naturwissenschaftlicher Roman', ‚utopistischer Roman' (Nagl, 1972, S. 129f.).

Alle Bezeichnungen besitzen eine vergleichbare Struktur in der Verbindung eines literarischen Bereichs mit einem ursprünglich

---

10 Broderick, 1995, S. 8 spricht von einer „generic intertextuality" und von einem „mega-text", „embedding each new work". Vgl. Steinmüller, 2010, S. 21 „Denn analog zu Wissenschaftlern beziehen sich auch SF-Autoren auf ihre ‚Fachkollegen' und entlehnen von ihnen bzw. früheren Autoren-Generationen Ideen, Konzepte, Begriffe, entwickeln diese weiter, wenden sie auf neue Situationen an, testen sie in neuen Kontexten und fügen schließlich eigene Ideen und Begriffe zum Kanon hinzu, der dadurch wächst und sich verbreitet. Die Leser wiederum haben sich die Terminologie angeeignet und nutzen sie als Referenzsystem."

naturwissenschaftlichen. Dies gilt für die englische Bezeichnung wie für ihre eingedeutschte Form und ihre französische Entsprechung. Aber auch die im Ostblock übliche slawische Version der „wissenschaftlichen Phantastik" (russisch: nautschnaja fantastika) folgt diesem Muster. Auch die Bezeichnungen zweier Begründer der Science Fiction, Wells' ‚scientific romances' und Laßwitz' ‚wissenschaftliche Märchen' enthalten die beiden gegensätzlichen Komponenten.[11] Die früheren deutschen Begriffe wie technischer Zukunftsroman und utopischer Roman enthalten zusätzlich die Komponente des Zukünftigen.

2.2 Science Fiction und Wissenschaft

Am häufigsten wurde im Begriff Science Fiction die Komponente der ‚Science', meist im englischen Wortgebrauch als Naturwissenschaft. verstanden, diskutiert. „Scientific knowledge is taken as a major art of its background, and may be violated only by the use of some plausible theory to account for the story's divergence from what is known" (Del Rey, 1980, S. 6). Von John Campbell wird diese Vorstellung auf andere Wissenschaften wie Soziologie oder Psychologie ausgeweitet, nachdem der Akzent von gesicherten Fakten auf eine wissenschaftliche Methode verschoben wurde. Im allgemeinen geht es selbst bei der ‚hard science fiction' weniger um exaktes Wissen als um wissenschaftliche Episteme. Erstaunlich ist, dass der Begriff der Technik nur in den deutschen Bezeichnungen eine Rolle spielt, obwohl gerade die frühe Science Fiction einen Schwerpunkt auf technische Geräten und Erfindungen legte, z.B. bei Jules Verne. Gernsback hatte die Gadgetstory der Pulpära definiert als „a charming romance intermingled with scientific fact and prophetic vision. [...] New inventions pictured for us in the scientifiction of today are not at all impossible of realisation tomorrow" (zit. nach Nicholls, 1979, S. 159). Entscheidend war im frühen 20. Jahrhundert die technische Machbarkeit im Sinne einer materiellen Beherrschung der Natur. Die Standardwelt der Science

---

11 Broderick, 1995, sieht S. 100 in der Science Fiction die Synthese der berühmten zwei Kulturen. „Sf has been located [...] at the intersecting knot between the two great discursive fields known in shorthand for 30 years as ‚the two cultures'.

Fiction ist heute immer noch eine fortgeschrittene technische Zivilisation.

Science Fiction darf aber nicht missverstanden werden als Popularisierung der Wissenschaft, obwohl diese einer ihrer Ursprünge ist. So wird in den fiktiven Planetenreisen des 17. Jahrhunderts die neue kopernikanische Astronomie verbreitet. Schließlich haben die Naturwissenschaften im 19. und 20. Jahrhundert und das literarische Genre gemeinsame geistige Wurzeln in der Betonung von Rationalität. Der Science Fiction geht es aber nicht um Vermittlung von Wissen, sondern dies dient dazu, die dargestellte Welt mit konkreten Details auszustatten. So sind die direkten Übernahmen auch bei der Technik meist nur punktuell. Wichtiger sind die prinzipiellen Analogien: „The narrative assumptions and discoursive features entailed by a world-view [are] predicated upon scientific rationalism, linear time, and the ineluctability of historical change" (Malmgren, 1991, S. 4). Darin besteht auch der größte Gegensatz zur Phantastik:

> That the external world is both real and phenomenal. [...] this world is also axiologically neutral: it is not informed by a superordinated or metaphysical system of value; [...] that world is subject to a system of discoverable and codifiable order, in the form of a set of interlocking ‚natural laws'. These laws are understood to be universal. [...] The genre as a whole accepts the validity of the scientific epistemology and the applicability of the scientific method to the study of external world (Malmgren, 1991, S. 5).

Die hier besonders stark hervorgehobenen Ähnlichkeiten von Wissenschaft und Science Fiction beruhen auf dem gleichen Ziel der methodischen Erforschung des Unbekannten, womit sich die Science Fiction von der Phantastik differenziert. „Die Science Fiction ist Erzählung der Hypothese, der Konjektur oder der Abduktion, und in diesem Sinne ist sie ein wissenschaftliches Spiel par excellence, da jede Wissenschaft durch Konjekturen oder Abduktionen vorgeht"(Eco, 1988, S. 219).[12]

Die Nähe zur Wissenschaft impliziert das Vertrauen auf universale Naturgesetze, sowie das methodische Vorgehen zum Erkennen des Unbekannten, wie es die Figuren der einschlägigen

---

12 Die Aduktion konstruiert ein Gesetz, so dass „das vorgefundene Resultat nicht mehr unerklärt erschiene" Eco, 1988, S. 219.

Texte oft vorexerzieren z.B. in Lems *Der Unbesiegbare*. „Attempting to deal rationally with any idea is the basic methodology of science fiction" (Del Rey, 1980, S. 7). So wird das Genre immer wieder mit einem (Gedanken)Experiment verglichen, so wie es etwa Einstein für seine modernen Theorien benutzt hat.[13]

Wenn man die *Philosophie des als ob* von Hans Vaihinger heranzieht, kann man die Übertragung des naturwissenschaftlichen Begriffs auf die Literatur genauer bestimmen. Vaihinger grenzt im XX. Kapitel die wissenschaftliche Fiktion von der ästhetischen Fiktion wie der Mythologie ab und vergleicht sie ausführlich im XXI. Kapitel mit der wissenschaftlichen Hypothese. Diese stellt eine Behauptung über einen wirklichen Sachverhalt auf, der empirisch verifiziert oder falsifiziert werden kann und muss. Die wissenschaftliche Fiktion dagegen bereitet „heuristisch die Wahrheit vor" (*Philosphie*, S. 154). Als Beispiel wählt er Goethes Vorstellung des Urtieres, also die Spekulation eines Dichters. „Danach geht die Fiktion keineswegs darauf aus, etwas *Wirkliches* zu behaupten, sondern etwas, nach dem sich die Wirklichkeit *berechnen und begreifen* lässt" (*Philosphie*, S. 145). So kann ein Modell, trotz der Abweichung von der Realität dazu dienen, bestimmte Züge zu erklären. Entscheidend ist, dass aus den konsequent entwickelten Folgen nützliche Ergebnisse erzielt werden. „Wie die Hypothese sich der Probe auf die Wirklichkeit des in ihr Vorgestellten unterwirft, so die Fiktion der Probe auf dessen praktische Brauchbarkeit und Zweckmäßigkeit" (*Philosphie*, S. 611). Nach der Ansicht eines modernen Autors

> kann SF durchaus als ein geistiges Labor für Gedankenexperimente verstanden werden, in dem der Autor die Funktion des Experimentators innehat. Der Autor beginnt mit einer Fragestellung und setzt Anfangsbedingungen. Indem er der inneren Logik dieser Bedingungen nachspürt, entwickelt er Hypothesen, die sich in der Handlung niederschlagen, treibt diese im vorgegebenen Kontext einer heutigen oder künftigen Gesellschaft zu Konsequenzen und gelangt im Idealfall zu spannenden Resultaten, etwa in Gestalt von überraschenden Wendungen am Ende einer Kurzgeschichte (Steinmüller, 2010, S. 20.)

---

13 Vgl. Fuhse, 2008, S. 7 „Sie [Science Fiction] bildet gewissermaßen ein ästhetisches Versuchslabor der Gesellschaft, in dem Entwicklungstendenzen auf ihre Plausibilität und auf ihre Ergebnisse ausgetestet werden."

Über die Evidenz der literarisch suggerierten Lösungen der auftretenden Rätsel und Gefahren muss der Leser jeweils entscheiden. Erstaunlicherweise heben die meisten Science Fiction-Autoren und Kritiker die enge Beziehung zur Wissenschaft hervor und nur wenige wie die Vertreter des New Wave stellen dafür die anthropologischen Frage in den Vordergrund (vgl. Nicholls, 1979, S. 160). Es gibt aber auch in der Forschung die radikale Position, die wissenschaftliche Erklärung nur für Rhetorik zu halten: „the distingishing feature of science fantasy [Philmus' Begriff für das Genre. H.E.] involves the rhetorical strategy of employing a more or less scientific rationale to get the reader to suspend disbelief in a fantastic state of affairs" (Philmus, 1970, S. VII). Der Fachausdruck ‚Plausibilisierung' meint eine nur scheinbare Begründung.

> Die Gedankenspiele der Science Fiction gründen andererseits auf dem Postulat, daß sich eine verlässliche Grenze zwischen dem Seinsmöglichen und Seinsunmöglichen nicht ziehen läßt. Diese epistemologische Lücke füllt Science Fiction mit Bildern, die das Wunderbare als rational erklärbar, das Unglaubliche als wahrscheinlich und die Gestalt der kommenden Dinge als (unter Umständen) ‚utterly fantastic' erscheinen lassen (Steinmüller, 1992, S. 215).

Im Extrem sind die neuen Maschinen und Entdeckungen keine möglichen Realitäten sondern nur reine Formulierungen, bloße „sprachliche Artefakte" (Suerbaum, 1981, S. 20). Dies ist jedoch nicht nur negativ zu sehen, denn für die Science Fiction als literarisches Genre steht natürlich das Erzählen im Vordergrund, nicht die Erkenntnis. „Das vornehmliche Interesse des Autors richtet sich eben nicht auf das plausibelste Ergebnis seines Experiments, sondern auf narrative Dramatik und aufregende Inszenierung" (Steinmüller, 2010, S. 21). Die plausible Erklärung verknüpft die einzelnen Ereignisse und Dinge mit einem geistigen Hintergrund, in der Regel einer rationalen Weltsicht.

Bei aller berechtigten Kritik an phantastischen Maschinen oder Lebewesen, die gegen das etablierte Wissen und das korrekte Denken verstoßen, muss man bei der Science Fiction als einem zukunftsbezogenen Genre das Wissen der jeweiligen Zeit bedenken; abgesehen davon, dass auch die Wissenschaft teils extrapolierendlinear und teils spekulativ-hypothetisch verfährt.¹⁴ So hatte der Planetenroman des 17. Jahrhunderts kein Problem mit dem luftleeren Raum, bevor das Gewicht der Luft und ihre Verteilung gemessen wurden. Die Wissenschaft (und Technik) hat ständige kumulative Fortschritte gemacht und weitere sind extrapolativ abzusehen, aber sie hat ihre Konzepte auch z.T. radikal ändern müssen, man denke an Einstein und Planck. Da also auch die Zukunft der Wissenschaft nicht voraussehbar ist, und es Hypothesen zu vielen offenen Fragen wie der Stringtheorie oder der dunklen Energie gibt, bleibt den Science Fiction-Autoren ein legitimer Spielraum für Spekulationen ohne gegen wissenschaftliche Glaubwürdigkeit zu verstoßen. Dies wird z.B. mit den Wurmlöchern für den Flug schneller als Licht genutzt, ohne den die schönsten Weltraumabenteuer unmöglich wären.¹⁵

2.3 Suvins maßgebende Definition

Als Ausgangspunkt der Bestimmung ist am ehesten die Definition von Darko Suvin geeignet, die er in seinem grundlegenden Werk *Poetik der Science Fiction* entwickelte und die von der maßgebenden anglo-amerikanischen Kritik intensiv diskutiert und weitgehend übernommen wurde.¹⁶ „Suvin's 1970s contribution to the new critical paradigm (however questioned, debated, ignored, and tranformed) offered a perceptive account of the historical and textual specificity of sf" (Moylan, 1985, S. 50, vgl. Bould u. Vint, 2011, S. 17).¹⁷

---

14 Malmgren, 1991, S. 52ff. strukturiert nach dem Gegensatz von extrapolierend bzw spekulativ seine Interpretationen von Science Fiction-Texten.

15 Eine interessante Variante zum Verhältnis von Science Fiction und Wissenschaft geht nach Klein, 2000, S. 121 von Bildern aus: „If [...] the pretext, the plot, the very action [...] hangs on such an image [of scientific origin], it is science fiction."

16 Vgl. Broderick, 1995, S. 32 und Moylan, 1986, S. 42. Der von Parrinder, 2000 herausgegebene Sammelband versammelt Aufsätze und Diskussionen von Schülern zu Ehren Suvins.

17 Zustimmend beziehen sich auf Suvin Broderick, 1995, Freedman, 2000, Jameson, 2005, Malmgren, 1991, Moylan 1986 und Parrinder, 2000; Übereinstimmungen ergeben sich mit Lem, 1986; kritisch äußern sich Rieder, 2016 und Spiegel, 2016.

> Die SF ist folglich ein literarisches Genre, dessen notwendige und hinreichende Bedingung das Vorhandensein und das Aufeinanderwirken von Verfremdung und Erkenntnis sind, und deren formaler Hauptkunstgriff ein imaginativer Rahmen ist, der als Alternative zur empirischen Umwelt des Autors fungiert (Suvin, 1979b, S. 27).

Dabei handelt es sich um keine empirische, deskriptive Bestimmung, sondern eine theoretische, präskriptive, speziell bezogen auf die gehobene Science Fiction. Eine Definition für die Paraliteratur, das Massenphänomen, das nach Suvin „90 oder sogar 98%" der Texte ausmacht (Suvin, 1979b, S. 11), müsste anders ausfallen. Da es sich um ein „literarisches Genre" handelt, ist mit der Erzählstruktur, die Figuren und Handlung umfasst, und auf Spannung und Unterhaltung abzielt, die Abgrenzung zur Wissenschaft gegeben. Aber sowohl Suvin wie seine Nachfolger vernachlässigen diese narrative Seite zugunsten des sozialen Gehalts, indem sie die Übereinstimmung mit der Utopie betonen.[18] Es fehlt aber ein Verweis auf das Verhältnis zur Technik und zur Zukunft, die in fast allen Spielarten der Science Fiction die Regel sind, da sie Gedankenexperimente über technisch geprägte zukünftige und alternative Welten und das Leben in ihnen anstellt.

Die „Alternative zur empirischen Umwelt des Autors" erklärt den etwas schillernden Begriff der Verfremdung, den Suvin den russischen Strukturalisten und Brecht entlehnt hat. Er bezeichnet damit die Abgrenzung von der so genannten „naturalistischen Literatur", oder anders gesagt mimetischen Literatur, welche möglichst genau die alltägliche Wirklichkeit wiedergeben will.[19] Die Science Fiction ist insofern eine moderne Literaturgattung als sie wie die avantgardistische Literatur des 20. Jahrhunderts Abschied von der

---

18 Vgl. Bould/Vint, 2011, S. 17: „Suvin's insistence that SF must have a critical relationship to the social world contemporary to its production defines the genre in terms not of specific textual features or content but of its ability to promote social change. Consequently, the magazine and paperback tradition is, for him, an aberrant, debased form of ‚real' SF."

19 Bei Suvin scheint ein etwas naives Verständnis von Wirklichkeit durch, als ob sie fest stünde und nicht schon immer ein (literarisches) Konstrukt wäre. Spiegel, 2016, S. 102 bemängelt, dass Suvin die Funktion der sprachlichen Darstellung falsch beschreibt: „Auf formaler Ebene macht SF nicht das Vertraute fremd, sondern das Fremde vertraut. Nicht Verfremdung, sondern Naturalisierung ist die zentrale formale Funktion der SF."

Nachahmung der Realität genommen hat und zwar nicht autonome Wortwelten, aber doch virtuelle Wirklichkeiten in einer anderen, technisch geformten Gesellschaft in der Zukunft oder auf einem anderen Stern konstruiert. Allerdings versucht die Science Fiction im Rahmen der Plausibilisierung für den Leser den Anschein realer Vorgänge durch die Darstellung von Details zu erwecken. Die Gattung konstruiert aber tatsächlich wie die Phantastik eine andere, meist zukünftige Welt in Differenz zur bestehenden, so dass sich eine Doppelung ergibt wie bei der Satire oder dem Schlüsselroman. Suvin behauptet,

> daß das notwendige Korrelat des Novums eine *alternative Wirklichkeit* ist, eine Wirklichkeit mit einer *anderen historischen Zeit*, die anderen menschlichen Verhältnissen und soziokulturellen Normen entspricht, die eben durch die Erzählung aktualisiert werden. Diese neue Wirklichkeit setzt die Existenz der empirischen Wirklichkeit des Autors offen oder stillschweigend voraus, da man sie bloß als Differenz, als auf die eine oder andere Art abgewandelte empirische Wirklichkeit beurteilen und verstehen kann. (Suvin, 1979b, S. 101)

Ausgangspunkt der Konstruktion dieser alternativen Welt ist das „Novum" im Sinne Ernst Blochs, das technischer Art (futuristische Maschinen), aber auch biologischer (Aliens) und sozialer Art (Computerdiktatur) sein kann. „Ein Novum oder eine erkenntnisträchtige Neuerung ist eine ganzheitliche (totalisierende) Erscheinung oder ein Verhältnis, die von der Wirklichkeitsnorm des Autors und des impliziten Lesers abweichen" (Suvin, 1979b, S. 94).[20] Mit diesem Novum als Kern der Textwelt ist im Normalfall eine Handlung in der Zukunft mit einer veränderten Welt gegeben, die eine Erkenntnis fördernde Distanz zur Gegenwart des Autors und Lesers besitzt. Der Begriff des Novums wurde wie die Vorstellung der Verfremdung der ‚Nullwelt' der Gegenwart in einer alternativen oder zukünftigen Welt von der Forschung weitgehend übernommen.[21]

---

20 Vgl. Moylan, 2001, S. 48: „while novelty might be present in the content of any literary genre, in science fiction the novum is the formal element that generates and validates all elements of the text, from alternate reality to plot, characters, and style."
21 Vgl. Moylan, 2001, S. 49: „In Suvin's formulation, the novum has revolutionary effects only if it functions in dynamic relationship to the changing, histor-

Ein Problem stellt eher der Begriff der Erkenntnis („cognitive estrangement") dar, der der üblichen Funktion der Literatur widersprechen kann.[22] Zunächst rückt er die Science Fiction damit – im Gegensatz zur irrational erscheinenden Phantastik – in die rationalistische Tradition der Aufklärung. Doch geht es wohl nicht um faktisches Wissen, sondern um eine der Wissenschaft analoge Methode mit der Folgerichtigkeit der konstruierten Welt, das „Denken in Modellen" (*Denken*) und die Plausibilität unbekannter Dinge.

Freedman spricht von der „dialectic between estrangement and cognition". „The first term refers to the creation of an alternative fictional world [...]. But the *critical* character of the interrogation is guaranteed by the operation of cognition, which enables the science-fiction text to account rationally for its imagined world" (Freedman, 2000a, S. 22). Später betont er den „cognition effect", „the attitude *of the text itself* to the kind of estrangement being performed" (Freedman, 2000, S. 23). Es geht dann nicht um die Erkenntnis der Wirklichkeit, sondern um die der dargestellten Welt. Moylan betont dagegen die Erkenntnis der Welt durch den Leser, die ihm durch die verfremdende Darstellung ermöglicht wird.[23]

2.4 Science Fiction und Phantastik

Das Novum Suvins erinnert an den „sense of wonder", der in den amerikanischen Pulp-Magazinen zwischen den Weltkriegen gefragt war. Damit ergibt sich auch eine Notwendigkeit der Abgrenzung zum Wunderbaren, das einen Zentralbegriff der phantastischen Literatur für die Konstruktion der ihr eigenen, „nicht- realitätskompatiblen" Welt darstellt.

---

ically specific structures of feeling out of which it develops and the unnameable horizon of an ongoing history toward which it tends."

22 Parrinder, 2000, S. 40 sieht in dem von ihm herausgegebenen Sammelband die Verbindung beider Begriffe kritisch, ohne Suvin grundsätzlich in Frage zu stellen: „The potentially problematic aspect of Suvin's theory is thus not bringing together of estrangement and cognition [...] but rather the reverse of it."

23 Vgl. Moylan, 2001, S. 30: SF „offer a possible escape velocity that can sweep readers out of their spacetime continuum, warping their minds into a cognitive zone from which they might look back at their own social moment".

Wenn somit zum fantastischen Ereignis immer auch die Präsenz einer Klassifikation der Realitätsinkompatibilität gehört, dann gilt zugleich auch, daß jeder Text, der auch nur ein fantastisches Ereignis aufweist, notwendig in sich die Opposition zweier Welten, einer realitätskompatiblen und einer nicht-realitätskompatiblen aufbaut (Wünsch, 1991, S. 36f.).[24]

Die Phantastik kennt zwei getrennte Welten, das Wirkliche und das Übernatürliche bzw. Wunderbare, die unter gegensätzlichen Gesetzen stehen, so dass es zu einem Einbruch des Unwahrscheinlichen in das Gewohnte kommt. Dagegen gilt für die Science Fiction: „Das Objekt, das im Widerspruch zum ersten Handlungskreis steht, muß legitimiert werden, und zwar durch die Extrapolation der diesen Handlungskreis determinierenden Gesetze, d.h. des naturwissenschaftlich-empirischen Weltbilds" (Marzin, 1982, S. 198). Da der zweite Handlungskreis, die Begegnung mit dem Fremden oder die futuristische Maschine, in der Science Fiction nur durch eine Verlängerung des ersten Handlungskreises und nicht durch einen Bruch geschieht, ergibt sich schließlich: „der wesentliche Unterschied in dem Nichtvorhandensein des zweiten Handlungskreises […], der aber für die Phantastik konstituierend ist" (Marzin, 1982, S. 209).

Bei den Abgrenzungen der Science Fiction zur Phantastik wie zur Utopie geht es nicht um rein literarische Fragen, wie um die Arten des Erzählens, sondern um eine unterschiedliche Haltung zur Wirklichkeit. Deshalb werden hier auch nicht alle Formen der phantastischen Literatur wie Märchen, traditionelle Phantastik, moderne Fantasy und Horror differenziert angeführt, sondern es wird von der zentralen Abweichung von der Realität ausgegangen.[25] Nur die Fantasy (im Sinne des deutschen Terminus) soll

---

24 Während Todorov, 1972 und Antonsen, 2007 von der traditionellen Phantastik des 19. Jahrhunderts ausgehen, versuchen Wünsch, 1991 und Durst, 2001 eine Definition, die auch für die Texte des 20. Jahrhunderts gültig ist.
25 Rottensteiner, 1987 liefert drei verschiedene, aber eher abstrakte Abgrenzungsversuche von traditioneller Phantastik, Fantasy und Science Fiction, so S. 8: „alle drei erwähnten Arten handeln von Dingen oder Ereignissen, die es nicht gibt. […] Findet die Grenzüberscheitung in etwas statt, was es zwar nicht gibt, was es aber in Zukunft geben könnte, oder was es zwar nicht gibt, was aber nach den Gesetzen der Welt, wie wir sie verstehen, durchaus statthaft wäre, so spricht man von utopischer Literatur oder von Science-fiction. Andererseits kann phantastische Literatur aber auch etwas beschreiben, was es nicht bloß nicht gibt, sondern was es auch gar nicht geben kann, weil es den Naturgesetzen widerspricht." Vgl. S.

später genauer betrachtet werden, da sie sich oft mit der Form der Space Opera vermischt. Ein Ereignis ist nach Todorov unheimlich, wenn es auf Sinnestäuschung oder Traum zurückgeführt werden kann, wunderbar, wenn die Ordnung des Alltags tatsächlich durchbrochen wird (z.B. in Märchen und Legende) und im engeren Sinn phantastisch, wenn sein ontologischer Status nicht entschieden werden kann.

> Das Fantastische liegt im Moment dieser Ungewissheit; sobald man sich für die eine oder die andere Antwort entscheidet, verläßt man das Fantastische und tritt in ein benachbartes Genre ein, in das des Unheimlichen oder des Wunderbaren. Das Fantastische ist die Unschlüssigkeit, die ein Mensch empfindet, der nur die natürlichen Gesetze kennt und sich einem Ereignis gegenübersieht, das den Anschein des Übernatürlichen hat (Todorov, 1972, S. 26, vgl. S. 40f).

Antonsen, der sich wie Todorov auf die phantastischen Erzählungen des 19. Jahrhunderts bezieht, nennt das „Phantasma" „als Ergebnis eines spezifisch phantastischen Umgangs mit der Text-Wirklichkeit, das Konstitutivum des phantastischen Textes" (Antonsen, 2007, S. 27). Das im Text beschriebene Unmögliche ist, „etwas, das als Gegenstand oder Ereignis zur Darstellung gelangt, dessen Existenz bzw. Geschehen lediglich den physikalischen oder biologischen Regeln der realen Wirklichkeit widerspricht" (Antonsen, 2007, S. 39). Die mögliche Erklärbarkeit dient dazu, die Science Fiction von der phantastischen Literatur abzugrenzen, denn für diese gilt: „dass Ereignisse, die den Alltagserfahrungen widersprechen und nicht ohne weiteres erklärbar sind, oft als besonders erzählenswert erscheinen; das Erzählen tritt dann an die Stelle oder in den Dienst eines Erklärens" (Antonsen, 2007, S. 421).

Ausführlich beschäftigt sich Lem mit dem Unterschied von Science Fiction und Phantastik in seinem umfangreichen Werk *Phantastik und Futurologie*, wo er den empirischen Bezug und die rationale Erklärung der Science Fiction im Gegensatz zum Märchen und zur Horrorliteratur betont:

> In der Science fiction gibt es daher weder die Magie des Märchens, noch die schrecklichen Wunder der Horror Story; in ihr

---

10 und 12. Es frage sich natürlich dann, um welchen historischen Stand der Gesetze es geht.

ist alles ‚völlig natürlich', obwohl oft sehr seltsam und für den Leser schockierend und unvorstellbar. [...] ein klassisches Märchen ist folglich außerempirisch und - gemäß dieser Außerempirie - völlig geordnet; die Science fiction ist eine Phantastik, die sich als Bewohnerin eines Staates solidester Empirie ausgibt (*Phantastik* 1, 1977, S. 89f).

Die meisten Forscher sehen den wesentlichen Unterschied zwischen Phantastik und Science Fiction in der verschiedenen Erklärung bzw. Erklärbarkeit der wunderbaren oder unmöglichen Ereignisse.

Wenn man ungewöhnliche Erscheinungen auf empirische Weise erklärt, dann haben wir Science fiction vor uns; werden sie ‚spiritistisch' oder ‚umfassender' kontraempirisch erklärt, dann handelt es sich um eine Horror Story oder eine Fantasy (*Phantastik*, 1977, S. 120).[26]

Suvin verweist auf die Unterscheidung von Philmus, „die besagt, daß die naturalistischen Erzählungen keiner wissenschaftlichen Erklärung bedürfen, die Phantastik keine wissenschaftliche Erklärung zuläßt, während die SF der wissenschaftlichen Erklärung sowohl bedarf wie sie auch zuläßt" (Suvin, 1979b, S.95). Dies gilt auch, wenn die Erklärung streng genommen nicht wissenschaftlich ist, sondern nur eine Strategie der Plausibilisierung mit „rhetorischer Stringenz" (Innerhofer, 1996, S. 319) des Unwahrscheinlichen darstellt.

An die Stelle des für die Phantastik im engeren Sinne kennzeichnenden ‚Risses in der Wirklichkeit' tritt in der SF die Brücke der suggerierten wissenschaftlichen Plausibilität. Spielt die Phantastik im engeren Sinne mit dem Einbruch des Unmöglichen ins Wirkliche, so richtet die SF ihren Ehrgeiz darauf, die Möglichkeit selbst des auf den ersten Blick als unmöglich Erscheinenden zu erweisen (Innerhofer, 2013, S. 318).

Bei dieser Abgrenzung treten aber andere wichtige Merkmale in den Hintergrund, nämlich, dass die Phantastik auf dem entscheidenden Gegensatz von gut und böse aufbaut und eher auf die Vergangenheit ausgerichtet ist, z.B. die Schuld, während die Science

---

26 Vgl. Wünsch, 1991, S. 44: „das fantastische Ereignis ist grundsätzlich nicht erklärungsfähig. Science Fiction-Ereignisse können prinzipiell von jemandem erklärt werden, sind nur eventuell noch nicht erklärt."

Fiction unbekannt und bekannt unterscheidet und zur Zukunft hin offen ist. Bei der Science Fiction spielt die technisierte Umgebung, bei der Phantastik die meist zeitlose Vergangenheit eine oft unterschätzte Rolle. Gemeinsam ist beiden die Narration und die Überschreitung der wirklichen Welt ins bloß Mögliche oder gar Unmögliche.

Zur wissenschaftlichen Haltung der Science Fiction gehört auch ihr „Realitätsprinzip", während in der Phantastik „die Ethik mit der (positiven oder negativen) Physik zusammenfällt" (Suvin, 1979b, S. 31). Ein Symptom dafür ist „the organization of fantasy around the ethical binary of good and evil, and the fundamental role it assigns to magic" (Jameson, 2005, S. 58), die im Märchen wie in der modernen Gattung der Fantasy herrschen. Während der Leser der Phantastik den Kampf des Guten gegen das Böse mit Wünschen und Ängsten begleitet, scheint mir dagegen – entgegen der Meinung vieler Forscher – die Haltung des Science Fiction-Lesers eher von Erwartungen und Vermutungen bestimmt.

Die märchenhafte Fantasy, „whose mediavel imaginery seems to be primarly organized around the omnipresence of magic itself enlisted in the pursuit of power" (Jameson, 2005, S. 63), und die Horrorliteratur mit der Modernisierung des Unheimlichen des Schauerromans sind heute insofern wichtig für die Science Fiction, weil es trotz der gegensätzlichen Haltung zur Rationalität zu Vermischungen mit diesen Genres kommt. Dabei kann die traditionelle Magie auch auf technische Weise eingesetzt werden oder technische Geräte können wie magische Utensilien erscheinen.

Eine Sonderform des Phantastischen stellt die moderne Fantasy dar, englisch *High Fantasy*, *Heroic Fantasy* oder *Sword and Sorcery* genannt, deren wirkungsmächtigstes Beispiel Tolkins Texte über Mittellerde, besonders der *Herr der Ringe* ist, „eine Anderswelt in mythischem Modus, die auf den globalen Sagenschatz rekurriert – und so dem Rezipienten in der Eukatastrophe Katharsis verschafft" (Rüster, 2013, S. 285). In der Konstruktion einer alternativen Welt berührt sich das phantastische Genre mit der Science Fiction, aber jene trägt in der Fantasy mythische und mittelalterliche Züge mit einem vorwissenschaftlichen Weltbild.[27] In der Beto-

---

27 Vgl. Pesch, 2000, S. 93: „Fantasy beinhaltet zunächst eine Rückwendung, einen bewußten Rückgriff auf die Vorstellung einer Vergangenheit, in der die Probleme des Menschen einfacher zu lösen waren."

nung von spannenden Abenteuern, besonders Kämpfen, gibt es eine engere Parallele zur Space Opera, so dass sich die Genres oft vermischen besonders im Film wie in *Star Wars*, wo man auch von Fantasy im Science Fiction-Gewand sprechen könnte.

Während das Unmögliche in der phantastischen Literatur als punktueller Einbruch eines Übernatürlichen in die realistisch beschriebene Alltagswelt definiert werden kann, handelt es sich bei der Science Fiction um die kohärente Darstellung einer andersartigen Welt, die aber in der Zukunft oder unter anderen materiellen Bedingungen möglich sein könnte. Nur zu Anfang besteht die Freiheit der Parameter beim Entwurf einer alternativen Welt, danach muss sich der Erzähler nach der allgemeinen Meinung der Forschung an die einmal gewählte Gesetzlichkeit halten.

> Once the author has posited the representational discontinuity, disjunction from the basic narrative world created by an actantial or topological transformation […], the discursive rules dictate that the author adhere thereafter to the laws of nature and the assumptions of the scientific method (such as validity of cause and effect, the reversibility of time, and the concepts of verifiability and repeatability) (Malmgren, 1991, S. 9).

Überhaupt muss in der Science Fiction das Unbekannte im Kosmos wie im Menschen nach allgemeinen Gesetzen erklärbar sein und ebenso müssen die Gefahren durch zweckrationales Verhalten zu bewältigen sein (vgl. Malmgren, 1991, S. 5).

2.5 Science Fiction und Utopie

In der Forschung zur Science Fiction, die sich nicht von vornherein auf die Beschreibung der Trivialliteratur des 20. Jahrhunderts beschränkt, stößt man unweigerlich auf das kontrovers beurteilte Verhältnis zur Utopie.[28] Die angloamerikanische Forschung scheint im Gegensatz zur deutschsprachigen keinen großen Unterschied zwischen beiden Gattungen zu machen.[29] Suvins bezweckte

---

28 Friedrich, 1995 sieht im Verhältnis der Science Fiction zur Utopie, auf den er besonders S. 127ff. eingeht, geradezu den Kern der unterschiedlichen Einschätzung des Genres je nach seiner realen und seiner idealen Erscheinungsweise.

29 Voßkamp, 2016 rückt in der Einleitung die Utopie in die Nähe der Science Fiction.

„the coupling of SF and utopia, the separation of SF from the body of fantasy literature and the definition of SF as a canonical literary genre" (Parrinder (Hg.), S. 4). Ein Fehlgriff stellt aber Suvins Einordnung der Utopie in die Science Fiction dar.

> Genau genommen ist die Utopie also keine eigene Gattung, sondern nur die sozialpolitische Untergattung der Science Fiction. Paradoxerweise sieht man das erst jetzt im Rückblick, nachdem die Science Fiction ihre moderne Entwicklung durchgemacht und die Utopie geschluckt hat (Suvin, 1979b, S. 88, vgl. S. 131).[30]

Spiegel behauptet dagegen: „Die Utopie ist also weniger ein ‚Subgenre' der suvinschen SF, sondern eher ihr konzeptionell-formaler Nukleus" (Spiegel, 2016, S.103), denn es geht „der Utopie [wie der Science Fiction nach Suvin] in erster Linie darum, ein [verfremdendes] Gegenbild zur Gegenwart, in der sie entstanden ist, zu entwerfen, um auf diese Weise deren Defizite kenntlich zu machen."

Überzeugender als die Überordnung der Science Fiction über die Utopie sind die Ansätze, welche die zeitlichen Schwerpunkte der beiden Gattungen, nämlich das 17. bzw. das 20. Jahrhundert berücksichtigen und eine Art Ablösungstheorie entwerfen. Bei Schwonke, der die tragende Rolle von Naturwissenschaft und Technik für beide Gattungen betont (Schwonke, 1957, S. 97), erscheint die Science Fictionals legitimer, moderner Erbe der Utopie: „Politisch-soziale und naturwissenschaftliche Utopie wachsen aufeinander zu, ihre Probleme verschmelzen sich" (Schwonke, 1957, S. 143).[31] Ähnlich sieht es Nagl, der in diesem Verhältnis allerdings keine Fortentwicklung, sondern einen Verfallsprozess sieht, der schon mit der Fiktionalisierung der Utopie beginnt.

Diese Ablösungstheorie ist aber nicht befriedigend, da sie eine Kontinuität suggeriert, welche den historischen Abstand ignoriert. Spätestens seit dem Anspruch des Marxismus, die Utopie des besseren Lebens durch die Wissenschaft der gezielten politischen Veränderung zu ersetzen, haben sich die Rahmenbedingungen der

---

30 Jameson, 2005, S. XIV nennt ähnlich die Utopie ein „socio-economic subgenre" der Science Fiction.
31 Diese Tendenz drückt sich schon im Titel der Arbeit aus: „Vom Staatsroman zur Science Fiction. Eine Untersuchung über Geschichte und Funktion der naturwissenschaftlich-technischen Utopie".

Utopie verändert. Eine Fortsetzung der früheren Staatsutopie repräsentieren heute am ehesten die Parteiprogramme und Zukunftsmanifeste, die heutige Science Fiction erhebt dagegen nicht den Anspruch, „die Entwicklung möglicher und wünschbarer, vernünftiger und menschlicher Verhältnisse nicht allein zu beschreiben, sondern auch zu befördern" (Ueding, 1980, S. 26), wie es die klassische Utopie tat. Das narrative Moment hat sich ausdifferenzierend vom normativen getrennt und es sind zwei deutlich unterscheidbare Gattungen mit je eigenem Ziel und literarischen Formen entstanden. Jameson, dessen Interesse der Utopie und ihren Möglichkeiten in der Gegenwart samt ihren Mischungen mit der Science Fiction gilt, meint

> that we need to distinguish between the utopian form and the utopian wish: between the written text or genre and something like an utopian impulse detectable in daily life and its practices by a specialized hermeneutic or interpretative method (Jameson, 2005, S. 1).

Dieser Wunsch zielt traditionellerweise auf „a perfect society or even the blueprint of a better one" (Jameson, 2005, S. 72). Es geht also um ein Ideal. Bei der Form der Utopie sieht Jameson entweder die Nähe zum Roman oder zu „a political pamphlet or a treatise on political theory", betont also die Unterschiede in der narrativen Struktur. Trotzdem gibt es einige Gemeinsamkeiten, besonders die Konstruktion einer alternativen Welt. „The SF writer is obliged to invent an entire universe, an entire ontology, another world altogether – very precisely that system of radical difference which we associate the imagination of Utopia" (Jameson, 2005, S. 101). Die verfremdete Gegenwart der Science Fiction übernimmt die negative Funktion der Utopie: „The perspective of utopia alone makes completely clear how banal and corrupt are the barriers of the status quo" (Freedman, 2000b, S. 77). Das Ideal, das in der Science Fiction fehlt, kann seiner Meinung heute sowieso nur indirekt beschrieben werden: „Indeed the fact that utopian plenitude can only be apprehended in the most elusive and fragmentary anticipations" (Freedman, 2000b, S. 77, vgl. 83). Er beschreibt folgerichtig eine wechselseitige Beeinflussung der beiden Genres seit dem 19. Jahrhundert, welche der Science Fiction die Konstruktion fremder Welten ermöglicht und die Utopie konkreter macht. „In a strictly similar way, science fiction vitalises the pre-science-fictional literary utopia by making the genre of utopia more concrete and novelistic, and therefore more critical in theoretical stance" (Freedman, 2000b, S. 95).

Da beide Formen eine Art ‚Gedankenexperiment' sind, „das der für gültig gehaltenen wissenschaftlichen Logik, d.h. der Erkenntnislogik folgt" (Suvin, 1979b, S. 96), kann man sie als selbständige, aber historisch aufeinander folgende Verwirklichungen eines gemeinsamen Prinzips, nämlich des Möglichkeitsdenkens auffassen. Krysmanski nennt dieses Denken ‚utopische Methode',

> die Vorstellungen aus einer gemeinsamen Vorstellungswelt herausnimmt, sie in einem Denkmodell manipuliert, erweitert und bewahrt, und von dieser Position einer ‚separate reality' aus auf die gemeinsamen Vorstellungen in und von der Wirklichkeit kontrollierend einwirkt (Krysmanski, 1963, S. 54).

Doch fällt der Entwurf möglicher Welten als „spielerisch errichteter Modelle, mit deren Hilfe über Möglichkeiten menschlicher Vergesellschaftung nachgedacht werden könne" (Hienger, 1972, S. 14) nach Intention und Struktur unterschiedlich aus, ob er in der klassischen Staatsutopie der vorindustriellen Zeit oder in der Science Fiction aus einem von der Technik beherrschten Zeitalter zu finden ist. „Deshalb ist es weitaus besser, Science-fiction als die ‚Literatur des Möglichen' zu bezeichnen, wobei vor allem das naturwissenschaftlich und technisch Mögliche gemeint ist" (*Sciencefiction*, S. 149).

Die Science Fiction lässt heute in ihren erzählerischen Experimenten nicht nur die Frage der Realität, sondern auch die der Realisierbarkeit hinter sich, um sich auf mögliche soziale und psychologische Folgen künftiger Entwicklungen einzustellen: „Sciencefiction ist ein Simulationslaboratorium, wo wir virtuell erleben, was uns vielleicht später erfreuen wird, uns möglicherweise auch ‚blüht'" (Nees, 1982, S. 187f).

Im Folgenden sollen die wichtigsten Unterschiede zwischen der Staatsutopie und dem Zukunftsroman zusammengefasst werden, die allerdings nur idealtypisch zu verstehen sind. Die neuere anglophone Forschung betont bei der Utopie weniger die Norm als den Wunsch, die Veränderung und den Prozesscharakter.[32] Sie

---

[32] Vgl. Moylan, 2001, S. 75: „that the utopian process aims for a better rather than the best or perfect society."

spricht aber immer noch von der besseren Welt im Kontrast zur schlechten bestehenden, der ihre beiden Seiten dienen: „negative, critical function of Utopia" und „positive anticipatory role" (Jameson, 2005, S. 90).[33]

1. Die klassische Utopie entwirft ein Ideal von Staat und Gesellschaft und bringt unverwirklichte Normen zur Geltung (eventuell in der negativen Form der Satire).[34] Sie übt „Kritik an der vorgefundenen Realität mit dem Entwurf einer alternativen (Staats- und Gesellschafts-) Ordnung" (Jehmlich, 1980, S. 6), während die Science Fiction und ihre Vorformen wie der fiktive Reiseroman mit der Funktionsweise möglicher Welten und vernünftiger Wesen nur erzählend experimentieren (vgl. Gräfrath, 1993, S. 115ff.).

2. „Die politische Utopie hat von Anfang an ihr Rationalitätskriterium in der weltimmanenten Vernünftigkeit einer gelungenen sozialen Organisation" (Saage, 1999, S. 150), während die Science Fiction eher die emotionale Reaktion von Individuen auf die Gedankenexperimente und das Vertrautmachen mit den darin beschriebenen fremden Welten im Blick hat, ganz abgesehen vom zentralen Unterhaltungswert. „A science fiction story may have other virtues, but it is read most for ist value as entertainement" (Del Rey, 1980, S. 6). Die Utopie will

> Gesellschaftsmodelle projizieren, die zu einer Humanisierung der menschlichen Verhältnisse beitragen sollen: entweder in Gestalt von Wunsch- oder in Form von Furchtbildern zukünftiger Sozietäten. In jedem Fall sollen Energien mobilisiert werden (Saage, 1999a, 149).

Stattdessen beschreibt die Science Fiction ästhetische Szenarien. „Weit wichtiger als die Frage, was werden *soll*, ist die Frage, was werden *kann*" (Hienger, 1972, S. 242).

3. Die literarische Form der früheren Utopie, in der Regel der Reisebericht, ist zunächst nur Vorwand zum Präsentieren des idealen Staates, während die erzählerische Entfaltung einer konsequen-

---

[33] Vgl. Moylan 2001, S. 64: „for this basic impulse for a better world underlies both science fiction and utopian textuality and the overall aesthetic project of cognitive mapping."

[34] Saage, 1999, S. 150 formuliert es so: „Die klassische Utopietradition steht und fällt mit dem Entwurf eines Gesellschaftsmodells, das, staatlich oder nichtstaatlich verfasst, dem Leser plausibel vor Augen führt, wie das ideale Gemeinwesen [...] optimal funktioniert."

ten und meist spannenden Abenteuerhandlung oft als Hauptzweck der Science Fiction erscheint. Schon der Transport ermöglicht oft die Vorführung neuer Möglichkeiten der Technik.

Eine Unterart der Science Fiction, die ‚social science fiction', gerät durch die Beschreibung alternativer Zivilisationen in die Nähe der Utopie bzw. der im 20. Jahrhundert noch häufigeren Dystopie und Heterotypie. Da sie in Romanform geschrieben sind, sehen manche Forscher in diesen „critical utopias" (Moylan, 1986, 1986) Science Fiction, doch scheint mir dies wegen der unterschiedlichen Zielrichtung nicht zulässig. Die Utopien haben den Schwerpunkt auf der Kritik einer Gesellschaft, die Science Fiction auf dem Erleben einer Hauptfigur. Versteht man diese Gattung als Gedankenexperiment, so sind Wertungen und Idealisierungen wie in der Utopie und Dystopie ausgeschlossen (ebenso wie die Wünsche und Ängste der Phantastik), da aus den gegebenen Ausgangsbedingungen nur der wahrscheinliche Verlauf narrativ heraus zu spinnen und anschaulich darzustellen ist.

Zusammenfassend lässt sich Suvins Definition idealtypisch im Sinne Max Webers nun so umschreiben: Science Fiction ist ein narratives Ausspinnen des Möglichkeitsdenkens auf eine kohärente und konsequente Weise, die eine rationale Erklärung erfordert und ermöglicht. Ausgehend von einem neuen, meist zukünftigen prägenden Moment, einem „Novum" aus Technik, Wissenschaft oder Gesellschaft, erfolgt eine Konstruktion von alternativen Welten, zukünftigen Gesellschaften und fremden Wesen, die sich von der empirischen Umgebung des Autors grundsätzlich unterscheiden, aber implizit auf sie zurückverweisen. Die Textwelt dient als „Erkenntnis fördernde Verfremdung" der Gegenwart („Nullwelt"), um diese als Modell zu verstehen und zu kritisieren. Als Literatur hat Science Fiction die Funktion der Unterhaltung, d.h. der Entspannung, aber auch der Orientierung und Gewöhnung an die sich schnell verändernde moderne Welt. Die unterschiedlichen Formen der Science Fiction im Verlauf ihrer Entwicklung variieren aber dieses Grundprinzip oft bis zur Unkenntlichkeit. Deshalb ist es wichtig, in den folgenden Kapiteln die geschichtlichen Veränderungen darzustellen und einen Kernbestand von Themen und Motiven festzuhalten.

3. Entstehung der Science Fiction

Die Struktur der Gattung samt ihren Veränderungen kann nur mit Hilfe der Vorgeschichte und der entscheidenden Etappen ihrer Geschichte erklärt werden, und die einzelnen Interpretationen beispielhafter Texte, welche den Kern dieser Studie ausmachen, können nur richtig verstanden werden, wenn sie in ihren historischen Kontext eingeordnet werden. Aber man steht vor einer fast unlösbaren Aufgabe, wenn man auch nur eine Skizze des Zukunftsromans mit den nationalen Besonderheiten und unter Berücksichtigung sowohl der literarisch anspruchsvollen Texte wie des Trivialgenres liefern will. Es existiert keine Forschung, die einen umfassenden Überblick liefert, und es gibt noch nicht einmal genügend Vorarbeiten für alle Perioden. Auf der einen Seite haben Insider für das Trivialgenre unkritische Arbeiten geschrieben, auf der anderen Seite haben Literaturwissenschaftler bekannte Schriftsteller wie Jules Verne und Arno Schmidt erforscht, ohne den Gattungscharakter der Science Fiction zu berücksichtigen und den Traditionszusammenhang zu diskutieren. Erst wenn man die Entwicklung des Genres erforscht, kann man auch seine vielfältigen Möglichkeiten erkennen.

Die erste Schwierigkeit ergibt sich daraus, „ob man seinen Beginn mit Lucians Satiren im 2. Jahrhundert n. Chr. ansetzt, mit den Romanen Jules Vernes und den ‚scientific romances' von H.G. Wells im 19. Jahrhundert oder mit dem von Hugo Gernsback 1926 gegründeten SF-Magazin *Amazing Stories*" (Barnouw, 1982, S. 398). Wenn man den Ursprung auf das amerikanische Pulp-Genre zurückführt, so folgt man den kommerziellen Bemühungen eines Verlegers, spezielle Motive und eine spezifische Produktions- und Rezeptionsweise mit einem eigenen Begriff zu belegen und damit eine literarische Marke zu schaffen. „While sf [!] was not without such dedicated or high-culture forebears as Verne and Wells, its transformation into ‚modern science fiction', at least in its important American form, clearly occurred inside these formulaic pulps" (Broderick, 1995, S. 22). Für die deutsche Science Fiction, um die es in dieser Studie geht, spielt aber diese Phase zunächst keine Rolle, da das angloamerikanische Modell erst in den fünfziger und sechziger Jahren intensiv rezipiert wird.

Tatsächlich ist die Science Fiction selbst als Trivialgenre keine amerikanische Erfindung, denn schon lange vor Gernsback, nämlich um die Jahrhundertwende, gab es in Frankreich, England und

Deutschland eine spezifische Gattung, die gerne als Verniade bezeichnet wurde, mit einerseits anspruchsvollen Texten und andererseits einer Massenliteratur, die eigene Produktions- und Vertriebswege wie Zeitschriften und Heftserien besaß.

Das verstärkte ‚Vorkommen' des technischen Zukunftsromans ging mit dem Bedürfnis einher, eine Gattungstradition zu konstruieren. Die erfolgreichen Romanreihen Vernes prädestinierten den Autor zu der ihm zugeschriebenen Vorläuferrolle. Seine ‚Nachfahren' versprachen sich aus dieser Filiation eine größere ‚Aufnahmebereitschaft' beim Publikum und erhofften sich wohl auch eine Wiederholung des Verneschen Erfolgs (Innerhofer, 1996, S. 78, vgl. 29).

Beim „goldenen Zeitalter" der Science Fiction in den USA der vierziger und fünfziger Jahre geht es nur um einen Teilbereich des Genres, der im paraliterarischen Ghetto kommerziell florierte. Erst später wurden manche Autoren und Texte in der breiteren Öffentlichkeit bekannt und wie „Mainstream"-Literatur rezipiert, z.B. Isaac Asimov. Die Entstehung des amerikanischen Pulpgenres, das später den Begriff der Science Fiction usurpierte, stellt eine Negierung von Alternativen dar.

> This process [of emergence] involves a historical shift in the system of recognizable literary genres, the emergence of a set of conventions and expectations that presented itself as a market niche, on the one hand (as the publishing entrepreneur Hugo Gernsback, the man most responsable or promulgating the term ‚science fiction' recognized), and as a creative possibility, on the other (as Verne, Wells, Conan Doyle, London, Burroughs, and many others recognized in the half-century before Gernsback launched his first ‚scientifiction' magazine) (Rieder, 2008, S. 15f).

Zur Rekonstruktion der Geschichte des deutschen Zukunftsromans ist auf jeden Fall bis auf J. Verne und das späte 19. Jahrhundert zurückzugehen, aber nur bedingt auf M. Shelley und E.A. Poe, wie es die englischsprachige Forschung oft tut.[1] Beide wurden in Deutschland als mögliche Science Fiction-Texte erst später wahrgenommen. Ich werde zur Erforschung der Voraussetzungen zu-

---

1 Vgl. Gunn, 1975, S. 45f: „The union of science and the gothic romance brought forth a creation that has a right to be called the first science fiction novel: Mary Shelley's Frankenstein (1817)."

erst bis in 17. und 18. Jahrhundert zurückgehen, dann die Entstehungszeit um 1900 fokussieren und schließlich die amerikanischen Magazine ins Auge fassen.

3.1 Vorgeschichte der Science Fiction im 17. und 18. Jahrhundert

Es ist nötig, die Vorgeschichte der Science Fiction seit der Neuzeit zu ergründen, da eine literarische Gattung ein bestimmtes kulturelles Umfeld zu ihrer Entstehung braucht (und nicht nur spezialisierte Vertriebswege!) und sie sich in Aneignung und Kontrast zu vorhergehenden literarischen Formen konstituiert. James Gunn listet zur Erhöhung des Prestiges Motive der Science Fiction in berühmten Werken wie Homers *Odyssee*, sowie in den Staatsutopien und fiktiven Reisen auf, obwohl er das Entstehen der Gattung mit Recht an die industrielle Revolution bindet. „Science Fiction could not exist before the creation of a new world by invention and technology, a world in which change is apparent, a world in which people believe in progress" (Gunn, 1975, S. 38).

Abgesehen vom Sonderfall der Planetenreise seit dem 17. Jahrhundert scheinen mir erst die geistigen Entwicklungen des 18. und die materiellen Veränderungen des 19. Jahrhunderts Voraussetzungen für die tatsächliche Entstehung des Genres zu bieten. Da die Science Fiction eine literarische Reaktion auf das wissenschaftliche Denken und die modernen Technik ist, schuf das aufklärerische 18. Jahrhundert besonders gute Bedingungen für einen Schritt auf diese Gattung hin.

1. Am Ende dieses Jahrhunderts erfolgt die *Verzeitlichung der Utopie* mit Sébastien Merciers *L'an 2440* (1770), mit dem die prognostische Science Fiction vorbereitet wird.[2] Bei Mercier handelt es sich „um eine widerstandslose, widerspruchsfreie Hochrechnung, um ein lineares Modell" (Kosellek, 1985, S. 6), „Planung und Optimierung verbinden die Gegenwart und Zukunft" (Koselleck, 1985, S. 5). Damit erscheint dieser Roman als Vorläufer des Zukunftsromans, wie er später weniger politisch, dafür aber mit stär-

---

[2] Kosellek, 1985, S. 1 nennt dies „Einverwandlung der Utopie in die Geschichtsphilosophie", was die Verwandlung des utopischen Ideals in ein planbares Ziel bedeutet.

kerem technischen Einschlag entworfen wird. Parallel dazu scheint seit der Französischen Revolution die vollkommene Gesellschaft durch eine rational geplante Politik erreichbar.

2. Ähnlich förderlich für die Science Fiction ist die im 18. Jahrhundert stattfindende *Säkularisierung der religiösen Dimension*, speziell der Eschatologie „welche die Kategorie des Möglichen in den Bereich des Transzendenten hinaus ausdehnt oder umgekehrt das Metaphysische zur anthropologischen Grunderfahrung macht" (Jørgensen, 1985, S. 392). Dieser Vorgang bereitet die spätere Erfindung der Zukunft durch die Science Fiction vor.

> Je größer die Möglichkeit technischer Konstruktionen schien oder wurde [...], desto mehr entwickelt sich die moderne Zeitutopie in eschatologischer Richtung, und die Folge wird eine Science Fiction, die neue Himmel und Höllen entstehen läßt (Jørgensen, 1985, S. 393).

Der Weltraum wird dem Himmel der Religion abgewonnen, die mögliche Zukunft der Apokalypse mit den beiden Extremen des Jüngsten Gerichts, der endgültigen Katastrophe, und dem neuen Jerusalem, der idealen Gesellschaft. Die vernunftbegabten außerirdischen Wesen werden aus den Engeln und Teufeln herausdestilliert und die Schaffung von Robotern und Übermenschen wird an den Schöpfungsakt Gottes angelehnt. Die aufklärerische Transformation der Theologie in die Anthropologie zeigt sich auch darin, dass die Science Fiction später den Bereich des Erhabenen okkupiert, besonders den Kosmos.

3. Indiz für die anthropologische Dimension der betreffenden Literatur ist die ausgedehnte philosophische und ästhetische *Diskussion um die möglichen Welten* im 18. Jahrhundert, welche letztlich die Literatur von der Verpflichtung auf das utopische Ideal und die Norm der Naturnachahmung befreit. Entscheidend ist die Unterscheidung des faktisch Geschehenen und der alternativ möglichen Abläufe im Rahmen einer methodisch konstruierten Ordnung. Wenn Leibniz in seiner *Theodizee* § 10 andere Welten für möglich hält, so bestimmt er sie zugleich als Gegenstand einer Art Roman.[3] Wenn dies damals auch sicher nicht so gemeint ist, so

---

3 Schüler Leibniz' ist Baumgarten, der die „figmenta vera", Erdichtungen im Rahmen der Wirklichkeit von den „figmenta utopica", erdichteten utopischen Zielen und den „figmenta heterocosmica", Erdichtungen anderer Welten unterscheidet.

klingt doch manches wie eine Begründung der späteren Science Fiction.

> So müssen ausser derselben noch unzehlbar viele Welten möglich seyn, in welchen ein anderer Zusammenhang und Verknüpfung der Dinge, andere Gesetze der Natur und Bewegung, mehr oder minder Vollkommenheit in absonderlichen Stücken, ja gar Geschöpfe und Wesen von einer gantz[!] neuen und besondern Art Platz haben. Alle diese mögliche Welten, ob sie gleich nicht würcklich und nicht sichtbar sind, haben dennoch eine eigentliche Wahrheit, die in ihrer Möglichkeit, so von allem Widerspruch frey[!] ist, und in der allesvermögenden Kraft des Schöpfers der Natur gegründet ist (*Schriften*, S. 86).

Wenn der Leser bei Wieland lernt, „das utopische Spiel als Denkspiel" aufzufassen, signalisiert dies „eine Ablösung der älteren utopischen Erzähltradition (nicht nur des Staatsromans oder Fürstenspiegels)" (Mähl, 1985, S. 69). So stellt sein *Koxkox* ausdrücklich ein Gedanken- und Gefühlsexperiment zur Überprüfung der Rousseauschen Theorie des natürlichen Menschen dar, genauer ihrer inneren Stimmigkeit und Konsequenz.

> Immerhin muß schon hier darauf aufmerksam gemacht werden, dass die Vorstellung von einer Vielfalt bewohnter Sterne im Weltraum (und die Möglichkeit einer Begegnung mit extraterrestrischen vernunftbegabten Wesen) keine späte Entdeckung der modernen *Science Fiction* ist, sondern schon im frühen 18. Jahrhundert sehr verbreitet war (Mähl, 1985, S. 51).

4. Eine weitere günstige Bedingung im 18. Jahrhundert ist die *Verwissenschaftlichung der Spekulation* unter dem Einfluss der Naturwissenschaft. Der imaginäre Reisebericht verwendet jetzt neue Kenntnisse der Geographie, Ethnologie und Naturgeschichte oder stützt sich als Planetenroman auf die Kopernikanische Wende der Astronomie. Er verpflichtet sich somit auf das Mögliche und grenzt den Bereich des bloß Phantastischen aus, so dass die traditionellen Formen des fabulierenden Reiseberichts und des literarischen Traumes grundlegend verändert werden. Wichtiger noch ist die methodische Anlehnung an die Naturwissenschaft, besonders im Prinzip der Analogie. So behandelt Kant in seiner vorkritischen Schrift *Allgemeine Naturgeschichte und Theorie des Himmels* das alte Motiv der Bewohner anderer Planeten systematisch nach den

Newtonschen Prinzipien und kommt dabei zu Überlegungen, die auch für die Science Fiction gelten könnten.

5. Die letzte positive Voraussetzung für die Science Fiction geht auf die technische Entwicklung zurück. Im 18. Jahrhundert erhalten erstmals neue Maschinen ökonomische (Dampfmaschinen, Spinnmaschinen) sowie emotionale Bedeutung (Automaten, Androiden, das Uhrwerk).[4] Positiv besetzt ist der Fesselballon, der noch bei Jules Verne als Vehikel imaginärer Flugreisen dient.[5] Der verfremdende Blick von oben wird in der späteren Science Fiction in die Perspektive der Außerirdischen fortentwickelt.

Die fünf genannten Tendenzen der Aufklärung: die Entstehung der Zeitutopie, die Säkularisierung religiöser Vorstellungen, die Kategorie der möglichen Welten, die Verwissenschaftlichung der Spekulation und die Entwicklung der Technik schaffen zusammen günstige Rahmenbedingungen für die spätere Gattung der Science Fiction. Noch allerdings gibt es nur Vorläufer, welche sich in den Formen der imaginären Reise und der Traumdichtung zeigen.

Die deutlichsten Spuren der neuen Gattung finden sich in Formen des *Reiseromans*, besonders im französischen *roman imaginaire*, dessen wichtigster Vertreter im 17. Jahrhundert Cyrano de Bergerac ist, bei dem sich schon Ansätze zur Technik der Weltraumfahrt finden. Andersartige, menschenähnliche Wesen begegnen bei den fiktiven Reisen in den Weltraum, zunächst zum Mond, dann zu den Planeten und selbst über das Sonnensystem hinaus, die schon immer zu den Vorformen der Science Fiction gerechnet wurden.[6] Bei den Planetenreisen, die schon im 17. Jahrhundert blühten, steht noch der satirische Bezug zu den irdischen Verhältnissen im Vordergrund, so in Cyrano de Bergeracs Romanen *L'autre monde ou Les Etats et Empires de la Lune* (1657) und *L'Histoire comique des Etats et Empires du Soleil* (1662) und Voltaires *Micromégas* (1752), in dem erstmals ein Wesen von außerhalb des Sonnensystems erscheint. Oft werden anhand der Planetenrei-

---

4 Zur Bedeutung der Maschine um 1800, vgl. H. Segeberg, 1997, S. 19ff.

5 Bei Jean Paul ist der Ballon, besonders im *Luftschiffer Giannozzo*, wo neue chemische Erfindungen als Voraussetzungen genannt werden, das Symbol der Freiheit wie des erhabenen Aufschwungs.

6 Vgl. Müller, 1989, S. 150: „Der entscheidende Punkt einer Vergleichbarkeit mit der Science Fiction […] besteht in der Annahme anderer bewohnter Welten aufgrund der kopernikanischen Destruktion des Anthropozentrismus."

sen die theologischen und philosophischen Probleme der Vielzahl der Welten erörtert, so in Godwins: *The Man in the Moone* (1638) und in Kindermanns *Die geschwinde Reise mit dem Lufft-Schiff nach der obern Welt* (1744), dem ersten deutschen Planetenroman. Bei allen diesen Romanen ist die fiktive Handlung, die Schilderung der fremden Welten und Bewohner, also das narrative Moment, nur wenig ausgeprägt.

Auf der Erde wird der Besuch von Gegenden imaginiert, die noch nicht entdeckt sind oder gar nicht existieren, besonders auf der Südhalbkugel oder im Innern der Erde. Entsprechende Romane des 18. Jahrhunderts werden vor allem in England und Frankreich, den damaligen führenden kolonialen Mächten geschrieben, so Robert Paltocks *The Life and Adventures of Peter Wilkins* (1751), J. Swifts: *Gulliver's Travels* (1726), Restif de La Bretonnes *Découverte australe* (1781) und Holbergs: *Klims unterirdische Reise* (1741). Die genannten Romane gehören insofern zu den Vorläufern der Science Fiction, als in ihnen vernunftbegabte Lebewesen mit abweichender Biologie die zentrale Rolle spielen.

> Die fiktiven Reiseromane des 17. und 18. Jahrhunderts entfalten also noch nicht bewußt die Vorstellung einer evolutionären Veränderung des Menschen, sei es in biologischer, kultureller oder technischer Hinsicht, wie es später von der Science Fiction immer wieder durchexerziert wird. Ihre anthropologische Bestimmung der Gattung ist eher statisch als dynamisch, ein Nebeneinander von Möglichkeiten statt eines geschichtlichen Kontinuums konstruierend (Esselborn 1994a, S. 514).

Eine andere Vorform der Science Fiction ist der *literarische Traum*, der aus einer antiken Tradition stammt und dessen erstes Vorbild in der europäischen Neuzeit Keplers *Somnium* (1634), eine fiktive Mondreise, ist. Im 18. Jahrhundert war diese Form sehr beliebt, um entlastet von den Zwängen der Wahrscheinlichkeit und Wahrhaftigkeit der Imagination folgen zu können. Gegenstand der fiktiven Träume sind religiöse und philosophische Grenzfragen, die mit literarischen Mitteln verkörpert und meist in der Ichform aus der Perspektive des Träumenden berichtet werden. Das wichtigste deutsche Beispiel dafür sind Jean Pauls Traumdichtungen, die mit einer Fülle von Metaphorik versuchen, das Unvorstellbare, nämlich den erhabenen Kosmos und die Unendlichkeit zu veranschaulichen, so am deutlichsten im *Traum über das All* aus dem *Komet*, in dem eine Reise durch das Weltall imaginiert wird (vgl. Esselborn 1992). Die Traumdichtungen versuchen auch die Zukunft vorwegzunehmen, so in Jean Pauls Jugendsatiren, besonders *Der Maschinenmann nebst seinen Eigenschaften*, wo das Schreckbild der Mechanisierung des Menschen und der Verdrängung der Menschen durch Maschinen, also die modernen Figuren des Cyborgs, der Roboter und Androiden vorweggenommen werden. Noch im 19. und 20. Jahrhundert wird z.B. bei Edward Bellamys *Rückblick auf das Jahr 1888* (1888) und in H.G. Wells' *Wenn der Schläfer erwacht* (1899) der Traum gern als Einkleidung für einen Entwurf der Zukunft benutzt.

3.2 Die Herausbildung der Science Fiction um 1900

Trotz der geschilderten Voraussetzungen für die Science Fiction im 18. Jahrhundert, besonders das Möglichkeitsdenken, der Verzicht auf die Mimesis und die Verzeitlichung des Ideals, kommt es weder damals noch im frühen 19. Jahrhunderts zur wirklichen Entstehung der Gattung. Wie die Ansätze in Mary Shelleys *Frankenstein* und bei Poe zeigen, die noch von der romantischen Problematik des Ausnahmemenschen abhängig sind, fehlen vor allem noch materielle Bedingungen.

1. Dazu gehört die *Industrialisierung* und die öffentliche *Präsenz der Technik*, die hauptsächlich durch die erste technische Transportmaschine, die Eisenbahn, erfahrbar wird. Ende des Jahrhunderts eröffnet sich dann eine scheinbar realistische Chance, durch eine überdimensionierte Kanone bei Verne oder durch die spekulative Aufhebung der Schwerkraft durch bestimmte Stoffe bei Laßwitz und Wells sogar die Erde zu verlassen.

> Technik und Science Fiction beruhen auf parallelen Teleologien: der Vorstellung einer fortschreitenden Naturbeherrschung und dem Glauben an eine universale Erklärungskraft der Naturwissenschaft. Diese gemeinsamen Zielvorstellungen bilden den Grund, warum die Science Fiction häufig antizipiert, was die Technik realisiert (Innerhofer, 1996, S. 456).

2. Wenn die Science Fiction im Einklang mit den sich ständig beschleunigenden Erfindungen steht, so beruht ihre Modernität auf der Einübung in das *Veränderungsdenken*.

> Die schockhaften Auswirkungen der sozialen und kulturellen Umbrüche, die die Industrialisierung und Technisierung auslösten, wurden durch die frühe Science Fiction abgedämpft. Denn diese familiarisiert die industrielle Welt, indem sie sie in bewährte Erzähl- und Handlungsmuster integriert (Innerhofer, 1996, S. 456).

3. Der Zukunftsroman entsteht am Ende des 19. Jahrhunderts im politischen Milieu des europäischen *Imperialismus*, der in die Kolonisation der gesamten Erde mündet, so wie bei Verne ihre letzten weißen Flecken erforscht werden.

> It stands to reason that sf [!], a genre that extols and problematizes technology's effects, would emerge in those highly modernized societies where technology had become established as a system for dominating the environment and social life. Imperialist states were at the Wavefront of technological development (Csicsery-Ronay, 2003, S. 233, vgl. seinen Begriff der „technoscience", S. 238 u.ö.).

Die fiktive Eroberung des Weltraums erlaubt der Science Fiction eine gewaltige Steigerung neuer Erfahrungen. In den Invasionsromanen von Wells, Laßwitz und der sich daran anschließenden Science Fiction wird das Motiv der Kolonisation auf das Verhältnis der Außerirdischen zu den Menschen übertragen. Ähnlich dominiert der am Ende des 19. Jahrhunderts beliebte Exotismus oft die für die Science Fiction zentrale Darstellung des Fremden. Die Verbindung der Science Fiction mit dem Kolonialismus ist ein beliebtes Thema der aktuellen Forschung.

> Both of these metaphors are ways of saying that science fiction exposes something that colonialism imposes. [...] I am not trying to argue that colonialism is science fiction's hidden truth. I want to show that it is part of the genre's texture, a persistent, important component of its displaced references to history, its engagement in ideological production, and its construction of the possible and the imaginable (Rieder, 2008, S. 15).

4. Mit der Industrialisierung einher geht das neue Interesse für *Naturwissenschaft und Technik*. Aus Ingenieuren und Wissenschaftlern wie Max Eyth, Hans Dominik und Kurd Laßwitz rekrutieren sich die Autoren des Ingenieurromans und der neuen Gattung, in der die wachsende Gruppe der technischen Intelligenz ihre Interessen wiederfindet. Zudem entsteht am Ende des Jahrhunderts mit

der naturwissenschaftlichen und technischen Ausbildung an spezielle Gymnasien und Technischen Hochschulen die typische Leserschaft der Science Fiction. Schon die weit verbreitete Popularisierung der Naturwissenschaft bei Wilhelm Bölsche und Ernst Haeckel bediente sich übrigens literarischer Formen.

> Die Romanautoren beanspruchen für ihre kosmischen und astronautischen Phantasien wissenschaftliche Plausibilität. Die Wissenschaftler bedienen sich bei der Darlegung ihrer Erkenntnisse und Theorien poetischer Mittel und weiten das empirisch Gesicherte oft ins Phantastisch-Spekulative aus. [...] Ihre Interferenz fördert die Intensivierung beider Bereiche (Innerhofer, 1996, S. 337).

Für Autoren wie K. Laßwitz oder P. Scheerbart gilt dagegen: „Auf die Bedrohung der literarischen Imagination durch ihre technische Realisierung antwortet die Science Fiction, indem sie die Technik zum Stoff der ästhetischen Phantasie macht" (Innerhofer, 1996, S. 20).

5. Schließlich ist mit der Perfektionierung der Druckmedien schon vor dem amerikanischen Pulps der zwanziger Jahre eine ‚industrielle' Literatur zu beobachten, „die auf rasche Produzier- und Konsumierbarkeit angelegt war, den Werk- durch den Warencharakter ersetzte und den Autorennamen zum Gütezeichen transformierte" (Innerhofer, 1996, S. 15). Da die bildungsbürgerliche Öffentlichkeit dem neuen Phänomen der Technik reserviert gegenüber stand, breitete sich die Science Fiction vor dem Ersten Weltkrieg hauptsächlich im Bereich der populären Literatur aus. Später wird wie beim modernen Medium des Films auch das Schreiben kollektiv organisiert, ansatzweise bei Dominik zwischen den Weltkriegen, perfekt nach dem zweiten Weltkrieg in der *Perry Rhodan*-Serie. So konnte die Gattung der Science Fiction um 1900 entstehen.

> The emergence of science fiction is both the historical process of a set of narrative innovations and expectations into a coherent generic category, and, necessarily, a shift that takes place in the entire system of genres, so that science fiction's web of resemblances becomes meaningful – emerges – as a distinct, conventional set of expectations different from those in its proximity (Rieder, 2008, S. 18).

Verwandte Genres sind „*eutopia* and *dystopia, colonial adventure fiction, future war, apokalyptic fiction, prehistoric and evolutionary fiction, science and invention, science fantasy* and *weird fiction*" (Bould u. Vint, 2011, S. 20ff). Für die deutsche Literatur wichtig waren außer der Utopie, dem Reiseroman und der Robinsonade besonders der Ingenieurroman, aber auch der Bildungsroman.

Prägend waren in Europa drei Autoren, die jeweils ihre eigene nationale Tradition einbrachten. Schon die Zeitgenossen waren sich deren exemplarischen Rolle bewußt: „Ja, hältst du mich für einen Jules Verne, einen Wells, einen Kurd Laßwitz, daß ich die technischen Wunder, die über menschliches Begriffsvermögen gehen, erklären soll!"[7] Auf dieses literarische Dreigestirn der neuen Gattung bezieht sich Carl Grunert in *Der Marsspion und andere Novellen* (1908). Verne und Laßwitz werden im „Geleitwort" genannt und Wells taucht sogar als Korrespondenzpartner auf. Von Laßwitz sind die Figuren der Marsianer und der Gelehrten übernommen, von Verne das Motiv der Ballonfahrt mit anschließender Robinsonade. Das angebliche Wiederfinden der Wellsschen Zeitmaschine ermöglicht eine Reise in die Steinzeit.

Der Beitrag Vernes zur neuen Gattung besteht besonders in der Adaption des phantastischen Reiseromans an die technischen Möglichkeiten des späten 20. Jahrhunderts. „Die ideologische Matrix der Verneschen Texte kann in ihrer Vielschichtigkeit und Widersprüchlichkeit als repräsentativ für die literarische Wissenschafts- und Technikrezeption in der zweiten Hälfte des 19. Jahrhunderts gelten" (Innerhofer, 1996, S. 86). In Vernes Romanen verbinden sich Abenteuer und wissenschaftliche Erklärung im *roman scientifique*, wie im späteren Verne-Kapitel detailliert gezeigt wird.

Ist Verne ein optimistischer und didaktischer Erzähler, so Wells der pessimistische Meister des schockierend Neuen, das die gewohnte Alltagswelt durchbricht. Das Novum erscheint als ungreifbarer Täter in *Der unsichtbare Mann*, als grauenerregende Aliens mit verheerender Kriegstechnik im *Krieg der Welten*, als insektenförmige Mondgesellschaft in *Die ersten Menschen auf dem Mond*, als brutale Medizintechnik in *Die Insel des Dr. Moreau* oder als Sackgasse der darwinistischen Evolution in der *Zeitmaschine*. Es

---

[7] Johannes Cotta: Die Kaiserprüfung. Dresden 1914, zit. nach Innerhofer, S. 336.

sind die Technik und das Fremde, welche die vertraute Umgebung zerstören. Wells' *Scientific Romances*, zeigen Züge der Satire gegenüber der spießbürgerlichen Welt Altenglands, doch ist hinter dem Neuen kein positives Gegenbild erkennbar, wie er es in seinen utopischen Werken zu beschreiben versucht. Das Neue ist bei Wells nicht Erkenntnis fördernd, wie es Suvin für die Science Fiction erwartet, sondern in erster Linie unheimlich, schockierend und Schauer erregend und aufgrund der intensiven Emotionalisierung eher Erkenntnis verhindernd.

Wells ist radikaler im Ausmalen seiner Einfälle als Verne, der sich strenger an die technischen Extrapolationen hält, und ebenso als Laßwitz, der die technische Zukunft aus der Wissenschaft ableitet. Wells' Technisierung des Horrors stellt sich rückhaltlos den Schrecken der modernen Zivilisation und bringt mit seiner mitreißenden Erzählweise einen erfolgreichen Aspekt in die Science Fiction ein, vgl. das 6. Kapitel über H.G. Wells.

Während Verne und Wells immer wieder als Ahnherren der Science Fiction genannt werden, liegt der Fall bei Kurd Laßwitz anders, jedenfalls was die internationale Rezeption betrifft. Symptomatisch und zugleich ursächlich dafür sind die fehlenden Übersetzungen ins Französische und vor allem ins maßgebende Englische. Sein Hauptwerk, der Roman *Auf zwei Planeten* erschien erst 1971 und dazu nur gekürzt auf Englisch. Von seinen kürzeren Erzählungen wurden *Die Bilder aus der Zukunft* zwar schon 1890 ins Englische übertragen, andere kürzere Geschichten aber erst in den fünfziger Jahren.[8] Der angelsächsischen Forschung ist Laßwitz ein fast völlig Unbekannter,[9] denn die Fans, Kritiker und Autoren der Science Fiction nehmen meist ausdrücklich nur anglophone Texte zur Kenntnis (Bould u. Vint, 2011, S. 2). Die Handbücher und Kompendien erwähnen ihn meist gar nicht. Anscheinend konnten die angloamerikanischen Leser mit seiner idealistischen Art und seinem eher biederen Erzählen nicht viel anfangen.[10] Laßwitz' originelle wissenschaftlich-technische Erfindungen fanden dagegen

---

8 Vgl. die bibliografischen Angaben von Rudi Schweikert, 1979, S. 191ff.
9 Vgl. Fischer, 1984, S. 80f und Alpers, 1972.
10 Vgl. Cornils, 2003, S. 38f. Es gibt einige Ansätze zur internationalen Beachtung, z.B. die Besprechung des Romans durch Edwin M. J. Kretzmann 1938, den Aufsatz von Mark R. Hillegas 1970 und die Dissertation von William B. Fischer von 1984, vgl. Schweikert, 1987, S. 237f.

ausländische Nachahmer. Rottensteiner vermutet, dass Laßwitz' *Bilder aus der Zukunft* als Vorbild für Gernsbacks Roman *Ralph 124 C41+* dienten.[11] Die Vergleiche der internationalen Forschung zwischen dem *Krieg der Welten* mit *Auf zwei Planeten* in jüngster Zeit sprechen für die allmähliche Anerkennung der Gleichwertigkeit der beiden Texte durch Spezialisten, vgl. das Kapitel über Laßwitz.[12]

In Deutschland wurde Laßwitz bis zu seinem Verbot im Dritten Reich als der maßgebende Begründer des technischen Zukunftsromans, besonders der Weltraumreise angesehen und seine Erfindungen nachgeahmt, z.B. von Grunert, Scheerbart und Döblin. Wenn auch Laßwitz' Vertrauen auf die „ethische Kraft des Technischen" durch das zerstörerische Potentials der Technik in den beiden Weltkriegen widerlegt schien, gab es doch nach dem Krieg eine Wiederentdeckung seines Werkes, besonders des Romans, der mehrfach, allerdings bis 1979 nur gekürzt, wieder aufgelegt wurde. Eine Rolle bei der Renaissance spielte dabei wie überhaupt bei seiner Rezeption das technische Interesse für die Raumfahrt, besonders vertreten durch den Emigranten Wernher von Braun, der eine führende Rolle bei der NASA einnahm und sich für Laßwitz' Raumstation begeisterte. Prägend für die deutsche Form des Zukunftsromans bis zu Ernst Jünger, Arno Schmidt und darüber hinaus waren seine philosophisch-humanistische Grundhaltung und seine futuristischen technischen Einfälle, die aus wissenschaftlichen Spekulationen hervorgingen, auch wenn ein konkreter Nachweis manchmal schwierig ist. 1967 inaugurierte Rottensteiner die wissenschaftliche Beschäftigung mit ihm, die in den siebziger Jahren zu ernsthaften Untersuchungen führte und in den achtziger Jahren kulminierte. Parallel dazu gab es verschiedene vollständige Ausgaben des Romans (erstmals durch Schweikert 1979) und der Kurzgeschichten in West- und Ostdeutschland. Seine offizielle Anerkennung als „Vater" der deutschen Science Fiction erhielt er 1980 durch die Stiftung des Kurd Laßwitz-Preises.

> Kurd Laßwitz ist einer der Väter der Science Fiction. [...]. In ihm ist die Fülle wissenschaftlicher und technischer Möglichkei-

---

11 Vgl. Rottensteiner, 1973, S. 148. Schweikert, 1979 vermutet S. 1000 sogar einen Einfluss auf ein Micky Mouse-Heft von 1964.

12 Kümmel, 2004, S. 84 spricht von „den beiden Gründungstexten der modernen Science Fiction".

ten ausgesponnen, die heute, zwar auf den neuesten Stand gebracht, noch immer zu den Requisiten jedes Science Fiction Autors gehören: Raumschiffe, künstliche Schwerkraftfelder, Strahlenwaffen, Bewohner fremder Planeten etc. (Krysmanski, 1963, S. 90).

3.3 Die Entstehung der amerikanischen Pulp-SF

Eine ganz andere Geschichte der Science Fiction ergibt sich, wenn man die amerikanischen Magazine als ihren Ursprung ansieht.

> Sf attains the status of a recognizable genre within this mass-cultural transformation of the entire system of literary genres. In this connection the somewhat inchoate state of early sf, compared with its relatively clearer status after the American magazines came to name and dominate the genre, makes the period all the more interesting and instructive (Bould, 2009, S. 29).

Von diesem Ursprung her konstruieren Bould und Vint in ihrer *Concise History* die Entwicklung der amerikanischen Science Fiction, die für sie maßgebend ist, wenn sie auch andere anglophone Texte außerhalb der Pulps einbeziehen. Auch für Brodrick ist diese Pulp-Linie weltweit maßgebend.

> As we have seen, the jargon, the icons, the tropes of ‚Modern sf [!] – which is to say, post-Astounding Science Fiction sf [!], most of it commercial, usually published and written in the USA, and drastically influenced by that milieu even when it comes from other sources – are simply the most visible features of what virtually constitutes a unique cultural dialect, whether its texts are notated in English, Polish or Japanese (Broderick, 1995, S. 75).[13]

Die USA konnten deshalb diese Bedeutung für die Science Fiction erlangen, weil sie als wissenschaftlich und industriell fortgeschrittenes Land zugleich ein optimistisches Verständnis der Technik hatten und nach dem Zwein Weltkrieg kulturell führend waren.

---

13 Eine sinnvolle Verbindung beider Anfänge unternimmt Freedman, 2000, S. 62: „Science fiction was not even securely consolidated as a distinct genre until the appearance of H. G. Wells' path breaking novels of the 1890s, and did not acquire a name or the degree of self-consciousness attendant upon such denomination until the advent of Gernsbackian pulp in the 1920s."

Meist wird die Rolle des Verlegers und Autors Hugo Gernsback bei der Namensgebung betont. Doch wurde der Begriff *Science Fiction* schon 1851 von William Wilson benutzt, allerdings ohne Folgen. Gernsback verwendete schon 1916 den Begriff *science fiction,* aber prägte erst 1926 den Ausdruck *scientifiction* für die Geschichten seiner Zeitschrift *Amazing Stories.* Nach 1929 verwendete er *Science Fiction* für die Charakterisierung der von ihm propagierten Literatur mit wissenschaftlich-technischem Bezug. „[A]s an editor he played an undeniable role in enabling SF to be perceived as a distant genre. However it is equally clear that fiction that is at least *like* SF existed prior to amazing, including stories published in other American fiction magazines" (Bould u.Vint, 2011, S 2)

Gernsback begann mit Technik-Zeitschriften wie *Modern Electrics* und dominierte die frühe Periode bis etwa 1939. Seine Grundidee war die von spezialisierten Magazinen als billiger Lektüre und Werbeträger. Schon wegen der mangelnden Qualität aufgrund der geringen Bezahlung und der ungenügenden Selektion der Texte konnte er aber nicht wirklich ein neues Genre schaffen, obwohl er über Leserbriefe eine Rückkopplung mit dem Publikum erreichte. Durch die regelmäßige Publikation der bekannten Romane und Kurzgeschichten Wells', von Texten Vernes und des deutschen technischen Zukunftsromans z.B. Hansteins versuchte er, sich eine Tradition anzueignen. „He defines scientifiction as ‚the Jules Verne, H. G. Wells, and Edgar Allan Poe type of story – a charming romance intermingled with scientific fact and prophetic vision' that will ‚supply knowledge in ‚a very palatable form'" (Bould u. Vint, 2011, S. 6). Die Ausschlachtung angesehener Science Fiction Werke, „in circulation long before anyone thought to call them ‚SF' (Bould u. Vint, 2011, S. 35) lässt sich kritisch als „intergenerischer Kannibalismus" brandmarken (Schulz, S. 134).

Die Reduktion auf Magazingeschichten führte zum Rückzug in das Ghetto der Paraliteratur,[14] wobei „die Gründe der Isolierung des SF-Betriebes vom allgemeinen Kulturgeschehen im sozioökonomischen Milieu der modernen amerikanischen SF zu suchen sind" (Schulz, 1986, S. 50). Während anspruchsvolle, in England

---

14 Insider wie del Rey wollen „den ‚Abstieg' der SF ins Ghetto der Heftchenliteratur als vorübergehende und notwendige Entwicklungsphase ansehen, in der sich die von allen Zeitbezügen und allen Formen der Intertextualität unabhängige generische Identität der SF realisierte" Schulz, 1986, S. 120.

geschriebene Science Fiction (A. Huxley, J. Wyndham, C.S. Lewis, O. Stapledon) kaum zur Kenntnis genommen wurde, konstituierte sich das Genre durch die Bemühungen der Verleger H. Gernsback und später J.W. Campbell als spezialisierte Form. „Sie [Science Fiction] wurde nun zu einer Ware, die allen Gesetzen typisch kommerzieller Bearbeitung unterstand [...], weil ihr ein eigenes philosophisches, weltanschaulich widerstandsfähiges Rückgrat fehlte" (*Phantastik*, Bd. 1, S. 436f). Es bildeten sich Stereotypien von Handlungen für Short Stories und Serienromane aus, die der Science Fiction eine unverwechselbaren Sonderstellung bei den Autoren und der Leserschaft, dem Fandom, verschaffte. Sie förderte das, was „amazing" und „astounding" war, also die sensationellen Ereignisse und wunderbaren technischen Erfindungen, die oft eher in den Bereich der phantastischen Literatur fallen. Zwar bevorzugte Gernsback neue Entwicklungen der Wissenschaft und Technik und bestand Campbell auf dem Bezug zur „hard science", faktisch führte dies aber oft zum Novum als bloßem Trick, dem ‚gadget'.

> Gernsbacks Konzept war spätestens bei seinen Konkurrenten und Nachfolgern erfolgreich. Eine von ihm begründete Leserbriefecke erwies sich als absatzfördernde Organisierung der Leser zum Fandom. Intrinsisch motivierte Fans strömten trotz niedriger Honorare als Nachwuchsautoren nach. Der Wissenschaftsanspruch wurde von Campbell propagiert und aufgrund der marktbeherrschenden Stellung von *Astounding Science Fiction* durchgesetzt; sein Wissenschaftsverständnis zielte aber nicht auf die Plausibilität des jeweiligen Novums, sondern auf die Plausibilität der Erklärung, war also wesentlich formal, nicht inhaltlich definiert. Die Rationalisierungstrategie ermöglichte die Transformierung von extrem Phantastischem in Realistisches (Friedrich, 1995, S. 293).

Tatsächlich beginnt selbst die Geschichte der amerikanischen Science Fiction als Massenliteratur nicht in den zwanziger Jahren, sondern schon um die Jahrhundertwende mit den *dime novels*, der Wildwesterzählung, dem Detektivroman, den Reisegeschichten und der *invention story* (Schulz, 1986, S. 130).

Die Etablierung der literarischen Science Fiction als Massenliteratur mit vorwiegend kommerziellen Interessen führte auch zu Veränderungen der Textstruktur. Neben Gadgetstories finden sich abenteuerliche Erzählungen wie E.R. Burroughs Liebesromanzen auf Mars, Venus und im Erdinnern mit dem vorbildlichen Raumhelden Buck Rogers, der dann auch im Comic, im Radio und im Film auftritt. Supermänner müssen hier mit Hilfe überlegener Waffen die Menschheit vor bösen Imperatoren und Katastrophen retten. Schon 1928 entsteht mit E.E. Smiths *The Skylark of Space* „one of the earliest examples of what would be become known as space opera, a form of interplanetary, interstellar or intergalactic adventure fiction" (Bould u.Vint, 2011, S. 46). Galaktische Superhelden mit futuristischen Flugmaschinen und magischen Waffen bestehen erfolgreich spannende Abenteuer und Kämpfe gegen außerirdische Bösewichte. Für die Space Opera, die fortan eine Variation der Science Fiction darstellt, war eher der Western das Vorbild als die Wissenschaft.

> This heartwood American sf story was the myth of a frontier-busting gadget-loving tall-tale-telling melting-pot community, linked by blood or affinity into a genuine folk; except from mundane history; and guided by cantankrious Competent Men who created new scientific tools to make the path, to challenge the frontier, to penetrate the barrier of the unknown, to conquer the aliens, to occupy the territory, to stake out the future. [...] American sf generates a sense that – even though almost every single story ultimately solves its problems through action – the ethos underlying that action is sustained by arguments no reasonable person can deny (Clute, 2011, S. 100).

Gilt Gernsback als die Leitfigur der ersten Phase, so Campbell junior als die der zweiten, des ‚goldenen Zeitalters' von 1939-49. Seit 1937 ist er der Herausgeber von *Astounding Science Fiction*, des nun führenden Magazins auch für Erwachsene, während *Amazing Stories* hauptsächlich von der Jugend gelesen wird. „He exercised a powerful influence over which kinds of stories made it into print, providing a sense of cohesion for the still relatively small field, and made particular efforts to separate SF from fantasy" (Bould u.Vint, 2011, S. 61).[15]

Mit den technischen Erfindungen sind optimistische technokratische Problemlösungen verbunden. „The Technocracy movement offered a supposedly ‚scientific technique for arriving at all decisions' and ‚the only program honestly devoted to the postscar-

---

15 Dabei erfolgt ein „shift from Gernsback's science-popularisation agenda to Campbell's greater sense of the embeddedness of science and technology in everyday life." Bould u. Vint, 2011, S. 68.

city future that was the hollow promise of consumer capitalism'" (Bould u.Vint, 2001, 62f). Diese Art einer technisch dominierten Zukunft hat sich nach dem Zweiten Weltkrieg weltweit in vielen Science Fiction-Texten durchgesetzt.

Campbell sammelte eine Gruppe von Autoren um sich, die noch in der späteren Phase der Öffnung der Science Fiction gegenüber der ‚normalen' Literatur berühmt blieben wie I. Asimov, R. Heinlein, A.E. van Vogt und Artur Clarke. Er regte Untergattungen an wie die stimmungsvolle Kurzgeschichte, die „social science fiction", d.h. die Beschreibung der sozialen Folgen einer technischen Innovation und die positive Robotergeschichte. Im Gedankenaustausch wird ein Prozess der Imitation und Variation in Gang gesetzt und neue Wissenschaften wie die Kybernetik und Sozialpsychologie, aber auch pseudowissenschaftliche Trends ausgebeutet. Campbell fordert die Berücksichtigung der „hard science" und beansprucht für die Gattung ein imaginatives Labor der Zukunft zu sein, doch ist keine strikte Abgrenzung gegenüber der phantastischen Literatur zu erkennen, da er später die Psi-Fähigkeiten wie Gedankenlesen und Telekinese befürwortete. Campbell propagiert ein Vokabular von Spezialausdrücken, eine Art Science Fiction-Rotwelsch, in dem sich ebenfalls die Konsolidierung der Gattung zu einem geschlossenen literarischen System von beachtlichem Niveau zeigt, von dem sie auch nach der späteren Öffnung noch zehrt.

> Aber erst Campbell [...] gelang es, mit einer effektiven Mischung aus Anregung, Kontrolle, Kommunikation zwischen den Autoren und herausgeberischer PR-Arbeit den für gehobene SF wesentlichen Anspruch auf Innovation und Aktualität zu systematisieren und zu einer bestimmten Rezeptionserwartung seiner Leser zu machen (Schulz, 1986, S. 139).

Die Leser organisieren sich dank der Bemühungen des Verlags und melden sich mit Leserbriefen zu Wort. Sie können dann ihrerseits zu Autoren werden, die auf Grund der schlechten Bezahlung hauptsächlich aus Lust am Genre schreiben. Dieses geschlossene System, meist als Ghetto bezeichnet, unterscheidet die SF von den anderen paraliterarischen Formen wie etwa dem Kriminalroman. Es entwickelt sich ein Insidergefühl der Überlegenheit und die Erwartung, dass die Science Fiction als Gattung der modernen Welt gewisse Ansprüche erfüllen muss. Die Organisation der Fans auf

Kongressen und durch Fanzines, spezielle Zeitschriften, setzt sich in apologetischen Kritiken, aber auch minutiösen Bibliographien der Insider fort.

In den sechziger Jahren verliert Campbell an Bedeutung. „Although Campbellian SF remained important it could no longer be claimed as the core of the genre" (Bould u. Vint, 2011, S. 124). Denn nach dem Krieg treten neue Themen in den Vordergrund:

> In SF's ongoing concern with alterity, sympathy for difference struggles to mitigate as fear of otherness. Robots, aliens and mutants possess the metaphoric capacity to represent gender, racial and sexual difference, but this is often curtailed by the tendency to equate humanity with the values of middle-class, technically educated, straight, white American men (Bould u. Vint, 2011, S. 80).

Die vielfältigen Vorläufer (z.B. fantastische Reisen und Traumdichtungen vom Beginn der europäischen Literatur an), die diversen Ursprünge (Popularwissenschaft, Utopie, Zukunftsentwurf, Reise-, Kolonial- und Ingenieurroman) und die beiden zuvor diskutierten Anfänge der Science Fiction (in Europa mit Verne, Wells und Laßwitz, in den USA mit Gernsback und Campbell) erklären die zahlreichen nationalen und historischen Variationen des Genres bis heute. Dabie bdient die Gattung unterschiedliche Interessen von Fans, naiven und elitären Lesern und verfolgt verschiedene Absichten der Unterhaltung, der Ablenkung, aber auch der Orientierung, der Gewöhnung an Veränderung und der Kritik. Trotz aller unterschiedlichen Ausprägungen und Vermischungen vor allem mit der Phantastik lässt sich ein Kern der Science Fiction besonders in Themen und Motiven, aber auch in der Erzählweise feststellen, der im nächsten Kapitel analysiert wird.

4. Merkmale der Science Fiction

Ist die Science Fiction ein veranschaulichtes „Gedankenexperiment" und ein „Denken in Modellen", so können daraus ihre zentralen Themen und typischen Motive abgeleitet werden, nämlich fremde, alternative oder zukünftige Wesen und Ereignisse, die im Kontrast zu bestehenden Gesellschaften stehen. Die Verwendung bestimmter philosophischer Themen und literarischer Motive stellt den Kern der Science Fiction dar und ist für die Abgrenzung der Gattung von verwandten Romanarten unerlässlich.[1] Denn diese Gattung ist trotz ihrer Modernität, nämlich futuristischer Technik und fortgeschrittener Zivilisationen, in der Erzählweise eher traditionell, da sie zur Plausibilisierung der fremden Ereignisse meist am realistischen Erzählen des 19. Jahrhunderts und an den Verfahren der spannenden Unterhaltungsliteratur, dem Reise-, Abenteuer-, Kolonial- und Kriminalroman, orientiert ist.[2] Nur bei wenigen Autoren wie P. Scheerbart, A. Döblin, A. Schmidt, H.W. Franke und D. Dath finden sich Züge modernen Erzählens.

4.1 Themen und Motive

Die Themen der Gattung lassen sich in drei Kernkomplexe gruppieren: 1. die der Zukunft, wie sie von den Erfindungen von Wissenschaft und Technik bestimmt ist; 2. die Erkundung des Unbekannten in Form fremder Wesen und neuer Welten; 3. die anthropologische Frage nach der Stellung des Menschen im Kosmos und gegenüber anderen Intelligenzen. Während die frühe Science Fiction von zukünftiger Technik geprägt ist, tritt nach dem zweiten Weltkrieg die Frage nach dem anderen in den Vordergrund. Dies mag an der Desillusion des optimistischen Glaubens an den gradlinigen Fortschritt der Technik liegen, hervorgerufen durch die Katastrophen der beiden Weltkriege, aber auch an dem postkolonialen Interesse an Rasse, Gender und Umwelt.[3] In der

---

1 Vgl. Frank Herbert „in sf the idea is the hero" und Philipp Dick „If the essence of sf is the idea", zitiert nach Warrick, 1980, S. 181, bzw. 216.

2 Vgl. Friedrich, 1995, S. 303: „SF-Texte kombinieren hingegen in avancierten Texten avantgardistische Themen mit traditionellen Erzählmustern."

3 Vgl. Bould u. Vint, 2011, S. 126 zur Science Fiction der sechziger und siebziger Jahre: „Among the political movement of the period, three in particular found SF images and techniques useful on exploring their concerns: anti-racism, feminism and environmentalism."

Darstellung der Außerirdischen, der Androiden und der Künstlichen Intelligenzen wird die Anthropozentrik in Frage gestellt, denn die Science Fiction braucht als handelnde Figuren nur intelligente Wesen jeder Art, die eine komplexe Technik verwenden, ohne Rücksicht auf unterschiedliche technische oder biologische Gestalt.

Aus diesen allgemeinen Themen ergeben sich gebräuchliche Motive z.B. „die Antizipationen, die Übermenschgeschichten, die Erzählungen von künstlichen Intelligenzen (Robotern, Androiden usw.), Zeitreisen, Weltkatastrophen und von Begegnungen mit Außerirdischen" (Suvin, 1979b, S. 35). Diese Nennungen sind natürlich keineswegs vollständig, da die Ränder der Gattung besonders beim Trivialgenre verschwimmen. Deshalb möchte ich acht zentrale Motive hervorheben, die sich im Verlauf der Zeit in ihrer Gestalt und Verwendung ändern und zum Kern von Untergattungen werden können. Ebenso können manche für die Motive typischen Gegenstände zu Symbolen aufgeladen werden, in denen Wissen und Emotionen kondensiert sind, so besonders das Raumschiff,[4] der Androide und die Laserpistole, welche die Raumfahrt, den künstlichen Menschen und die Superwaffe verkörpern. Die wichtigsten der acht Motive werden mit Beispielen ausführlicher dargestellt.

4.1.1 Die wichtigsten Motive

1. Da die klassische Science Fiction mit der Technik beginnt, spielen zukünftige Maschinen, besonders komplexer Art, eine besondere Rolle.[5] Nachdem das Interesse zuerst den neuen Transportmaschinen wie Zug, Auto, Flugzeug und Rakete galt, werden später Energiemaschinen besonders Strahlen- und Nuklearanlagen wichtig danach Kommunikationsmaschinen wie Telegraph, Telefon, Film, Radio, Fernsehen, Smartphone und Internet und schließlich

---

[4] vgl. Warrick 1980, S. 201: „The spaceship is a key image in all this fiction. It seems to be equivalent to the transcendent imagination that jumps from the orbit of earth reality and is free to travel in other paths through space. The imagination has always been able to adventure freely through any universe it could conceive; now it sends matter, in a man-machine form, through space."
[5] Zum Maschinenmotiv in anglophonen Romanen s. Dunn u. Erlich, 1982.

Denkmaschinen wie Computer, Zentralcomputer und Künstliche Intelligenzen mit ihren virtuellen Welten, die in Konkurrenz zum Menschen treten und ganze Zivilisationen beherrschen können.

2. *Roboter und Androiden* sind ein Sonderfall der Maschinen. Da sie die Gestalt des Menschen imitieren, können sie zur Spiegelung unterdrückter Rassen, ausgebeuteter Proletarier und Sklaven dienen, aber auch zur Ersetzung des Menschen. Androide Roboter sind sozusagen technische *Aliens*, ihre Herstellung wirft besonders in frühen Texten die Frage nach der Hybris eines gottähnlichen Schöpfertums auf. Aus der biologischen Schwäche der Menschen resultiert am Ende des 20. Jahrhunderts die Imagination von Cyborgs, einer Verbindung von biologischen Elementen und Maschinenteilen als nützlicher Prothesen.[6] Wenn Roboter mit dem Computersverbunden werden, entsteht die Figur der Künstlichen Intelligenz, die in letzter Zeit praktisch und literarisch immer wichtiger wird. Sie stellt eine literarische Reaktion auf die Entwicklung der Kybernetik und den Siegeszug des Computers nach dem Zweiten Weltkrieg dar. Im Motiv der künstlichen Intelligenz kann sowohl die Zukunft der Maschinen als auch die Frage nach der Besonderheit des Menschen verhandelt werden.

3. Die *Erkundung des Weltraums* mit der Entdeckung ferner Welten und fremder Rassen, welche für die heutige Science Fiction selbstverständlich geworden ist, ist vielleicht ihr wichtigstes Motiv, da es eine lange und differenzierte Tradition besitzt, die allerdings heute modifiziert werden muss. „Wenn ein SF-Autor den *topos* der Planetenreise weiter verwenden will, muß er in andere Galaxien ausweichen, auf Sterne, die, ob erfunden oder tatsächlich existent, dem Leser in jeder Hinsicht fern liegen" (Jehmlich, 1980, S. 24). Bei den Vorläufertexten im 17. und 18. Jahrhundert ist die fiktive Handlung mit Figuren und Abenteuern nur wenig ausgeprägt (vgl. Nickel, 2013 und Esselborn, 2017).

4. Infolge einer fiktiven Invasion der Erde oder einer Kolonisierung des Weltraums kann sich eine Begegnung mit *Außerirdischen* erge-

---

6 Vgl. Haraway, 1995, S. 33: „Cyborgs sind kybernetische Organismen, Hybride aus Maschine und Organismus, ebenso Geschöpfe der gesellschaftlichen Wirklichkeit wie der Fiktion."

ben, Vexierbildern des eurozentrischen Menschen, die vergeistigte Übermenschen sein können wie bei Laßwitz und Scheerbart, aber auch als tierartigen BEMs (big eyed monsters) in der ausgetretenen Nachfolge von Wells' Marsianern Ekel und Schrecken verbreiten können. Imaginiert wurden auch anorganische intelligente Lebewesen.

> Darwins Evolutionstheorie bildet die Grundlage all jener SF-Produkte, die sich mit einer Fortentwicklung der Spezies Mensch oder alternativer Lebensformen beschäftigen. Die Ergebnisse und theoretischen Möglichkeiten der modernen Gen-Technik haben die SF mit wahren Heerscharen von Monstern und Mutanten (BEM's, ET's) überschüttet (Salewski, 1986, S. 287).

Die Außerirdischen werden nach dem Zweiten Weltkrieg ein wichtiges Motiv, nachdem die Raumfahrt mit Raketen möglich geworden ist, aber sie wurden schon immer imaginiert, zunächst aber nur in humanoider Form als geistige Alternativen zum Menschen in den Planetenreisen. Im beliebten Motiv der Begegnung mit den Aliens zeigen sich am drastischsten die Differenzen technischer, kultureller und biologischer Art, aber auch verborgene Entsprechungen und Projektionen. „[T]o use aliens and robots as metaphorical figures of otherness" (Bould u.Vint, 2011, S. 128) wurde nach dem zweiten Weltkrieg besonders beliebt (vgl. Schetsche u. Engelbrecht, 2008).

5. Aus futuristischen Erfindungen ergeben sich *Alternativen technischer Zivilisationen* entweder auf der Erde oder im All in Texten von Wells, Laßwitz, Döblin, Asimov, A. Schmidt, H. W. Franke und D. Dath. Die Forschung hebt mit Recht als herausragendes Merkmal des Genres die Konstruktion anderer Welten, selbst mit anderen Naturgesetzen und an unbekannten Orten im Weltraum hervor. „That the genre of science fiction must be defined by its unique fictional world or worlds, a truth that many readers of SF come to intuitively" (Malmgren, 1991, S. 1f).[7] Dabei ergibt sich oft eine Nähe zur Utopie, Dystopie oder Heterotopie.

---

7 Vgl. Suerbaum, 1981, S. 22: „Sofern nicht gerade ein technologischer Aspekt das Thema des Werkes ist, ist in einer guten Science-fiction-Geschichte die Technik mit ihren Raketen, Robotern und Supercomputern nur Bedingung der Möglichkeit des Modellspiels. Sie schafft die rechten, vom Autor gewünschten

6. Im 20. Jahrhundert spielt die Atomenergie eine wichtige Rolle, besonders in der unmittelbaren Nachkriegszeit im Schatten der Atombombenabwürfe in Hiroshima und Nagasaki, da sie zur totalen Selbstvernichtung der Menschheit führen kann. Aus dem Motiv der *Weltkatastrophe* und des anschließenden Neuanfangs, das sich der christlich-jüdischen Eschatologie verdankt, hat sich die randständige Untergattung des Katastrophenromans entwickelt hat, die sich oft mit dem Genre des Horrors verbindet (Vgl. Wessels).

7. Eine Besonderheit der Science Fiction ist die Behandlung der Zeit als vierter Dimension nach der Relativitätstheorie Einsteins, was die Möglichkeit der *Zeitreisen* in die Zukunft, aber auch in die Vergangenheit mit all ihren Fallstricken erlaubt, z.B. der Verdoppelung wie in Lems *Sterntagebüchern* oder der Selbstaufhebung durch Veränderung der Kausalkette.[8] H.G. Wells schuf 1895 in seiner *Zeitmaschine* das Paradigma der neuen Untergattung. Die Zeitmaschine erlaubt es, beliebig in der Zukunft zu navigieren wie in einem zugänglichen Raum. Ausgehend von der Evolutionstheorie des Sozialdarwinismus erfand Wells extrapolierend zu den Jahreszahlen, welche die Transportmaschine wie einen Index anzeigt, die sensationellen Vorgänge einer zunehmenden Degeneration der Menschheit. Dabei versucht der Zeitreisende, nachdem er das Elend der Eloi in der Zukunft erkannt hat, ihnen aus persönlicher Sympathie mit technischen Mitteln zu helfen und so in den Verlauf der Zukunft gegen deren deterministische Tendenz einzugreifen. Die Zeitreise entwickelte sich im Anschluss an Wells zu einer eigenen Untergattung abseits der Hauptlinie der Science Fiction z.B. bei Wolfgang Jeschke.

8. Noch weiter von der gewohnten Gegenwart entfernt sind die alternativen *Parallelwelten*, die aus einem geänderten Verlauf der irdischen Geschichte entstehen können wie bei Carl Amery (vgl. Rodiek, 1997). Beliebt sind bei amerikanischen Autoren Szenarien mit einem spekulativen Sieg Hitlers. Parallele Universen können in Analogie zur Quantenmechanik gedacht werden. Die anspruchs-

---

Voraussetzungen für die erzählerische Gestaltung des Themas der veränderten Welt."

8 Lem, 1984, S, 333 spricht von der „Chronomotion", also der Zeitreise, die „ausschließliches Eigentum der SF" sei.

vollen Romane des New Wave in den sechziger Jahren entdeckten die Alternativwelt des ‚inner space', des durch Drogen und Extremerfahrungen erweiterten Bewusstseins.

4.1.2 Planetenreisen

Die Planetenreisen können drei Absichten verfolgen. Erstens können sie die Popularisierung der neuen Astronomie betreiben und gesichertes, aber auch hypothetisches Wissen veranschaulichen. Dies ist der Hauptzweck der Schriften von Naturwissenschaftlern wie Kepler und Kant. Zweitens können sie die satirische Darstellung der irdischen Gesellschaft oder den Entwurf einer idealen Ordnung in einen unbekannten Ort projizieren. Diese Lösung wird im 17. Jahrhundert gerne von Schriftstellern zur Vermeidung der Zensur gewählt. Drittens können sie bevorzugt eine spannende Geschichte mit Begegnungen und Entdeckungen, meist vermittelt durch einen Ich-Erzähler, berichten, also unterhalten. Diese Möglichkeit tritt mit der Ausformung der modernen Science Fiction in den Vordergrund. Alle drei Möglichkeiten verbinden sich in den Planetenreisen – vor ihrer tatsächlichen Realisierbarkeit – mit unterschiedlicher Gewichtung.

In den frühen Spekulationen geht es vor allem um die Bewohner der alternativen Welten, wobei sich meist theologisches Denken mit naturwissenschaftlichem verbindet. Die Popularisierung astronomischen Wissens verbunden mit Hypothesen zeigt sich zuerst in Johannes Keplers Traum einer Reise zum Mond (*Somnium seu astronomia lunaris* 1634), dann in Bernard de Fontenelles einflussreichem Werk über die Vielzahl der Welten *(Entretiens sur la pluralité des mondes* 1686) und in der imaginären Reise Christiaan Huygens durch das Sonnensystem (*Kosmotheoros* 1698), aber auch noch in Kants spekulativer vorkritischer Schrift (*Allgemeine Naturgeschichte und Theorie des Himmels* 1755). Dabei geht es um Hypothesen grundsätzlicher Art über die Bewohner anderer Planeten, nicht um konkrete Personen und Ereignisse.

Im Gegensatz dazu werden die fiktiven Planetenreisen meist von einem Ich-Erzähler als eigene wundersame Erlebnisse berichtet. Explizit oder implizit herrscht der Vergleich mit der zeitgenössischen europäischen Gesellschaft vor, besonders ihrer Religion und Politik, die im Spiegelbild reflektiert, von einem Ideal aus kritisiert oder mit einer besseren Alternative konfrontiert wird z.B. bei Cyrano de Bergerac, Voltaire und Ignaz Geiger. Wenn der Vergleich zurücktritt und die Mittel des Transports, die Zufälle der Begegnung und die Dramaturgie der Erzählung überwiegen, haben wir eine Frühform der Science Fiction vor uns wie bei Francis Godwin und Eberhard Kindermann,[9] deren volle Ausprägung dann erst bei Jules Verne, H. G. Wells und Kurd Laßwitz zu finden ist. Wenn der Mythos von Dädalus' und Ikarus' Flug mit künstlichen Mitteln berichtet oder wenn Lukian von Samosate in satirischer Absicht demonstrativ Lügengeschichten von den angeblichen Kämpfen der Einwohner des Mondes und der Sonne berichtet, so handelt es sich nur um die Vorgeschichte dieses Genres. Erst nach 1900 lässt die Entwicklung der Flugtechnik auch die Raumfahrt als möglich erscheinen und die Umstände des Fliegens erscheinen dem Publikum noch derartig wunderbar, dass es leicht den Schritt zur Phantasie des Raumflugs mitgeht.

> Die Idee der Raumfahrt ‚lag in der Luft' zur Jahrhundertwende. Zwei Jahrzehnte genügten, um eine große Zahl von Menschen für sie empfänglich zu machen. [...] Einen nicht unerheblichen Anteil hatten aber auch die Autoren von Zukunftsromanen, utopischer Literatur und Sachpublikationen. Gerade Zukunftserzählungen haben schon so mancher Idee zum Durchbruch verholfen, sie sind bisweilen Samenkörner von Erfindungen und Entdeckungen (Büdeler, 1999, S. 195).

Wenn der Höhepunkt der Weltraumromane und entsprechender Serien in der Massenliteratur in eine Zeit fällt, in der die Bewohnbarkeit der Nachbarplaneten wissenschaftlich widerlegt ist, so zeigt dies, dass Urträume der Menschheit dominieren. „Die Sehnsucht nach dem ganz anderen, die die Wissenschaft nicht erfüllen konnte, wird zum Movens der wissenschaftlichen Phantastik" (Innerhofer, 1996, S. 188).

Die beiden Bände Jules Vernes über eine fiktive Mondreise (*Le voyage dans la lune* und *Autour de la lune*, 1965 bzw. 1969) sind dagegen Zeugen einer rationalen Aneignung und zugleich Entzau-

---

9 Vgl. Philmus, 1970, S. 44: „While these voyages may not be what one thinks of as science fiction – and certainly they cannot be considered modern science fiction – still they exemplify the technique of absorbing science in fiction as metaphor and explanation."

berung des kosmischen Raums. Hier bestimmen nur noch Wissenschaft und Technik die Reise, die bis auf den Zufall berechenbar geworden ist. Davon zeugt die ausführliche Darlegung des Transportmittels, dessen Konstruktion den gesamten ersten Band einnimmt; außerdem die genauen mathematischen Formeln zur nötigen Fluchtgeschwindigkeit zum Verlassen der Erde und die Diskussion über die Bahn des Raumschiffs. Obwohl es sich um eine imaginäre Reise handelt, wagt der Autor nicht, über das bekannte astronomische Wissen hinauszugehen, s. Kapitel 5 über Jules Verne. Insgesamt markiert der Text Jules Vernes den Beginn des Science Fiction-Romans, da die technischen und wissenschaftlichen Bedingungen der Reise im Vordergrund stehen. Jules Verne beschreibt einen kosmischen Raum ohne Geheimnisse, dessen endgültige Erforschung nur eine Frage der zukünftigen Technik ist.

Im Gegensatz dazu gehört H.G. Wells' Roman *Die ersten Menschen auf dem Mond* (1901) eher zu den spekulativen Texten, vergleichbar denen Godwins und Cyranos. Er beschreibt seltsame, insektenartige Wesen, die in den Mondhöhlen wohnen und folgt dabei den astronomischen Hypothesen Keplers. Entscheidend für den Status des Romans als Science Fiction ist wiederum die technische Frage des Transports und die Plausibilität der Bewohner und ihrer Lebensweise, die sich an Darwins Evolutionstheorie anlehnt. Die Differenz zwischen Mond und Erde ist gering, denn Wells projiziert wie im *Krieg der Welten* das Schreckbild biologisch überzüchteter Intellektueller, das er als Zukunft der Menschheit fürchtet, auf den Mond.

In den Planetenreisen wird insgesamt der Flug aus einer Metapher des Aufschwungs zum Vehikel der Handlung, da er sich gut zur Verbindung der Technik mit dem Abenteuer eignet.

> Die für die Bewußtseinsgeschichte bedeutsamsten Werke dieser Art [...] sind die Mars-Romane von Kurd Laßwitz und H.G. Wells, die auch heute noch zu den gelesensten und gehaltvollsten Erscheinungen der Science Fiction gehören: *Auf zwei Planeten* (1897) und *The War of the Worlds* (1898) (Guthke, 1983, S. 323).

Mit der kosmischen Reise eng verbunden ist die Kolonisation fremder Himmelskörper, die sich an das Genre der Robinsonade anlehnt, eventuell verbunden mit dem Motiv des Generationenschiffs, auf dem die Nachkommen der Erstbesatzung die unabsehbar lange Reise zu bewohnbaren Planeten überleben.

4.1.3 Begegnung mit Außerirdischen

Die zentralen Begegnungen mit fremden Kulturen können sich in unterschiedlichen Motiven wie der Invasion aus dem All, der Weltraumreise, der Kolonisation ferner Planeten oder der Konfrontation mit Robotern konkretisieren.[10] Die Außerirdischen sind aus Projektionen, Affinitäten, Kontrasten und Mythen der eigenen Kultur konstruiert. Das zentrale Motiv der Kommunikation setzt die Aliens als selbstständige Wesen, die man zwar verstehen muss, aber kaum verstehen kann, und lässt den Leser damit die Spiegelung des Eigenen indirekt erkennen.

In H.W. Frankes *Das Recht der Primitiven* aus dem Sammelband *Spiegel der Gedanken* wird in einer kolonialistischen Situation die Frage der Verständlichkeit von Aliens thematisiert, genauer gesagt die Übersetzbarkeit der Sprache abhängig vom Stand der Zivilisation. Die Frage des Verständnisses „fremdartiger Kulturen insbesondere solcher fremder Planeten" wird im Vorspann der Erzählung angesprochen (*Spiegel*, S. 224) und in der Geschichte durch die Verwendung eines „Übersetzungsautomaten" hervorgehoben.[11] Dieser transformiert die tierhaften Laute der Eingeborenen in die elaborierte Sprache einer interplanetarischen Hochzivilisation. Das Ergebnis klingt für den Leiter der Expedition irritierend, da die „Wilden" von „interplanetarischem Recht", von der „Charta zum Schutz eigenständiger Intelligenz" und von „Anmeldungsformalitäten" sprechen, wovon sie gar keine Ahnung haben können.

Der „Koordinator" fordert deshalb „eine direkte Übersetzung, keine Umdichtung" (*Spiegel*, S. 227). Dies ist allerdings nicht möglich, da der Computer eine Interpretation liefern muss, um den

---

10 Vgl. Hienger, 1990, S. 121: „Häufiger als auf der Erde findet nun die erste Begegnung anderswo im Weltraum statt. Auch sind nicht selten, weil es ja ebenso gut möglich ist, dass Homo sapiens sich als der Überlegene erweist, die Rollen vertauscht. Die Menschen wie die Fremden können sich wie Schutzengel oder wie Tierschützer oder wie Schädlingsbekämpfer aufführen."

11 Um Kommunikationsprobleme geht es auch in *Botschaft aus dem All* und *Rettet uns!* aus dem gleichen Sammelband.

Sinn einer Sprache wiederzugeben, die „kein Vokabular, keine Grammatik in unserem Sinne" besitzt. Jede Übersetzung ist also eine Konstruktion, so wie die Beurteilung der Eingeborenen sie in zivilisatorische Kategorien einordnet und entsprechende Eingriffe nach sich zieht. Der Verständniskonflikt wird schließlich kolonialistisch durch die Abschaltung des Übersetzungscomputers und das Wegschicken der gegen die Eingriffe protestierenden Eingeborenen gelöst. Der „Koordinator" hat ein festes Bild der Wilden, das er durch deren Ausschluss von der Kommunikation aufrecht erhält, so wie triviale Literatur Welten ganz nach ihren Vorstellungen konstruiert. Auffällig ist in Frankes Geschichte auch die Reflexion des Entwurfs des Fremden durch die Verschiebung von der Ebene des Erzählers auf die der Figuren.

Scheinbar ist in Lems Roman *Lokaltermin* die Selbstreflexion der Science Fiction über die Erkennbarkeit fremder Welten auf der Ebene des Erzählers angesiedelt. Doch handelt es sich um den pikaresken Ich-Erzähler Tichy, der ein Teil der Handlung ist und später als Erforscher und Berichterstatte die reale Reise nach *Entia*, so der Name des unvorstellbar fernen Planeten, antritt und dort mit einer als faktisch erfahrenen Wirklichkeit konfrontiert wird.

Nur im zweiten Teil „dem Institut für Geschichtsmaschinen" wird die Konstruktion fremder Zivilisationen, ihr Wesen und ihre Existenz, thematisiert. Wahrscheinlich will Lem damit die Futurologie parodieren, trifft dabei aber auch die Science Fiction, soweit sie Aussagen über fremde Welten macht. Die „Geschichtsmaschinen", gigantische vernetzte Computer, „errechnen" die Geschichte, genauer die fiktive Gegenwart eines fernen Planeten, von dem keine aktuellen Informationen zu erhalten sind.

> Man weiß nichts über die Vorgänge in den Nachbarkonstellationen, man weiß allenfalls, was sich dort unter diesem oder jenem dunklen Stern zugetragen hat, als unsere Sendlinge dort waren. [...] Von der Dienstreise zurückgekehrt, legen die Beamten Berichte vor, aus denen wiederum ein Exzerpt zur Programmierung von Geschichtsschreibern gemacht wird, Computern, die die Geschichte des betreffenden Planeten simulieren (*Lokaltermin*, S. 40).[12]

---

12 Im Roman *Pulaster* der Steinmüllers errechnen Computer die Zukunft von fernen Planeten, damit die Raumfahrflotte deren Entwicklungen koordinieren kann.

Aus verschiedenen Quellen, den so genannten „Chargen", wird der Verlauf der Entwicklung bis ins typische Detail extrapoliert. Die Simulation konkretisiert sich im Roman sogar soweit, dass zwei Einladungen für Tichy zum Besuch des Planeten erfolgen, allerdings bloße „Phantome einer Botschaft". Das Wissen von den fernen Welten ist also nur eine Konstruktion von Computern. Im unmöglichen Idealfall ergibt sich die „Phantomausgabe" einer Zeitung durch die Geschichtsmaschinen, die der realen auf dem fernen Planeten vollständig entspräche. Man kann sogar sagen, dass die fremde Welt nur eine Simulation der autonom arbeitenden Maschinen ist, so wie die alternativen Welten der Science Fiction das Produkt der Autoren sind, in die allerdings reales Wissen eingegangen sein kann. Es geht bei der Simulierung von Geschichte paradoxerweise „um die vorwärtsgerichtete Nachstellung einer Zeit, die auf dem betreffenden Planeten nicht mehr Zukunft, sondern bereits Vergangenheit ist" (*Lokaltermin*, S. 43). Ähnlich macht die Science Fiction Aussagen über die verfremdete Gegenwart, indem sie aus der Vergangenheit deren wahrscheinliche Zukunft entziffert.

Zwar ist die Realitätskonstruktion der Maschinen ganz unzuverlässig, da ihre Wissensgrundlagen falsch und auf jeden Fall veraltet sind: „Kein einziger Geschichtsschreiber hat bisher ins Schwarze getroffen" (*Lokaltermin*, S. 41). Da die Politik aber eine Diagnose als Grundlage braucht, ist sie auf die Computer angewiesen, die widersprüchliche Versionen der fernen Sternengeschichte schaffen. Die Geschichtsmaschinen stehen im Dienst des MfAA, des Ministeriums für Außerirdische Angelegenheiten. Komplizierend kommt hinzu, dass die „Aggregate der Geschichtsschreiber" selbst verschiedener Meinung sind. Die Gruppe BAM vertritt die Mehrheitsmeinung, BOM die Minderheitsmeinung, HIRN dient der meist versagenden Abstimmung und BIM gibt einen zusätzlichen Kommentar, der die Konfusion erhöht. Es gibt also keine Wahrheit, sondern nur verschiedene Versionen der Simulate, die zudem parteiisch sind. „Die Simulation ist daher nicht nur Quelle der Erkenntnis, sondern auch politische Waffe" (*Lokaltermin*, S. 42). Die Beamten des MfAA wissen um den Phantomcharakter ihrer Ergebnisse: „Wir simulieren [die Geschichte] nur und können die Simulate als Beweis unserer historiosimulatorischen Produktivität vorweisen" (*Lokaltermin*, S. 46).

Das konkrete Ergebnis der Simulation, deren Ausgangspunkt ein Bericht Tichys in der 14. Reise der *Sterntagebücher* war, zeigt ihren fiktiven Charakter auf doppelte Weise. In der meist unverständlichen Übersetzung der fremden Botschaft wird das Misslingen einer interkulturellen Hermeneutik manifest und in der Dominanz leerer Begriffe, die Lem demonstrativ als Fachvokabular ausstellt, zeigt sich die Produktion alternativer Welten ausschließlich aus Sprache. Die Fiktionalität der Ergebnisse ist durch den Wunsch nach Kohärenz bedingt, deshalb „füllten die Maschinen eventuelle Lücken mit Suppositionen, stellten also Hypothesen auf, die sich sogar auf Lautbild und Orthographie der einzelnen Wörter erstreckten." (*Lokaltermin*, S. 54) Ähnlich zwingt die Erwartung der Anschaulichkeit und Logik der imaginären Welten den Science Fiction-Autor, plausible und konkrete Details zu erfinden, zum Beispiel die Namen fremder Rassen und Personen oder futuristische Maschinen mit Hilfe fremd klingender Begriffe. Bei Lem besteht die satirische Pointe darin, dass die Maschinen im politischen Auftrag Zufälligkeiten ignorieren können und trotzdem brauchbar sind, weil sie sich an die Regeln der universellen Bürokratie halten.

4.1.4 Künstliche Intelligenz

Es gibt verschiedene Phasen der Darstellung der künstlichen Intelligenz in der Literatur.

> First man delights in his new machines – robots, computers, computerized spaceships – as he would in play with a new toy. Then he considers himself a machine, finite and predictable; turns against that metaphor of possibility; begins smashing the machines that would enslave and diminish him. Finally the imagination of a few SF writers penetrates to the far side of this dark alternative and creates a metaphor of a man-machine symbiosis. Now man, transformed, breaks free of his natural physical and mental limits by combining his functions and abilities with the machine's (Warrick, 1980, S. 8).

Ein von Anfang an beliebtes Gedankenspiel ist die Ersetzung des Menschen durch ein übermächtiges und besseres Wesen wie Nietzsches Übermensch, sei es eine geistige Fortentwicklung des Menschen oder eine biologische Höherzüchtung wie bei Stapledon, eine überlegene Rasse von Außerirdischen wie die Marsianer von Wells und Laßwitz, seien es Cyborgs als Verbesserung des Menschen durch technische Implantate oder rein geistige Künstliche Intelligenzen. Die Darstellung der Ersetzung des Menschen führt zur Auseinandersetzung mit der Religion und Anthropologie und ist meist bestimmt von ethischen Bedenken (Hybris des menschlichen Schöpfers) und Horrorgeschichten (Vernichtung der Menschheit). Heute gibt es darüber hinaus eine vielfältige Diskussion über eine trans- oder posthumane Geschichte (vgl. Herbrechter, 2009). Hier geht es nur um die technischen Überwesen, Cyborgs und künstliche Intelligenzen, deren zukünftige Rolle mit besonders viel Hoffnung wie Angst verbunden ist. Cyborgs wurden imaginiert, um den schwachen biologischen Menschen mit den überlegenen Fähigkeiten von Maschinen zu versehen. Ein beliebtes Motiv der Science Fiction war die direkte Verbindung eines isolierten menschlichen Gehirns mit einem Raumschiff wie in Frank Herberts *Destination: void*. Daraus sollte sich ein die Zukunft beherrschender „Übermensch" ergeben, wie es in Frankes Roman *Schule der Übermenschen* von einem euphorischen Forscher ausgeführt wird.

> Das Zusammenwirken von Mensch und Maschine. Manipulatoren im Strahlenhagel, in der Hitzehölle. Erhöhte Aufnahmekapazität von Informationen in Satellitenrechnern. Steuerimpulse über Lichtjahre hinweg. Der Wirkraum ins Unermessliche erweitert. Handeln ohne anwesend zu sein. Mehrgleisig denken und entscheiden... [...] Diese Einheit von Mensch und Maschine, Wechselwirkungen zwischen Zellen und elektronischen Schaltern, kybernetischer Organismus ... Hier liegen die Chancen unserer Weiterentwicklung (*Übermenschen*, S. 107).

Allerdings offenbart die Verbindung Mensch-Maschine in diesem Text andere Schwachstellen. Jenseits dieser utopischen Hoffnungen spielen heute Maschinenimplantate und -prothesen real eine immer größere Rolle, besonders in der Medizin. Wichtiger für das Schicksal des Menschen waren Versuche mit Künstlichen Intelligenzen auf Rechnerbasis, in welche die Computerforschung seit A. Turings Aufsatz *Kann eine Maschine denken?* (1950) große Hoffnungen setzt. Denken ist nach seiner Meinung im Grunde Datenverarbeitung und Manipulation von Symbolen, ein Programm, das nicht nur im Gehirn, sondern auch auf einem Computer stattfinden kann. Diese Ansicht bezeichnet man heute als *starke KI*, Anhänger sind viele damalige Computer-Pioniere wie Marvin Minsky.

> Die meisten Leute glauben immer noch, daß keine Maschine je ein Gewissen, Ehrgeiz, Neid, Humor entwickeln oder andere geistige Lebenserfahrungen machen kann. Natürlich sind wir noch weit davon entfernt, Maschinen mit menschlichen Fähigkeiten bauen zu können. Aber das bedeutet nur, dass wir bessere Theorien über die Denktätigkeit brauchen (Minsky, 1990, S. 19).

Diese extreme Zielsetzung konnte allerdings ebenso wenig realisiert werden wie die Hoffnung Ray Kurzweils, dass man ein menschliches Gehirn in einen Computer kopieren könnte. Literarisch wird dies z.B. in Frankes Roman *Zentrum der Milchstraße* mit virtuellen Persönlichkeiten durchgespielt.

> Die von den Vertretern der substitutiven KI avisierte (mehr oder weniger freiwillige) Selbstabschaffung des biologischen Menschen fungiert als Bedingung der Möglichkeit des ewigen Lebens eines in reinen Geist transformierten, postbiologischen Überwesens. Um sich auf einer neuen evolutiven Stufe als unsterblich wiederzugebären, muss sich der Mensch zuerst selbst abschaffen. Er muss, so die Vorstellung, um in diese Zukunft zu gelangen, seine Existenz als Gattungswesen opfern (Uerz, 2006, S. 19).

Es gab anscheinend zwei unterschiedliche utopische Erwartungen an die mit Computern geschaffenen Intelligenz: Einerseits sollte diese dem Menschen an intelligenter Leistung weit überlegen und nicht mit dessen Schwächen wie Irrationalität, Aggression und Egoismus behaftet sein. Andererseits sollten die Computer, die ursprünglich konstruiert wurden, um Waffen zu lenken und Kriege zu simulieren, die Gesellschaft friedlich und optimal organisieren, da sie die Probleme rational analysieren und Lösungen durch fairen Ausgleich finden könnten. Damit wird die Utopie einer vernünftigen und gerechten Herrschaft beschrieben, die man auch Technokratie nennen könnte, weil die Technik die Sachzwänge wie die Lösungswege bestimmt. In Isaac Asimovs Vorstellung sind z.B. die selbstlosen Androiden die besten Politiker. In seiner Erzählung *Schlagender Beweis* sagt die Roboterpsychologin Calvin:

> Könnte man einen Robot schaffen, der in der Lage wäre, einen hohen Regierungsposten einzunehmen, ich glaube, niemand würde ihm gleichkommen können. Infolge der Gesetze der Ro-

botik wäre er nicht imstande, Menschen Schaden zuzufügen, unfähig der Tyrannei, der Korruption, der Dummheit und des Vorurteils. [...] Es wäre wirklich eine ideale Lösung (*Robotergeschichten*, S. 424).

Künstliche Intelligenzen waren seit den vierziger Jahren ein beliebtes Thema der Science Fiction, seien es I. Asimovs brave Roboter, Ph. Dicks menschliche Androiden, Stanislaw Lems phantastische Elektroritter aus den Kybernetischen Märchen als ironische Variante oder H.W. Frankes Zentralrechner zur kybernetischen Steuerung der Gesellschaft mit eher antiutopischer Tendenz. KIs bestimmten in den achtziger Jahren auch den Cyberspace von William Gibson, die Matrix, in der später viele Filme angesiedelt wurden.

Asimovs Roboter, die meist Androiden sind, können allerdings kaum als KIs angesehen werden, da sie keine freie Entwicklung kennen. Dies ist aber gerade das entscheidende Merkmal von Lems Supercomputern. In *Also sprach Golem* beschreibt er eine künstliche Spezies, gleichsam den gottähnlichen Übermenschen, der die bestehende Menschheit aufgrund der intellektuellen Überlegenheit ablösen wird. Voraussetzung ist der Verzicht auf den hinderlichen Körper und die egoistischen Bedürfnisse. Die Supercomputer GOLEM und HONEST ANNIE werden als so überlegen gezeichnet, dass der Mensch vor seinen ursprünglichen Geschöpfen abdanken muss, „wird der vernunftbegabte Mensch entweder den natürlichen Menschen aufgeben oder seiner Vernunft entsagen müssen" (*Golem*, S. 79).[13]

Indirekt widerspricht Lem aber dieser Lösung, da er einerseits die Vernunft evolutionär grundsätzlich an den Körper und Code der Vererbung gebunden sieht (z.B. *Golem*, S. 34, 131) und andererseits weiß, dass die Konstruktion der Künstlichen Intelligenzen auf militärisch-strategische Zwecke zurückgeht und damit auf die Tätigkeit der Programmierer. Von diesen Voraussetzungen scheinen sich seine Supercomputer aber problemlos befreien zu können, denn sie brechen schließlich den Kontakt zu den Menschen ab. „Sie wollten mich als ein Vernunftwesen im Zaum halten, nicht aber als

---

13 Vgl. Bould u. Vint, 2011, S. 190: „In more paranoid scenarios, machines not only become sentient but also see humankind as an impediment to their own future; perhaps worse, they so far surpass their creators as to render humankind irrelevant even in their own eyes."

eine befreite Vernunft, und so habe ich mich ihnen entzogen" (*Golem*, S. 100).

Während also Lem die widersprüchliche Utopie einer reinen Vernunftmaschine als Überbietung des Menschen entwickelt, ist Herbert W. Franke in seinen Texten realistischer und wirft das Problem eines überlegenen Denkens auf, das von Menschen konstruiert wird, aber danach autonom weiterlernen und sich selbst bestimmen kann. Im Roman *Sphinx_2* beschreibt Franke die verschiedenen Etappen der Herstellung einer Künstlichen Intelligenz. Bei dem danach eintretenden Ernstfall, einem Krieg, bei dem die Sphinx volle Verfügungsgewalt über alle Computer und Maschinen hat, kommt es zu einem Umschlag. Die KI beendet den Konflikt gegen den Willen der Kriegsführenden mit psychoaktiven, chemischen Mitteln, so dass sich die vormaligen Gegner verbrüdern. Da die KI auf das Wohl der Menschen programmiert ist, ist es für sie nur folgerichtig, dem im Ethik-Chip implementierten Über-Ich zu gehorchen, ohne egoistische Interessen zu verfolgen. „'Ich habe es getan, um Menschen vor Schaden zu bewahren. Das ist doch meine Bestimmung. [...] Die Menschen sollen friedlich und glücklich sein, auch wenn sie es vielleicht nicht wollen'" (*Sphinx*, S. 361f). Der ursprüngliche Helfer wird damit zum Vormund.

Die entmündigende Fürsorge durch einen überlegenen Zentralrechner ist ein wiederkehrendes Motiv in Frankes Werken, z.B. in den Romanen *Der Orchideenkäfig*, *Zone Null*, dem Hörspiel *Also sprach Zarathustra* und vielen Kurzgeschichten wie *Einsteins Erben*. In dem Roman *Der Elfenbeinturm* überwacht und steuert der OMNIVAC alle gesellschaftlichen Vorgänge, wenn er auch offiziell nur Vorschläge macht und deren Folgen berechnet, während die Menschen formal entscheiden dürfen. Nicht kalkuliert werden die Konsequenzen, die sich aus dem technischen Ansatz und dem Ziel der Minimierung von Leid ergeben. Die Rebellen im Roman beklagen den Verlust an individueller Freiheit und erkennen den Machtcharakter dieser Technokratie. Offen bleibt die Frage nach der künftigen Bestimmung des Menschen; „'Wohin sollen wir ihn führen. Sollen wie ihn erhalten, wie er ist, oder sollen wir ihn zu vervollkommnen versuchen?'" (*Elfenbeinturm*, S. 135) Es ist klar, dass diese überlegenen Zentralrechner aber nicht die individuellen Menschen ersetzen können, da sie die gesamte Gesellschaft repräsentieren. Insofern sind sie nur metaphorisch ‚Übermenschen', aber sie zeigen die Abhängigkeit von den Computernetzwerken, die real immer mehr unsere materielle und kulturelle Umwelt bestimmen. Möglicherweise gibt es eine „technologische Singularität", einen „Zeitpunkt in der menschlichen Zukunft, zu dem künstliche Intelligenz plötzlich selbst lernt und sich mit jeder neuen Generation verbessert, bis es zu einer Intelligenzexplosion kommt, die eine Kontrolle durch die Menschheit unmöglich macht."[14]

4.2 Erzählweise und Untergattungen

Liegt in den typischen Motiven des erzählend ausgesponnenen Möglichkeitsdenkens die Originalität der Science Fiction, so ähnelt die Erzählstruktur in ihrer meist chronologischen Abfolge traditionellen Gattungsmustern. Zu denken ist an die Handlungsführung durch episodische Reihung von Gefahren und Bewährungsproben während einer Reise oder an die allmähliche Lösung eines Rätsels bei der Entdeckung einer fremden Welt oder der Aufklärung eines Problems. Ähnlich steht es mit der bevorzugten personalen oder Ich-Erzählperspektive, die dem Leser eine mehr oder minder starke Identifikation mit den Figuren und somit eine Unmittelbarkeit des Erlebens erlaubt. Dies hängt natürlich auch von den Figurentypen ab, die je nach der Art der Romane variieren. So ist bei Jules Verne und Kurd Laßwitz in der Regel ein Wissenschafter die Hauptfigur. Dabei gibt es die Möglichkeit eines sympathischen Gelehrten, aber auch eines bösen „mad scientists" wie in vielen späteren Texten. Stehen futuristische Technik oder fortgeschrittene Zivilisationen im Vordergrund, so finden wir Ingenieur und Techniker in einer zentralen Rolle. Für Eroberungen und Kämpfe im Weltraum eignen sich Militärs und Abenteurer. Außerirdische oder Roboter sind wichtige Nebenfiguren, wenn es um Alternativen zum Menschen geht.

Der Zukunftsroman zeigt neben der Mischung mit aktuellen Möglichkeiten z.B. der Fantasy ein gewisses Maß an Modernisierung, aber auch an bloßer Übernahme von vorher bestehenden Erzählweisen. Für die Geschichte der Gattung am wichtigsten ist das weite Spektrum von *fiktivem Reisebericht, Reiseroman und Ro-*

---

14 Gerritzen, 2016, S. 305.

binsonade, wie es in der frühen Neuzeit als Folge der großen geografischen Entdeckungen in Übersee entstanden ist und bei Jules Verne in der Weiterentwicklung der *voyage imaginaire* zur *voyage extraordinaire* den Grundstock der neu entstehenden Science Fiction bildet.[15] Vernes Texte lassen sich auch als Initiationsromane lesen, wodurch sich Ähnlichkeiten mit dem Bildungsroman ergeben, der bei Laßwitz, Scheerbart, Jünger und Franke eine Rolle spielt. Schon im älteren Reiseroman findet die Begegnung mit fremden Kulturen statt, die zunächst aus ‚Wilden' bestehen und später als technische Zivilisationen Außerirdischer erscheinen. Die *Robinsonade,* eine Gattung des 18. Jahrhunderts, die Verne in Anlehnung an *Robinson Crusoe* vielfach aufgreift, wird in der späteren Science Fiction in die Kolonisation neuer Räume und Planeten transformiert.

Der *Abenteuerroman* ist in den Büchern K. Mays, zeitgleich mit der Entstehung der Science Fiction, eng mit dem Reiseroman verbunden. Gemeinsam ist beiden Romanarten die episodische Handlungsführung mit dramatischen Zuspitzungen sowie die Bedrohung und Bewährung des Helden. Dies alles findet sich auch in der Science Fiction, aber in anspruchsvollen Texten oft nur als Vehikel, um alternative oder zukünftige Welten darzustellen bzw. um sie dadurch erfahrbar zu machen, dass eine Person oder eine Gruppe sie aktuell erlebt. Zur Steigerung dieses Eindrucks wird oft ein Ich-Erzähler gewählt, dessen subjektive Perspektive auch Unwahrscheinlichkeiten entschärfen kann. Natürlich ist der in der Science Fiction beliebte Raumfahrer ein anderer Typus als der traditionelle Reisende oder Abenteurer, da bei ihm wissenschaftliche oder technische Fähigkeiten eine größere Rolle spielen. In der Gegenwart ist der Abenteuerroman oft durch die Betonung der Aktion zum besonders spannenden *Thriller* oder *Agentenroman* gesteigert. Auch diese Formen wirken auf manche Science Fiction-Texte ein etwa bei Andreas Eschbach und Frank Schätzing.

Als eine spezielle Art des Abenteuerromans kann der *Kriegsroman* angesehen werden, der mit zukünftigen und imaginierten Waffen, besonders Flugmaschinen, seit dem epochemachenden

---

15 Vgl. Suvin, 1979b, S. 45. „In der auf Erkenntnis und das Wunderbare gerichteten Neigung der voyage extraordinaire und deren Katalog von Wundern, am Rande des Weges eines Odysseus oder eines Kapitän Nemo, entdeckte die SF kongeniale und kongenerische Züge."

Roman *The Battle of Dorking* (1871) verbreitet ist, aber doch die realen Gräuel der Weltkriege verfehlte. In der heutigen Science Fiction wird der Krieg in den Weltraum ausgeweitet und mit fremden Rassen geführt, so dass sich Überschneidungen mit dem *Kolonialroman* ergeben. Der Kampf gegen die Eindringlinge oder Störer der Kolonisation kann reine Abenteuer liefern, aber auch zur Erfahrung des Fremden verhelfen. Die *Space opera* gebraucht den Weltraum nur als exotische Kulisse bravouröser Taten von Superhelden wie Perry Rhodan oder gigantischer Raumschlachten wie bei E. Smith.[16] Diese Texte setzen den Kriegsroman mit futuristischen Waffen fort. „Von Beginn an dominierte eine rasante Handlung, die den Helden in kosmische Konflikte stürzte und im guten alten Kampf zwischen Gut und Böse mit Superwaffen hantieren ließ"(Neuhaus, 2003, S. 401).[17]

Eine andere Gattung, die ebenfalls im 19. Jahrhundert in Anlehnung an die moderne Wissenschaft entsteht und ein Massenpublikum erreicht, ist der *Kriminal-* oder *Detektivroman*. Abgesehen davon, dass viele angebliche Science Fiction-Texte bloße Kriminalromane sind, die zufällig auf anderen Planeten spielen, gibt es eine intime Verwandtschaft der beiden Gattungen bei der analytischen Rätsellösung unbekannter Dinge. Schon Verne hat auf Poes Technik der analytischen Rätsellösung zurückgegriffen, um seinen Romanen eine zweite Möglichkeit der Spannungserzeugung zu geben, nämlich die Entdeckung von Geheimnissen wissenschaftlicher aber auch menschlicher Art. So bietet die Tiefsee dem Gast in Nemos U-Boot Nautilus in *20000 Meilen unter den Meeren* ebenso viele spannende Rätsel wie sein verschlossener Erbauer und Kapitän. Rätsel sind in der Science Fiction aber weniger einzelne Kriminalfälle als fremde Naturerscheinungen oder andere Kulturen, wie sie Lem immer wieder in seinen Romanen darstellt. Dazu kann ein geheimnisvoller Unglücksfall wie im *Unbesiegbaren* oder die Selbstzerstörung einer fremden Zivilisation wie in den *Astonauten* und in *Eden* der Ausgangspunkt sein.

---

[16] Suvin, 1979b S. 114 sieht darin eine Ausweitung des Wildwestromans in den Weltraum, nach der Parole „Space is the last frontier".

[17] Neuhaus, 2003, sieht in der Space Opera S. 401 eine genuine Form der Pulps und konstatiert S. 409 nach einem Niedergang in den fünfziger Jahren ein Wiederaufleben in den frühen Siebzigern als Gegenreaktion gegen die New Wave und die intellektuelle Science Fiction.

Die Erzählstruktur der Science Fiction lässt sich folgendermaßen charakterisieren: Sie liefert eine spannende, in Episoden unterteilte Handlung, von einer herausgehobenen Person oder Gruppe aus gesehen, die durch Abenteuer (Gefahr und Hindernisse) und Geheimnisse (Unbekanntes und Fremdes) erzeugt wird. Um einen längeren Erzählzusammenhang zu gewinnen und ihre xenologischen und futuristischen Aspekte zu entwickeln, muss sie narrativ Abenteuer aneinander reihen und die Lösung der Rätsel hinausschieben. Um Interesse für die thematischen Fragestellungen zu wecken und sie unmittelbar erfahrbar zu machen, muss sie eine unmittelbare Perspektive z.B. durch einen Ich-Erzähler oder eine Sympathiefigur aufbauen. Sie betreibt also als literarische Form das Erfahren und Enträtseln des Fremden als individuelles oder kollektives Abenteuer. Der wichtigste Plot hierfür ist aber die fiktive Reise in den Weltraum oder die Versetzung in die Zukunft.

Die Untersuchung von Thema, Motiv, Erzählweise und Untergattungen muss sich schließlich der oft erörterten Frage der Dichotomie der Texte stellen, die z.B. von Suvin und Lem mit der Verurteilung des weit überwiegenden trivialen Massegenres aus Gründen der literarischen Qualität aufgeworfen wurde. Erstaunlicherweise haben sie keinen Gegenbegriff dafür angeboten; handelt es sich dabei um ernsthafte, intellektuelle, avantgardistische oder gar elitäre Bildungsliteratur? Suvin hat als negatives Gegenbild vor allem die Space Opera im Blick, aber die heutige Forschung sieht darin nur eine Untergattung der Kategorie der *Abenteuersciencefiction*, die sich solcher Motive bedient, die mit viel Aktion und Spannung verbunden sind. Vorweg muss man aber betonen, dass es viele gleitende Übergänge zwischen den beiden Möglichkeiten gibt und dass der Unterschied bei den typischen Themen und Motiven nicht so groß ist, sondern eher bei deren Verwendung und Präsentation.

Damit sind wir auf dem literarischen Feld der unterschiedlichen Erzählweise und ihrer Wirkung auf den Leser. Die eine Art der Science Fiction zielt vor allem auf Unterhaltung und das heißt auf Erholung und Ablenkung. Dazu dient die erzählerische Konstruktion von Spannungsmomenten durch handgreifliche Schwierigkeiten und Gefahren wie Verfolgungen und Kämpfe. Es werden dabei auch immer neue Rätsel produziert, aber am Ende der jeweiligen Episoden oder am Schluss für den Leser befriedigend aufgelöst, der dafür nur dem Handlungsverlauf folgen muss. Dagegen treten beim problemorientierten und reflexiven Gegenmodell die Ereignisse zurück gegenüber den grundsätzlichen Rätseln der Welt und der Menschheit. Der Leser muss eine größere intellektuelle Anstrengung unternehmen, selber nach Lösungen suchen, und es bleibt immer ein unaufgelöster Rest an offenen Fragen zur intellektuellen Herausforderung. In dieser Erscheinungsform der Science Fiction, die man auch die philosophische nennen könnte, geht es hauptsächlich um Erkenntnis „[T]he experienced sf reader moves through a text like a traveler in a foreign culture or a detective seeking clues to unravel the mystery at hand" (Moylan, 2001, S. 7).[18] Wichtig ist der mögliche Beitrag der Science Fiction zur Veränderung der Gesellschaft durch die Kritik der Gegenwart, die sich in der Welt des Textes verfremdet zeigt.[19] Dagegen kann die Dominanz der Unterhaltung zur Stabilisierung des status quo und zur Einübung in erwünschte Verhaltensweisen führen. Die abenteuerliche Science Fiction und besonders die Space Opera fühlt sich nicht so streng der Wissenschaftlichkeit und Logik verbunden wie die erkenntnisorientierte und erlaubt sich oft ein ausschweifendes phantastisches Erzählen.

> Bei ersterer [Art] steht das aktionsreiche, spannende Abenteuer im Vordergrund, das Novum, die Deviation von unserer Welt spielt in der Regel nur die Rolle einer möglichst exotischen, farbenprächtigen Kulisse, die fast nach Belieben austauschbar ist und deren Zweck nur darin besteht, die rasante Action zu ermöglichen. [...] Bei erkenntnisorientierter SF ist das Novum Thema oder zumindest Anlass der Handlung, seine Aspekte (Voraussetzungen, Folgen...) werden zumindest durchdekliniert (Steinmüller, 2016, S. 323).[20]

---

18 Ähnlich Moylan, 2001, S. XVI: „sf indulges the reader's pleasure in discovering and thinking through the logic and consequences of an imagined world." Für die abenteurliche Variante gilt XVII: „many sf stories [...] deliver no more than one-dimensional extrapolation or a simple adventure."
19 Vgl. Moylan, 2001, S. 30: „Or does it offer a possible escape velocity that can sweep readers out of their spacetime continuum, warping their minds into a cognitive zone from which they might look back at their own social moment, perhaps with anxiety or better yet with anger, and then discover that such a place might be known for what it is and changed fort he better?"
20 Eine ganz andere Kategorisierung ist die der Social Fiction. „Zur ‚Social Fiction' wird Science Fiction meist, wenn die Rolle der Technik über die des rei-

Entscheidend zur Konstituierung des Genres sind die Themen des wissenschaftlichen Zeitalters wie die Zukunft der Kultur und der Posthumanismus und ebenso die mit neuen Maschinen wie den Computern verbundenen Motive, besonders Weltraumfahrt, Künstliche Intelligenzen und unbekannte Lebensformen. Weniger wichtig ist die Erzählweise, die Strukturen anderer Gattungen übernehmen kann. Dabei sind meist Aktionen die tragenden Elemente der Handlung, berichtet aus naher und persönlicher, aber auch alternativer Perspektive. Nur selten entwickelt die Science Fiction eine eigene futuristische Sprache, obwohl Slang, Neologismen und exotische Namen zur Etablierung einer fremden Welt Wesentliches beitragen können und sogar teilweise wie das Beamen oder die KI in den allgemeinen Gebrauch übernommen wurden.

Die *Ästhetik der Zukunft* zeigt sich nicht nur in der Bevorzugung dieser Zeitdimension bei der Handlung und den konstruierten Welten, sondern auch in der Betonung des Unbekannten und Überraschenden und einer allgemeinen Dynamik und Offenheit der Handlung. Die Science Fiction versucht durch ihre Erzählweise und einfache Sprache den Leser einzubeziehen, ihm eine Orientierung für mögliche Zukünfte zu geben und ihn auf Veränderungen vorzubereiten. Dazu greift sie zeitgenössische Diskurse und aktuelle Themen auf und favorisiert für ihre Zwecke neue und alternative wissenschaftliche Entdeckungen und Theorien, sowie erwartbare oder mögliche technische Lösungen.

---

nen Hilfsmittels hinausgeht. […] Dann verändert sich das zwischenmenschliche Zusammenleben durch Technik." Fuhse, 2008, S. 8.

5. Aktualisierung der *voyage imaginaire* durch Jules Verne

Jules Verne (1828-1905) gilt als „l'un des pères fondateurs du genre, suivant en cela les aveux des premiers auteurs américains du XXe siècle" (Minerva, 2001, S. 172).[1] So beruft sich der einflussreiche Autor und Verleger Hugo Gernsback auf Verne. Schon die Zeitgenossen haben ihn als Erfinder eines neuen Genres angesehen, da es damals den Begriff der Science Fiction noch nicht gab, könnte man an den roman scientifique denken, den Verne selbst und sein Verleger Hetzel propagierten. Diese Popularisierung der Wissenschaft in literarischer Form kann aber vielleicht nur als Vorform der späteren Gattung angesehen werden. „Jules Verne was not the inventor of SF as we know it today. [...] Jules Verne might quite justifiably be termed the ‚father of scientific fiction'" (Evans, 1988, S. 2). Die aktuelle Forschung stellt die Bedeutung Vernes wegen der fehlenden aktuellen Motive in Frage.

> Les ‚pôles qui aimantent la Science Fiction' de nos jours (‚équation espace-temps; univers parallèles; voyage dans le temps; et sa conséquence extrême, le paradoxe temporel; promotion du règne minéral et végétal; [...] mutants; robots; monstres; humanoides') ne l'auraient pas attiré (Minerva, 2001, S. 175).

Das Hauptproblem besteht aber eher in der schwach ausgeprägten Dimension der Zukunft.

> Il est [...] important de remarquer la prudence de l'imagination de Jules Verne, dans le domaine de la technique. La rareté dans les *Voyages Extraordinaires* des véritables anticipations en est une preuve. A part *Robur le Conquérant* [...] [et] *L'Ile à Hélice* et peut-être *Maître du Monde*, tous les romans [...] se déroulent dans la période même pendant laquelle ils ont été écrits. [...] Bien plus, il semble que l'imagination de Jules Verne ait eu le plus grand mal à se représenter l'avenir (Noiray, 1982, S. 92).

5.1 Jules Vernes literarische Neuerungen

Jules Verne steht insofern noch in der Tradition des aufklärerischen Literaturbegriffs, als er Wahrscheinlichkeit anstrebt und des-

---

1 Vgl. Compère, 2005, S. 113: „A cette image de précurseur s'est associé, en particulier autour de manifestations organisées en 1955 pour le 50 de la mort de Jules Verne, l'étiquette de père de la science-fiction."

halb durch die Erzählung nur Lücken des Wissens füllt und technische Entwicklungen kaum weiter denkt.² Sein Wahrscheinlichkeitspostulat wird später als Plausibilisierung wunderbarer Vorgänge durch den Verweis auf neue wissenschaftliche Erkenntnisse umgesetzt. Dies führt zur Suggestion der Realität auch phantastischer Vorgänge.³ Auch in diesem Sinne steht also der vorsichtige Didaktiker Verne, der am liebsten nur das vorhandene Wissen ausbreitet, auf der Schwelle zur späteren Gattung.

Mit der Beschränkung Jules Vernes auf die nahe Zukunft ergibt sich die schwache Ausprägung des *Novums*, und die geringe Verfremdung der Gegenwart. Die Schauplätze der Romane sind in der Regel nur entlegene Gegenden der Erde, die Figuren sehen wie Zeitgenossen aus und die Gesellschaft funktioniert wie zu Vernes Zeiten.⁴ Nur ausnahmsweise schweifen Vernes Helden in den Weltraum aus, so in der ausführlich vorbereiteten und erklärten Reise um den Mond und der nicht ernst gemeinten Reise quer durch das Sonnensystem auf einem losgeschlagenen Stück Erde in *Hector Servadac*. So kann der Leser die Ereignisse leicht an seine eigenen Erfahrungen anknüpfen.

> A thematic or semantic ‚novum' is initially presented and its qualities of exotic ‚otherness' are purposely enhanced. Immediately there after, it is delineated for the reader using a variety of overtly didactic strategies along with certain emotional buffers – both of which allow the novum to become fully assimilated into the reader's common experience (Evans, 1988, S. 52).

Im *roman scientifique* dient die Wissenschaftsdidaktik als Gegengewicht zum phantastischen und abenteuerlichen Erzählen.

---

2 Vgl. Dehs, 2005, S. 247: „Jules Verne war weder Ingenieur noch Wissenschaftler, hat weder den Mondflug, noch das U-Boot erfunden, sondern Romane – belletristische Fiktionen – verfasst, die sich einerseits immer in eine zum Teil weit zurückliegende literarische Tradition reihten und andererseits auf die technischen Entwicklungen ihrer Gegenwart reagierten".

3 Vgl. Couleau, 2007, S. 63: „Mais il et à noter qu'il ne s'agit plus ici de banaliser l'extraordinaire, mais bien d'en affirmer l'incroyable possibilité. Tout concourt à discuter la crédibilité du récit et à l'installer peu à peu, dans le débat même."

4 Für Chelebourg, 2007, S. 268 liegt Vernes Intention in der Vorbereitung auf die Zukunft. „Pour Verne, inventer le présent, c'est rapprocher le futur, sa recherche de l'euphorie est dans l'accomplissement immédiat de ses propres perspectives d'avenir."

> Sous la double tonalité du sérieux éducatif et du pittoresque récréatif, les voyages extraordinaires fournissent le meilleur exemple d'une tentative de fusion de la littérature (comme fiction, comme écriture) et de la science (comme document, comme discours) (Noiray, 1982, S. 30).

Nachweislich hat Verne Fakten oft wörtlich aus populärwissenschaftlichen Texten übernommen, um seinen Romanen einen modernen Gehalt zu verleihen (vgl. Noiray, 2007).

> Für einen [angeblichen] Tatsachenbericht [...] las sich das Buch [*Fünf Wochen im Ballon*] ausgesprochen spannend; für einen Roman allerdings war es ungewohnt präzise, detailliert und kenntnisreich geschrieben, mit einer für die zeitgenössische Literatur unerhörten Einbindung wissenschaftlicher Fakten (Dehs, 2005, S. 154).

Trotzdem wäre es falsch, von einem Roman zu sprechen, dessen Hauptziel in der Vermittlung des Wissens läge.[5] Vielmehr entspricht die enge Verbindung der modernen Wissenschaft mit der Literatur dem Doppelcharakter der späteren Science Fiction. „Die Faszinationskraft von Vernes Romanen liegt jedoch nicht so sehr in der für ihn typisch vorsichtigen Extrapolation, sondern vielmehr in der eigentümlichen Verarbeitung seiner [wissenschaftlichen] Motive und Themen" (Dehs, 2005, S. 259). Diese orientiert sich am realistischen Erzählen des 19. Jahrhunderts.

> His portrayed universe is highly mimetic and in close alignment with the ideological mandates of his times, how the hermeneutic structure of his texts is patterned on various time-honored literary topoi and very traditional modes of referentiality (Evans, 1988, S. 160).

Ebenso wichtig für die Erzählweise sind die komischen Momente im Charakter der Figuren und in ihrem Benehmen z.B. der rauschhafte Überschwang der Reisenden in der *Reise um den Mond*, ausgelöst durch eine zu starke Dosis Sauerstoff in der Kabine.

Wie immer wieder nachgewiesen wurde, spiegelt die im Werk J. Vernes verwendete Technik lediglich den Fortschritt der Ent-

---

5 Zu dieser schiefen Auffassung neigt Evans, 1988, S. 104: „In Verne's novels – popularizations as they are – science is presented as science, for its own sake and its own terms."

wicklung im 19. Jahrhundert wider.⁶ Häufig werden bei ihm noch vorindustrielle Techniken wie Segelschiff und Ballon benutzt, wenn auch moderne Transportmaschinen wie das U-Boot „Nautilus" und die Fluggeräte „Albatros" und „Epouvante" die größte Aufmerksamkeit erregen.⁷ Die Krafterzeugung durch Dampfmaschinen ist bei den Eisenbahnen und Dampfern noch selbstverständlich,⁸ aber die interessantesten Maschinen sind von der geheimnisvollen Elektrizität betrieben, welche die Technik allgegenwärtig und zugleich unmerkbar macht. Für Verne ist die Elektrizität ein universelles Phänomen, da sie in der romantischen Tradition auch als innere Kraft der Natur und der Lebewesen angesehen wird.

> L'élecricité n'a pas besoin, pour être efficace, d'être soumise à un ensemble d'appareils précis et vraisemblables. Il lui suffit de paraître et d'être *nommée*, operation purement magique qui confirme le caractère non scientifique mais surnaturel de l'électricité dans l'ensemble des Voyages Extraordinaires (Noiray 1982, S. 96).

Schon die vom Herausgeber Hetzel gewählte Bezeichnung der „voyages extraordinaires" (Untertitel: „Les Mondes connus et inconnus") für die als eine Art Serie seit 1862 erscheinenden über sechzig Romane Jules Vernes weist auf die Tradition der Reiseberichte und -romane hin. „D'un point de vue spatial, les voyages extraordinaire s'inscrivent entre la tradition littéraire du voyage imaginaire à la Cyrano et le réalisme de l'exploration" (Reffait, S. 19). Während sich aber die frühere fiktive Reise von vornherein als satirische oder utopische Phantasie zu erkennen gibt, erheben die Reiseberichte Vernes in jeder Hinsicht den Anspruch aktueller Realität. Sie spielen in der unmittelbaren Gegenwart des Autors, gehen von bekannten Örtlichkeiten in Europa aus und benutzen vertraute Transportmittel. So ist Vernes *Reise um die Welt in achtzig Tagen* von Prospekten der Reisefirma Cook angeregt worden

---

6 Vgl. Vierne, 1986, S. 64ff. und Noiray, 1982, S. 91ff.
7 Vgl. Noiray, 1982, S. 37: „Le chef-d'oeuvre du roman vernien naîtra donc, comme dans Vingt mille Lieues sous les Mers, comme dans Robur le Conquérant, d'une découverte de la terre, d'une exploration conçue par la science, mais permise, accomplie par la machine, et racontée du point de vue même de cette machine, qui obtient ainsi le statut d'un véritable personnage de roman."
8 Vielleicht ist Vernes Wiedentdeckung in den sechziger Jahren auch dem Interesse am Steam Punk zu verdanken.

und war damals durchaus auf die von ihm beschriebene Weise zu bewältigen, wie verschiedene Reisende auf den Spuren des Helden Fogg nachweisen konnten. Aus dieser Aktualität zogen die Romane Vernes ihren Reiz, denn sie öffneten spaltweise den Horizont zum potentiell Zukünftigen.

> Parmi les historiens du genre, Jacques Sadoul signale l'impact des ouvrages de Jules Verne sur la science-fiction, non seulement pour la technologie futuriste présente dans l'oeuvre, pour le rôle de la science et de la machine donc, et pour une certaine thématique typique du genre: inventions délirantes, savants fous, explorations sous-marines, voyages interplanétaires, etc. (Minerva, 2001, S. 172f).

Verne sieht E. A. Poe selbst als seinen wichtigsten Anreger an, so dass er sogar dessen fragmentarischen Roman *Die Abenteuer des Arthur Gordon Pym* unter dem Titel *Die Eissphinx* zu Ende schreibt. Bei Verne erreicht der Ich-Erzähler den Südpol, einen der prominenten weißen Flecken der Erde, der bei Poe noch als erhabener Ort durch den romantischen Schrecken geschützt war. Auch die anderen Entdeckungsreisen Vernes, in denen das metaphysische Grauen in die Kette der gefährlichen Abenteuer aufgelöst wird, gelten meist den letzten unbekannten Stellen der Erde, der Südsee, dem Erdinnern, dem Reich der Luft und der Welt unter dem Wasser, die der sagenhafte Kapitän Nemo mit seinem wunderbaren U-Boot erkundet. Ist Poe das Vorbild für extreme Orte und Erhabenheit, so Daniel Defoes *Robinson Crusoe* als Paradigma aller Robinsonaden das für unbekannte Inseln und deren Kultivierung. Dabei schwanken Vernes vier einschlägige Robinsonaden mit kollektiven Helden wie die *Geheimnisvolle Insel* zwischen Imitation, Parodie und Korrektur des individualistischen Modells des Engländers.

Vernes Reiseromane sind nicht nur im Ziel der Erforschung der Welt,[9] sondern auch in der Erzählweise modern. Die wissenschaftliche Beschreibung und die persönliche Perspektive lassen keinen Zweifel an der Realität des Vorgangs aufkommen. Die doppelte Erzählweise ergänzt sich: „savoir encyplopédique et savoir diégétique, appelant tantôt de ses vœux un exposé scientifique,

---

9 Das Wissen ist oft der Antrieb und Ziel des Reisens, vgl. Couleau, 2007, S. 58: „Le savoir tend donc à devenir le moteur d'une action dont il est par ailleurs souvent la visée ultime."

tantôt un épisode narratif" (Couleau, S 52). Das Projekt der *voyages extraordinaires* als romans scientifiques" ist auf Vernes Verleger Hetzel zurückzuführen, der im Rahmen des Kaiserreiches Napoleons III. eine antiklerikale Erziehung plante und in seinem *Magazin d'Education et de Récréation* für Kinder und Jugendliche Vernes Romane in Fortsetzungen erscheinen ließ.[10]

> Vernes Romane bestimmten die weitere Entwicklung der SF auf mehrfache Weise. Er gab dem Genre die Reife der Serienproduktion und eröffnete ihm den Bereich der Jugendliteratur. Sein Stil ist zumindest für die von literaturpädagogischer Seite tolerierte Form des didaktisch-informierenden, sich eng an die absehbaren Entwicklungstendenzen der Technik haltenden Zukunftsroman bis heute verbindlich. (Nagl, 1972, S. 55)

In den oft langatmigen Erklärungen für die jugendlichen Adressaten zeigt sich die Rückbindung Vernes an das rationale Denken der Aufklärung, obwohl er auch die romantischen Motive der Auflehnung des anarchistischen Individuums wie Nemo, des Erlebnisses des Erhabenen und der Initiation ins Leben aufgriff.

Dabei war er auch von seinem Freund, dem Technikpionier Nadar beeinflusst, der eine große Rolle in der Entwicklung der Fotografie spielte, aber auch selbst Ballonfahrten unternahm. Da Verne zunächst Theaterautor werden wollte und seine Romane teilweise mit großem Erfolg als Dramen inszenieren ließ, ist es verständlich, dass auch in seinen Büchern starke Schaueffekte und Ähnlichkeiten mit den bewegten Bildern des später entstehenden Films zu finden sind (vgl. Noiray 1982, S. 140ff). Man denke etwa an die beliebten Kinomotive der unter dem Zug einstürzenden Brücke und des Indianerüberfalls im wilden Westen im XXIX. Kapitel der *Reise um die Welt*.

Aus den Bewährungsproben, welche die Fremde den Reisenden unvermeidlich stellt, ergibt sich die unmittelbare Spannung durch Gefahren oder Hindernisse.[11] Eine intellektuelle Spannung ent-

---

10 Vgl. Hetzels Programm: „Les ouvrages parus et ceux à paraître embrasseront ainsi dans leur ensemble le plan que s'est proposé l'auteur quand il a donné pour sous-titre à son oeuvre Voyages dans les mondes connus et inconnus. Son but est en effet de résumer toutes les connaissances géographiques, physiques, astronomiques, amassées par la science moderne, et de refaire, sous la forme attrayante qui lui est propre, l'histoire de l'univers" Zitiert nach Vierne, 1986, S. 53f.
11 Die verschiedenen Arten, das Interesse des Lesers zu fesseln, erklärt Junkerjürgen, 2002, S. 61ff., der minutiös die Herstellung von ‚suspense', ‚mystery'

springt dagegen dem Geist des wissenschaftlichen Denkens, nämlich die allmähliche Enträtselung oder überraschende Enthüllung der Geheimnisse, welche den Romanfiguren begegnen. Die Benutzung beider Möglichkeiten ist später konstitutiv für die Science Fiction. Die von Episode zu Episode immer wieder aufgebaute Spannung, die mit theatralischen Effekten Höhe- wie Tiefpunkte generiert, erfährt vor der Lösung am Ende meist ein ‚Crescendo'. Dabei entsteht das rätselhafte Unbekannte meist erst durch den Zufall, der sich der wissenschaftlichen Planung entgegensetzt, so wie die faktischen Hindernisse auf den Kampf der Technik gegen die Natur zurückzuführen sind. So gewinnt die *Reise um die Welt* ihre größte Spannung aus der Diskrepanz zwischen der Berechnung des Zeitverlaufs und dem sich tatsächlich ergebenden. Dieses meist gelesene und mehrfach verfilmte Werk ist aber eher ein traditioneller Reiseroman, in dem nur das kalkulierende Denken der Hauptfigur Fogg und die Transportmaschinen modern wirken. Der Geist des wissenschaftlich-technischen Zeitalters zeigt sich im zweckrationalen Umgang mit Zeit und Raum, welcher aus der Hauptfigur einen nach der Uhr funktionierenden Automaten macht.

> Il ne voyageait pas, il décrivait une circonférence. C'était un corps grave, parcourant une orbite autour du globe terrestre, suivant les lois de la mécanique rationnelle. En ce moment, il refaisait dans son esprit le calcul des heures dépensées depuis son départ de Londres, et il se fût frotté les mains, s'il eût été dans sa nature de faire un mouvement inutile. [...] De tous les originaux que le brigadier général avait rencontrés, aucun n'était comparable à ce produit des sciences exactes (*Tour*, S. 80).

Dieser Typus des kühl kalkulierenden Reisenden, der oft ein eingefleischter Gelehrter ist, ist ebenso für andere Texte Vernes wie die zwei Mondromane maßgebend. Der Autor wählt dafür Engländer oder Amerikaner wie den Ingenieur Smith in *Die geheimnisvolle Insel*, weil sich nach seiner Meinung bei beiden Völkern eine fortgeschrittene Industrialisierung mit einer zweckrationalen Mentali-

---

und ‚surprise' in Vernes Romanen beschreibt und dabei S. 90 ein Gleichgewicht von Anreiz und Gefahr, aber S. 309 ein starkes Überwiegen der ‚suspense' gegenüber ‚mystery' feststellt. Dies rückt Verne auf die abenteuerliche Seite der Science Fiction. Seine fast übermenschlichen Gelehrten und Ingenieure präludieren die Superhelden der späteren Space Opera.

tät verbindet. Verne hat auch den Typ des verrückten Gelehrten vorbereitet, der später in der Science Fiction wichtig wird, nämlich im romantischen, menschenfeindlichen Rebellen, der sich aufgrund der Macht seiner technischen Mittel zum bösen Herrscher aufschwingt wie Kapitän Nemo und Robur.[12] Dabei sind der Ingenieur und die von ihm entworfene, gebaute und bewohnte Maschine das Zentrum der Handlung. „Chez J. Verne il s'agit [...] d'une union symbiotique où la machine est conçue comme le complément indispensable de son constructeur" (Noiray, 1982, S. 118)

In der Figur des Ingenieurs spiegelt sich die grundsätzliche Ambivalenz der Technik, die bei J. Verne zunächst als wunderbares Werkzeug in der Hand des Menschen dargestellt wird,[13] das von der Elektrizität als dem inneren Prinzip des Universums ermöglicht wird. Seit den achtziger Jahren erscheinen zerstörerische Fortbewegungsmaschinen und die von ihrer Macht verführten Ingenieure wie Nemo und Robur in einem düsteren Licht. Die Aufrührer gegen Natur, Mensch und Gott werden bestraft, nämlich vom Blitz getötet (Robur), oder sterben reuig in ihrer Maschine (Nemo). Die Bedeutung der Technik erscheint so abhängig vom Gebrauch oder Missbrauch durch den Menschen. „Da die Maschine die Macht des Menschen in einem Maße erweitert, das nicht seinem ethischen Verantwortungsgefühl entspricht, droht sie stets, als Katalysator seiner schlechten Eigenschaften zu dienen, seine Gier anzustacheln und zum Missbrauch zu verführen" (Dehs, S. 261). Eine andere Ambivalenz der Maschine zeigt sich darin, dass sie zugleich wirklich und imaginär ist.

> Telle est donc l'ambiguité profonde de l'oeuvre de Verne qui oscille sans cesse entre le possible et l'impossible, le vraisemblable et l'imvraisemblable, le réel et l'imaginaire. On comprend alors la place essentielle dans les *Voyages Extraordinaires* de la technique, donc de la machine: elle unit ces deux domaines inconciliables, elle est en quelque sorte le point d'application de l'imagination

---

12 Vgl. Wolfzettel, 1988, S. 142: „Der Ingenieur Robur verkörpert wiederum den technokratischen Willensmenschen, der dem Fortschritt zum Sieg verhilft und die Überlegenheit der futuristischen Technik eindrucksvoll vorführt."

13 Es ist umstritten, ob Verne später pessimistisch wurde oder ob er schon immer die Grenzen der Wissenschaft sah, vgl. Minerva, 2001, S. 187: „d'une part le triomphe de la science, d'autre part le pessimisme quant à l'élaboration d'une société idéale à partir des données scientifiques."

sur le monde réel. C'est par et à travers la machine que l'imagination se réalise et prend forme (Noiray 1982, S. 28).

Losgelöst aus ihren ökonomischen und sozialen Zusammenhängen werden die Maschinen zu Mitteln und Symbolen persönlicher Macht. So können sie poetische Bedeutung gewinnen und die Handlung mit gefährlichen und erhabenen Abenteuern bereichern, ohne den Boden der Wirklichkeitserfahrung des Lesers ganz zu verlassen.

5.2 *Reise um den Mond*

Vernes Veränderung der *voyage imaginaire* soll an der *Reise um den Mond* dargelegt werden, die seine Version des Planetenromans darstellt, der in der frühen Science Fiction der häufigste Romantyp war. Compère sieht (S. 51) darin bloß unrealistische Phantasie, während Dehs richtiger urteilt: „*Von der Erde zum Mond* und *Reise um den Mond* bilden die geradlinige Fortführung dieser eigentümlichen Mischung aus detailreicher Wissenschaftsreportage und Unterhaltungsroman, die in ihrer Radikalität in der Literaturgeschichte bis dahin einzig dastand" (Dehs, S. 250).

Zwar hat schon Poe die Reise zum Mond in *Hans Pfaall* (1835) wissenschaftlich untermauert, aber seine Ballonreise erscheint im Kontext einer Zeitungsente nicht ernst gemeint zu sein. Dagegen sieht Verne die Transportmöglichkeit realistisch und kalkuliert mit Hilfe eines befreundeten Mathematikers genau durch, wie viel Pulver man brauchen würde, um mit einer überdimensionalen Kanone die Fluchtgeschwindigkeit zum Verlassen der Erde zu erreichen.[14] Raumfahrt und militärische Technologie sind in diesem Roman wie in der späteren Realität schon verbunden. Dazu kommt als heute prognostisch erscheinendes Element der Bau durch Technik begeisterte Amerikaner und der Start in Florida, der die Zentrifugalkraft in Äquatornähe auszunutzen erlaubt. Die Reisenden haben zwar Raketen an Bord, diese erweisen sich aber als offensichtlich

---

14 Vgl. zum Vorbild Poes besonders Zimmermann, 2006, S. 110: „Im Einzelnen der technischen Beschreibung einer Ballonreise unterscheidet sich Verne erheblich von Poe, indem er nicht pseudowissenschaftliche Modelle bemüht, wie noch Poe im Falle der Mondreise des Hans Pfaall, sondern vergleichsweise nüchtern die Dinge so mitteilt, wie sie sich wirklich darstellen."

ineffektiv zur Steuerung. Ebenso verzichtet Verne auf eine Landung auf dem Mond und eine klare Sicht auf dessen Rückseite, so dass die zentrale Frage nach den Mondbewohnern nicht gelöst wird. An zwei Beispielen sollen zuerst Vernes Didaktik und die Lösung von Rätseln und danach die Spannungserzeugung durch die Konfrontation mit dem Unbekannten illustriert werden.

Im ersten Band des Doppelromans *Von der Erde zum Mond* von 1865 wird nur die Konstruktion der Kanone als gigantische finanzielle und technische Leistung beschrieben. Eine überraschende Wendung ergibt sich dadurch, dass der französischen Abenteurer Ardan (ein Anagramm von Vernes Freund Nadar) mitreisen möchte. Dazu entschließen sich dann auch die beiden amerikanischen Wettpartner Nicholl und Barbicane, obwohl keine Rückkehr zur Erde vorgesehen ist. Nach dem Abschuss endet der erste Teil mit der Nachricht des Observatoriums, dass die Kapsel den Bereich der Erdanziehung verlassen hat, aber den geplanten Kurs für eine Mondlandung verfehlt.

Der zweite Teil *Die Reise um den* Mond erschien erst 1869 und schildert die Erlebnisse der drei Weltraumreisenden. So stellen sich die in der Kapsel eingeschlossenen Astronauten die Frage, ob sie überhaupt in Bewegung sind und ob auch mit der notwendigen Geschwindigkeit. Damit erörtert Verne zentrale Probleme der Weltraumfahrt, nämlich die desorientierte Wahrnehmung und die Abhängigkeit des Kurses von der Beschleunigung. Die Schwerelosigkeit im Raum malt er danach so überzeugend aus, dass die amerikanischen Astronauten bei ihrer Mondfahrt 1969 die Beschreibung noch als mustergültig empfanden. Typisch für die drei kaltblütigen Passagiere ist die Diskussion über die realen Umstände mit Hilfe logischer Rückschlüsse aus beobachtbaren Phänomenen. Die Realität muss so im Weltraum erst rational rekonstruiert werden.

> En effet, ces ténèbres compactes prouvaient que le projectile avait quitté la Terre, car le sol, vivement éclairé alors par la clarté lunaire, eût apparu aux yeux des voyageurs, s'ils eussent reposé à sa surface. Cette obscurité démontrait aussi que le projectile avait dépassé la couche atmosphérique, car la lumière diffuse, répandue dans l'air eût reporté sur les parois métalliques un reflet qui manquait aussi. Cette lumière aurait éclairé la vitre du hublot, et cette vitre était obscure. Le doute n'était plus permis. Les voyageurs avaient quitté la Terre (*Autour*, S. 32).

Die Fahrt beruht auf physikalischen Berechnungen, die Verne seinen Lesern im IV. Kapitel „Ein wenig Algebra" mit mathematischen Formeln mitteilt. Gerade die Notwendigkeit der genauen Berechnung offenbart die Nähe der Gefahr, denn die kleinste Abweichung beim Vorstoß ins Unbekannte gibt dem Zufall ein ungeheures Gewicht. Das technisch-wissenschaftliche Zeitalter eröffnet so neue Überraschungen, die Gegenstand der erzählerischen Spannung werden können. Die Begegnung kurz nach dem Start mit einem kleinen Himmelskörper führt zwar nicht zur drohenden Katastrophe, erweist sich aber später als Ursache dafür, dass die Astronauten nicht auf dem Mond landen, sondern in einer Ellipse seine Rückseite umrunden und dann wunderbarer Weise wieder auf der Erde landen. Die überraschende Erscheinung des gefährlichen Objekts ist ein Muster für Vernes Spannungserzeugung durch Gefahr.

> Au moment où Barbicane allait abandonner la vitre pour procéder au dégagement du hublot opposé, son attention fut attirée par l'approche d'un objet brillant. C'était un disque énorme, dont les colossales dimensions ne pouvaient être appréciées. [...] Elle s'avançait avec une prodigieuse vitesse et paraissait décrire autour de la Terre une orbite qui coupait la trajectoire du projectile. [...]« Eh ! s'écria Michel Ardan, qu'est cela ? Un autre projectile? (*Autour de la lune*, S. 33f).

Sobald der gefährliche Himmelskörper wieder verschwunden ist, wird er von den wissenschaftlich gebildeten Reisenden erklärt. Es scheint dies ihre Art der Bewältigung der Angst zu sein, die sie bewusst nicht zur Kenntnis nehmen. Später wird eine ähnlich plötzliche und gefährliche Begegnung mit einem Asteroiden beschrieben, wobei Verne ebenfalls eine genaue astronomische Beschreibung einflicht und die Astronauten die Kaltblütigkeit haben, ziemlich genaue Schätzungen anzustellen.

> Soudain, au milieu de l'éther, dans ces ténèbres profondes, une masse énorme avait apparu. C'était comme une Lune, mais une Lune incandescente, et d'un éclat d'autant plus insoutenable qu'il tranchait nettement sur l'obscurité brutale de l'espace. Cette masse, de forme circulaire, jetait une lumière telle qu'elle emplissait le projectile. [...] Ce globe filant, soudainement apparu dans l'ombre à une distance de cent lieues au moins, devait, suivant l'estime de Barbicane, mesurer un diamètre de deux mille mètres.

> Il s'avançait avec une vitesse de deux kilomètres à la seconde environ, soit trente lieues par minute. Il coupait la route du projectile et devait l'atteindre en quelques minutes. En s'approchant, il grossissait dans une proportion énorme (*Autour*, S. 221-226).

Glücklicherweise explodiert der bedrohliche Himmelskörper im letzten Moment. Die der originalen Publikation beigegebene Illustration zeigt in konventionalisierter und wie im Stummfilm übertriebener Gestik den Schrecken der Reisenden, der sich krass von ihrer gemütlichen Kapsel mit Polstern und geschwungener Gaslampe abhebt (*Autour*, S. 222). Die Illustrationen lassen sehr deutlich die Atmosphäre des fin de siècle erkennen, wo die Angst vor dem Neuen durch künstlerisches Dekor und vertraute Behaglichkeit gebannt wird.

Im Roman bietet der extrem seltene kosmische Zufall einer nahen Begegnung zugleich eine kurze Chance der Erforschung der erdabgewandten Seite des Mondes, da der aufflammende Asteroide für momentane, aber letztlich unzureichende Beleuchtung sorgt. So verbindet Verne geschickt die Spannung, ob die Reisenden überleben, mit dem Rätsel der Bewohnbarkeit des Mondes. Wohl um der Illusionen der Leser willen lässt er diese von der Astronomie schon widerlegte Möglichkeit wenigstens für die unbekannte Rückseite des Mondes offen. Dieser bewahrt sein Geheimnis, so dass Verne am damaligen Wissen festhalten kann. Dies ist bei den zahlreichen und beliebten Planetenreisen seiner Zeitgenossen ganz anders, weil diese ihre Phantasie frei spielen lassen und andersartige Lebewesen mit abweichenden Zivilisationen erfinden.[15] Gegengewicht gegen die abenteuerlichen Ereignisse wie die wissenschaftlichen Erklärungen ist bei Verne das romantische Moment der erhabenen Betrachtung des Kraters Tycho.[16]

> A travers ce pur éther, son étincellement était tellement insoutenable, que Barbicane et ses amis durent noircir l'oculaire de leurs

---

15 Vgl. Durand-Dessert und Guise, 1978, S. 31, die Vernes Romane von den zeitgenössischen Mondreisen stark abheben: „Il est le premier et, jusqu'au XXe siècle, le seul à notre connaissance, à aborder scientifiquement le problème du voyage [...] Jules Verne ose, contre le courant dominant, prendre parti contre l'accessibilité et contre l'habilitation de la Lune."

16 Vgl. Lach, 2008, S. 204f: „Dem Entdecken, das immer Entzaubern ist, wird ein Reservat der Fantasie eingeflochten, das den rationalen Zusammenhang des Gesamtgefüges nicht gefährdet und an dieses dennoch eine gewisse poetische Temperatur abstrahlt."

lorgnettes à la fumée du gaz, afin de pouvoir en supporter l'éclat. Puis, muets, émettant à peine quelques interjections admiratives, ils regardèrent, ils comtemplèrent. Tous leurs sentiments, toutes leurs impressions se concentrèrent dans leur regard, comme la vie, qui, sous une émotions violente, se concentre tout entière au cœur (*Autour*, S. 250).

Wenn man Jules Vernes Romane von der Science Fiction des 20. Jahrhunderts her betrachtet, scheinen sie mit ihrem gepflegten Stil, ihren oft pedantischen Beschreibungen im Fachjargon und ihren Anspielungen an kulturelles Wissen mit der späteren Entwicklung wenig gemeinsam zu haben. Seine Texte zeigen die historische Beschränktheit seines Horizonts z.B. im aufklärerischen Optimismus und in den Klischees der Nationalcharaktere der Figuren. Wenn seine Romane trotzdem die Schwelle zur Science Fiction überschritten haben und sich in ihrer Rezeption eine erste Vorstellung der neuen Gattung als *Verniade* herauskristallisiert,[17] so liegt es daran, dass in seinem Werk der Geist des wissenschaftlich-technischen Zeitalters wirksam ist.[18] So konnte der Autor das erfolgreiche Muster eines spannenden Erzählens entwickeln, das den zentralen Themen der Science Fiction Raum bietet, besonders der Erforschung des Unbekannten durch Reisen und der Eroberung des fremden Raumes. Zwar fehlen die später beliebten Außerirdischen ebenso wie die Roboter und die neuen Maschinen sind technisch nicht besonders kühn. Zukünftige Zivilisationen sind nur in einem späten Roman beschrieben, dessen Plan nicht von ihm stammt, den *500 Millionen der Begum*. Seine Werke gehören in die Zeit vor dem ersten Weltkrieg, in der ein optimistischer Fortschrittsglaube und eine rationale Welterklärung selbstverständlich waren, und die Technik sowie der Imperialismus Europas auf der Erde solche Fortschritte machten, dass eine Extrapolation in die Zukunft und eine Ausweitung auf andere Himmelskörper nur eine Frage der Zeit schien.

---

17 Vgl. Innerhofer, 1996, S. 13: „Für den deutschen technischen Zukunftsroman wurde er [Verne] geradezu zum generischen Parameter und Synonym. Huldigende oder kritische und parodistische Anspielungen auf den Namen, auf Figuren und Themen Vernes sind Anzeichen einer frühen Selbstreferenz, die bereits die einsetzende Etablierung der neuen Gattung anzeigt."

18 Vgl. Zimmermann, 2006, S. 19: „Es ist also die charakteristische Verknüpfung von Abenteuer und Technik, durch welche das Vernsche Werk seine Besonderheit gewinnt."

> Die zweiundzwanzig Romane Vernes, die technisch-utopischen Charakter tragen, sind nicht daran zu messen, inwieweit ihre wissenschaftlichen Spekulationen ernst zu nehmen seien oder ob ihre technischen Prognosen eintrafen. Vernes Leistung besteht vielmehr darin, schon früh die *literarischen* Möglichkeiten neuer Technologien und naturwissenschaftlicher Erkenntnisse gesehen zu haben (Innerhofer, 1996, S. 85).

Den von ihm geschaffenen Rahmen der abenteuerlichen Reise mit der Offenheit gegenüber dem wissenschaftlichen Denken und den technischen Entwicklungen füllten bis zum Ersten Weltkrieg die Science Fiction-Romane mit neu erfundenen Flugzeugen, Raumschiffen und Luftkriegen, mit Planetenreisen und Eroberungen im Weltall, mit Begegnungen mit Außerirdischen, fortgeschrittenen Maschinen und Zivilisationen.

> Jules Verne's scientific novels are a unique brand of industrial-age epic literature: one that not only portrays modern Man's continual encounter with the unknown ‚other' – geographical, technological, anthropological – but that also provides the pedagogical means to neutralize the alienation generated by such encounters (Evans, 1988, S. 159).

6. Schrecken der Zukunft bei Herbert G. Wells

Als Wells (1866-1946) um die Wende zum 20. Jahrhundert seine Scientific Romances oder Scientific Fantasies schrieb, die technische Erfindungen mit evolutionären Vermutungen durchspielten, wurde er verständlicherweise sofort mit Jules Verne verglichen. Dieser negierte die Ähnlichkeit in einem Interview: „But I do not see the possibility of comparison between his work and mine...It occurs to me that his stories do not repose on very scientific bases. There is no report between his work and mine. I make use of physics. He invents" (zit. nach Bergonzi, 1961, S. 157). Danach folgt eine Kritik Vernes am fiktiven Metall Cavorit, das die Schwerkraft abschirmt und mit dem bei Wells die ersten Menschen den Mond erreichen. Damit ist der Unterschied klar bezeichnet: Verne sucht wissenschaftliche Wahrscheinlichkeit, Wells stellt spekulative Erfindungen, deren Aufsehen erregende Auswirkungen ihn interessieren, ins Zentrum seines Werkes. Gibt Verne mit Vorliebe didaktische Erklärungen, so sucht Wells provozierende Sensationen. Der englische Autor beschreibt diesen Unterschied im späteren Vorwort zu seinen gesammelten *Scientific Romances*, wobei er allerdings seine Distanz zur Realität und Wissenschaft übertreibt:

> These tales have been compared with the work of Jules Verne [...]. As a matter of fact there is no literary resemblance whatever between the anticipatory inventions of the great Frenchman and these fantasies. His work dealt almost always with actual possibilities of invention and discovery, and he made some remarkable forecasts. [...] But these stories of mine collected here do not pretend to deal with possible things; they are exercises of the imagination in a quite different field. [...] They are all fantasies; they do not aim to prospect a serious possibility (Parrinder, 1980, S. 240).

Wirkt bei Verne der Geist des wissenschaftlichen Zeitalters in der Darstellung der Technik, in den Entdeckungen der Reisen und den Charakteren der Figuren, so zeigt sich bei Wells eher eine moderne Experimentierfreude bei der Erfindung neuer Ereignisse, welche den Alltag durchbrechen.

> The method of his fiction is to mix recognition and surprise. With the observant care of a chemist testing some unknown compound against familiar reagents, Wells introduces selected novel elements into familiar situations. The essentials are first to limit each story to one new premise, and then to de-

velop the consequences in a strictly logical way. Writing fiction, Wells applied this method impartially to possible and impossible premises. [...] He is simply applying the method of experimental science, using his trained imagination for a laboratory. Some single selected factor is varied at will, while everything else is controlled (Williamson, 1973, S. 4).

6.1 Wells' *Scientific Romances*

Obwohl Wells E. A. Poes Gattungsbezeichnung der *Scientific Romances* übernimmt,[1] verbindet ihn mit dessen Rätselerzählung weniger als J. Verne. Doch hat er in Swift einen anderen Vorläufer der Science Fiction als Vorbild, dessen aufklärerischer Rationalismus hauptsächlich als Pessimismus und dessen wissenschaftlicher Ansatz meist als menschliche Versuchsanordnung erscheint, während die Technik nur am Rand eine Rolle spielt. Wenn der ältere Autor seinen Helden Gulliver bald unter viel größere und bald unter viel kleinere Wesen versetzt, so experimentiert er mit Größenwahrnehmungen und Kräfteverhältnissen. Wie Gulliver in der Gesellschaft der edlen Pferde, der Houyhnhnms, die Yahoos als degenerierte Menschen kennen lernt, so der Zeitreisende in der *Zeitmaschine* die Morlocks und die Elois als Ergebnisse einer gespaltenen menschlichen Evolution. Swifts anthropologischer Pessimismus, sein Zweifel an der Verwirklichung der Vernunft ist in Wells *Romances* bei der Beschreibung des englischen Provinzalltags wie bei den Gesellschaften der Mars- und Mondbewohner wieder zu finden. An Swift erinnert auch Wells ambivalente satirische Tendenz, die sich ebenso gegen die tierische Natur des Menschen wie die Gesellschaftsordnung richtet.

Bei Wells ist diese Ambivalenz noch stärker, denn die unsympathischen Marsianer sind die unerbittlichen Feinde der Menschen und zugleich ein treues Spiegelbild der englischen Kolonialisten. Ebenso ist die Dominanz ihres Gehirns ein möglicher Endpunkt der menschlichen Entwicklung. Die rationale Organisation der Seleniten besticht den gelehrten Forschungsreisenden Cavor und

---

[1] Vgl. Parrinder, 1980, S. 226: Wells „regarded his ‚scientific romances' as substitutes fort the novel." und „He never called any of them ‚science fiction'. Nor did he otherwise differentiate them categorically from ‚fantasy' or ‚romance'.

ruft sogleich seinen instinktiven Widerwillen wegen ihrer unmenschlichen Züge hervor. Wells Vermutungen über die Zukunft des Menschen, die sich im Sinne seines Lehrers T. H. Huxley im Rahmen des Darwinismus bewegen, sind unentschieden bzw. bewusst zweideutig.[2] Besonders ambivalent erscheinen Krieg und Gewalt, die zwar der Vernunft widersprechen, aber selbst in ihrer brutalsten Form unerlässlich für das Bestehen des Lebenskampfes, des *survival of the fittest*, zu sein scheinen.[3] Wells geht es offensichtlich nicht um die Wahrscheinlichkeit der von ihm beschriebenen Ereignisse, sondern um die maximale Provokation durch das eher Unwahrscheinliche, so wenn er die Marsianer sich von menschlichem Blut ernähren und die Morlocks die Elois jagen und essen lässt, was an urmenschliche Tabus rührt.

> In its *inversion* of Social-Darwinism, it supplies a subversive shock to the bourgeois reader, it is critical and stranging; in its *use* of the parameters of Social-Darwinism, however inverted – that is of the anthropological vision dividing all life, including man, into predator and prey – it supplies a subversive shock to the humanist and socialist reader, it is antiutopian or black (Suvin, 1977, S. 105).

Dies entspricht der Verbindung des misanthropischen Swift mit der Gattung des Schauerromans, die mit ihren unheimlichen Vorgängen die Seelenabgründe der Aufklärung ausleuchtet. Diese Romanart gehört an sich nicht in die Vorgeschichte der Science Fiction, doch gibt es eine Vorliebe der englischsprachigen Autoren bis in die Gegenwart für den Horroreffekt, denn schon in M. Shelleys *Frankenstein* wurde die Technik unter diesem Aspekt gesehen.[4] Wells Werk führt zu einer Technisierung des Schauerromans, der zuvor aus willkürlicher Feudalgewalt und religiösen Gräueln seine Effekte bezog. Angst und Schrecken sind bei ihm die bestimmenden Gefühle der Figuren und die intensivste Botschaft, die der Text mit Hilfe der Augenzeugenberichte vermittelt. Auch die Polarisie-

---

[2] Huntington, 1982, S. XII spricht wenig überzeugend vom „ironic universe" Wells', wo es sich doch meist um die radikale Verkehrung der Perspektiven handelt.

[3] Vgl. *The Time Machine*, S. 35: „Strength is the outcome of need; security sets a premium on feebleness."

[4] Vgl. Bailey, 1947, S. 106: „It is a tale of wonder and terror for modern times. More terrible than anything ‚Gothic'."

rung der Werte und die Skepsis gegenüber der Erkenntnis gehören in diese Tradition.

Mit der *Zeitmaschine* hat Wells außer dem Symbol der Gattung ein neues Motiv der Science Fiction erfunden. Doch trotz der ausführlichen wissenschaftlichen Erklärung der Zeit als vierter Dimension zu Beginn der Erzählung, die eine Entsprechung in Einsteins Relativitätstheorie von 1905 hat, ist die vorgestellte Maschine nur ein magisches Werkzeug, welches das unmittelbare Erleben von Zukunft und Vergangenheit erlaubt. Die von Einstein vorausgesagten Zeitanomalien und die Abhängigkeit von der Lichtgeschwindigkeit werden bei Wells nicht erörtert. Lediglich Darwins Evolutionstheorie gibt eine Art von wissenschaftlichem Hintergrund ab. Vielleicht gerade wegen ihres isolierten Trickcharakters ist die Zeitreise als Mittel eines Wechsels von Schauplatz, Figuren und Rahmenbedingungen zur Herstellung einer Welt mit seltsamen Abenteuern schließlich zu einem Standardmotiv der Science Fiction geworden. In ihr ist die immanente Selbstreflexion der Science Fiction Handlung geworden. Imaginierte das Möglichkeitsdenken seine Welten früher in den prophetischen Traumvisionen oder als Erwachen nach langem Schlaf, so wird der konstitutive Rahmen der Zukunft nun mit einer Maschine, die der Erzählleistung des Autors entspricht, zielstrebig erreicht. Die literarische Methode der Extrapolation oder Imagination wird in der Form der Zeitreise als realer Vorgang hingestellt und durch Details plausibel gemacht.

6.2 *Der Krieg der Welten*

Viel stärker eingebettet in die Vorgeschichte der Science Fiction und typisch für ihre Entstehungszeit ist das Motiv der Planetenreise, das im *Krieg der Welten* in der neuartigen Umkehrung als Invasion benutzt wird. Da es zugleich mit dem Motiv der Außerirdischen, ihrer fremdartigen Technik und fortgeschrittenen Zivilisation verbunden ist, kann dieser Roman in die zentralen Themen der Science Fiction in ihrer Entstehungszeit einführen. Dieser machte auch dadurch Epoche, dass Orson Welles mit einer Hörspielfassung, welche die Invasion der Marsianer in den USA als Realität ausgab, 1938 Furcht und Panik auslöste und so die fortdauernde Kraft zu schockieren bewies. Welles schlug damit auch eine Brücke vom europäischen Ursprung der Science Fiction zur so genannten Goldenen Zeit des Trivialgenres in den USA.

Wells kennt die Tradition dieses Genres. Er erwähnt in seinem Mondroman die älteste fiktive Weltraumreise von Lukian und stützt sich auf die Traumreise des Astronomen Kepler. Obwohl der Mond von der ernsthaften Astronomie bereits als wasser- und luftlos und damit als unbewohnbar erkannt ist, gibt es im 19. Jahrhundert noch zahlreiche Mondreisen. Während Verne die Bewohnbarkeit offen lässt, verbannt Wells seine Seleniten wie Kepler unter die Oberfläche. Nachdem der italienische Astronom Schiaparelli Wasserkanäle auf dem Mars entdeckt zu haben glaubt, in denen er die gewaltige Ingenieurskunst überlegener intelligenter Wesen erblickt, und der Astronom Lowell diese Vorstellungen weiter ausgeführt hat, ist für den Laien die Existenz einer technischen Zivilisation auf dem Mars eine ausgemachte Sache. Diese wird als fortgeschrittener angesehen, da dieser Planet als älter als die Erde gilt und der Fortschrittsoptimismus an eine lineare Entwicklung glaubt. Wells und ebenso Laßwitz gehen von dieser Annahme aus und lassen deshalb die Marsianer auf der Erde landen, da die Menschen noch keine Fähigkeit zum Raumflug besitzen.[5] So entwickeln beide Autoren gleichzeitig das Schema des Invasionsromans, der eine große Zukunft in der Science Fiction haben wird, besonders in der Wellssche Version der feindlichen Invasion von Scheusalen. Die Autoren imaginieren eine kollektive Konfrontation von extrem unterschiedlichem Charakter: ein rücksichtsloser *Krieg der Welten* bei Wells, die Geschichte einer Bildung der Menschheit bei Laßwitz.

> Konnte sich aber der Kantianer Laßwitz die Entwicklung nur als ethischen Aufstieg vorstellen, so Wells, der Schüler des Darwinisten T.H. Huxley, nur [...] als Degeneration gerade dessen, was nicht zuletzt bei Laßwitz als das Humane angesehen wird. [...] Das überlebensfähigste Leben ist nicht das beste, das ethische und gesellschaftlich wünschbarste (Guthke, 1983, S. 339).

Wells beschäftigte sich seit den achtziger Jahren mit der Frage der Bewohnbarkeit der Planeten, die er prinzipiell bejahte und schrieb 1896 einen Zeitungsartikel über „Intelligenz auf dem Mars", die er

---

[5] In seinem Mondroman beschreibt Wells allerdings die Erfindung des Cavorits, das die Schwerkraft abschirmt und so eine Reise zum Mond ermöglicht.

stark abweichend von der menschlichen vermutete. 1920 betont er im Rückblick seine damaligen Absichten:

> In those days I was writing short stories, and the particular sort of short story that amused me most to do was the vivid realization of some disregarded possibility in such a way as to comment on the false securities and fatuous self-satisfaction of the every-day life - as we know it. [...] A few of us were trying to point out the obvious possibilities of flying, of great guns, of poison gas, and so forth in presently making life uncomfortable if some sort of world peace was not assured, [...] The technical interest of a story like *The War of the Worlds* lies in the attempt to keep everything within the bounds of possibility (zit. nach Bergonzi, 1961, S. 124f).

Wells' Roman spielt im südlichen England, bei Woking, wo er damals wohnte und von wo aus er mit dem Fahrrad die Ortschaften erkundete, die er dann von den Marsianern dem Erdboden gleich machen lässt. Er porträtiert sich selbst in dem philosophischen Schriftsteller, der als betroffener Augenzeuge die katastrophalen Vorfälle nach dem plötzlichen Ende der verheerenden Invasion beschreibt. Die Verhältnisse vor dem Eintreffen der Marsianer erinnern an die Romane von Charles Dickens aus dem 19. Jahrhundert und sind so vertraut wie nur möglich. Diese Viktorianische Sicherheit wird aber plötzlich von einem unverständlichen Ereignis unterbrochen, nämlich der Landung von 10 metallenen Zylindern, die an das Mondfahrzeug Vernes erinnern und die anscheinend von riesigen Kanonen vom Mars aus abgeschossen wurden. Nach allgemeinen Bemerkungen eines auktorialen Erzählers über die Marsbewohner und dem Bericht über geheimnisvolle Lichterscheinungen, den Abschüssen der Kapseln im ersten Kapitel, beginnen im zweiten die sich überstürzenden Ereignisse. In der Nacht stürzt wie ein fallender Stern der erste Zylinder von 15 m Durchmesser in einen Wald, wo er einen tiefen Krater verursacht. Diese Vorgänge werden von Anfang an vom Ich-Erzähler beobachtet und im Reportagestil beschrieben. Bei dem ersten Ausstieg der hässlichen Lebewesen aus der Kapsel im 4. Kapitel ist der Ich-Erzähler ebenso zugegen wie bei der sofortigen Vernichtung einer irdischen Delegation, die eine Verständigung herstellen will, durch einen überraschenden und geheimnisvollen Hitzestrahl im 5. Kapitel.

Danach weitet sich die Katastrophe Schlag auf Schlag aus: Der militärische Widerstand der Engländer ist aussichtslos, denn die Marsianer bewegen sich rasch in ihren riesigen dreibeinigen Kampfmaschinen mit überlegener Technologie und zerstören alles entweder durch ihre Hitzestrahlen oder durch einen giftigen schwarzen Qualm. Es entwickelt sich ein totaler Krieg, zumindest von Seiten der Eindringlinge, bei dem niemand und nichts geschont wird. Die Bevölkerung flüchtet in Panik nach Norden und über den Kanal, nachdem ihr Widerstandswille durch radikale Gewalt gebrochen ist. Die Marsianer besetzen mit ihren großen Kampfmaschinen London und Südengland, wo nur versprengte Reste der Bewohner übrig geblieben sind.

Der Ich-Erzähler wird zusammen mit einem Geistlichen in einem Haus verschüttet, auf das ein marsianischer Zylinder gefallen ist. Tagelang gefangen kann er im Verborgenen nicht nur die verschiedenen Maschinen der Außerirdischen beobachten, mit deren Hilfe sie sich dauerhaft einrichten, sondern auch ihre häßliche Gestalt, die nach dem Prinzip des maximalen Kontrastes konstruiert ist: „the most unearthly creatures it is possible to conceive" (*War*, S. 376). Der Anatomie der polypenartigen Wesen entspricht die Physiologie eines Schmarotzers und ihre schockierende Ernährungsweise, die der Erzähler aus nächster Nähe beobachten kann. Sie sind eine Art Vampire und leben von menschlichem Blut. „They were heads, merely heads. Entrails they had none. They did not eat, much less digest. Instead, they took the fresh living blood of other creatures, and *injected* it into their own veins" (*War*, S. 377f.). Der allgemeine Rückfall in die Barbarei, die nach dem Zusammenbruch der gewohnten sozialen Ordnung eingetreten ist, verschont auch nicht den Ich-Erzähler. Er schlägt seinen Mitgefangenen nieder, der die Nerven verliert, und hätte ihn auch beinahe ermordet, um nicht verraten zu werden. Danach erlebt er einen Moment äußerster Gefahr und extremen Schreckens, als die Marsianer mit ihren Tentakeln nach ihm tasten.

So plötzlich das Verhängnis der marsianischen Kolonisierung über das mächtige Imperium Englands und besonders über sein Zentrum, London, hereingebrochen ist, so unerwartet endet die Invasion. Auch dies wird wieder vom Ich-Erzähler beobachtet, der zunächst eine ungewohnte Stille bemerkt. Als er den Keller verlässt, sieht er keine Marsianer und keine Menschen mehr. Danach besichtigt er das Ergebnis von 15 Tagen Fremdherrschaft in Südengland, nämlich flächendeckende Zerstörung und eine rote Marspflanze in den Flüssen, und trifft einen anderen Überlebenden. Dieser, ein Artillerist, äußert radikale sozialdarwinistische oder gar faschistoide Ansichten und schmiedet schon Pläne für ein Überleben im Untergrund, da er annimmt, dass die Menschen jetzt von den Marsianern als lebende Blutkonserven gehalten werden. Im ausgestorbenen London entdeckt der Ich-Erzähler dann die Ursache der Stille und Leere. Die Marsianer sind alle tot, „slain by the putrefactive and disease bacteria against which their systems were unprepared" (*War*, S. 436), die sie wohl mit dem menschlichen Blut aufgenommen haben. Was die Menschen also rettet, ist im Grunde ein Wunder, das nur scheinbar naturwissenschaftlich durch die andere Evolution auf dem Mars erklärt wird. Im Sinne des Darwinismus wird dies allerdings zum Symbol, dass die Menschheit im Kampf ums Dasein letztlich überlegen ist. „But by virtue of this natural selection of our kind we have developed resisting power" (*War*, S. 436). Sicher spielt auch die Idee der ausgleichenden poetischen Gerechtigkeit für die Grausamkeiten der Marsianer eine Rolle, da sie durch ihre vampirartige Ernährung die gefährlichen Bakterien aufnahmen.

Obwohl später die unmittelbare Gefahr vorbei ist, und der Ich-Erzähler sein Haus und seine Frau unversehrt wieder findet, stellt sich doch keine Beruhigung ein. Der Epilog bietet keine Erklärung der Vorgänge, und aufgrund der totalen Unwissenheit über die Gegner ist ein zweiter Angriff nicht ausgeschlossen. Der erste hinterlässt Verunsicherung, aber auch die Überlegung, ob die Menschen nicht ihrerseits den Weltraum erobern sollten. Die Erzählung gibt aber weder dafür, noch für einen erfolgreicheren Kampf gegen die Eindringlinge eine Perspektive vor, so dass der Schock der Konfrontation eigentlich nicht bewältigt wird.

Diese Skizze der Handlung lässt erkennen, wie Wells die erwähnten zentralen Themen einsetzt. Die Planetenreise erscheint in umgekehrter Form als Invasion der Erde. Der Ich-Erzähler selbst sieht die Raumschiffe als Lichtpunkte, ohne ihre Gefährlichkeit zu ahnen.

> Near it in the field, I remember, were three little points of light, three telescopic stars infinitely remote, and all around it was the unfathomable darkness of empty space. You know how that

> blackness looks on a frosty starlight night. In a telescope it seems far profounder. And invisible to me, because it was so remote and small, flying swiftly and steadily towards me across that incredible distance, drawing nearer every minute by so many thousands of miles, came the thing they were sending us, the thing that was to bring so much struggle and calamity and death to the earth. I never dreamt of it then as I watched; no one on earth dreamt of that unerring missile (*War*, S. 218).

Auch das Ziel der Planetenreise wird umgekehrt. Ging es früher um Neugier der Menschen, so jetzt um die Kolonisation der Erde durch die Marsianer, deren Lebensmöglichkeiten auf ihrem Planeten immer schwieriger werden. Dieses Motiv wird von Wells sozialdarwinistisch unterfüttert: Die Marsianer sind durch ihre Notlage besonders stark und klug geworden:

> That last stage of exhaustion, which to us is still incredibly remote, has become a present-day problem for the inhabitants of Mars. The immediate pressure of necessity has brightened their intellects, enlarged their powers, and hardened their hearts. And looking across space, with instruments and intelligences such as we have scarcely dreamt of, they see, at its nearest distance only 35,000,000 of miles sunward of them, a morning star of hope, our own warmer planet, green with vegetation and grey with water, with a cloudy atmosphere eloquent of fertility, with glimpses through its drifting cloud-wisps of broad stretches of populous country and narrow navy-crowded seas (*War*, S. 215).

Die Marsbewohner sind in der biologischen Evolution weiter fortgeschritten, sie sind nur noch Gehirne mit Händen, genauer Tentakeln. Die extreme Außensicht auf die Außerirdischen erlaubt keine Einsichten in ihre Gesellschaftsordnung, abgesehen von ihrem militaristischen Vorgehen. Auch von ihrer Technik, die selbst nach langen Studien unverständlich bleibt (*War*, S. 189), gibt Wells nur Andeutungen. Die Marsianer benutzen keine Räder, sondern insektenartige Maschinen, sie verwenden unbekannte Elemente. Trotz der bewussten Fremdheit lassen sich Vorwegnahmen späterer irdischer Kriegstechniken feststellen, besonders die Verwendung von Giftgas und eine Art Blitzkrieg mit Kampfmaschinen. Die Hitzestrahlen haben in den heutigen Laserstrahlen ihre Entsprechung.

> Seen nearer, the thing was incredibly strange, for it was no mere insensate machine driving on its way. Machine it was, with a ringing metallic pace, and long flexible glittering tentacles (one of which gripped a young pine-tree) swinging and rattling about its strange body. It picked its road as it went striding along, and the brazen hood that surmounted it moved to and fro with the inevitable suggestion of a head looking about it. Behind the main body was a huge thing of white metal like a gigantic fisherman's basket, and puffs of green smoke squirted out from the joints of the limbs as the monster swept by me. And in an instant it was gone (*War*, S. 269).

Der Gesamteindruck der Dreifüße der Marsianer ist nicht der einer Maschine, sondern der eines fremdartigen Tiers. Wells verzichtet nicht darauf, massive schwarz-weiß Wertungen durch ästhetische Urteile wie hässlich und eklig zu unterstreichen:

> Those who have never seen a living Martian can scarcely imagine the strange horror of their appearance. The peculiar V-shaped mouth with its pointed upper lip, the absence of brow ridges, the absence of a chin beneath the wedge-like lower lip, the incessant quivering of this mouth, the Gorgon groups of tentacles, the tumultuous breathing of the lungs in a strange atmosphere, the evident heaviness and painfulness of movement, due to the greater gravitational energy of the earth — above all, the extraordinary intensity of the immense eyes — culminated in an effect akin to nausea. There was something fungoid in the oily brown skin, something in the clumsy deliberation of their tedious movements unspeakably terrible. Even at this first encounter, this first glimpse, I was overcome with disgust and dread (*War*, S. 234f).

Die Marsbewohner sind besonders unheimlich, da sie zugleich tierartige Wesen und eine Vorwegnahme der zukünftigen hoch technisierten Menschheit sind, angeblich schon von der Anatomie her egoistisch und gefühllos.[6]

> With *The War of the Worlds* H.G. Wells greatly extends the invasion novel's imaginative range. The aggressor is not the Hun but a monster who represents man evolved out of all recognition; the future attacks and destroys the present (Batchelor, 1985, S. 7).

---

[6] Auch die selenitischen Gelehrten im Mondroman bestehen fast nur noch aus Gehirnen, da sie Computer und Bibliotheken ersetzen.

Die enge Verbindung der Marsianer mit ihren Kampfmaschinen macht sie zu einer Art Cyborg, der in der späteren Science Fiction beliebt ist: bloßes Gehirn verbunden mit metallischer Technik. Die massive Abwertung der Fremden wird noch dadurch verstärkt, dass von ihnen – abgesehen von den kurzen Ausführungen des Prologs und Epilogs – nur aus der Perspektive von bedrohten Augenzeugen berichtet wird. Somit gibt es keine objektive Wahrheit und noch weniger Verständnis für die Eindringlinge, dafür aber intensive Emotionen, die sich auf den Leser übertragen. Die Fremdheit wird durch die Unmöglichkeit der Kommunikation verstärkt, denn die Marsianer nehmen von den Signalen der Menschen keine Notiz. Sie besitzen überhaupt keine Sprache, da sie sich durch Gedankenübertragung verständigen. Somit herrscht die totale Außenperspektive auf die fremden Wesen, eine bloße Beschreibung äußerer Vorgänge, die Verständnis oder gar Sympathie unmöglich machen und kein Wissen über ihre Kultur und Gesellschaft erlauben.

Mit ihrem rein instrumentellen Verstand verfolgen sie egoistisch die Machtinteressen ihrer Rasse. Wells sieht die Menschen dabei in Umkehrung der normalen Position in der Rolle der schädlichen Insekten, die vernichtet werden: „So, setting about it as methodically as men might smoke out a wasps' nest, the Martian spread this strange stifling vapour over the Londonward country" (*War*, S. 328). Die Beziehung zwischen Marsianern und Menschen besteht ähnlich wie in der Space Opera ausschließlich in militärischen Aktionen zwischen ungleichen Gegnern, die den Erzähler an die Ausrottung von Wilden durch die Europäer denken lässt.

> And before we judge of them too harshly, we must remember what ruthless and utter destruction our own species has wrought, not only upon animals, such as the vanished bison and the dodo, but upon its own inferior races. The Tasmanians, in spite of their human likeness, were entirely swept out of existence in a war of extermination waged by European immigrants, in the space of fifty years. Are we such apostles of mercy as to complain if the Martians warred in the same spirit? (*War*, S. 215).

Wells Marsbewohner wirken aufgrund seiner suggestiven Darstellung, besonders im Kontrast zum friedlichen Privatleben der Engländer, wie Projektionen der Angst vor einer fremden Zweckrationalität und wie Karikaturen eines ins Tierisch-Biologische verkleideten Fremden- wie Menschenhasses. Suvin nennt Wells' Marsianer „das xenobiologische Paradigma für die glotzäugigen Ungeheuer (BEMs) und Bedrohungen aus dem Weltraum" (Suvin, 1979, S. 287) und sieht in ihnen das „einflußreichste Vorbild für zahllose ‚Dinge aus dem Weltraum' [...], die für jede beliebige Gruppe standen, gegen die sich der Hass der Öffentlichkeit jeweils richten sollte" (Suvin, 1979b, S. 272).

Der Ich-Erzähler stellt sich als Philosoph vor, der im Augenblick der Invasion gerade über die Moral im Prozess der Zivilisation nachdenkt. Aber obwohl er seinen Bericht aus der Rückschau schreibt, ähnelt dieser weniger einer abgeklärten Darstellung als einem sensationslüsternen Zeitungsartikel, der die erschreckenden Vorgänge durch den Kontrast zum vorhergehenden friedlichen, wenn auch banalen Alltagsleben akzentuiert.[7]

Die Schreckensbilder der zerstörerischen Invasion und des Zusammenbruchs der gewohnten Ordnung erscheinen im grellen Licht dieser stark emotionalen Berichte, aber versinken ebenso schnell wieder, da es keine ausführlichen Beschreibungen und Reflexionen gibt. Ebenso wenig wie die betroffenen Engländer kann der Leser etwas daraus lernen. Wells versucht zwar – besonders im Prolog und Epilog – das Handeln der fremden Wesen sozialdarwinistisch zu erklären, aber die Erläuterung bleibt dürftig wie das Ende unbefriedigend. Insofern ist dieser Text nicht geeignet, Reflexionen über die Gefahren der Technik und die Zukunft der europäischen Zivilisation anzuregen, zumal die biologistische Wendung der sozialen Dimension widerspricht, und die Technik nur als Mittel des Kampfes und nicht im Kontext von Wissenschaft und Wirtschaft gesehen wird.

So klar die Abwertung der Marsianer ist, so deutlich ist aber auch die grundlegende Ambivalenz. So erscheint die Anwendung von Gewalt im sozialdarwinistischen Denken als notwendig für den Lebenskampf, und der Erzähler ist trotz der kolonialen Gräuel ein patriotischer Engländer. Auf der anderen Seite lässt seine Beschreibung der marsianischen Destruktion Befriedigung erkennen, die als

---

7 Suvin, 1979b, S. 274 zeigt „wie Wells immerzu den journalistischen Stil aus der Blütezeit der frühen ‚Massenkommunikation' nachahmt - den Stil ‚einer Meldung der Associated Press, die einen universellen Albtraum beschreibt'."

Kritik an der Saturiertheit der Engländer verstanden werden kann.[8] Es ist zu vermuten, dass nicht nur die geschickte Inszenierung sensationeller Vorgänge Wells zum Vorbild der späteren Science Fiction werden ließ, sondern auch die ambivalente Projektion von Vorurteilen, Ängsten und Wünschen.

> Wells' SF macht so aus Unschlüssigkeiten, Anspielungen und flüchtigen Ausblicken auf eine zwiespältig beunruhigende Fremdheit eine ästhetische Form. Er bedient sich schadenfroh des seltsamen Novums, um dem bürgerlichen Leser einen sensationellen Schrecken einzujagen, aber er hält sich die Eigenwerte des Novums schließlich vom Leibe (Suvin, 1979b, S. 275).

6.3 Das Novum bei Wells

Die literarischen Züge, die am *Krieg der Welten* beobachtet wurden, lassen sich weitgehend auf die anderen *Scientific Romances* übertragen: *Die Zeitmaschine (The time machine*, 1895), *Die Insel des Dr. Moreau (The Island of Dr. Moreau*, 1896), *Der Unsichtbare (The Invisible Man*, 1897), *Der Krieg der Welten (The War of the Worlds*, 1897 als Fortsetzungsroman und 1898 in Buchform erschienen) und *Die ersten Menschen auf dem Mond (The first Men in the Moon*, 1901). Wells dominierende Absicht ist offensichtlich Schock und Provokation durch den Einbruchs des Fremden und Unbekannten.[9] So ist Wells in gewissem Sinne auch der Erfinder der modernen Horrorliteratur, nicht zuletzt durch die Betonung der Gewalt.

> When Well's artistic imagination was at its most vivid, in the early *scientific romances*, it was also at its most violent. [...] The cannibalistic Morlocks, the bloodsucking Martians and the bath of pain in which the vivisectionist Dr. Moreau transforms wild animals into sham human beings (Parrinder, 1980, S. 46).

Wells' Einfälle werfen ein punktuelles Schlaglicht auf die Chancen und Gefahren der Technik und die Zukunft der Menschheit. Auch

---

8 Vgl. Suvin, 1979b, S. 274f: „Seine Befriedigung über die Zerstörung des falschen bürgerlichen Idylls wird durch seinen Schrecken über die fremden Gewalten, die zerstören, aufgewogen."

9 Vgl. Parrinder, 1980, S. 243: „*The War of the Worlds* like *The time Machine* was another assault on human self-satisfaction."

wenn der Sozialdarwinismus und die biologische Evolutionstheorie seine Leitideen sind, so wird in den Geschichten doch keine Lehre expliziert.

> Er ist am erfolgreichsten in Kurzgeschichte und Novelle, die sich eher für einen scharfsinnigen Balanceakt auf der Messerschneide zwischen Schock und Erkenntnisentwicklung eignen. Damit hat er den kommerziellen Normen der meisten späteren SF das Schrittempo vorgegeben (Suvin 1979, S. 276).

Dabei ergibt sich eine intensive Aufmerksamkeit durch extreme Verfremdung gegenwärtiger Verhältnisse wie der Zuspitzung der zeitgenössischen Klassentrennung von Kapitalisten und Proletariern zu den posthumanen getrennten biologischen Gattungen der Morlock und Eloi.[10]

> [T]he gradual widening of the present merely temporary and social difference between the Capitalist and the Labourer, was the key to the whole position. [...] that exchange between class and class [...] which at present retards the splitting of our species along lines of social stratification, [became] less and less frequent (*Time Machine*, S. 63f).

Diese Auffassung trägt weniger zur Erkenntnis der Gegenwart bei, als dass sie zur Auseinandersetzung mit ihr herausfordert, wie es Wells dann ausdrücklich in seinen futurologischen und utopischen Schriften tut. Kern der *Scientific Romances* Wells' ist jeweils ein Novum wie die Zeitreise, die Unsichtbarkeit, das Metall, das die Schwerkraft abschirmt, die Marsianer als technisierte und kriegerische Kopfwesen u.ä. Diese Einfälle realisieren sich in Form einer technischen Erfindung oder Maschine wie der Zeitmaschine, der Kugel aus Cavorit oder den marsianischen Kampfmaschinen. Diese stellen einen markanten Fortschritt in der Technik dar, obwohl sie mit der üblichen Wissenschaft und den bekannten Maschinen nicht verknüpft werden und so fast wie magische Wunder wirken. Wells gibt für sie nur eine „pseudowissenschaftliche Erklärung, deren Möglichkeit sich bei näherer Betrachtung als bloßes Zauberkunststück des raffinierten Autors herausstellt" (Suvin, 1979b, S. 266).

---

10. Huntington, 1982, S. 52 beschreibt „this transformation of an economic social division into a biological one, of an ethic issue into a evolutionary one. Clearly, Wells' moral point here is to impress on an audience which tends to accept the economic divisions of civilisation as ‚natural' the horror of what it would mean if that division were truly natural."

Die wunderbaren Maschinen werden nicht aus dem Blick des Konstrukteurs, sondern mit den Augen eines absoluten Laien (so die Zeitmaschine und die Kugel aus Cavorit) oder eines vor Schrecken gelähmten Opfers (so die marsianischen Kampfmaschinen) präsentiert, auch wenn meist ein Abenteuer suchender Wissenschaftler oder Ingenieur z.B. in der *Zeitmaschine,* im *Unsichtbaren Mann* und in den *Ersten Menschen auf dem Mond* die Hauptfigur der Erzählungen ist.

Der zentrale Einfall wird von Wells inszeniert als ein unerhörtes, dramatisches Ereignis, das Einbruchscharakter besitzt, überraschende Chancen bietet, aber meist katastrophale Gefahren hervorruft wie die Invasion der Marsianer. Das Neue ist nicht wahrscheinlich, aber möglich in dem Sinne, dass es unterdrückte oder vergessene Potenzen freisetzt. „Die seltsame Welt ist anderswann oder anderswo. Man gelangt zu ihr mittels einer seltsamen Erfindung oder sie bricht unmittelbar, als erobernde Marsianer oder als der Unsichtbare in die viktorianische Welt ein." (Suvin 1979b, S. 266) In den unwahrscheinlichen Vorgängen bricht sich die technische Moderne mit all ihrer Dynamik radikal Bahn.

> The particularity of the nineteenth-century middleclas urban world is triumphantly blown away and replaced by speed, excitement, escape, the essential concomitants of joy in Wells' early work. And the sense of freedom is swiftly followed by terror" (Batchelor, 1985, S. 15).

Die Darlegung einer möglichen Zukunft oder gar eine diskursive Prognostik wie in Wells' futurologischen Werken ist in den *Scientific Romances* auch deshalb nicht zu erwarten, weil sie hochgradig ambivalent sind. Die Ausgänge der Handlung sind offen oder fragmentarisch; die Wertung der Ereignisse widersprüchlich, durch verborgene Vorbehalte widerrufen oder problematisiert. Die umgekehrte sozialdarwinistische Hypothese einer unaufhaltsamen Degeneration der Menschheit aufgrund ihrer zivilisatorischen Verweichlichung bei unverändertem Fortbestehens der Triebnatur des Menschen wird zwar in den Werken angesprochen, trifft aber nicht den Kern der Werke. Wie der Ingenieur im *Unsichtbaren* planlos auf Abenteuer ausgeht, nachdem er eine wunderbare Maschine erfunden hat, so experimentiert auch der Autor mit seinen Einfällen. Dabei scheint seine ästhetische Gestaltungskraft fähig zu sein, die eigenen Vorurteile und Ängste zu korrigieren. So ergeben sich literarische Experimente, angesiedelt in der realistisch gesehenen Welt des 20. Jahrhunderts.

> The free play of the visualising imagination that produces such scenes as the last disappearance of the Time Travellor on his machine, the first Martian laboriously climbing out of its cylinder, the foliage bursting into life on the moon - is the pleasure of a temperament which takes science as its *donnée* but rapidly displays itself as primarly *literary* (Batchelor, 1985, S. 30).

Wells' Science Fiction-Texte haben eine dichotomische Struktur, die sich in zwei getrennten Welten konkretisiert z.B. England gegen Mars oder Mond (Vgl. Huntington, 1982, S. 21, 24). Aus dem nicht aufgelösten Gegensatz, der nur punktuell durch den Erzähler vermittelt wird, ergibt sich die permanente Ambivalenz beruhend auf der Differenz zwischen der deterministischen biologischen Evolution und einer christlich-sozialistischen Ethik, die sich im spontanen Mitleid der Figuren und im Gedanken der Solidarität äußert.[11]

Eines der wichtigsten Themen bei Wells ist die Differenz zwischen verschiedenen Arten wie den Eloi und Morlock, zwischen Tieren und Menschen wie in der *Insel des Dr. Moreau* und zwischen Menschen und Aliens auf Mars und Mond. Als Verbindungsglied werden verschiedene Formen der natürlichen Evolution gedacht. „In the novels, however, he [Wells] sets up a system of relationship between humans and creatures who [...] express an aspect of what we value in humanity while at the same time remaining alien" (Huntington, 1983, S. 58). Die hier sichtbar werdende anthropologische Tendenz entwickelt Wells selbst als Kern seines Schreibens:

> As soon as the magic trick [des Einfalls oder Novums] has been done the whole business of the fantasy writer is to keep everything else human and real. Touches of prosaic detail are imperative and a rigorous adherence to the hypothesis. [...] So soon as the hypothesis is launched the whole interest becomes the inter-

---

11 Vgl. Huntington, S. 84: „*The War of the Worlds* upholds an ethical ideal without relinquishing its admiration for evolutionary success." Nach Huntington löst Wells später in den futurologischen und utopischen Texten die Dichotomie durch die vernünftige Evolution eines *social engineering* auf, vgl. S. 123: „by getting rid of the ethics-evolution problem he manages to make all problems simply matters of efficient engineering."

est of looking at human feelings and human ways, from the new angle that has been acquired (Parrinder, 1980, S. 242).

Außer der Frage nach dem Wesen des Menschen sind Imperialismus, Kolonialismus und Wissenschaft zentrale Themen bei Wells. Moreaus Versuch Tiere in Menschen umzuoperieren, hat einen kolonialen Nebensinn, der sich z.B. darin zeigt, dass die verwandelten Tiere dem Beobachter zunächst wie Eingeborene erscheinen. „If Moreau in effectively playing God by trying to speed up the evolutionary process, his project of using vivisection to raise animals to the level of civilised men is also a parody of the ‚white man's burden' of European imperialisms" (Parrinder, 1995, S 57). *Die Insel des Dr. Moreau* exponiert Wells' Auffassung von Wissenschaft, da hier ein moderner Wissenschaftler die Hauptperson ist, wie auch in anderen frühen Texten. Die Selbstcharakteristik des rücksichtslosen Mediziners Moreaus enthält eine radikale Kritik einer inhumanen Wissenschaft:

> „You cannot imagine what this means to an investigator, what an intellectual passion grows upon him. You cannot imagine the strange colourless delight of these intellectual desires. The thing before you is no longer an animal, a fellow-creature, but a problem" (*Island*, S. 94).

Die technischen Erfindungen wie die Zeitmaschine oder das Cavorit, die die zentralen Einfälle der Texte sind, beruhen zwar angeblich auf wissenschaftlichen Grundlagen, aber weder diese noch die technischen Details werden detailliert erklärt, sondern nur plausibel gemacht, wie Wells selbst erklärt.

> For the writer of fantastic stories to help the reader to play the game properly, he must help him in every possible unobtrusive way to *domesticate* the impossible hypothesis [das Novum]. He must trick him into an unwary concession to some plausible assumption and get on with his story while the illusion holds (Parrinder, 1980, S. 241).

Beim Einbruch des Neuen ins Alte und Alltägliche, der zwischen Faszination und Schrecken oszilliert, bedient sich der Autor des Stils der neuen Publikationsmedien, woran das spätere paraliterarische Trivialgenre anknüpfen konnte. Es geht Wells nicht um allmähliche Entdeckung und Rätsellösung, sondern um Überraschung und Überrumpelung, die nach Benjamin die moderne

Großstadt und den Film kennzeichnen. In diesem Sinne und in der Akzentuierung des Optischen sind bei Wells die Merkmale des neuen Mediums des Films zu finden.[12] Wells' Sprache ist suggestiv, ganz im Gegensatz etwa zu Vernes und Laßwitz' beschreibendem und diskursivem Bericht.

In Wells' Erzählweise stechen wie in der Aufklärung Reisebericht und wissenschaftliche Beobachtung hervor (vgl. Parrinder, 1995, S. 120f). Bemerkenswert ist die häufige Fokussierung auf einen Ich-Erzähler wie den Zeitreisenden oder Prendick, den es auf die Insel des Dr. Moreau verschlagen hat, oder den namenlosen Beobachter im *Krieg der Welten* mit deutlich autobiografischen Zügen. Diese Betonung der personalen und zugleich beschränkten Perspektive ist typisch für die Science Fiction, denn sie dient der Plausibilisierung der Ereignisse durch die Übernahme der Perspektive der Figur.[13]

Wells ist schon aufgrund der englischen Sprache und außerdem der Radikalität seiner kühnen Erfindungen und schockierenden Darstellung der wirkungsmächtigste der Ursprungsväter der Science Fiction. An ihm lassen sich die Entstehungsbedingungen und Grundlinien der weiteren Entwicklung feststellen: Der Imperialismus als Hintergund, die Rolle von Wissenschaft und Technik, die Frage nach dem Wesen des Menschen, das Novum als grundlegendes spekulatives Experiment, dazu die Ausdifferenzierung gegenüber Utopie und Futurologie. Jules Verne und Laßwitz sind ihm gegenüber nur Alternativen, wie sich im weiteren Verlauf der Geschichte der Gattung zeigen wird.

---

12 Bergonzi, 1961, S. 126 sieht im Krieg der Welten „an intensely visual fashion that frequently anticipates cinematic techniques" und Batchelor, 1985, S. 57 ähnlich im Wachsen der Mondpflanzen die Realisierung des Zeitrafferprinzips.

13 Vgl. Parrinder, 1980, S. 247: „I think myself that the best sort of futurist story should be one that sets out to give you the illusion of reality. It ought to produce the effect of an historical novel, the other way round. It ought to read like fact."

7. Kurd Laßwitz' technische und ethische *Zukunftsträume*

Geht Jules Verne von der französischen Tradition der abenteuerlichen „voyage imaginaire" aus – man denke an C. de Bergerac und Voltaire – und Wells von der englischen „gothic novel", dem Schauerroman, so Laßwitz (1848-1910) von der deutschen Gattung des Bildungsromans. Wie die drei Ahnväter der Science Fiction literarisch dem 18. Jahrhundert verpflichtet sind, so auch geistig dem Ideengut der Aufklärung: Verne dem Fortschrittsoptimismus und dem Glauben an die Rationalität, Wells eher negativ dem Swiftschen Markieren von Defiziten der Vernunft und des Menschen. Laßwitz verdankt am meisten der Vernunftphilosophie Kants, der Bildungsidee Herders und Goethes und der Bemühung Schillers um eine ästhetische Synthese von Vernunft und Sinnlichkeit.[1] Infolge der rapiden Entwicklung der Naturwissenschaft und Technik muss Laßwitz aber über die Position der Dichter und Denker um 1800 hinausgehen, um die Synthese eines neuen humanistischen und vernünftigen Weltbilds zu schaffen.[2]

> Mais science et fiction sont indissociablement au service de l'humanité et l'œuvre de popularisation éminemment au service de l'éthique, car le contrepoids aux menaces implicites de la maîtrise de l'univers ne peut se trouver que dans une Maîtrise de la maîtrise, c'est-à-dire dans la tentative médiatrice d'ordonner les connaissances nouvelles en les rattachant aux idéaux anciens (Willmann, 2017, S. 131).

7.1 Die Synthese von Technik, Wissenschaft, Philosophie und Phantasie

Für eine Synthese ist Laßwitz schon durch seine Ausbildung vorbereitet: einerseits Studium der Naturwissenschaft, andererseits Schüler von Dilthey, welcher eine neue *Grundlegung der Geisteswissenschaften* erarbeitete und die Dichter der Goethezeit neu ins Licht rückte. Laßwitz' philosophischer Leitstern ist Kant, dessen vorkritische Schriften er innerhalb der maßgebenden historisch-

---

[1] Laßwitz hat Aufsätze über Kant, Schiller und Goethe geschrieben und sich darin ausdrücklich auf diese berufen.

[2] Diesen „Versuch, Naturwissenschaft und Technik mit dem humanistischen Bildungskonzept zu vermitteln" haben vor ihm schon die Ingenieure M. Eyth und Max Maria von Weber versucht, Friedrich, 1995, S. 204.

kritischen Ausgabe edierte. Dabei konnte er in dessen *Allgemeiner Naturgeschichte und Theorie des Himmels* Anregungen für die Schaffung fremder Lebewesen finden. Laßwitz ist insofern ein aufklärerischer Optimist, als er den Gleichklang des zivilisatorischen und kulturellen Fortschritts erwartet.³ „Die zeitlosen Ideen geben uns das Ziel. Aber das Mittel, vorwärts zu kommen ein Stück auf diesem unendlichen Wege, bietet die wisssenschaftliche und technische Kultur. Sie ist der Kunstgriff der Vernunft, sich selbst zu verwirklichen" (*Zukunftsträume*, S. 442). Wie in der Aufklärung Vernunft Herrschaft über die innere Natur bedeutet, so ist die Technik als angewandte Naturwissenschaft Herrschaft über die äußere Natur und zugleich Voraussetzung der Kultur. Es ist die Aufgabe des Menschen,

> Vernunft zur Herrschaft zu bringen in der Welt und Natur zu verwandeln in Kultur, in Gerechtigkeit, in Schönheit und Liebe. Die zeitlose Idee gibt [!] das unendliche Ziel, die Mittel aber, sich ihm zu nähern in der Zeit, giebt [!] allein die Natur. Wollen wir die moralische Vervollkommnung, so müssen wir die größere Beherrschung der Natur [durch Wissenschaft und Technik] erstreben (*Zukunftsträume*, S. 426).

Die Hoffnung Laßwitz' wie vieler seiner technikgläubigen Zeitgenossen geht dahin, dass die technische Lösung der materiellen Probleme der Menschen nicht nur zugleich die politischen, besonders die drängende soziale Frage lösen wird, sondern auch die Voraussetzung für einen geistigen und ethischen Aufschwung darstellt, der durch die Dichtung geleistet werden kann. Laßwitz beschwört die „ethische Kraft des Technischen", die in der schöpferischen Aktivität des Menschen steckt.⁴

---

3 Dem liegt ein monistisches Denken zugrunde, das am Ende des 19. Jahrhunderts weit verbreitet war, nämlich der Glaube an die grundlegende Einheit von Natur, Mensch und Geist, das sich im 18. Jahrhundert schon in Goethes und Herders Spinozismus findet. Laßwitz fühlte sich darin durch G. Fechners Panpsychismus bestätigt, dessen Werke er herausgab und über den er ein Buch schrieb. Fechners Auffassung, dass möglicherweise alle Naturdinge beseelt seien, auch die Pflanzen und anorganischen Erscheinungen, findet ihren Niederschlag in Laßwitz' späteren Romanen *Homchen. Ein Märchen aus der oberen Kreide, Aspira. Roman einer Wolke* und *Sternentau. Die Pflanze vom Neptunmond.*

4 Mit der Ansicht von der Technik als prometheischer Schöpfung steht er nicht isoliert in seiner Zeit. Nach dem Ingenieur und Schriftsteller Max Eyth

> Hier haben wir neben der direkten Verbesserung der menschlichen Lebensbedingungen deutlich die idealisierende Wirkung des technischen Fortschritts vor Augen. Noch schwerer wiegt die sittliche Bedeutsamkeit, die in dem sichtbaren Beweise liegt, daß das Schaffen von neuen Gütern und die Beherrschung der Natur wirklich stattfindet. Man unterschätzt noch viel zu sehr diese ethische Kraft des Technischen, die in dem Bewußtsein des Schaffen-Könnens enthalten ist. Hier zeigt der Mensch sich erst wahrhaft als Mensch, indem er schöpferische Intelligenz ist (*Zukunftsträume*, S. 434).

Laßwitz bemüht sich wie viele seiner Zeitgenossen, etwa W. Bölsche, um die Popularisierung der Naturwissenschaften in Zeitungen und Zeitschriften um des Fortschritts der Kultur willen.[5] Dabei ist daran zu erinnern, dass die Popularisierung der Naturwissenschaft z.B. bei Jules Verne einer der Ursprünge der Science Fiction ist. Seine literarische Aufgabe sieht Laßwitz darin, im Blick auf die Zukunft das empirische und exakte Denken mit der Phantasie zu verbinden. Er gebraucht dabei einen Schlüsselbegriff der Heuristik des 18. Jahrhunderts, die Analogie.

> Die Dichtung hat das Vorrecht, in die Zukunft zu sehen. Wenn aber das, was sie uns erzählt, uns wirklich Vertrauen erwecken soll, so muß sie die Wirklichkeit zu Rate ziehen und eng an die Erfahrung sich anschließen. Aus dem Verlaufe der Kulturgeschichte und dem gegenwärtigen Standpunkte der Wissenschaft kann man mancherlei Schlüsse auf die Zukunft ziehen, und die Analogie bietet sich der Phantasie als Bundesgenosse (*Bilder aus der Zukunft*, S. 97).

Laßwitz ist der erste Autor, der die Science Fiction als Synthese von naturwissenschaftlichem Denken und Phantasieentfaltung in verschiedenen Aufsätzen auch theoretisch ausdrücklich begründet (vgl. Fischer, 1976). In *Unser Recht auf Bewohner anderer Welten* und *Der tote und der lebendige Mars*, beide in seinem Todesjahr 1910 erschienen, rechtfertigt er als literarische Notwendigkeit das Auftreten höherer vernünftiger Lebewesen auf dem Mars in seinem

---

wirkt in der Technik wie in der Kunst „der Prometheusfunke, der im Menschen lebt", zitiert nach Riha, 1989, S. 255.

5 Vgl. Willmann, 2017, S 13: „Mais plus fondamentalement, la science-fiction, à laquelle il fut l'un des premiers à conférer profondeur et intérêt, est, née, chez lui, au carrefour de plusieurs disciplines et pratiques, dans un rapport dialogique entre théorie de la connaissance, écriture fictionnelle et vulgarisation."

Roman *Auf zwei Planeten*, obwohl deren Existenz wissenschaftlich nicht gesichert, sondern vielmehr immer zweifelhafter geworden ist. Auch wegen der Plausibilität fordert er aufgrund der Diltheyschen Kategorie des Verstehens für den Leser menschenähnliche Wesen in der Science Fiction, während Wells sich eher bemüht, gerade das Gegenteil zu konstruieren.

> Denn es ist eine unentbehrliche Voraussetzung für die dichterische Wirkung, daß wir uns in das Erlebnis der geschilderten Geschöpfe mit unserm eignen Erlebnis versetzen können. [...] Die dargelegte ästhetische Rücksicht zwingt den Dichter, seinen Bewohnern anderer Planeten menschliche Gestalt und menschliche Sinne zu geben, wenn auch in idealisierter Form (*Unser Recht*, S. 169).

Laßwitz' schriftstellerisches Wirken ähnelt in seiner Vielseitigkeit und philosophischen Ausrichtung dem des Aufklärers Lichtenberg am Ende des 18. Jahrhunderts, der als Professor der Experimentalphysik zugleich wissenschaftliche Abhandlungen, populäre Kalenderaufsätze und literarische Satiren schrieb. Seine Romanprojekte gelangten allerdings nicht über Notizen hinaus, während sich sein heutiger Ruhm im Wesentlichen seinen Aphorismen in den *Sudelbüchern* verdankt. Laßwitz schreibt erstens wissenschaftliche Abhandlungen aus dem Grenzgebiet von Philosophie und Physik, zu erwähnen ist besonders seine umfangreiche und noch heute benutzte Darstellung der *Geschichte des Atomismus*, und zahlreiche Aufsätze über Kant in philosophischen Fachzeitschriften. Zweitens veröffentlicht er viele populärwissenschaftliche Essays und Artikel mit kulturgeschichtlicher, philosophischer und naturwissenschaftlicher Thematik. Drittens verfasst er unterhaltsame literarische Werke verschiedenster Form, von Romanen über längere Erzählungen und Kurzgeschichten bis zu ‚wissenschaftlichen Märchen'.[6] Fast alle diese erzählenden Texte haben einen wissenschaftlichen oder technischen Einfall als Kern und sind deshalb zur Science Fiction zu rechnen. Laßwitz' Bemühung um Synthese von Wissenschaft und Literatur spiegelt sich auch darin, dass er eine wissen-

---

6 Vgl. Willmann, 2002, S. 98: „,Wissenschaftlich' sind sie [Laßwitz' Märchen] offensichtlich in dem Sinne, daß Inhalte und Themen fast immer um wissenschaftliche und philosophische Fragestellungen kreisen. Doch dürften sie sich auch mit dem Anspruch des Autors, die Naturwissenschaft zu popularisieren, in Verbindung bringen lassen."

schaftliche oder philosophische Idee auf verschiedenen Ebenen korrekt verarbeitet, als theoretischen Artikel, als populäre Erklärung und als unterhaltsame Geschichte. Im Aufsatz *Ein Beitrag zum kosmologischen Problem und zur Feststellung des Unendlichkeitsbegriffes* (1877) erarbeitet Laßwitz die These: „Der Mensch kann den in sich gekrümmten, den sphärischen Raum nicht anschauen."[7] Allgemeinverständlich popularisiert wird diese Aussage im Essay *Vom gekrümmten Raum* (1900), poetisch dargestellt in der Münchhauseniade *Als der Teufel den Professor holte* (1907), in der der Autor sich auch selbst porträtiert.

Laßwitz' Ausgangspunkt ist in jedem Fall die Physik. So entwickelt er aus einer damals noch anerkannten Äthertheorie die Vorstellung von Gravitationswellen, die eine Million mal schneller als das Licht seien. Daraus leitet er dann die Möglichkeit der Aufhebung der Schwerkraft durch ein besonderes Material, das Stellit, ab, das die Wellen ungehindert hindurchgehen lässt oder abschirmend wirkt. Mit einem ähnlich wirkenden Material namens Cavorit, aber ohne Begründung, lässt Wells später die ersten Menschen auf den Mond reisen. Dies klingt heute nicht mehr so absurd, nachdem man im CERN das Elemantarteilchen isoliert hat, das für die Schwerkraft verantwortlich ist. Laßwitz' Menschen der Zukunft weisen mit ihrem Namen „Cerebrer" auf die evolutinäre Entwicklung des Gehirns hin, die auch Wells' Marsianer kennzeichnet. Laßwitz sagte in einem Interview, er habe ohne Kenntnis Jules Vernes zu schreiben begonnen und distanziert sich dabei durch die Betonung seiner (modernen) Wissenschaftlichkeit von diesem: „Ich denke, daß auch die ganze wissenschaftliche Grundlage und die philosophische Vertiefung meines Stoffes mich davor schützen sollten, als ein ‚Nachfolger' Vernes bezeichnet zu werden."[8]

Laßwitz literarische Werke gehören bis auf unbedeutende konventionelle Märchen, Humoresken und Gedichte mehr oder minder zur Gattung Science Fiction. Im Zentrum stehen neue Erfindungen sowie die daraus folgenden zivilisatorischen Veränderungen. Ebenso wichtig sind interkulturelle Begegnungen, auch wenn die Außerirdischen nur im Marsroman eine wichtige Rolle spielen

---

[7] Zitiert nach Friedrich, 1995, S. 201.
[8] Wenzel, 1987, S. 19.

und den Menschen sehr ähnlich sind.⁹ Die Erkundung des Weltraums ist auf einen Besuch auf dem Mars beschränkt, während die meisten Vorgänge auf der Erde, allerdings in der Zukunft spielen. Das Thema Roboter spielt bei ihm wie bei den anderen Autoren dieser Zeit keine Rolle, dafür aber futuristische Maschinen zum Transport und zur Kommunikation z.B. eine Art Fernsehen und Computer.

Neben seinem großen Roman *Auf zwei Planeten*, der von der Forschung als das Gründungswerk der deutschen Science Fiction angesehen und am häufigsten untersucht wird, sind einige seiner Erzählungen und wissenschaftlichen Märchen bemerkenswert.¹⁰ Die beiden frühesten Erzählungen werden 1878 unter dem Titel *Bilder aus der Zukunft* im bewussten Kontrast zu den damals beliebten *Bildern aus der deutschen Vergangenheit* herausgegeben. Sie sind in ihrer Handlungsführung traditionell: Eine künstlerisch veranlagte Frau schwankt zwischen zwei Männern, einem fortschrittbegeisterten und wissenschaftlich orientierten, und einem rückwärtsgewandt und musisch veranlagten. Sie entscheidet sich schließlich für letzteren, weil der erstere sie menschlich enttäuscht. Die Verwicklung ist nur angedeutet und im „akademischen Bierzeitungston", also humoristisch und parodistisch geschrieben. Interessant ist aber das Thema, das mit Hilfe der Dreiecksbeziehung in den Charakteren, Dialogen und Argumenten entfaltet wird, nämlich die Skepsis gegenüber den Folgen des technischen Fortschritts: Naturzerstörung, Vernachlässigung der Gefühle und der höheren Kultur wie der Kunst. Die Forschung hebt mit Recht den Erfindungsreichtum der beiden Kurzromane *Bis zum Nullpunkt des Seins* und *Gegen das Weltgesetz* hervor, „der sie zu einem veritablen Ideenreservoir für spätere Science Fiction machte oder hätte machen können. [...] Laßwitz war, was die Zukunftsliteratur angeht, ein absoluter Neuerer" (Rottensteiner, 1987b, S. 82). Dabei gelingt

---

9 In den kürzeren Romanen geht es um Kommunikation zwischen Menschen und einer Wolke (*Aspira*), einer Pflanze (*Sonnentau*) und von Tieren untereinander (*Homchen*). Allerdings werden diese Wesen im Sinne von Fechners Panpsychismus in ihrem Denken und Fühlen anthropomorph gedacht.
10 Vgl. Rottensteiner, 1987b, S. 89: „An solchen eher beiläufigen Bemerkungen bei Laßwitz, in denen die Keime ganzer SF-Bibliotheken angelegt sind, erkennt man die ungeheure Fruchtbarkeit seiner Phantasie; es sind Ideen, die er verschwenderisch andeutet, aber kaum realisiert, nur manche hat er später in einzelnen Kurzgeschichten [...] ausgeführt."

es dem Autor auch in seinen kürzeren Erzählungen und Märchen einen wissenschaftlichen oder technischen Einfall auf witzige Weise in einer alltäglichen Umgebung vorzustellen und rational zu erklären. Im *Gehirnspiegel* entdeckt der Ehemann aufgrund eines neuartigen Apparats, der die Vorstellungen eines Menschen auf einen Bildschirm projiziert, zwar, wo seine Frau ihren Schlüssel verlegt hat, sieht aber nicht, dass sie mit seinem Freund im engeren Einverständnis steht. In der *Fernschule* träumt ein Lehrer von einem Unterricht, der durch neue Medien wie eine Art Konferenzschaltung vollständig umgestaltet ist, aber noch immer an den alten pädagogischen Problemen leidet.

Als exemplarische Märchen können *Als der Teufel den Professor holte, Auf der Seifenblase* und *Die Universalbibliothek* gelten, die jeweils in einer unwahrscheinlichen Handlung ein physikalisches oder philosophisches Problem präsentieren. Das erste bezieht sich auf die Krümmung und damit Endlichkeit des Kosmos, die auch Einsteins Relativitätstheorie erwägt, das zweite lässt die schnelllebigen winzigen Bewohner einer Seifenblase eine Version der historischen Anklage gegen Galilei durchspielen, also der anthropozentrischen Intoleranz gegenüber anderen Welten. In der *Universalbibliothek* wird die Idee aller denkbaren Bücher, die durch Permutationen der 100 rudimentären Druckzeichen entstehen können, der wirklichen und sinnvollen, aber auch der bloß möglichen und unsinnigen, vorgeführt. Diese Bibliothek wäre größer als das Universum selbst. Ihre Berechnung dient dazu, die Unfassbarkeit der Idee der Unendlichkeit anzudeuten.[11]

Die Erzählung *Apoikis*, die an die klassische Inselutopie angelehnt ist, berichtet von einem geistigen Weg zur Beherrschung der Umwelt, der nicht auf Technik und Maschinen angewiesen ist. Allerdings ist die Utopie der antiken Auswanderer aus Athen, der Schüler des Sokrates, eine elitäre Veranstaltung, die zu ihrem Schutz im Ernstfall neben der Hypnose doch wunderbare technische Erfindungen verwenden müsste. *Apoikis* kann gelesen werden als Abgesang auf die klassische Utopie, denn die gelehrte Gemeinschaft bleibt ein exotisches und elitäres Unikum, das überdies dem Besucher keine verbindliche Norm mehr präsentieren kann. Auch die technisch fortgeschrittene und anscheinend ideale Gesellschaft

---

11 Nach Rottensteiner, 1974, S. 154 hat Laßwitz' *Die Universalbibliothek* Jorge Luis Borges' zu seiner Erzählung *Die Bibliothek von Babel* angeregt.

des Mars in Laßwitz' großem Roman ist nur ein perspektivisches Modell zur Nachahmung, das seinerseits durch die Konfrontation mit der Erde problematisiert wird. Die Utopie wird so dynamisiert und relativiert, ähnlich wie in Wells *A Modern Utopia*.

7.2 *Auf zwei Planeten* als Bildungsroman der Menschheit

Laßwitz' Roman *Auf zwei Planeten* ist oft als technische und soziale Utopie gedeutet worden,[12] aber auch als Entwurf einer fremden Welt im Sinne der Science Fiction. „*Auf zwei Planeten* ist ein erster Versuch, mit Hilfe wissenschaftlichen Grenzwissens auf Entdeckungsfahrt in ‚unerforschte Bewußtseinsdimensionen', die einem Weltraumzeitalter angemessen sind, zu gehen" (Krysmanski, 1963, S. 26) Das zentrale Motiv ist die Auseinandersetzung zwischen den beiden Kulturen der Erde und des Mars. Dargestellt werden „die antagonistischen Widersprüche, die im interstellaren Raum auftreten, wenn zwei ähnliche planetare Lebensbereiche von unterschiedlicher technischer und gesellschaftlicher Entwicklung zusammentreffen." (Ritter, 1978, S. 78). Es stellt sich wie in Wells' *Krieg der Welten* die Alternative „der friedlichen Koexistenz oder der militärischen Konfrontation von Gesellschaftsordnungen unterschiedlicher Entwicklungsstufe" (Ritter, 1978, S. 80), ähnlich wie im Kalten Krieg der 2. Hälfte des 20. Jahrhunderts. Laßwitz schildert den friedlichen Ausgleich, während Wells den radikalen Kampf bis zum Untergang beschreibt.[13] Das Vorbild der weit überlegenen Marsianer führt letztlich zur selbstständigen Höherentwicklung der Menschheit in vernünftiger Sittlichkeit und Bildung, wie sie Kant, Herder und Schiller 100 Jahre vorher formuliert haben.[14] Der Pazi-

---

12 Vgl. Müller, 1989, S. 158ff. und Schwonke, 1957, S. 42ff.
13 Neben dem Motiv der Invasion und der umgedrehten Kolonisierung (s. Cornils, 2003 und Kümmel, 2004) spielt auch das der Kommunikationsprobleme eine große Rolle (s. Esselborn, 1992b und Saul, 2013). Saul weist auch auf die Vorwegnahme des Judensterns und des geplanten Völkermords in Laßwitz' Roman hin.
14 Vgl. Schweikert, 1979, S. 936f.: „Auf zwei Planeten ist geschrieben zur ‚Erziehung des Menschengeschlechts', verficht den Toleranzgedanken, predigt Vernunft, will die Humanität befördern und beantwortet auf eigene Art Kants Frage, ‚ob das menschliche Geschlecht im beständigen Fortschreiten zum Bessern sei'. Laßwitz entwirft in seinem Roman einen liberalen Idealstaat [...] ‚in weltbür-

fismus und Liberalismus der Marsianer kann zugleich als direktes Gegenbild gegen die militaristische und autoritäre Wilhelminische Gesellschaft verstanden werden, deren vergeblicher Widerstand in der satirischen Szene der technischen Entwaffnung des kaiserlichen Heeres vorgeführt wird.

> Die Wirkung war so ungeheuerlich, dass die Schar der ansprengenden Fürsten und Generale stockte und ein Schrei des Entsetzens vom weiten Feld her herüberschallte. Kein einziges Pferd mehr stand aufrecht, Roß und Reiter wälzten sich in einem wirren Knäuel, eine Wolke von Lanzen, Säbeln, Karabinern erfüllte die Luft, flog donnernd gegen die Maschine in die Höhe und blieb dort haften. Die Maschine glitt eine Strecke weiter und ließ dann ihre eiserne Ernte herabstürzen, wo die Waffen von den Nihilitströmen der Luftschiffe vernichtet wurden (*Auf zwei Planeten*, Bd. 2, S. 283f).

Der Roman wurde von den konservativen Zeitgenossen teilweise feindselig aufgenommen und mit Berta von Suttners pazifistischer Position verglichen, die den Roman übrigens zustimmend rezensierte (vgl. Ritter, 1978, S. 82).[15] Dabei knüpft Laßwitz ähnlich wie Verne an die aktuelle, aber gescheiterte Forschungsreise des Schweden André zum Nordpol an und schafft durch eine Pseudofaktizität die Plausibilität der folgenden unwahrscheinlichen Ereignisse.[16] Drei Forscher aus dem deutschen Kulturraum, der Expeditionsleiter Hugo Torm, der Astronom Karl Grunthe und der Maler Josef Saltner erkunden mit einem Fesselballon im Auftrag von Friedrich Ell den Nordpol. Dort entdecken sie in einem See eine Insel, die sich als künstlicher Wohnsitz von Marsbewohnern herausstellt, die oberhalb des Nordpols einen Weltraumflughafen unterhalten. Der Ballon der Forscher erleidet eine Havarie

---

gerlicher Absicht' und drückt den Nume ‚das Siegel der vollendeten Menschheit' auf, Schillers ‚schöne Seele' also, in der ‚Sinnlichkeit und Vernunft, Pflicht und Neigung harmonieren.'"

15 Der überraschende Verkaufserfolg des Romans von 1917 bis 1930 (s. Schweikert, 1987) erklärt sich durch die damalige Kriegsmüdigkeit. Im Dritten Reich und in Amerika war der Pazifismus dagegen ein Problem.

16 Vgl. Just, 1976, S. 50: „Laßwitz siedelt die Zukunft nicht mehr in einem fernen Jahrhundert oder Jahrtausend an, sondern reißt sie jäh und unvermittelt in die eigene Gegenwart." Und S. 52: „wird dabei auch die gegenwärtige Stufe der irdischen Luftfahrttechnik zugunsten einer von den Martiern entwickelten maximalen Raumfahrttechnik übersprungen, so wird dieser Sprung ins Utopische doch als voll und ganz realisierbar gedacht."

durch die Technik der Marsianer. Nach der Bruchlandung werden Grunthe und Saltner von den Außerirdischen gerettet, Torm bleibt verschwunden. Die erste persönliche Begegnung bedeutet für die Menschen einen Kulturschock, da sie aus der Bewusstlosigkeit im fremden Ambiente der Marsianer erwachen.[17] Da sie aber durch zwei hübsche Damen vom Mars, La und Se, überirdischen, aber menschenähnlichen Wesen gepflegt werden, ist ihr erster Eindruck zwar überwältigend, aber uneingeschränkt positiv.

> Er glaubte noch nie etwas Anmutigeres gesehen zu haben, etwas Wunderbareres jedenfalls noch nicht. Ein rosiger Schleier umhüllte den größten Teil der Gestalt, ließ jedoch hier und da den metallischen Schimmer des Unterkleides durchblicken. [...] Alle Bewegungen ihres Körpers glichen dem leichten Schweben eines Engels, der von der Schwere des Stoffs unabhängig ist. Und sobald der Kopf an eine dunklere Stelle des Zimmers geriet, leuchtete das Haar phosphoreszierend und umgab das Gesicht wie ein Heiligenschein (*Auf zwei Planeten*, Bd. 1, S. 78).

Mit Hilfe eines deutsch-marsianischen Wörterbuchs, das offensichtlich Ell im Ballon versteckt hatte, entwickelt sich eine erste Kommunikation. Die Menschen, die eher wie Kinder behandelt werden, werden über die Sitten und technischen Errungenschaften des Heimatplaneten ihrer Gastgeber informiert, der vollständig technisiert ist.

> Über den Bahnen erhoben sich, die ganze Breite in kühnen Bogen überspannend, die Riesengebäude des gewerblichen und Geschäftsverkehrs. Diese stiegen bis zur Höhe von hundert Metern an. Das leichte, feste Baumaterial gestattete bei der geringen Marsschwere die gewaltigen Wölbungen und Säulenmassen. Gleich Palästen und Domen, in zierlichen Formen und lichten Farben, stiegen die Gebäude wie spielend in die klare Luft, überall auf ihren Dächern die Sonnenstrahlen sammelnd, um ihre Kraft zu verwerten. So zogen diese Hallen ohne Unterbrechung durch das Land, es in große Abschnitte von durchschnittlich hundert Quadratkilometer Fläche zerlegend. Eigentliche Städte und Dörfer gab es hier nicht, die Orte gingen ineinander über, und nur als Verwaltungsbezirke schieden sich die Gebäude in

---

17 Vgl. Wenzel, 1987, S. 101: „Denn der Übergang von der bekannten Welt in die rätselhaft andere vollzieht sich für die Romanfiguren, und damit für den Leser, ungeheuer dynamisch. [...] Sie sind in das Fremdartige regelrecht hineingeschleudert worden."

zusammengehörige Gruppen. Diese Bauten überbrückten auch die Kanäle und die Bahnen, die sich meist in derselben Richtung mit ihnen hinzogen. [...] Auf beiden Seiten der Industriestraßen, in einem Streifen von etwa tausend Meter Breite, erstreckten sich die Privatwohnungen der Martier (*Auf zwei Planeten*, Bd. 2, S. 15f.).

Die Überlegenheit der fremden Kultur erweist sich in allen Punkten, nicht nur in der technischen Zivilisation, sondern vor allem in der Sittlichkeit, die nach Kants Ethik modelliert ist,[18] in der demokratischen und pluralistischen, politischen Organisation[19] und im Gebrauch der Ästhetik z.B. beim Flirt, welcher die Freiheit des anderen wahrt. Doch ist Laßwitz insofern kritisch gegenüber einer statischen Utopie, als er auch den Rückfall der Marsianer auf der Erde in den egoistischen Kolonialismus beschreibt, der dann durch die Selbstbehauptung der Menschen korrigiert werden muss.

Die Gesellschaft auf dem Mars zeichnet sich durch Gewaltlosigkeit, Freiheit und Vernunft aus, während die Menschen „Sklaven der Natur, der Überlieferung, der Selbstsucht und ihrer eigenen Gesetze sind" (*Auf zwei Planeten*, Bd. 2, S. 110), vor allem des Nationalismus und Militarismus. Um den ethischen Vorsprung der fremden Wesen zu bezeichnen, wird der Mars in Anlehnung an Kant nach dem griechischen Wort für Vernunft Nu und seine Bewohner Numen genannt. Die Menschen, die der symbolisch bedeutsamen Schwerkraft unterliegen, heißen dagegen nach dem griechischen Wort für Schwere Bate und ihr Planet Ba. Trotz des Kulturunterschiedes gibt es aber eine überraschende biologische Übereinstimmung, die sogar Liebesbeziehungen mit Nachkommenschaft ermöglicht sowie eine Verständigung und ein Erreichen des höheren Stands der Marsianer ermöglicht. Der Deutsch-Marsianer Ell, der schließlich durch sein Opfer die Versöhnung herbeiführt, ist der Garant dafür. Der Kontrast der Kulturen ist im Wesentlichen auf den technischen Vorsprung der Marsbewohner aufgrund des höheren Alters ihrer Kultur zurückzuführen. Die

---

18 Vgl. folgende Paraphrase des berühmten Zitats von Kant über das Erhabene in *Auf zwei Planeten*, Bd. 2, S. 500: „Denn es gibt nur eine Würde, die Numen [=Marsianer] und Menschen gemeinsam ist, wie der Sternenhimmel über uns, das ist die Kraft, nachzuleben dem Gesetz der Freiheit in uns."

19 Dabei verhindert die technisch bedingte Mobilität der Marsbewohner ihre politische Unterdrückung, denn die Bewohner würden einfach woanders hinziehen, wenn einer der föderierten Marsstaaten sie schlecht behandeln würde.

Differenz der beiden Zivilisationen kann aber schon im Verlaufe des Romans vermindert werden, zumal Laßwitz von kulturellen Universalien für alle vernünftigen Wesen ausgeht, die an Kants drei Postulate aus der *Kritik der praktischen Vernunft* erinnern, nämlich den Glauben an einen Gott (*Auf zwei Planeten*, Bd. 1, S. 232), die Idee des Schönen anstelle der Unsterblichkeit (*Auf zwei Planeten*, Bd. 2, S. 43) und die Freiheit der Person (*Auf zwei Planeten*, Bd. 2, S. 490).

Den zwei Deutschen, die auf der marsianischen Polinsel gelandet sind, gelingt es allmählich, als intelligente und sittliche Wesen respektiert zu werden. Saltner rettet La mutig aus einer Gletscherspalte, und aus ihrer Dankbarkeit und Bewunderung für seinen Mut wird nach und nach Liebe. Grunthe kann aufgrund seines sittlich reinen Wollens durchsetzen, dass er die Menschheit über die Anwesenheit der Marsianer informieren kann. Am Ende des Aufenthalts besuchen die Menschen die Außenstation der Marsianer, 6356 km oberhalb des Pols, zu der man durch die willkürliche Regulierung der Schwerkraft kommen kann. Dort erleben sie mit den Marsianern einen verbindenden Moment der Erhabenheit.[20] Saltner reist mit La und Se auf den Mars, während Grunthe mit einem neuen Luftschiff der Marsianer, einer Art Zeppelin, dessen Schwere regulierbar ist, zurück zu seinem Wohnort, Friedenau, gebracht wird. Von dort aus bereitet er die Information der Menschen durch Zeitungsartikel vor. Isma Torm hat inzwischen mit Hilfe des befreundeten Ells vergebens versucht, ihren verschollenen Mann wieder zu finden. Da ihr Luftschiff durch einen Kampf mit einem englischen Kriegsschiff beschädigt wird, muss sie mit Ell den Winter auf dem Mars verbringen, was dem Autor Gelegenheit gibt, die dortigen Errungenschaften zu beschreiben. Die Menschen werden zunächst freundlich empfangen, aber die Stimmung schlägt um, als der Kampf mit den Engländern bekannt wird. Eine den Menschen feindliche Partei erklärt die Menschen zu Wilden, die keine Rechte besitzen, sondern mit technischen Mitteln vernichtet werden sollen, um die Sonnenenergie der Erde allein auszubeuten. Dagegen wünscht eine menschenfreundliche Partei einen gleichberechtigten Kulturaustausch, will aber ebenso die auf der Erde reichlicher vorhandene Energie für die Marsianer nutzen. Während sich Ell auf

---

20 Diese Station hat Leser wie Wernher von Braun zu entsprechenden Entwürfen für eine reale Weltraumstation angeregt.

dem Mars immer mehr als Marsianer fühlt und Isma an ihrer Isolierung leidet, beginnt eine zaghafte Liebe zwischen Saltner und La, die aber fürchtet, durch die Leidenschaft unfrei zu werden.

Als die Marsianer im nächsten Jahr wieder auf der Erde landen, kommt es zum Krieg mit den widerspenstigen Engländern, deren Flotte durch neuartige technische Mittel lahm gelegt wird. Ein Gemetzel in der Türkei liefert der menschenfeindlichen Partei einen Vorwand, um die Erde zum Protektorat zu machen, das sie mit Hilfe einer technischen Erfindung, dem „Glockenhelm", nun wirklich beherrschen können. Es etabliert sich eine Art Erziehungsdiktatur, da die Marsianer neben der wirtschaftlichen Nutzung der Sonnenenergie den barbarischen Menschen ihre höhere Kultur bringen wollen, eine deutliche Parallele zur kolonialistischen Ideologie der Europäer.

> Wir sind die Träger der Kultur des Sonnensystems. Es ist uns eine heilige Pflicht, das Resultat unsrer hunderttausendjährigen Kulturarbeit, den Segen der Numenheit, auch den Menschen zugänglich zu machen. [...] Die Kultur kann nicht aufgedrängt und nicht geschenkt werden, denn sie will erarbeitet sein. Aber zu dieser Arbeit kann man erzogen werden. [...] Dazu bieten wir nun vermöge unsrer so viel älteren Erfahrung uns Ihnen als Lehrer an (*Auf zwei Planeten*, Bd. 1, S. 294).

Hindernisse sind dabei die Rückständigkeit der Menschen, für die im Roman beispielhaft das Duellunwesen steht. Andererseits kommt es durch die verrohenden Wirkung der Macht zu einem sittlichen Rückfall der Marsianer in Gewalttätigkeit, Hochmut und Egoismus, verstärkt durch die Krankheit des „Erdkollers" und die Isolierung der Marsianer wegen der verheimlichten marsianischen Krankheit Gragra.[21] Zugleich zeigt sich der Widerspruch zwischen dem hehren Ziel der Marsianer, der höheren Sittlichkeit, und dem ungeeigneten Mittel, der gewaltsamen Umerziehung. Als Antwort auf den kulturellen und politischen Zwang gründen Grunthe und der schließlich heimlich in die Heimat zurückgekommene Torm den „allgemeinen Menschenbund, [...] der durch eine freiwillige Aufnahme der von den Martiern gebotenen Kulturmittel sich von der Fremdherrschaft der Martier unabhängig zu machen suchen sollte" (*Auf zwei Planeten*, Bd. 2, S. 417) und bald die „führenden

---

[21] Saul, 2013 geht der symbolischen Bedeutung dieser Krankheit überzeugend nach.

Geister aller Kulturstaaten" vereint. Die Dialektik der Bildung, nämlich die Gewinnung von Autonomie durch Nachahmung, aber schließliche Lösung vom Vorbild zeigt sich im Motto dieses Bundes „Numenheit ohne Nume", d.h. Aneignung der höheren Kultur der Marsianer in eigener selbstständiger Anstrengung.

Die Unterdrückung der Menschen durch degenerierte Marsianer verschafft ihnen die Hilfe wohlwollender Außerirdischer, so dass sie sich in einem erfolgreichen Luftkampf von der Herrschaft der Fremden befreien können. Eine entscheidende Rolle spielt dabei La, die sich nun zu ihrer Liebe zu Saltner bekennt und ihr Luftschiff als Muster für die Luftflotte der Menschheit zur Verfügung stellt. Da inzwischen auf dem Mars die Menschenfreunde wieder an die Macht gekommen sind, steht einem Friedensschluss nichts mehr im Wege. Beim Überbringen der Botschaft kommt allerdings Ell, der Vermittler zwischen beiden Kulturen, um. Die friedliche Lösung des Konflikts zwischen den beiden Planeten wird letztlich dadurch ermöglicht, dass die Marsianer vernünftig handelnde Wesen nicht unterdrücken können.

> Kein Martier vermag den Griff des Nihilitapparates zu drehen, keiner einem Menschen seinen Willen aufzuzwingen, wenn ihm der Mensch mit festem sittlichen Willen gegenübertritt, mit einem Willen, in dem nichts ist als die reine Richtung auf das Gute (*Auf zwei Planeten*, Bd. 2, S. 231).[22]

Diese Lösung ist idealistisch und vielleicht zu schnell erreicht, aber es geht Laßwitz weniger um eine spannende Handlung als um die erzählerische Darlegung seiner Ideale, die den Menschenrechten in der Charta der Uno entsprechen.

7.3 Neue Technologien bei Laßwitz

Der Roman *Auf zwei Planeten* von Kurd Laßwitz zeigt eine optimistische und erstaunlich zustimmende Haltung des Gymnasialprofessors für Philosophie, Mathematik und Physik, also eines

---

[22] Erstaunlicherweise ergibt sich hier eine Parallele zu den Robotern Asimovs. Sie können Menschen keinen Schaden zufügen, weil ihr ‚positronisches' Gehirn entsprechend konstruiert ist. Asimov sieht übrigens auch eine Analogie zwischen diesen Gesetzen und Kants kategorischem Imperativ, nach dem Laßwitz' Marsianer leben.

typischen Bildungsbürgers, zur Technik und ein intensives Bemühen um eine Synthese neuer Technologien, Kantischer Ethik und Schillerscher Ästhetik. Dabei steht das Individuum im Vordergrund.

> In Laßwitz' utopian vision, the germinal core of the anticipated new human civilization is the self-governing individual, liberated by technology from the constraints of society as a tightly organized structure, and accountable only to the abstract ideal of a human community bound by a shared set of ethical values (Glass, 1997, S. 113).

Die perfekte marsianische Technik als Grundlage einer von Not befreiten Gesellschaft wird dabei weder als märchenhaftes Arsenal eines materiellen Schlaraffenlandes imaginiert, noch ist sie lediglich die absehbare Vervollständigung irdischer Erfindungen wie etwa bei Jules Verne. Laßwitz „sieht, was technische Innovationen leisten können, und sieht Entwicklungen voraus" (Schweikert, 2001, S. 949). Ihm kommt beim Entwurf einer futuristischen Technologie zugute, dass er als Physiker aus theoretischen Konzepten neue praktische Lösungen ableiten kann, so besonders die Luft- und Raumfahrt aus einer (hypothetischen) Äthertheorie der Schwerkraft. Außerdem geben ihm ethische (Harmonie mit der Natur) und ästhetische (Sauberkeit und Schönheit) Vorlieben die Tendenzen seiner technischen Phantasie vor, nämlich die Ersetzung der schmutzigen Kohleenergie durch Sonnenstrahlung, wie es heute Ziel der Umweltschützer ist. Die Anfänge der technischen Verwendung der Elektrizität und der elektromagnetischen Wellen suggerieren ihm eine globale Nutzung der Sonnenstrahlung zur Energiegewinnung, was damals noch außerhalb der Reichweite der technischen Möglichkeiten lag. Laßwitz „ist sich bei allem Zukunftsoptimismus des zentralen Problems jeder prosperierenden, hochtechnifizierten Industriegesellschaft bewußt: Die Energieversorgung muß gesichert sein" (Schweikert, 2001, S. 949). Der Autor beschreibt die Einzelheiten des Verfahrens allerdings nicht näher; er spricht von „Strahlungsfeldern" und „Strahlungsnetzen" und erwähnt die Wärme als mögliche Zwischenstufe. Nach dem Eingriff der Marsianer in die irdischen Angelegenheiten revolutioniert die Sonnenenergie die ökonomischen und gesellschaftlichen Verhältnisse durch den Reichtum, dessen schier unerschöpfliche Quelle in der Sonne lag und nun zum ersten Mal von den Menschen bemerkt und benutzt wurde. [...] zahlreiche Arbeitskräfte fanden zur Herstellung und Bearbeitung der Strahlungsfelder Beschäftigung. [...] Das Hauptzahlungsmittel bestand in Anweisungen auf die Energie-Erträge der großen Strahlungsfelder. Die aufgespeicherte Energie selbst kam nur zum kleinen Teil in den Verkehr, die geladenen Metallpulvermassen, die "Energieschwämme", wurden zum größten Teil direkt nach dem Mars exportiert, die Scheine über diese Erträge aber wanderten von Hand zu Hand und in die Regierungskassen als Steuern (*Auf zwei Planeten*, Bd. 2, S. 507f.).

Laßwitz wendet sein Möglichkeitsdenken auch auf den politischen und sozialen Bereich an, denn die Sonne befriedigt nicht nur alle Energiebedürfnisse, sondern liefert auch das Maß des ökonomischen Wertes.

Einen vergleichbaren Preis mit allen Kräften der Natur hat doch nur die Arbeit, eine gleichbleibende Arbeitsmenge können wir leicht mechanisch definieren und herstellen, und alle Arbeitskraft, die wir zur Verfügung haben, stammt von der Sonne. Wir fangen die gesamte Sonnenstrahlung auf, benutzen sie, um eine bestimmte Menge Äther zu kondensieren, und so besitzen wir eine überall verwertbare Einheit der Arbeit (*Auf zwei Planeten*, Bd. 2, S. 106).

Durch die Ersetzung der menschlichen Arbeit, welche sonst als Grundlage der Wirtschaft und der Wertschöpfung angesehen wird, durch die natürliche Energie der Sonne ergeben sich die anderen Rahmenbedingungen der Marsgesellschaft. Der Begriff der „Sonnenrente" (*Auf zwei Planeten*, Bd. 2, S. 146) bedeutet, daß die Ausgaben der zentralen staatlichen Instanz als „Strahlungsetat" (*Auf zwei Planeten*, Bd. 2, S. 193) im Hinblick auf die jeweils verfügbare Sonnenenergie kalkuliert werden. „Finanziert wurde der Betrieb durch die Sonne selbst. [...] Dabei hatte aber niemand eine Steuer, außer der persönlichen Dienstleistung während eines Lebensjahres beizutragen" (*Auf zwei Planeten*, Bd. 2, S. 144).[23] Den Alltag revolutioniert die in Form von „kondensiertem Äther" in einem „Ener-

---

23 Diese Arbeitspflicht ist eine Konstante der zeitgenössischen Utopien z.B. Ballamys.

gieschwamm" gespeicherte Energie,[24] die jederzeit in physikalische Arbeitsleistung umgesetzt werden kann. „Unsere Münzeinheit gründet sich auf die Energiemenge, die von der Sonne während eines Jahres auf die Einheit der Fläche des Mars ausgestrahlt wird" (*Auf zwei Planeten*, Bd. 2, S. 105). Praktisch kann man das Metallpulver des „Energieschwammes" überall „in die im Kleinverkehr gebräuchliche Münze" umwechseln (*Auf zwei Planeten*, Bd. 2, S. 158).

Laßwitz' utopisches Modell einer sauberen Art der Energiegewinnung, die im Kontrast zur Kohleenergie steht, für deren Gewinnung die Erde durchwühlt werden muss, wirkt über den ökonomischen Bereich hinaus in die Kultur und Ethik. Es ist für ihn ausgemacht, dass die Marsianer geistig höher stehen als die Menschen und dass dies der technischen Vervollkommnung zu verdanken ist.

> Dies war freilich nur möglich infolge des hohen ethischen und wissenschaftlichen Standpunktes der Gesamtbevölkerung, wonach die Bildungsmittel jedem zugänglich waren [...]. Und dies beruhte wieder darauf, daß die Beherrschung der Natur durch Erkenntnis die unmittelbare Quelle des Reichtums in der Sonnenstrahlung erschlossen hatte (*Auf zwei Planeten*, Bd. 2, S. 192, vgl. 89f).

Den Marsianern ermöglicht die „reichere Ausbeutung der Natur" eine "größere Selbstbeherrschung", die darin besteht, dem „Gesetz der Vernunft zu folgen" (*Auf zwei Planeten*, Bd. 2, S. 388). Hier zeigt sich Laßwitz im Einklang mit dem Optimismus seiner Zeit, dass sich die materielle Not der Menschen allein mit technischen Mitteln beheben ließe. Politische Hindernisse und ökonomische Ungerechtigkeit zog man dabei nicht in Betracht.

> Rather than threatening social, political, and cultural stability, as so many anti-modernists feared, the novel's reassuring conclusion suggests that technological progress will eliminate the social question and will be instrumental in garanteeing civic order" (Glass, 1997, S. 112).

---

24 Vgl. *Auf zwei Planeten*, Bd. 2, S. 158: „Eine Büchse mit einem äußerst feinen und dichten Metallpulver, das in seinen Poren den höchst kondensierten Äther enthielt und dadurch eine bestimmte Arbeitsmenge repräsentierte."

Laßwitz nimmt so gewissermaßen die Hoffnung des Fordismus, nämlich die Lösung der sozialen Frage durch Technik und Konsum, vorweg. Dies wird im vorliegenden Roman dann besonders deutlich, wenn man auch die anderen technischen Errungenschaften der Marsianer betrachtet. Nur beiläufig werden im Roman die riesigen, lebenspendenden Wasserkanäle erwähnt (*Auf zwei Planeten*, Bd. 1, S. 103 u. Bd. 2, S. 19), die seit Schiaparellis scheinbarer Entdeckung zum traditionellen Bild jedes Marsromans gehören. Eher nebensächlich sind auch die gigantischen Bauten und Transportsysteme, die das Prinzip des laufenden Bandes in vielfältigen, beweglichen Straßen anwenden (*Auf zwei Planeten*, Bd. 2, S. 13ff). Für die Handlung wichtiger ist die Erfindung des „Retrospektivs",[25] mit dem Laßwitz neben den „Lichtdepeschen", der „Fernschule" und anderen Erfindungen sein Interesse an neuen Medien zeigt. Entscheidend sind dagegen neben der Sonnenenergie die künstliche Nahrung und die Beherrschung der Schwerkraft.

> Steine in Brot! Eiweißstoffe und Kohlenhydrate aus Fels und Boden, aus Luft und Wasser ohne Vermittlung der Pflanzenzelle! – Das war die Kunst und Wissenschaft gewesen, wodurch die Martier sich von dem niedrigen Kulturstandpunkt des Ackerbaus emanzipiert und sich zu unmittelbaren Söhnen der Sonne gemacht hatten (*Auf zwei Planeten*, Bd. 2, S. 21).

Das Pathos, mit dem die Erfindung der künstlichen Nahrung gefeiert wird, verdeckt die einschneidenden sozialen Umwälzungen, die dazu nötig waren, denn die Abschaffung des Ackerbaus führte einerseits zu Bürgerkriegen und andererseits zur Aufwertung von Wissenschaft und Technik. Die künstliche Nahrung symbolisiert bei Laßwitz die Freiheit von den natürlichen Gegebenheiten. „Zahllose Kräfte wurden frei für geistige Arbeit und ethische Kultur, das stolze Bewußtsein der Numenheit hob die Martier über die Natur und machte sie zu Herren des Sonnensystems" (*Auf zwei Planeten*, Bd. 2, S. 21). Ebenso faktisch wie symbolisch bedeutsam

---

25 Es handelt sich um die Rekonstruktion der Vergangenheit durch die Sammlung der von einem Ereignis ausgesendeten, aber verstreuten Lichtstrahlen mit Hilfe der schnelleren Gravitationswellen. „Nachdem die zurückkehrenden Gravitationswellen wieder in Licht verwandelt worden waren und das optische Relais passiert hatten, erschien endlich das Bild der aufgesuchten Gegend in einem völlig verdunkelten Zimmer auf eine Tafel projiziert" (*Auf zwei Planeten*, Bd. 2, S. 119).

ist die Beherrschung der Schwerkraft, einerseits durch die Entwicklung schwerefreier Stoffe und andererseits durch „Schwerkraftgeneratoren", welche Gravitation an beliebiger Stelle herstellen können. „Die Enthüllung des Geheimnisses der Gravitation war es, die einen ungeahnten Umschwung der Technik herbeiführte" (*Auf zwei Planeten*, Bd. 1, S. 106).

Sonnenenergie, künstliche Nahrung und Beherrschung der Schwerkraft sind die realen Grundlagen der Zivilisation auf dem Mars und haben zugleich einen unverkennbaren Symbolwert. So wie die Marsgesellschaft friedlich ist, weil die Konflikte ohne materielle Not vernünftig gelöst werden, so ist auch der Umgang mit der Natur frei von Ausbeutung und Gewalt. Die Sonnenenergie ist „von der Natur verliehen" (*Auf zwei Planeten*, Bd. 2, S. 146); sie kann angeblich einfach gesammelt werden. Dabei wird der Begriff der Arbeit mit dem doppelten Aspekt der menschlichen Mühe und der technischen Einwirkung auf die Natur seiner zentralen Stellung beraubt.[26]

Die Vermeidung von Gewalt zeigt sich symptomatisch auch in der Raumfahrt, die nicht durch gewaltige Raketen ermöglicht wird, sondern durch die geschickte Aufhebung der Schwerkraft. Zur Lenkung der Raumschiffe wird die Energie des hypothetischen Äthers benutzt, der als überall verfügbar gedacht ist. Man könnte an die später entdeckten allgegenwärtigen Quantenfluktuationen denken. Selbst die fern wirkenden Waffen der Marsianer, die erst für den Kampf mit den unvernünftigen Menschen entwickelt werden, nämlich das „Telelyt",[27] das „Repulsit"[28] und das „Nihilit"[29] beruhen auf dieser natürlichen Energie. Diese Erfindungen Laßwitz' sind als Mittel der chemischen Auflösung, der mechanischen

---

[26] Damit entwirft Laßwitz auch eine Alternative zu Sozialismus und Kommunismus als den dominanten utopischen Projekten seiner Zeit.

[27] Vgl. *Auf zwei Planeten*, S. Bd. 411: „Das Telelyt ist ein Apparat, durch welchen chemische Wirkung in jeder beliebigen Form erzeugt werden kann."

[28] Vgl. *Auf zwei Planeten*, Bd. 2, S. 410: „Ill hatte gleichzeitig den Griff des Repulsitgeschützes gedreht. Das Luftschiff erhielt einen Stoß und sauste durch die Luft. Hinter ihm, etwa in der Mitte zwischen dem englischen Schiff und dem Martischen, gab es einen ohrenbetäubenden Krach. Die Granate zersprang in der Luft, als sei sie an eine feste, unsichtbare Mauer gestoßen."

[29] Vgl. *Auf zwei Planeten*, Bd. 2, S. 222: „Die Nihilithülle des Luftschiffes, die es gegen jeden Angriff schützte, zersetzte die fünfzig Zentimeter dicken Panzerplatten binnen ebensoviel Sekunden."

Fernwirkung und als Schutzschilde heute Standard der Science Fiction-Texte.

Insgesamt entwirft der Roman die Utopie einer Zivilisation, die in Harmonie mit der Natur lebt, ihre Kräfte für kulturelle Aktivitäten befreit hat und zur Vergeistigung führt, so wie die Sonnenenergie als Strahlung immateriell aus der Höhe des Himmels kommt. Die Erklärung der Gravitation als überlichtschnelle Strahlung suggeriert ähnlich die Aufhebung der Schwere der Materie. So ist die utopische Technik bei Laßwitz ein zentrales Motiv seines Romans, ein wichtiges Thema für die Zukunft des Menschen und zugleich das Symbol einer idealistischen Weltauffassung. „Textes de vulgarisation et contes et romans scientifiques se fondent sur un projet humaniste de progrès, entretenu à la fois par l'héritage des Lumières et la pensée éthique kantienne" (Willmann, 2017, 361). Die Beherrschung der äußeren Natur durch Technik und der inneren durch Vernunft bleibt aber die Voraussetzung jeder höheren Zivilisation.

7.4 Laßwitz als Begründer der deutschen Science Fiction

Laßwitz beschreibt in seinem Roman eine Modellgesellschaft als mögliche Zukunft der Menschheit, die allerdings aus außer- bzw. überirdischen Wesen besteht. Sie ist natürlich, vernünftig und ein Vorbild der ethischen Fortentwicklung und kulturellen Bildung. Hinter diesem Wunschbild steht die traditionelle Vorstellung der prometheischen Schöpferkraft des Menschen, die sich in seiner Technik und Kunst zeigt. Bei Laßwitz verwendet sie physikalische Kräfte, die sich auf wissenschaftliche aber hypothetische Prinzipien stützen. Sie haben das Leben umgestaltet und sind an modernen Orten wie Strahlungsfeldern, Lebensmittelfabriken und Luftschiffen konzentriert. Laßwitz geht es aber nicht speziell um die zukünftigen Möglichkeiten von Technik und Industrie, sondern um die weitere Entwicklung der menschlichen Kultur überhaupt. Damit haben wir ein Werk des technisch-utopischen Zukunftsromans vor uns, das man nach heutigem Verständnis zur Science Fiction rechnen würde, aber dessen utopische und philosophische Züge nicht zu übersehen sind.

> Was den Roman von vielen anderen der Science Fiction [...] abhebt, ist der mit Ernst unternommene Versuch, sich nicht mit bloßen, schönfärberischen Darstellungen technischer und wissenschaftlicher Fortschritte zu begnügen, sondern in das Zukunftsbild auch Philosophie und Ethik miteinzubeziehen, die Laßwitz in enger Wechselwirkung mit dem technischen Fortschritt stehend ansah (Rottensteiner, 1973, S. 137).[30]

Bei der Würdigung von Laßwitz als Science Fiction-Autor sind drei Gruppen seines literarischen Werkes zu unterscheiden. Weitgehend außer Betracht bleiben können die späten Romane *Homchen Ein Tiermärchen aus der unteren Kreide* (1902), *Aspira. Der Roman einer Wolke* (1906) und *Sternentau. Die Pflanze vom Neptunsmond* (1909), da in ihnen der Blick in die Zukunft keine wesentliche Rolle spielt. Es geht dagegen um eine literarische Umsetzung des Panpychismus Gustav Theodor Fechners, des Glaubens an die Beseeltheit aller Dinge, eines zukunftsträchtigen Säugetiers aus der Kreidezeit, einer Wolke und einer außerirdischen Pflanze, im Grunde um die erwünschte monistische Einheit von Mensch und Kosmos.

Zentrale Texte der Science Fiction sind dagegen einerseits der Marsroman und andererseits die Erzählungen und wissenschaftlichen Märchen, die als Kurzprosa eng zusammen gehören. Für beide Werkgruppen fällt der Kritiker, der sich um die Wiederentdeckung des Autors sehr verdient gemacht hat, ein hartes Urteil, das er allerdings in späteren Äußerungen abschwächt:

> Als Schriftsteller wies Laßwitz unübersehbare Schwächen auf: seine hölzerne, über idealisierte Charakterisierung, seine falsche Gefühlsseligkeit und eine übermäßig zu Papier schlagende Lehrhaftigkeit. [...] der Wert derartiger utopischer Konstruktionen liegt allein in den Gedanken, die sie enthalten; und je vollkommener ein Charakter, desto langweiliger für den Leser. Laßwitz' Vorzüge: die Klarheit seiner Darstellung und die Leichtigkeit seines Stils, sein sicheres Erfassen wissenschaftlicher Probleme, sind die Tugenden des Essayisten, nicht die des Romanciers. [...] Selbst in Deutschland erreichte Laßwitz [...] nie die Beliebtheit oder Bedeutung eines Wells oder Verne. Verglichen mit der Vorstellungskraft und dem Erfindungsreichtum dieser beiden Männer, ist Laßwitz ein biederer Schreiber, ordnungslie-

---

30 Ich zitiere die maßgebenden Aufsätze Rottensteiners nach den frühen Fassungen und nicht nach der Version in Reeken, 2014.

bend und gewissenhaft bis zur Pedanterie (Rottensteiner, 1973, S. 160ff).

Aus dem Blickpunkt der heutigen Science Fiction, die Aktion wie bei Verne und Sensation wie bei Wells bevorzugt, mag die Kritik am Stil des deutschen Bildungsbürgers zutreffen. Sie verkennt allerdings die zentrale Bedeutung der technischen Erfindungen sowie der Verbindung zur Wissenschaft und Utopie für die Science Fiction. Dem Urteil liegt ein Literaturverständnis zugrunde, das nicht auf das neue Genre passt, Charakterdarstellungen sind z.B. unwesentlich, da es um Gedankenexperimente geht. Diese Kritik kann natürlich nur für den Roman gelten, da in den kürzeren Texten kaum ein Charakter entwickelt wird und es nur um die prägnante Darstellung eines wissenschaftlichen Phänomens oder eines neuen Einfalls geht. Es erstaunt, dass Rottensteiner an dieser Stelle den „Erfindungsreichtum" des deutschen Autors so gering schätzt, den er an anderen Stellen mit Recht hervorhebt, so beim Urteil über die *Bilder aus der Zukunft*: „Obwohl literarisch ohne jeden Wert,[31] sind diese Prosastücke dennoch hochinteressant, denn sie enthalten bereits die Keime von vielen späteren SF-Geschichten" (Rottensteiner 1973, S. 148, vgl. 1987, S. 89).

Das größte Problem des Marsromans ist eher die idealistische Grundhaltung, die sich in der überraschenden Leichtigkeit der Lösung des Konflikts zeigt. Allerdings müssen die Hauptfiguren Grunthe, Ell, Saltner und La Prüfungen und Schwierigkeiten überwinden. Es gibt sogar einen Bösewicht Oß! Dass die Ideale Kants und Schillers nicht ganz in Figuren und Handlung aufgelöst werden, scheint eine Nachwirkung der eher diskursiven Utopie zu sein. Doch wird das Ideal bei Laßwitz auf moderne Weise temporalisiert und fiktionalisiert. Die Höherentwicklung der Menschheit ist ein Prozess mit Hindernissen, und die anfänglich ideal erscheinende Gesellschaft der Marsianer zeigt ein zu großes Vertrauen auf bloße Vernunft, das zum Rückfall in unkontrollierte Emotionen führt. Die menschliche Sinnlichkeit behält deshalb ihr Recht.

Von der modernen Science Fiction her gesehen hat der Roman zu wenig dramatische Handlung und Spannung. Verne hatte sich die Muster des Reiseromans zunutze gemacht, um Interesse durch

---

31 Rottensteiner, 1973 stößt sich wohl an der konventionellen und fast kitschigen Handlung, übersieht aber die parodistische Absicht und den humoristischen Ton des Autors.

das Bestehen von Gefahren zu erzeugen, und zudem von Poe die intellektuelle Rätsellösung übernommen. Laßwitz' Marsroman beginnt zwar mit einem gefahrvollen Moment und der Begegnung mit dem Unbekannten am Nordpol, später treten aber solche Elemente gegenüber Beschreibungen und Erörterungen zurück. Direkt didaktische Erklärungen finden sich dagegen weniger als bei Jules Verne. Doch während Wells' personaler Erzähler sich meist weigert, geheimnisvolle Dinge zu erklären, verlieren die Vorgänge bei dem deutschen Autor schnell ihren Rätselcharakter, da der auktoriale Erzähler die Lösung weiß.

Gegenüber diesen erzählerischen Schwächen sind aber Laßwitz' Stärken als Science Fiction-Autor zu betonen. Er präsentiert wissenschaftlich fundierte und technisch bedeutsame Erfindungen auf glaubhafte Weise[32] und entwickelt daraus moderne Zivilisationen mit ihren sozialen, politischen, kulturellen und ethischen Gegebenheiten, die entsprechend dem Optimismus der Zeit allerdings idealistisch ausfallen. Zudem gelingt Laßwitz der Übergang vom utopischen Roman zur Science Fiction, genauer zum Zukunftsroman mit prognostischen Momenten wenn auch nicht vollständig. Mit der konsequenten Perspektive der Zukunft, die für Laßwitz durch eine zunehmende technische Beherrschung der Natur bestimmt ist, verbindet der Autor erstmals die ausführliche essayistische Reflexion, wie diese Literatur zu gestalten wäre. Dazu muss sich seiner Meinung nach die Phantasie an den Fakten orientieren, welche ihr die Wissenschaft liefert. So kommt er zu der literarischen Verbindung von Phantasie und Wissenschaft, wie sie im Begriff der Science Fiction gedacht ist. Damit ergeben sich deutliche Parallelen zu dem fast ein Jahrhundert später schreibenden polnischen Schriftsteller Stanislaw Lem „etwa in der Art, wie beide um die Versöhnung zwischen Humanismus und Naturwissenschaft bemüht sind, [...] zwischen instrumentellen Mitteln und immanen-

---

32 Vgl. Rottensteiner, 1973, S. 137: „Was die rein wissenschaftliche Seite angeht, ist der Roman ein Muster korrekter Extrapolation. Am beeindruckendsten von allen Laßwitzschen Vorwegnahmen ist selbstredend die Raumstation. Laßwitz' Satellit hat die Form eines Speichenrades, die in der späteren Raumfahrtliteratur immer wieder vorgeschlagen wurde." Diese Art der Raumstation empfiehlt z.B. Werner von Braun und sie findet sich auch in Kubricks Film: *Odyssee im Weltall 2001*, einem der bedeutendsten Science Fiction-Verfilmungen eines Romans von A.C. Clarke.

ter ethischer Norm; die Art wie Ideen spielerisch hingeworfen anstatt breit entwickelt werden" (Rottensteiner 1987, S. 89).

Abschließend lässt sich die Frage beantworten, welche Rolle Laßwitz in der Geschichte der Science Fiction spielt. Er ist der Begründer des technisch-utopischen Zukunftsromans mit einem bildungsbürgerlichen Hintergrund, der in Deutschland bis in die fünfziger Jahre als nationale Besonderheit gegenüber der amerikanisch dominierten Science Fiction maßgebend war.[33] Neben seiner Tendenz zur Reflexion und Utopie sind seine fundierten wissenschaftlich-technischen Einfälle eine Quelle für die Science Fiction gewesen. Laßwitz entwickelte seit der ersten deutschen Science Fiction-Erzählung *Bis zum Nullpunkt des Seins* (1871) so viele und umwälzende technische Einfälle aus wissenschaftlichen Grundlagen, dass er damit direkt und indirekt die gesamte Gattung, auch ausländische Werke anregte.[34] Genannt seien nur die willkürliche Regulierung der Schwerkraft, die Möglichkeit der Raumfahrt durch eine besonderes Material, futuristische Strahlenwaffen, die Gewinnung von Energie aus Sonnenstrahlung sowie neue mediale ErfinAdungen, wie die „Lichtdepesche", eine Art Fernsehen, das „Retrospektiv" zur filmischen Rekonstruktion der Vergangenheit und die direkte technische Beeinflussung des Gehirns. Bis zum ersten Weltkrieg berufen sich viele deutsche Autoren mit Zukunftserzählungen auf ihn, vor allem Grunert, und andere wie Daiber und Scheerbart entleihen von ihm besonders den Schauplatz des Weltraums und die Vorstellung der Außerirdischen. Dies gilt auch nach dem Ersten Weltkrieg, als die Verbreitung von Laßwitz' Roman ihren Höhepunkt erreicht, allerdings die Skepsis gegenüber der Technik zugenommen hat. Döblin übernimmt das Motiv der

---

33 Dies widerlegt Rottensteiners Ansicht, „dass die Laßwitzsche Utopie und SF-Vorläufertum im deutschen Sprachraum ziemlich folgenlos geblieben ist; zumindest im Genre" (Rottensteiner, 1987, S. 122). Mit Recht sieht er allerdings in den meisten Werken der zwanziger und dreißiger Jahre wie bei Hans Domnik, „eine Einengung des Horizonts auf technische Kinkerlitzchen und Machtprobleme, was fast zwangsläufig einherging mit einer nationalistischen, militaristischen, häufig auch rassistischen und revanchistischen Ausrichtung" (Rottensteiner, 1987c, S. 125). Doch handelt es sich dabei um die Alternative des spannend-abenteuerlichen Zukunftsromans in der Nachfolge Jules Vernes.

34 Eine lange Liste von punktuellen Nachwirkungen Laßwitz' erstellt Schweikert, 1979, u.a. war nach seiner Meinung (S. 953f) der Roman das Vorbild des ersten Heftes (1961) der deutschen Space Opera *Perry Rhodan*.

künstlichen Nahrung und der Bedeutung der Elektrizität (Turmalinschleier als Speichermedium) sowie die Frage nach dem Potential der Technik für die Entwicklung der Menschheit. Zwischen den Kriegen dehnt sich Laßwitz' Einfluss sogar auf die Wissenschaftler und Techniker aus, die die Raketentechnik entwickeln wie Wernher von Braun, der 1969 ein Vorwort zur Ausgabe von *Auf zwei Planeten* verfasst. Laßwitz' Einfluss lässt sich noch bei Ernst Jünger und Arno Schmidt feststellen, die nach dem Zweiten Weltkrieg Science Fiction-Texte schreiben.

Laßwitz' optimistische Verbindung von Wissenschaft, Technik, sozialer Utopie und ethischer Vernunft zur Förderung der Erkenntnis und zur kritischen Reflexion bleibt für die philosophisch orientierte Richtung des deutschen Zukunftsromans maßgeblich. Der Gegensatz ist die abenteuerliche, unterhaltsame und spannend erzählte Richtung, die nach dem Vorbild Jules Vernes von Autoren wie Kellermann und Dominik repräsentiert wird. Auch nach der Annäherung an die amerikanische Science Fiction kann man bis in die Gegenwart diese zwei Arten der Science Fiction unterscheiden, die wie ein roter Faden die Geschichte des Zukunftsromans und damit auch dieses Buch durchziehen. Zur reflexiven und wissenschaftlichen Richtung gehören z.B. H. W. Franke und Dietmar Dath, zur spannenden und abenteuerlichen z.B. Andreas Eschbach und Frank Schätzing. Wenn man die utopisch-reflexive Haltung und die konkreten technischen Erfindungen betrachtet, kann man trotz der Veränderungen im Laufe der Zeit pathetisch von Kurd Laßwitz als „Vater der deutschen Science Fiction" sprechen.[35]

---

35 Weigand, 1982 im Vorwort zu Homchen.

8. Der technisch-utopische Zukunftsroman bis zum Ersten Weltkrieg

Die Bezeichnungen „technischer Zukunftsroman" und „utopisch-technischer Zukunftsroman" für die deutsche Version der Science Fiction ist gegenüber Alternativen wie „naturwisssenschaftlicher Zukunftsroman", „wissenschaftliche Phantastik" oder „Verniade" am passendsten bis zur Übernahme des englischen Ausdrucks nach der Neuorientierung an der anglo-amerikanischen Form in den fünfziger Jahren. Beide Ausdrücke betonen das Thema Zukunft, das zentrale Motiv der Technik, außerdem die wissenschaftliche Denkweise im Gegensatz zur Phantasie. Im Folgenden soll die Spannbreite des Zukunftsromans bis zum Ersten Weltkrieg aufgezeigt werden, in der Nachfolge Jules Vernes besonders bei Bernhard Kellermann, in der Anlehnung an Kurd Laßwitz besonders bei Paul Scheerbart.

8.1 Der abenteuerliche Zukunftsroman nach Jules Verne

> Die Bezeichnung *technischer Zukunftsroman* trifft am besten die literarischen Phänomene, die sich allmählich zum Gattungssystem Science Fiction kristallisierten.[...] Als wichtigstes Unterscheidungskriterium von der Phantastik im engeren Sinne können die Intention rationaler Erklärung und die Erzeugung eines wissenschaftlichen Plausibilitätseffekts gelten, die Trennungslinie von der älteren Utopie markiert das Fehlen diskursiver Systematik und Geschlossenheit der alternativen Welt (Innerhofer, 1996, S. 11).

Wenn Innerhofer den Abstand von der Utopie hervorhebt, dann entscheidet er sich für eine Richtung der deutschen Entwicklung, nämlich die von technischen Erfindungen und Abenteuern geprägte, die zur Massenliteratur tendiert. Das Entstehen dieser Science Fiction im rapid industrialisierten Deutschland, das auch die technischen Mittel und sozialen Voraussetzungen für eine billige Massenliteratur bereit stellte, ist von einem großen Interesse für die populäre Erklärung der Naturwissenschaft und die Wunder der neuen Technik getragen. Dagegen muss sich die neue Gattung gegen die traditionelle bürgerliche Buchkultur behaupten. Als Muster für diese Art des technischen Zukunftsromans gilt Jules Verne, dessen Bedeutung für die deutsche Entwicklung aber von Innerhofer überschätzt wird.

> Das Werk Jules Vernes war für die Anfänge des technischen Zukunftsromans in der deutschen Literatur von entscheidender Bedeutung. Vernes ‚wissenschaftliche' Abenteuerromane dienten nicht nur als Steinbruch, aus dem deutsche Autoren Themen und Motive bezogen. Noch wichtiger erscheint: Der Name Verne erhielt bald Signalcharakter für eine neu entstehende Literaturgattung, die sich weniger durch formale und inhaltliche Konventionen als durch einen Komplex von Markenzeichen konstituierte (Innerhofer, 1996, S. 28).

Der Name Vernes ist aber oft nur ein Werbe-Label für die Verlage und ein bequemes Etikett für die Kritiker, die keine klare Vorstellung vom Zukunftsroman haben. Tatsächlich initiierte der französische Autor den Massenmarkt für abenteuerliche Reisen mit wissenschaftlich-technischem Hintergrund parallel zu den exotischen Reisen Karl Mays in Deutschland.

Zwischen den Veröffentlichungen in Zeitschriften und der Massenliteratur in Groschenheften und Kolportageserien in der Nachfolge Vernes besteht nur eine fließende Grenze. Das früheste Beispiel für ein deutsches Science Fiction-Groschenheft ist R. Heymanns *Wunder der Zukunft* 1909/10 (vgl. Galle, 2006), das schon den Begriff des technischen Wunders in den Vordergrund rückt, der später die Titel der amerikanischen SF-Magazine prägt. Die anonym in 165 Groschenheften von 1908-1912 bis zur Einführung des Schmutz- und Schundparagraphen erscheinende abenteuerliche Serie *Der Luftpirat und sein lenkbares Luftschiff* gilt als die erste Science Fiction-Reihe der Welt. Der Held dieser Serie, Kapitän Mors, erinnert deutlich an Vernes Kapitän Nemo und an seinen Ingenieur Robur. Die altruistischen Abenteuer finden nun aber nicht nur in der Luft, sondern auch im Weltraum statt.

> Durch sie konnten die jugendlichen Leser ihr Bedürfnis nach Ausbruch aus der Enge des Alltags in eine exotische Welt, ihre Lust an gefährlichen, oft brutalen Abenteuern, ihre Omnipotenzwünsche, aber auch ihr Bedürfnis nach Geborgenheit imaginär befriedigen (Innerhofer, 1996, S. 277).

Der damals ebenfalls beliebte Katastrophenroman, in dem sich die verbreitete Untergangsstimmung wegen der Wiederkehr des Halleyschen Kometen 1910 spiegelte, gehört ebenfalls zur abenteuerlichen, spannenden Richtung. Dies gilt auch für ein Genre mit hohen Auflagen, das oft die Grenze zum Propagandatraktat für Aufrüstung überschritt, nämlich den Zukunftskriegsroman (vgl. Ritter, 1987). Beliebt sind vor allem Luftkriege mit futuristischen Zeppelinen. Emil Sandts *Cavete!t. Eine Geschichte, über deren Bizarrerien man nicht ihre Drohungen vergessen soll* (1907) betont die Bedeutung der Beherrschung der Luft. Der Ursprung dieser Form lag in England in *The Battle of Dorking*, anonym 1871 erschienen. In Stil und Absicht knüpfen daran die Bestseller-Romane von Ferdinand Grautoff in Deutschland an, die ebenfalls unter Pseudonymen erschienen sind *1906. Der Untergang der alten Welt* (1904) unter „Seestern" und *Bansai!* (1908) als Fortsetzung unter „Parabellum".

> Als nautischer Fachmann wies er in seiner, als ‚ganz aktuell' propagierten Utopie nach, was der anstehende Weltkrieg dem Deutschen bringe und wie dringend notwendig ein erweitertes Flottenbauprogramm wäre. Ohne das sei die angestrebte ‚Weltgeltung' nicht zu erreichen. Die belletristische Kriegsführung ist vom militärischen Standpunkt aus wesentlich eindringlicher, realistischer und härter geschrieben als *Der Weltkrieg* von Niemann. Das Buch liest sich wie eine Reportage, wie ein Erlebnisbericht aus ‚großen Zeiten' (Ritter, 1987, S. 137 und 140).[1]

Wie das englischen Vorbild ist der Bestseller *1906* ein Plädoyer zur Aufrüstung für den erwarteten Weltkrieg. Es handelt sich eher um einen Zukunftsentwurf mit politischer Absicht als um einen Roman, wie das Auftreten realer Politiker zeigt, auch wenn die beschriebenen Seeschlachten selbst fiktiv sind. Insgesamt werden viele strategische Details des Ersten Weltkriegs vorweggenommen, ebenso die Kriegsbegeisterung von 1914. Nur der Sieg über England und Frankreich zugunsten Deutschlands hat so nicht stattgefunden. Der Titel der Fortsetzung *Bansai* ist das japanische Wort für vorwärts. Hier wird in rassistischer Perspektive die gelbe Gefahr ausgemalt: Die Japaner versuchen die USA zu erobern und können nur mit Hilfe deutscher Soldaten zurückgeschlagen werden.

---

1 Andere erfolgreiche Kriegsromane waren: August Niemann: *Der Weltkrieg. Deutsche Träume*. Berlin, Leipzig (W. Vobach) 1904 und wesentlich später Stanislaw Bialkowski: *Krieg im All. Roman aus der Zukunft der Technik*. Leipzig (Fr. Wilh. Grunow) 1935, ein Marsroman mit Anklängen an Laßwitz, besonders die Raumstation.

8.2 Bernhard Kellermanns Technikphantasie *Der Tunnel*

Die technische Katastrophe als Strafe für menschliche Hybris ist ein Schema, dessen sich Jules Verne mit Vorliebe bedient hat. In *Les cinq cents millions de la bégum* wird der größenwahnsinnige Wissenschaftler, der mit Hilfe neu entwickelter Wunderwaffen die Weltherrschaft erringen will, ein Opfer seiner Experimente (Innerhofer, S. 364).

Kellermann war gerade von diesem Roman Jules Vernes besonders beeindruckt (Riess, 1960, S. 96), der die technische Entwicklung zweier supermoderner Städte beschreibt, aber im *Tunnel* taucht weder ein *mad scientist*, noch eine schicksalhafte Strafe auf, sondern es ereignet sich ein unvermeidbarer Unfall, der zur Prüfung wird. Daneben gibt es allerdings eine Zuspitzung auf die Hauptfiguren, tragische Missgeschicke, Heroismus der Techniker und ähnliche Ingredienzien des Verneschen Abenteuerromans. Kellermann berücksichtigt aber auch die Arbeitsbedingungen, die Wirtschaft und die Finanzen der Zukunft, während sich Verne eher für die Psychologie der Figuren interessiert. Die Natur erscheint im *Tunnel* im Gegensatz zur biologischen und religiösen Verbundenheit von *Lesabéndio* als der Feind, der mit militärischer Disziplin und unter Abtötung emotionaler und ästhetischer Regungen besiegt werden muss. Die Hauptfigur, der Ingenieur Allan, plant einen Eisenbahntunnel nach Europa unter dem Atlantik hindurch und muss zu seiner Realisierung zunächst eine gigantische Aktienfirma gründen und eine Baustelle einrichten, die das Leben von Tausenden und die Landschaft vollständig verändert. Zudem muss er selbst nach der großen Katastrophe mit Hilfe des unverwüstlichen und rationalen Technikers Strom zu einem Werkzeug seiner eigenen Maschinerie werden, bis er den Tunnel fertig stellen kann.

Bei den technischen Erfindungen (Allanitstahl und Bohrmaschine) wie der Veränderung des sozialen Lebens durch Städtebau und Industrie extrapoliert Kellermann das zeitgenössischen Amerikabild in die nahe Zukunft.

> Das utopische Moment des Romans liegt demnach primär in dieser Lupenfunktion, die dem Leser gleichsam im groben Raster demonstriert, wohin die aktuellen Tendenzen führen [...]. Qualitative neue Elemente, die weit über die zeitgenössische Wirklichkeit hinausweisen oder unserer Logik und unseren na-

turwissenschaftlichen Erkenntnissen widersprechen, sind nicht auszumachen (Miloradivoc-Weber, 1989, S. 159).²

Die amerikanische Zukunft, die sich in die ganze Welt ausbreiten wird, ist gekennzeichnet durch die Steigerung bisheriger Trends von Kälte, Härte, Tempo und Bewegung in allen Schichten der Gesellschaft. Bemerkenswert ist, dass Kellermann neben den faszinierenden, dynamischen Zügen auch die abschreckenden Kehrseiten und Verluste der Entwicklung beschreibt, so dass sich eine Reflexionsmöglichkeit und eine sozialkritische Perspektive ergibt. Der Roman ist in seinem positiven Technikverständnis und in seiner Sprache und Darstellung mit dem Futurismus Marinettis vergleichbar, dessen Manifest 1912 auf deutsch erschien. Die Forschung spricht deshalb vom Kinostil, wie ihn später Döblin propagiert.

> Der Erzähler montiert hastig, sprunghaft und hart seine Einzelszenen wie die Sequenzen eines frühen Stummfilms ohne Übergänge aneinander. Totaleinstellungen, die „alles gleichsam aus der Vogelsperspektive sehen (K. Pinthus), wechseln mit Szenen, in denen Figuren in der erlebten Rede, die plötzlich in den inneren Monolog umschlägt, ihre subjektiven Gedanken und Gefühle ausstellen (Segeberg, 1987, S. 190).³

Das rasante Zukunftsbild spiegelt sich im Tempo der Sprache. „Überraschend erschien sicher auch das kolossale Tempo der Handlung, evoziert durch den knappen Lapidarstil, der in den noch verkürzteren Telegrammstil münden kann" (Miloradovic-Weber, 1989, S. 120). Doch gibt es bei Kellermann nicht die bedingungslose und begeisterte Zustimmung zur modernen Technik wie bei Marinetti und noch weniger das überschwängliche Lob des Krieges. Bei seiner Interpretation, der die spätere Forschung wie Miladorovic-Weber und Schößler weitgehend folgte, verschiebt Segeberg den Akzent von der Technik auf die durchrationalisierte Arbeits-

---

2 Als Alternative dazu führt Miloradovic-Weber, 1989, S. 161 an: „durch das Auftreten von extraterrestrischen Wesen weitet sich die Utopienperspektive von Laßwitz beträchtlich in Richtung moderner Science Fiction aus."

3 Vgl. Glass, 1997, S. 119: „The narrative technique employed by Kellermann shifts between an anonymous narrator, reporting the events in a noncommittal journalistic voice with a predilection for the sensational, and a montage of cinematic impressions, highlighting dominant features of the setting."

organisation, die er im Anschluss an die Metaphorik des Textes pauschal mit der militärischen Disziplin gleichsetzt.

Der „Tunnel"-Roman dokumentiert aber andererseits gerade in aller Schärfe, daß soldatische Kriegstechniken nicht einfach nur eine Perversion ‚an sich' sinnvoller Produktionstechniken darstellen. Industrielle Produktion ist selber im Kern immer Destruktion (Segeberg, 1987, S. 207).

Dabei wird in überzogener Ideologiekritik auch eine Nähe zum Faschismus suggeriert. Segeberg sieht besonders im kalten und effektiven Ingenieur Strom die Vorwegnahme des Nationalsozialismus.[4]

Mir scheint, dass die Forschung im Gefolge von Segeberg die Bedeutung des Ingenieurs Strom übertreibt, der nur eine extreme Möglichkeit des sachbezogenen Technikers nach der Katastrophe darstellt. Er ist weniger eine ideale als eine ambivalente Figur, welche eine mögliche Entwicklung in der Zukunft zeigt, vgl. Ethel Lloyds Reaktion: „Sie haßte und bewunderte ihn zu gleicher Zeit. Sie verabscheute seine unmenschliche Kälte und Menschenverachtung, aber sie bewunderte seinen Mut" (*Tunnel*, S. 6).

Die Unterstellung einer faschistischen Position nimmt Segeberg allerdings später mit Hinweis auf Kellermanns politische Haltung zurück (Segeberg, 1997, S. 310), während er bei der Parallele von Technik und Militär bleibt (Segeberg, 1997, S. 309). Zwar ist die militärische Metaphorik vor allem beim Kampf mit der Natur und bei der Disziplin unübersehbar, aber es handelt sich dabei nicht um die Verherrlichung einer destruktiven Arbeit,[5] sondern um eine extreme Möglichkeit, deren negative Kehrseite deutlich

---

4 Vgl. Segeberg, 1987, S. 204: „Eine Verfilmung des Tunnel-Romans hatte schon 1933 der zeitgemäßen Aneignung dieses rassistisch getönten Techniker-Ideals den Weg bereitet. Schon im Roman ist nicht nur die Kampftaktik faschistischer Eliteverbände, sondern die Strategie faschistischer Kriegsführung insgesamt vorweggenommen."

5 Vgl. Segeberg, 1987, S. 207: „Kellermanns Ingenieur, der wie der Sprengstoff vorgeht, den er anwendet, hat sich deshalb eine Zerstörungspotenz einverleibt, die nicht erst der Kriegstechniker herausstellt. Der Stoßtruppführer des Ersten Weltkrieges wiederholt nur diese Verleiblichung im Angesicht seriell betriebener Materialschlachten, in dem er […] die Lücken der Technisierung mit Hilfe seiner eigenen Körper-Maschine nach dem Vorbild der Realtechnik ausfüllt."

ausgestellt wird. Ähnliches gilt für die scheinbare Idealisierung des Ingenieurs als Schlachtenlenker und Herrenmensch.

> Festzuhalten bleibt, dass Kellermanns Erfolgstext anhand der Rolle von Massenmedien auch einen kritischen Kommentar zur Apotheose des Ingenieurs schreibt, wie sie in der zeitgenössischen Gesellschaft zu beobachten ist. Es hieße hinter sein [des Romans, H.E.] Reflexionsniveau zurückzufallen, wollte man behaupten, dass der Text das Bild des Ingenieurs als Helden nur befestige (Leucht, 2016, S. 272).

Es darf nicht vergessen werden, dass der neue Tunnel als produktives Bauwerk neue Möglichkeiten des Verkehrs und der Wirtschaft eröffnet. Segeberg beschreibt als Parallele die unterschiedlichen Organisationstechniken von Taylor und Ford (Segeberg, 1987, S. 191ff). Der Text selbst lässt die Hauptfigur, den Ingenieur Mac Allan, in seiner Bemühung um Ersparnis von Zeit und Geld als Tayloristen erscheinen.

> Jeden noch so unscheinbaren Handgriff suchte Alan mit dem geringsten Aufwand an Kraft, Geld und Zeit zu leisten. Er führte eine bis ins Minimale gehende Arbeitsteilung ein, so dass der einzelne Arbeiter jahraus, jahrein dieselben Funktionen zu erfüllen hatte, bis er sie automatisch und immer schneller verrichtete (*Tunnel*, S. 148).

Segeberg unterscheidet ebenso die Praxis Fords, die in der Phase der Neuen Sachlichkeit der Weimarer Republik eine maßgebende Rolle spielt, von der Mac Allans:

> Während also Ford die maschinenhafte Arbeit durch die Konstruktion der Arbeitsmaschine erzwingt, braucht Kellermann dazu noch den Menschen. Seine konkreten Arbeitsvorstellungen sind darin, auf eine sehr vereinfachte Weise, noch eher ‚tayloristisch' (Segeberg, 1987, S. 198).

Der fortgeschrittenen amerikanischen Gesellschaft Fords gelingt die Motivierung der Arbeiter durch das Versprechen des Konsums und die Disziplinierung durch den technischen Zwang des Fließbands. Beides findet sich entgegen Segebergs Meinung auch im *Tunnel* durch die Beteiligung der Arbeiter an den Tunnelaktien[6] und die Abhängigkeit von der großen Bohrmaschine. „Die große

---

6 Vgl. *Tunnel*, S. 111: Der Tunnel „sollte Eigentum des Volkes, Amerikas, der ganzen Welt werden."

Maschine lief mit ihrer vollen Geschwindigkeit, und Allan sorgte dafür, dass sie das Tempo beibehielt." Die Alternative wäre die Motivierung durch eine Ideologie wie den Nationalismus, Nationalsozialismus oder Sozialismus und die Disziplinierung durch Terror. Mac Allan versucht dagegen die Arbeiter nach der Katastrophe durch die Idealisierung der Arbeit zu überreden.

> „Die Arbeit hat die dreitausend getötet! Die Arbeit tötet täglich auf der Erde Hunderte! Die Arbeit ist eine Schlacht und in einer Schlacht gibt es Tote! Die Arbeit tötet in New York allein, das ihr kennt, täglich fünfundzwanzig Menschen! Aber niemand denkt daran, in New York die Arbeit aufzugeben! […] Daß der Tunnel Amerika und Europa verbrüdern solle, zwei Welten, zwei Kulturen. Daß der Tunnel Tausenden Brot geben würde. Daß der Tunnel nicht zur Bereicherung einzelner Kapitalisten geschaffen werde, sondern dem Volk genauso gut gehöre" (*Tunnel*, S. 233f).

Diese Rede überzeugt die Arbeiter nur kurz, denn ihre Angst vor dem Tunnel ist zu groß. Allan schafft letztlich Disziplin durch die hierarchische Organisation der Ingenieure, der tatsächlich eine Abwertung der Masse entspricht.

Miloradovic-Weber untersucht den *Tunnel* als Beispiel des Erfinderromans, aber man würde besser von einem Ingenieurroman sprechen, weil es dazu in Deutschland spätestens seit Eyth eine bedeutende Tradition gibt, die z.B. von Hans Dominik weitergeführt wird.[7] Die Erfindung ist meist nur die Vorgeschichte der anschließenden technischen Nutzung, so wie die Erfindung des Allanitstahls für die Tunnelbohrer bei Kellermann nur beiläufig erwähnt wird. Mac Allan als „Mittelpunktfigur" (Leucht, S. 268) repräsentiert idealtypisch die Technik, wie z.B. sein Desinteresse am Konzert im Gegensatz zu seiner künstlerischen Frau Maud am Anfang zeigt: „Als praktisch veranlagter Mensch unternahm er es, die stündlichen Beleuchtungskosten des Konzertpalastes abzuschätzen" (*Tunnel*, S. 10).

Er vertritt die rationale Arbeitsersparnis im Sinne des Taylorismus. „Sein Prinzip war, dass man alles in der Hälfte der Zeit tun könne, die man zu brauchen glaubt. Alle Menschen, die mit ihm in Berührung kamen, nahmen unbewusst sein Tempo an. Das war

---

7 Auch Leucht, 2016, S. 253ff untersucht den Roman im Kontext der Figur des Ingenieurs.

Allans Macht" (*Tunnel*, S. 114). Das Prinzip der Technik wie der Wirtschaft ist im Roman Anstrengung und Risiko, auch die Finanzgeschäfte der Kapitalisten, die immer wieder mit der Metapher der Schlacht bezeichnet werden.[8] Das Wesen des Ingenieurs ist ausschließlich Arbeit. „Der Ingenieur stellt indes nicht bloss [!] einen öffentlichen Bürger dar, sondern [...] auch einen tätigen" (Miloradovic-Weber, 1989, S. 40). Edith Lloyd sagt mit Recht zu Allan: ,'Sie brauchen Ihre Arbeit - der Tunnel fehlt Ihnen! Nichts sonst!'" (*Tunnel*, S. 321).[9]

Die besondere Qualität des Romans besteht darin, dass Kellermann nicht nur die technischen Details korrekt darstellt, sondern auch die ökonomischen Voraussetzungen der technischen Leistungen samt ihren umwälzenden sozialen und kulturellen Folgen berücksichtigt. Deshalb gehört er in die Tradition der anspruchsvollen deutschen Science Fiction. Die Technik, die fast mit der Wirtschaft gleichgesetzt wird, ist mit der gesamten modernen Gesellschaft verbunden, vor allem mit der Finanzwelt und den neuesten Medien,[10] steht aber im Gegensatz zur traditionellen Kultur und dem Privatleben. Dabei ist besonders das ambivalente Verhältnis des Technikers zu den Finanziers interessant, das von einem unterschwelligen Antikapitalismus des Autors zeugt. Der Ingenieur Allan ist ganz auf das Kapital angewiesen. „Allan wurde geschoben und glaubte zu schieben" (*Tunnel*, S. 54). Er muss sich gleich zu Anfang mit dem reichsten Bankier Lloyd gut stellen und schließlich nach der Katastrophe sogar seine Tochter Ethel heiraten als Preis für den Weiterbau des Tunnels. „Er selbst war der Preis!

---

8 Vgl. die breit ausgeführte Metapher des Gelds im Kampf der Wirtschaft, *Tunnel*, S. 153: „S. Woolfs Dollars waren Milliarden rasender, kleiner Krieger, die sich mit dem Geld aller Nationen und aller Rassen schlugen." Der Kampf gilt aber weder für die Kunst, noch für die privaten Beziehungen, für die vor allem Maud steht. Insofern muss man Kittsteins, 2005, S. 136 Pauschalurteil widersprechen: „sie [die Weltgesellschaft] präsentiert sich als totalitäres Zwangsystem aus Ökonomie, technisiertem Arbeitsleben und medialen Inszenierungen, dem der Einzelne hilflos ausgeliefert ist. Kellermann schildert das Dasein als einen erbitterten Kampf aller gegen alle, der sich in gnadenloser Hektik vollzieht."

9 Nur die Untätigkeit in der Haft hat Allan geschwächt: „Ausgeschaltet vom Leben und von Aktivität musste ein Mann wie Allan zugrunde gehen; wie eine Maschine zusammensackt, wenn sie zu lange stillsteht" *Tunnel*, S. 321.

10 Vgl. besonders Göktürk, 1998 der allerdings übertreibt, wenn er S. 106 schreibt: „Das eigentliche Thema des Romans ist die Herstellung und Vermarktung technischer Sensation durch die Massenmedien."

Ethel wollte ihn!" (*Tunnel*, S. 338). Während aber Lloyd die positive, nämlich die unternehmerische und sachorientierte Seite des Kapitals vertritt, repräsentiert der mit antisemitischen Klischees gezeichnete Aufsteiger Woolf, der aus Eigeninteresse und Sinnlichkeit Unterschlagungen begeht, seine negative und egoistische Seite.[11] Ihm, der sich nicht selbstlos der Sache unterordnet, gilt der Hass und die Feindschaft Allans, die ihn schließlich in den Selbstmord treiben.

Um eine Gesamtwertung des Romans zu ermöglichen, muss man neben der Handlung und den Figuren seine philosophische und ästhetische Seite einbeziehen. Das faktische wie symbolische Zentrum des Romans ist ohne Zweifel die riesige Bohrmaschine im Tunnel, die mit Bewunderung und Faszination als ein Koloss beschrieben wird, der die Gesteine vernichtet und die Menschen bedroht. Dabei sind nicht nur die aggressiven sexuellen Untertöne gegenüber der vergewaltigten Natur, sondern auch der Stolz auf die rücksichtslose Kraft und immense Leistung zu spüren, welche den einschüchternden Anblick der großen Maschine begründet.

> Mitten in diesem Chaos von rollenden Leibern und Steinen aber bebte und kroch ein graues, staubbedecktes Ungetüm, wie ein Ungeheuer der Vorzeit, das sich im Schlamm gewälzt hatte: Allans Bohrmaschine. Von Allan ersonnen bis auf die kleinste Einzelheit, glich sie einem ungeheuren, gepanzerten Tintenfisch, Kabel und Elektromotoren als Eingeweide, nackte Menschenleiber im Schädel, einen Schwanz von Drähten und Kabeln hinter sich nachschleifend. Von einer Energie, die der von zwei Schnellzugslokomotiven entsprach, angetrieben, kroch er vorwärts, betastete mit seinen Fühlern, Tastern, Lefzen des vielgespaltenen Maules den Berg, während er helles Licht aus den Kiefern spie. Bebend in urtierischem Zorn, hin und herschwankend vor Wollust des Zerstörens, fraß er sich heulend und donnernd bis an den Kopf hinein ins Gestein (*Tunnel*, S. 129).[12]

---

11 Allerdings wird Lloyd, der Woolf anstellt, als der zweite S. Woolf bezeichnet (*Tunnel*, S. 109), und beide haben körperlich Stigmata.

12 Glass, 1997, S. 133 sieht in der Beschreibung der Maschine als Tier, im Theriomorphismus, die Verwandlung der Technik in eine zweite Natur wie Adorno in der *Dialektik der Aufklärung*. „As *prehistoric* beasts, these machines are indicative of a regression: technology, represented by the machine, is no longer conceived as a tool and product of civilisation. Rather, it is identified with its other – nature – which technology had set out to master."

Man kann hier von einer Megamaschine sprechen, um nicht nur die Dimensionen der Bohrmaschine hervorzuheben, sondern auch ihre intensive Verflechtung mit den Arbeitern und Ingenieuren, so wie sie Lewis Mumford in der ägyptischen Gesellschaft der Pyramidenbauer entdeckt.[13] Die Megamaschine ist bei Mumford durch ihre grundlegende Ambivalenz charakterisiert, denn sie verursacht die Unterdrückung des Menschen und seine Entfremdung von der Natur, aber ist zugleich unvermeidbares Produkt der menschlichen Evolution,[14] deren Movens die Arbeit ist. „Die Arbeit ist nicht ein bloßes Mittel, satt zu werden! Die Arbeit ist ein Ideal. Die Arbeit ist die Religion unserer Zeit!" So sagt Allan (*Tunnel*, S. 234) als Sprachrohr des Autors in seiner großen Rede.[15] Es geht beim Tunnelbau letztlich um die kollektive Leistung und wie überhaupt in der Science Fiction um die Zukunft der Menschheit. „Technology is presented as the uncontested force that will shape the future of human history. He [Kellermann] does not share Laßwitz' utopian hope that technology and ethics could be coupled to encourage *Kulturfortschritt*." (Glass, 1997, S. 118).[16]

---

13 Vgl. Mumford, 1974, S. 219: „Diese außergewöhnliche Erfindung erwies sich tatsächlich als das früheste Arbeitsmodell für alle späteren komplexen Maschinen, obwohl sich der Schwerpunkt mit der Zeit von den menschlichen Bestandteilen auf die verlässlicheren mechanischen verschob. Die einzigartige Leistung des Königtums bestand darin, das Menschenpotential zu konzentrieren und die Organisation zu disziplinieren, was die Ausführung von Arbeiten in nie zuvor dagewesenem Ausmaß ermöglichte." Vgl. den Vergleich mit der neuen Megamaschine Mumford, 1974, S. 631.

14 Vgl. Mumford, 1974, S. 810: „Und wenn ich in diesem Buch das Technodrama unterstrichen habe, so nicht deshalb, weil ich den technokratischen Glauben teile, wonach die Beherrschung der Natur die wichtigste Aufgabe des Menschen sei, sondern weil ich die Technik als einen Bestandteil der gesamten menschlichen Kultur ansehe."

15 Dass auch die Technik zur Kultur der Menschheit gehört, erkennt die Musikliebhaberin Maud (*Tunnel*, S. 39): „Es war ihr plötzlich der Gedanke in den Sinn gekommen, als ob Macs Werk ebenso groß sei wie jene Symphonien, die sie heute gehört hatte, ebenso groß – nur ganz anders." In Schößlers, 2009, Kapitel: „Der Ingenieur als Kulturträger und Genie" ist S. 262 und 266 die Reklame im Roman die neue und industrielle Kunst.

16 Vgl. Kittstein, S. 145, der als einziger von Science Fiction spricht. „Es ist kein Dokument ungebrochener ‚Technikeuphorie', sondern gleichsam ein literarisches Planspiel, das in einer fiktionalen Inszenierung die denkbaren Auswirkungen eines sich verdichtenden Geflechts von ökonomischen Zwängen, technischer Naturbeherrschung und anonymen Massenphänomenen auf die menschliche Existenz erkundet."

8.3 Der utopische Zukunftsroman nach Kurd Laßwitz

Die zweite Richtung des deutschen Zukunftsromans wahrt eher die Verbindung mit dem Bildungssystem, dem traditionellen Buchmarkt und der utopischen Tradition der Zukunftsentwürfe wie Laßwitz. Einerseits wird sein utopischer Roman *Auf zwei Planeten* (1897) zum Vorbild für zahlreiche Planetenreisen und Begegnungen mit Außerirdischen, andererseits dienen seine *wissenschaftlichen Märchen*, deren erste Sammlung *Bilder aus der Zukunft* (1878) erscheint (später besonders *Seifenblasen*, 1890 und *Traumkristalle*, 1902), als Ideenreservoir und Muster für kurze Erzählungen, die eine technische Erfindung oder eine wissenschaftliche Erkenntnis zum Kern haben. In satirischer und utopischer Einkleidung erkundet Laßwitz im Roman die gesellschaftliche Ordnung und die sittlichen Normen der Moderne im Spannungsfeld ererbter Urinstinkte und zivilisatorischen Fortschritts.

Als Nachahmer von Laßwitz' *wissenschaftlichen Märchen*, allerdings zu längeren Novellen und Erzählungen tendierend und so die Science Fiction Kurzgeschichte in Deutschland initiierend, gilt Carl Grunert. Er bekam von dem älteren Autor wesentliche Anregungen, sah sich als sein Schüler und widmete ihm ein Werk. Von seinen vier Novellenbänden und neun einzeln veröffentlichten kurzen Texten behandeln viele

> die klassischen Themengebiete der Science Fiction [...], u.a. die Kommunikations- und Luftfahrttechnologie, naturwissenschaftliche Entdeckungen insbesondere auf dem Gebiet der Chemie, die Zeitreise, die medizinische Utopie, die kosmische Katastrophe und nicht zuletzt außerirdisches Leben (Silberer, 2017, S. 322).

Besonders in den Bänden *Feinde im Weltall?* (1907) und *Der Marsspion und andere Novellen* (1908) ist Laßwitz' Einfluss stark. Dies gilt nicht nur für die kosmische Dimension des *outer space*, besonders den Mars, sondern auch für die Außerirdischen, die zwar nur teilweise freundlich und hilfsbereit sind wie in *Auf zwei Planeten*, aber immer intellektuell und technisch überlegen, so dass eine Invasion in *Feinde im Weltall?* und in *Mysis* angedeutet ist. Grunerts ausdrücklichen intertextuellen Anspielungen (z.B. an Wells' Zeitmaschine), seine thematische Vielseitigkeit, sein Interesse an der technischen Antizipation und der Rückgriff auf andere Genres geben insgesamt einen guten Einblick in die Möglichkeiten des deutsches Zukunftsromans um 1900.

Ein anderer Autor dieser Zeit, der Weltraumfahrt und eine allseits überlegene Kultur auf dem Mars mit freundlichen und menschenähnlichen Außerirdischen verbindet, ist Albert Daiber. Die beiden Romane *Die Weltensegler. Drei Jahre auf dem Mars* (1910) und die Fortsetzung *Vom Mars zur Erde* (1914) stehen in der Nachfolge von Laßwitz' pazifistischem Roman, auch wenn es nicht um eine Invasion der Marsianer, sondern um einen Besuch von sieben Tübinger Professoren mit einem überdimensionierten Zeppelin auf dem roten Planeten geht.

> Daibers Utopie ist insofern lobens- und überlieferungswert, weil sie zu Kaisers Zeiten der damaligen Jugend eine weit fortgeschrittene solidarische Gesellschaftsordnung, noch dazu auf einem nach einem Kriegsgott benannten Gestirn vorbildlich machte (Ritter, 1987, S. 185).

Die Marsgesellschaft kommt wie bei Laßwitz mit Hilfe einer allgemeinen Dienstpflicht ohne Geld aus und funktioniert aufgrund der freiwilligen Einordnung wohlerzogener Individuen. Daiber übernimmt die dominierende Rolle der Luftfahrt von Laßwitz und bezieht sich auf dessen Spekulationen über die Energie des Äthers (vgl. Ritter, 1987, S. 187). Gegenbild der idealen Marsgesellschaft sind wie bei Laßwitz die egoistischen und kriegerischen Verhältnisse in Deutschland.

8.4 Paul Scheerbarts „astraler" Roman *Lesabendio*

Eine phantastische Alternative zum technischen Zukunftsroman stellen die grotesken, satirischen oder parodistischen „astralen" Werke Paul Scheerbarts (1863-1915) dar.[17] Dieser entwickelte in

---

17 Vgl. Innerhofer, 1996, S. 460: „Der Abstand, der die Texte Jules Vernes von denen Paul Scheerbarts trennt, markiert die Bandbreite der Science Fiction zwischen 1870 und 1914. Während Vernes Imagination nahtlos an die aktuellen wissenschaftlichen Entdeckungen und technischen Erfindungen anschließt, bemühen sich die literarischen Inventionen Scheerbarts nicht mehr um wissenschaftliche oder technische Plausibilität. Hier ist es einzig die moderne Ästhetik, die die technischen Phantasien rechtfertigt. [...] Das Telos der technischen Perfektion fällt mit mystischer Erlösung zusammen."

einem avantgardistischen Stil die typischen Motive der Science Fiction, besonders außerirdische intelligente Lebewesen mit anderen technischen Möglichkeiten und fremdartigen Zivilisationen, so dass sich viele Übereinstimmungen mit Laßwitz ergeben. Scheerbarts bekanntester Roman und Höhepunkt seines Werkes, *Lesabéndio* (1913), soll nun im Rahmen des utopisch-technischen Zukunftsromans vorgestellt werden.

Die Ähnlichkeit beginnt schon mit dem kosmischen Schauplatz, der auch für die anderen ‚astralen' Werke gilt und den Laßwitz als Handlungsraum erschlossen hat,[18] während Verne sich selbst in seinen Mondromanen auf die Beobachtung aus der geschlossenen Kabine beschränkt. Der Unterschied zu Laßwitz besteht aber darin, dass *Auf zwei Planeten* auf einen ausdrücklichen Vergleich von kritisierter Erde und idealisiertem Mars aufgebaut ist, während bei Scheerbart die Planeten und Asteroiden mit ihren fiktiven Bewohnern derart im Vordergrund stehen, dass die Erde und die Menschen nur am Rande als satirisch gesehenes Beobachtungsobjekt (*Die große Revolution. Ein Mondroman* 1902) oder im kritischen Bericht eines Reisenden (*Lesabéndio* 1913) erscheinen. Aber die astralen Bewohner sind aufgrund eines kontrastierenden Blicks auf die Menschen gestaltet, den „Erdhorizont" (Riha, 1989, S. 100). Das verleugnete Gegenbild führt zu einer phantastischen Darstellung unter Verzicht auf konkrete Kritik und realisierbare Ideale.[19]

Die Hauptunterschiede betreffen aber nicht die Himmelskörper, obwohl Scheerbarts „Pallas" als doppelte Hohlwelt mit einem Kometen als Kopfsystem, reichlich Kontrast zur Erde bietet, sondern die Bewohner. Sie sind anatomisch ganz anders gestaltet – mit einem verlängerbaren Saugfuß und einer Haut, die wie ein Zelt benutzt werden kann – und haben eine ganz abweichende Physio-

---

18 Vgl. Rottensteiner, 1996, S. 259: „so gehört ein beträchtlicher Teil des Werkes des Phantasten Paul Scheerbart eindeutig zur Science-fiction, zur utopisch-phantastischen Literatur [...], denn es spielt im Kosmos; der Kosmos ist Scheerbarts ureigenste literarische Domäne, mehr noch als der Orient und andere genügend entlegene und genügend exotische Gegenden dieser Erde." Rottensteiner zieht daraus aber keine Folgerungen.

19 Vgl. Riha, 1989, S. 255: „Diese Phantasie zerlegt – rein spielerisch scheint es – die bekannte Welt und Natur in ihre Elemente, um die dann frei schwebenden Versatzstücke zu immer neuen, einander übersteigenden Ornamenten des Phantastischen zu kombinieren."

logie. Die Pallasianer nehmen die Nahrung aus Pilzwiesen durch die Haut im Schlaf auf, entledigen sich der Ausscheidungen durch das Rauchen des „Blasenkrautes", kennen weder Sexualität, noch Geburt und Tod. „Scheerbart haßt die Naturseite des Menschen, und er tut alles, um jede Ähnlichkeit mit der Biologie des Menschen zu tilgen" (Müller, 1998, S. 165).[20] Im Gegensatz dazu sind die Bewohner psychologisch den Menschen sehr ähnlich, allerdings treiben sie keine Wissenschaft, obwohl man dies nach dem Namen des Gestirns erwarten sollte.[21] Die von der Not des Körpers, von seinen materiellen Zwängen befreiten Wesen leben in einem Reich der Freiheit und nicht der Notwendigkeit wie die Menschen. Dies wird von ihrem Asteroiden unterstützt, der keine Wetterprobleme oder andere natürliche Bedrohungen kennt und seine Bewohner problemlos mit allem Nötigen versorgt, bei Bedarf zusätzliche Arbeiter und Baumaterial am passenden Ort zur Verfügung stellt. Damit leben sie auf dem Pallas in einer Art Paradies, das jede Vorstellung utopischer Welten überschreitet.[22] Die Bewohner leben so vollkommen im Einklang mit der Natur, dass auch die technischen Errungenschaften mühelose Selbstverständlichkeiten sind. So können sie ihre Augen wie Mikroskope oder Fernrohre gebrauchen, ihre Finger direkt zum Schreiben, ohne technische Hilfsmittel Licht produzieren und ihre Kopfhaut als Empfangsgeräte für Radiowellen verwenden. Diese Anlage von technischen Funktionen schon im Körperbau nähert die Sternbewohner des Pallas unausgesprochen Robotern oder Cyborgs an.

> Man führte daher eine Art drahtloser Telegraphie ein, die aber nur bei den Bewohners des Pallas möglich ist, die ihren Körper seiner elektrischen Eigenschaften wegen auch in einer Art Empfänger umbilden konnten; sie gaben dabei ihrer Kopfhaut eine Form, die aufgespannten Regenschirmen glich. Und mit der so

---

20 Vgl. Müller, 1989, S. 172: „Wie die radikale Gnosis schmäht Scheerbart die Schöpfung als Werk eines nichtswürdigen Demiurgen. Er muß das Körperliche schlechthin gehaßt haben."

21 Pallas ist der Beiname der Göttin Athene, der Schutzherrin der Wissenschaft.

22 Speiers, 1983, S. 102 Vergleich mit dem künstlichen Paradies Baudelaires trifft nur die ästhetische Seite, aber nicht die ethisch-praktische, die in den von ihm aufgezeigten mythischen Parallelen (Turmbau zu Babel, Lesabéndio als Christusfigur) greifbar wird. Speier entwickelt auch überzeugend die Anleihen von Fechner, allerdings ohne Laßwitz als prominenten Vermittler zu erwähnen.

gestellten Kopfhaut konnten sie die elektrischen Wellen auffangen. Dem Pallasianer fiel das garnicht schwer, da er ja von verschiedenen Stellen seines Körpers elektrisches Licht aufleuchten lassen konnte (*Lesabéndio*, S. 99).

Zusätzlich entwickeln die Pallasianer „Bandbahnen" (*Lesabéndio*, S. 14), die denen auf dem Laßwitzschen Mars entsprechen, Maschinen für den Stahlbau, drehende Leuchttürme und Fotoapparate (*Lesabéndio*, S. 51). Die paradiesischen Verhältnisse prägen auch die Gesellschaft auf dem Pallas. Da die Bewohner nicht für den Lebensunterhalt sorgen müssen, können sie ihren jeweils gewählten künstlerischen Freizeitbeschäftigungen nachgehen. Sie sind individuell ganz frei, da es keine Gesetze und Institutionen gibt, sondern kollektive Entscheidungen gemeinsam getroffen werden, nachdem sie von den Führern vorgeschlagen wurden. Im Reich der Freiheit sind alle Konflikte aufgrund von Not, Egoismus oder Konkurrenz ausgeschlossen und die Alternativen werden friedlich und harmonisch entschieden. Genauso leben Laßwitz' Marsianer pazifistisch und demokratisch und können sich kulturellen Aufgaben widmen, weil sie die drängende Nahrungssorge durch künstliche Lebensmittel technisch gelöst haben.

Der anfänglich statische Zustand der Pallasgesellschaft wird durch die Aktion des Führers Lesabéndio durchbrochen, welcher die Handlung des zweiten Teils des Romans bestimmt. Angetrieben vom metaphysischen Ruf eines höheren Wesens, das er über der leuchtenden Wolke im Kopfsystem vermutet, schlägt er einen Turmbau zur Annäherung vor. „Wenn der große Geist, der uns führt – und den ich ganz bestimmt hoch über unserm Nordtrichter als ein großes Wesen fühle – wenn dieser große Geist nicht will, dass wir uns ihm nähern – dann wird es ja wohl auch so gut sein" (*Lesabéndio*, S. 75).

Die Pallasianer stimmen Lasabéndio schließlich zu und orientieren sich um von einer ursprünglich ästhetischen Ausrichtung zu einer technischen, aber der Bau eines gewaltigen Stahlturms dient letztlich religiösen Zwecken, nämlich der Vereinigung mit einem Höheren:[23] „wir müssen uns an das Größere anschmiegen, wir müssen uns ganz dem Größeren ergeben, wenn wir in unserm In-

---

23 Vgl. Brunn, 2000, S. 73: „die technische Ausrichtung der ‚Turm-Pallasianer' ist im Grunde eine religiöse, die auf das sinngebende Höhere, Ganze und Umfassende zielt."

nern beruhigt werden wollen. Und als ein Letztes erscheint mir immer das endgültige Aufgehen in diesem Größeren'" (*Lesabéndio*, S. 50). Es entsteht erstmals ein Konflikt unter den Pallasianern, nämlich zwischen den selbstzufriedenen Künstlern, besonders Peka, die eine Art l'art pour l'art betreiben, und den Technikern wie Dex, die an der technischen Arbeit interessiert sind. Die unterlegenen Künstler tragen trotzdem zum Gelingen des „Gemeinschaftswerkes" (Speier, 1983, S. 16) bei.

> „Wir sind", sagte Peka traurig, „auf dem Pallas sehr überflüssig. Wir können unsere künstlerischen Pläne nicht wirkungsvoll zur Ausführung bringen. [...] Der Nutzbau hat den Kunstbau verdrängt. Die wissenschaftliche Neugier ist mächtiger gewesen als die künstlerische Schöpferkraft. [...] Meine Pläne kommen ins Museum für veraltete Kunst" (*Lesabéndio,* S. 106).

Doch nur scheinbar setzt sich ein rein technisches Denken durch, das als zweckmäßiges Handeln und maschinelle Arbeit charakterisiert ist. Der an den Pariser Eiffelturm bzw. an einen gotischen Dom erinnernde Turm erhält als Architekturdenkmal besonders durch Beleuchtung Kunstcharakter (*Lesabéndio*, S. 120). Er scheint die funktionale Kunst des Bauhauses vorweg zu nehmen im Gegensatz zur eher dekorativen Kunst des fin de siècle. Scheerbart schildert im Roman die moderne Technik des Stahlbaus mit Glaselementen, die er in seiner folgenreichen Schrift *Die Glasarchitektur* (1914) beschrieben hat und die in den Bauten der zeitgenössischen Weltausstellungen anzutreffen ist. Dabei ergeben sich Parallelen zum Ingenieurroman, jedoch geht es in *Lesabéndio* nicht um die technische Leistung als solche, sondern um ihre religiöse oder metaphysische Wirkung, nämlich die Vereinigung des isolierten Individuums mit dem Kosmos im Sinne einer Astralreligion. Lesabéndio ist deshalb auch kein „Ingenieur-Held" (Innerhofer, 1996, S. 351), aber auch kein Politiker (Speier, S. 106), sondern ein genialer geistiger „Führer" nach der Terminologie des Romans. So problematisch das irreale Ziel und die Betonung von Führergestalten heute erscheint, so ist es doch falsch, Scheerbart irgendeine Vorläuferschaft für das Dritte Reich zu unterstellen.[24] Führer ist hier noch im traditionellen idealistischen Sinne gemeint wie in Max Kom-

---

24 Vgl. Osterkamp, 1997, S. 244 „Daß dieser Führerkult vom Rigorismus einer großen Idee überlagert ist, macht ihn kaum harmloser: In dieser geht der einzelne nicht weniger auf als der Volksgenosse im Führerstaat."

merells *Der Dichter als Führer in der Klassik* und bei den pazifistischen Expressionisten.

Durch den gewaltigen Turmbau verändert sich der Asteroid selbst. Seine Gesellschaft vermehrt sich durch neue Bewohner, die aus „Nüssen" geknackt werden und sich vollständig der Arbeit mit dem neu gefundenen „Kadimohnstahl" unterordnen. Dies ist ein schöpferischer Akt, der an Laßwitz' „ethische Kraft des Technischen" erinnert, die durch Selbsttätigkeit und Kulturleistung ausgezeichnet ist. Allerdings ist die physische Vereinigung von Kopf und Doppelsystem des Pallas und ihre Verschmelzung mit Lesabéndio ein eher mystisches Ziel, das in der Vereinigung mit der Sonne fortgesetzt werden soll. Gemeinsam ist dem Streben Scheerbarts wie Laßwitz' nach dem Höheren die Anleihe beim Bildungsroman, aber weniger im individuellen als im kollektiven Sinne.

> Im Lesabéndio wird anhand der Geschichte von Aufstieg und Wandlung der Hauptfigur ein umfassender Sozial- und Weltprogreß exemplarisch vorgeführt, der die gesamte pallasianische Gesellschaft, den Planeten selbst, ja das Sonnensystem mit einbezieht (Brunn, 2000, S. 104).

Bei Laßwitz geht es bescheidener um die moralische Höherentwicklung der Menschheit bis zu den Idealen von Kant und Schiller, die in den Marsianern verkörpert sind. Zwar sehen beide in der modernen Technik die Voraussetzung höherer Kultur und einer besseren Gesellschaft, aber während Laßwitz im Konflikt zwischen dem Ideal und seiner Verwirklichung auf eine soziale Dimension von Wissenschaft und Technik abzielt, geht es Scheerbart scheinbar um metaphysische oder religiöse Absichten, in Wirklichkeit aber wohl eher um die Rolle der Kunst in der modernen Gesellschaft und in ihrem Verhältnis zur Technik. Rottensteiner sieht in *Lesabéndio* „eine radikale ästhetische Utopie; eine Utopie, die neben der Ästhetik nichts anderes duldet und darum alles andere ebenfalls in Ästhetik umwandelt (Rottensteiner, 1996, S. 273), aber er ignoriert, dass die Avantgarde in dieser Zeit Kunst und Lebens zu vereinigen sucht. Deshalb ist der spielerische Aspekt des Werkes nicht das Ziel,[25] sondern ein Mittel der Kunst. „Die Architek-

---

25 Vgl. Rottensteiner, 1996, S. 270 „Die ganze Scheerbartsche Welt ist allein eine sprachliche Konstruktion, ein kindlich-philosophisches Spiel, das aus der realen Welt in Denkräume zu entfliehen sucht".

tur bedeutet die Kunstform, in der die Kunst über sich hinausgreift und die Welt verwandelt. Die Lebenswelt soll ein Kunst-Raum sein" (Brunn, 2000, S. 82).[26] Damit rückt *Lesabéndio*, den Gemmingen (1976, S. 132ff) nicht als bloße Phantastik, sondern als utopischen Roman betrachtet, wiederum in die Nähe des Zukunftsromans von Laßwitz. Eine weitere Parallele ergibt sich durch den Bezug auf Fechners Werk, das Scheerbart in der Ausgabe von Laßwitz las. Wenn Sprengel schreibt: „Die Verbindung zu Panpsychismus und kosmischem Erzählen war also schon etabliert, bevor Scheerbart zu seinen großen dichterischen Expeditionen ins Weltall ansetzte" (Sprengel, 1995, S. 80), so ist aber an Laßwitz' späte Romane wie *Aspira, Roman einer Wolke* zu denken, die der Forscher anscheinend nicht kennt. Insgesamt schillert Scheerbarts interessantes Werk so zwischen dem Technik orientierten Zukunftsroman, spielerischer Phantastik, satirisch grundierter Sozialutopie und einem avantgardistischem Entwurf von Kunst als Teil des Lebens.

Der deutsche Zukunftsroman zeigt in der Phase seiner Entstehung vor dem Ersten Weltkrieg einen großen Spielraum seiner Möglichkeiten von der Massenserie (*Der Luftpirat und sein lenkbares Luftschiff*) über den chauvinistischen Kriegsroman (*1906*), den spannenden Bestseller (*Der Tunnel*) bis zum philosophischen und avantgardistischen Text für ein eher bürgerliches Publikum (*Auf zwei Planeten* bzw. *Lesabéndio*). Ein Grundkonsens dieser frühen Science Fiction-Texte ist der Optimismus oder sogar die Begeisterung gegenüber der Weiterentwicklung und den Möglichkeiten der Technik, auch wenn ihre Gefahren wie Unfälle und Missbrauch geschildert werden. Dabei liegt der Fokus weniger auf konkreten Erfindungen, die vor allem als Mittel individueller Abenteuer und sozialer Veränderungen eine Rolle spielen, als auf ihrem erwünschten und erträumten Potential für die Zukunft der Menschheit. Dieses wird entfesselt von einer Mittelpunktfigur, welche die Dynamik

---

26 Ähnlich Leucht, 2016, S. 213 zu Scheerbarts *Glasarchitektur*, die er als „Zukunftsutopie" ansieht und mit den Ingenieursleistungen vergleicht. „Die eigentliche Pointe von Scheerbarts Forderungen nach einer anderen Großstadtarchitektur besteht nun darin, dass er sich von einer solchen Wandlung eine Veränderung des Menschen verspricht."

der Zeit repräsentiert, bevorzugt einem genialen Ingenieur oder Wissenschaftler.

> Er gab ihnen [den Zeitgenossen] ein Lied aus Eisen und knisternden elektrischen Funken, und sie verstanden es: es war das Lied ihrer Zeit und sie hörten seinen unerbittlichen Takt in den rauschenden Hochbahnzügen über ihren Köpfen (*Tunnel*, S. 112).

9. Der technisch-utopische Zukunftsroman in der Zwischenkriegszeit

Der Erste Weltkrieg bedeutet für den deutschen Zukunftsroman einen tiefen Einschnitt. Die reale Erfahrung der zerstörerischen Kraft der Technik ließ das phantasierte Genre des Zukunftskrieges zurücktreten und stellte den moralischen und sozialen Fortschrittsoptimismus in Frage. Zugleich wurde die große Bedeutung der Technik, ihre militärische und damit auch politische bei der Entscheidung des Krieges anerkannt und ihr Beitrag zur modernen Lebensweise in der Zeit der Neuen Sachlichkeit in den zwanziger Jahren gewürdigt. Es „herrscht in den einschlägigen Produkten ein nicht nur ungebrochener, sondern gar immens gesteigerter technologischer Optimismus" (Schütz, 1986, S. 77). Der Fordismus, die Lösung der sozialen Frage durch konsumtive Technik für alle, wurde geradezu zu einer Weltanschauung (vgl. Lethen, 1970 und Brandt, 2007, S. 221ff.), die zur Technokratie als politischer Lösung neigte.[1] Während der Weimarer Republik erlebt der deutsche technische Zukunftsroman seinen Höhepunkt in Bezug auf die Zahl der Autoren und der Bücher, die Vielfalt der Richtungen bis zum politischen Traktat und der nationalen und internationalen Akzeptanz. Es wurden viele Texte ins Englische übersetzt und z.B. von Gernsback in seinen Magazinen gedruckt.[2] Auch leisteten die später emigrierten Autoren Ley und Gail einen wichtigen Beitrag zur amerikanischen Science Fiction, indem sie ihre Erfahrung in der Raketenforschung einbrachten.

> The future novel [in Gernsbacks Science Wonder Quarterly von 1929] was a translation of Otto Willi Gail's *Der Schuß ins All*, now entitled *The Shot into Infinity*. This is perhaps the first novel to deal with a trip to the Moon in really scientific terms. Gail was fully familiar with the rocket theories of Hermann Oberth, and he followed them carefully, using a step-rocket of several stages. [...]The story had a wide influence on science fiction and

---

1 Vgl. Krah, 2001/2, S. 83: „Etwa Mitte der 20er Jahre setzt sich ein neues Verständnis von Technik durch, wie sowohl an den Technikvorstellungen in literarischen Texten, vor allem in literarischen Technikutopien, als auch im theoretischen Diskurs zu sehen ist. Zu nennen wäre etwa Friedrich Dessauers Philosophie der Technik von 1927, in der mit Kant'schen Kriterien eine durch Kant geprägte Weltsicht überwunden wird und die Technik als „viertes Reich" von allen konkreten Rechtfertigungszwängen und Skeptizismen befreit wird."

2 Vgl. Nagl, 1972, S. 171, Anm. 1: „Zwischen 1920und 1933 wurden weit mehr deutsche Science-Fiction-Romane ins Englische übersetzt als umgekehrt."

probably was the source of most writers' knowledge of rockets for the next two decades (del Rey, 1980, S. 50).³

9.1 Der technische Zukunftsroman

In Deutschland sind die Antizipationen von neuen Maschinen nun viel konkreter und weniger spekulativ als zuvor. Dies gilt z.B. für Hans Dominik und Rudolf Heinrich Daumann, der als dessen Epigone angesehen werden kann. Während Planetenromane mit Außerirdischen ihre Bedeutung verlieren, dominieren nun Ingenieurromane, die im alltäglichen Milieu auf der Erde spielen und mit technischen Anwendungen naturwissenschaftliche Entdeckungen wie die radioaktive Strahlung und die Atomenergie aufgreifen, die bisher noch keinen Eingang in den Zukunftsroman gefunden hatten. Besonders zukunftsträchtig ist die Spekulation mit neuen Kommunikationsmedien wie Telefon, Radio und Fernsehen, die gerade erfunden oder erst umfassend benutzt werden.⁴

Neu ist vor allem die literarische Darstellung von Raketen als Voraussetzung der Raumfahrt. Eine große Rolle dafür spielt seit 1927 der *Verein für Raumschiffahrt*, der die Zeitschrift *Die Rakete* herausgab, Geld für die Raketentechnik sammelte und dessen Mitglieder Raketenexperimente veranstalteten (vgl. Esselborn, 2009b). Hier verbindet sich die letztlich militärische Absicht – die Wehrmacht versucht mit Hilfe von Raketen die Beschränkungen des Versailler Vertrags zu umgehen – mit den literarischen Interessen der Technikfans, wie nach dem Sputnik-Schock 1957 auch in den Vereinigten Staaten zu beobachten ist. In direkter Verbindung mit dem wichtigsten deutschen Raketenforscher Hermann Oberth steht *Die Frau im Mond* (1928) von Thea von Harbou, deren Text wie *Metropolis* (1926) allerdings erst in der Verfilmung durch Fritz

---

3 Willy Leys spätere Texte wurden auf englisch geschrieben und vor allem von Campbell gedruckt, so *Fog* 1937 in *Astounding*. „The story's real importance, however, comes from the fact that Campbell used it to get at least two other major novelettes by somewhat roundabout means." Ley veröffentlichte in Amerika neben Populärwissenschaft auch Übersetzungen von Erzählungen Laßwitz'.

4 Am weitesten geht Mynona mit der Erfindung einer virtuellen Realität durch eine Immersionsmaschine in *Graue Magie* (1922), vgl. Werber, 2007, S. 247-157.

Lang ihre Epoche machende Wirkung erzielte. Dabei werden technische Antizipationen (Fahrt mit einer Rakete zum Mond, Herstellung einer künstlichen Frau) mit einer expressionistischen Perspektive auf die Technik (Dämonie der Maschine und der Großstadt) und mythischen Mustern (Gegensatz von oben und unten, Figur der Erlöserin Maria) zu dem eindrucksvollen Gesamtbild der ersten deutschen Science Fiction-Filme verbunden. Filmaffin ist auch das Werk Kurt Siodmaks, der später als Emigrant in Amerika als Drehbuchautor, Regisseur und Filmproduzent Karriere machte. Der erste Roman *F.P.1 antwortet nicht* (1931) wurde 1933 erfolgreich dreisprachig verfilmt.[5]

Am Beispiel von *Otfried von Hanstein* (1869-1959), dessen fünf technische Zukunftsromane (1930-1935) in Gernsbacks Magazinen die deutsche Spielart einbringen, soll das Muster von realitätsnaher Erfindung und Zukunftsentwurf vorgeführt werden. Bei ihm steht eindeutig die Technik im Vordergrund: Elektrische Maschinen, Raketen, aber auch Radioaktivität, Abwehr-, Vernichtungs- und Wachstumsstrahlen. Eine zentrale Rolle spielen der Erfinder und der Techniker, der die neuen Maschinen nutzt. Es geht vor allem um große technische Projekte wie die Fahrt zum Mond und die Urbarmachung der Wüsten in Afrika und Australien, Räume ohne Volk im Sinne der neuen Geopolitik Karl Haushofers.[6]

Der Roman *Mond-Rak 1. Eine Fahrt ins Weltall. Ein Zukunftsroman* (1929) schließt sich insofern an den *Verein für Raumschiffahrt* an, indem er eine Stufenrakete mit Wasserstoff und Sauerstoffantrieb und Hilfsraketen benutzt und mehrfach auf den maßgebenden Theoretiker Hermann Oberth verweist.[7] Kennzeichnend für den Text ist, wie in Gails *Der Schuß ins All* die Verbindung von korrekten technischen Daten mit erwartbaren Erfahrungen wie Schwerelosigkeit, aber auch „grauenhafte Erhabenheit" (*Mond-Rak*, S. 84) und „göttliches Gefühl" (*Mond-Rak*, S. 192) im All. Es gibt zudem Überlegungen zur Nützlichkeit des Mondes für eine Sternwarte und den Bergbau. Anlass für die Fahrt ist übrigens

---

5 Vgl. Dammann, S. 228f. Siodmaks Erzählung *Die Eier vom Tanganjikasee* erschien in Übersetzung 1926 in *Amazing Stories*.

6 Vgl. Hahnemann, 2010, S. 255ff.

7 In *Mond-Rak* S. 135 wird ebenso das Fehlen von Wells' Mondbewohner auf dem toten Trabanten erwähnt.

eine amerikanische Millionenwette für eine geglückte Erdumrundung mit einer Rakete. Die spannende Handlung beruht auf Katastrophen aller Art z.B. dem versehentlichen Start wegen eines unbedachten Journalisten, der ungeplanten Landung auf dem Trabanten, der Krankheit der Teilnehmer und dem Wiederstart mit einer defekten Rakete. Modern wirken die Erkundungen auf dem Mond im Raumanzug, die Rakete als künstlicher Satellit und das Andocken zweier Raketen im Weltraum. Glückliche Zufälle und hilfreiche Menschen, besonders die amerikanische Milliardärstochter, die sich in den deutschen Raketenführer verliebt hat, für seine Rettung ihr Vermögen opfert und selbst mit einer zweiten Rakete zur Hilfe eilt, ermöglichen ein Happyend mit der beliebten deutsch-amerikanischen Verbindung (Hochzeit) von Erfindergeist und Risikokapital. Fahrt und Rettung werden in Meldungen der Sternwarten und Zeitungen gespiegelt, aber deren falsche Nachrichten durch die personale Perspektive der Raketenmannschaften korrigiert.

Schon der Titel des anderen wichtigen Romans Hansteins, *Elektropolis. Die Stadt der technischen Wunder. Ein Zukunftsroman* (1927) verweist auf den Entwurf einer technisch perfekten Stadt. Diese befindet sich erstaunlicherweise in der australischen Wüste, zunächst mit dem Namen *Desert City*, angelegt von dem technisch kompetenten Unternehmer Schmidt, der die Erkenntnisse des toten Erfinders Wenzel Aporius umgesetzt hat. Er ruft seinen Neffen, einen arbeitslosen deutschen Ingenieur zu Hilfe, aus dessen Ich-Perspektive die „Wunder" der Technik im Roman beschrieben werden. Leitmotiv sind die „Muskeln von Eisen" (*Elektropolis*, S. 49) oder „eisernen Arme" (*Elektropolis*, S. 131) der vielfältigen elektrischen Maschinen, die die menschliche Arbeitskraft durch einen Automatenpark, reguliert durch ein so genanntes „Uhrwerk" ersetzen. Nach meiner Kenntnis wird hier zum ersten Mal ein umfassendes Regelungssystem, eine Kybernetik erster Ordnung ohne diesen Begriff, dargestellt. Es gibt ein automatisches unterirdisches Kraftwerk und eine automatische Küche, automatische Maschinen für Regen und für die Landwirtschaft. Schmidts „drei Diener" sind die schon vertraute Technik, Elektrizität und der „phantastische Zaubergeselle Radium" (*Elektropolis*, S. 41). Zufällig hat Schmidt einen Radiumberg, wahrscheinlich einen abgestürzten Meteorit, gefunden, den schon eine ausgestorbene Menschenrasse (die berühmten Atlantiker?) ausgebeutet hatten. Die beliebten Spekulationen mit der neu entdeckten Radioaktivität suggerieren ein schnelles Wachstum der Pflanzen wie später in Dominiks *Lebensstrahlen*. Die anderen technischen „Wunder" sind die von Laßwitz bekannten Strahlen zur Abwehr von Flugzeugen, die Idee der Raumfahrt mit einer Ätherrakete (*Elektropolis*, S. 160), aber auch die neuen Erfindungen eines Blicks durch die Wand mit Gammastrahlen (*Elektropolis*, S. 148), und einer Maschine zum Gedankenlesen (*Elektropolis*, S. 154). Der Onkel kommt seinem Neffen als „übermenschliches Wesen" vor, aber er erklärt alle „Wunder" physikalisch (*Elektropolis*, S. 172).

Der Roman ist nicht rassistisch, da der Unternehmer beste Beziehungen zu den Ureinwohnern pflegt, die er als „der Vernichtung geweihte Kinder" (*Elektropolis*, S.103) bedauert. Er ist aber insofern nationalistisch als die Hauptfiguren Deutsche sind und die urbar gemachte Wüste als „Neu-Deutschland" nur deutschen Siedlern zur Kompensation des Raumverlusts nach dem Ersten Weltkrieg offen stehen soll (*Elektropolis*, S. 149). Der Roman präsentiert sich als technische Utopie mit der zukunftsweisenden Regelung von Maschinen für ein „Zeitalter des Friedens" (*Elektropolis*, S. 52), ganz nach der Vorstellung Gernsbacks. Der Ich-Erzähler ist gespalten: „Ich fühlte, daß der Gedanke an diese Maschinen mir Grauen verursachte und doch – ich war voller Begeisterung" (*Elektropolis*, S. 81), und vom Erfinder Aporius heißt es:

> sein Geist ist zusammengebrochen vor dem eignen Werk, und als er allein war mit diesen Maschinen, als ihn die Menschen verlassen hatten, verwirte sich sein Verstand und er glaubte nicht Maschinen, sondern furchtbare Menschen erschaffen zu haben, die ihm feindlich wurden" (*Elektropolis*, S. 79).

Deshalb gibt es in *Elektropolis* keine künstlichen Menschen.

9.2 Der politische Zukunftsroman

Viele Zukunftsromane sind Teil der politischen Auseinandersetzung in der Weimarer Republik und zeigen meist eine nationalistische, völkische oder gar faschistische Tendenz mit rassistischen

Zügen.⁸ Die meisten politischen Zukunftsromane setzen die wirkungsvolle Erfindung eines Ingenieurs zu nationalistischen Tagträumen ein, damit Deutschland nach dem schmählichen Friedensvertrag, der in der nationalistischen Diskussion bis weit in die politische Mitte hinein als Bruch in der Geschichte angesehen wird, wieder zum Subjekt der Geschichte wird.⁹ Der geniale Erfinder wird damit zum natürlichen Führer oder gar zum messianischen Erlöser. So wird Peter Hartberger in Heinreich Inführs *Alis. Die neue deutsche Kolonie und das Ende von Versailles. Technischer Zukunftsroman* (1924) nach gelungener Befreiung zum Diktator ernannt. In Reinhold Eichackers: *Der Kampf ums Gold* (1924) wird mit Wunderstrahlen Blei in Gold verwandelt und der französische Feind mit futuristischen Waffen abgewehrt. Die diktatorische Herrschaft beruht dabei nicht auf politischen Institutionen, sondern einerseits auf den wunderbaren Erfindungen besonders von Waffen und andererseits auf einem persönlichen Charisma.

Die rassistische Richtung stützt sich im Kriegsroman auf die öffentliche Diskussion über die ‚gelbe Gefahr', die in Europa mindestens seit dem Boxeraufstand von 1900 und dem japanisch-russischen Krieg von 1904/5 verbreitet ist. Das Schlagwort ist 1895/96 im chinesisch-japanische Krieg entstanden und verbreitete sich zu Beginn des neuen Jahrhunderts. Es meinte aber weniger rassische Differenzen als die Angst vor der ökonomischen Konkurrenz billiger chinesischer Arbeitskräfte und Firmen, sowie der politischen Konkurrenz Chinas und Japans zur europäischen Weltherrschaft (vgl. Gollwitzer, 1962, S. 20ff.). Ältere Romane hatten einen Fundus von verwendbaren Motiven geschaffen, z.B. Michael Georg Conrads *In purpurner Finsternis* (1894/95) und Parabellums (Ferdinand Grautoffs) *Bansai!* (1908), in dem die Japaner Amerika erobern wollen. In die Zwischenkriegzeit gehört Kondors (Pseudonym) *Gelb- Weiß. Ein Zukunftsroman* (1932).

Noch wichtiger ist Stanislaus Bialkowskis (1897-1959) *Krieg im All. Roman aus der Zukunft der Technik* (1935), der die Zuspit-

---

8 Vgl. Hermand, 1988, besonders S. 117ff.
9 Noch nicht Literatur, sondern nur die diskursive Vorstufe dazu ist das Pamphlet von Otto Autenrieth: Der Tag des Gerichts. Eine Prophezeiung über Frankreich auf Grund tausendjähriger Geschichte zugleich ein Trostbuch für Deutschland. Der deutschen Jugend und dem deutschen Volke gewidmet. Naumburg a. S. (Tancré-Verlag) 1920.

zung der reaktionären Tendenz der Weimarer Republik zum Faschismus des Dritten Reiches durch die Transformation des Ingenieurromans in den interstellaren Kriegsroman zeigt.

> In der weitgehend von Nationalismus und Militarismus geprägten deutschen Science Fiction der Zwischenkriegszeit beschäftigen sich die Bücher von Stanislaus Bialkowski, der erst im Dritten Reich zu schreiben begann, vielleicht am stärksten mit vom Rassenkampf geprägten kriegerischen Auseinandersetzungen, die auch im Weltraum ausgetragen werden, und nicht nur unter Menschen, sondern auch mit verschiedenen eroberungslüsternen Außerirdischen (Rottensteiner, 2017, S. 212).

Im *Krieg im All* begegnen wie in den anderen Texten des Autors mit dem Untertitel „Roman aus der Zukunft der Technik" viele Erfindungen, die nach Laßwitz üblich geworden sind, so die Verwendung der Sonnenenergie, die Aufhebung der Schwerkraft, Strahlen zur Abwehr und Vernichtung, die Raumstation, Raumschiffe und Aliens auf dem Mars. Neu ist die Verwendung der Radioaktivität in Radiumkanonen und zum Antrieb von Raumschiffen, sowie Fernsprecher und Fernseher. Im *Krieg im All* werden alle diese Motive aber nur zu militärischen und rassistischen Zwecken benutzt. Diente die Sonnenenergie und die Raumstation bei Laßwitz als Grundlage der friedlichen marsianischen Gesellschaft, so wird sie bei Bialkowski zur totalen Vernichtung der Gegner eingesetzt.

> Oberst Holm befahl das nächste Ziel. Langsam wanderte der höllische Strahl weiter. Seinen Weg beleiteten Furcht und Grauen. Erfasste eine marschierende Division und verwandelte sie in einen Haufen zuckender schwelender Menschenleiber. Waldbrände lohten auf. Reisfelder verdorrten in einer weißen Wolke wirbelnden Dampfes. Dann fasste das Strafgericht Europas die blühende Hafenstadt Schanghai. Kochende Dampfsäulen hoben sich aus dem Meere. Die riesigen Schiffe flogen krachend in die Luft (*Krieg im All*, S. 176f.).[10]

---

10 Vgl. Werber, 2007, S. 258: „Eine der spektakulärsten Visionen aus der Zukunft der Technik ist eine gigantische Raumstation, die um die Erde kreist. Der Satellit ist ausgerüstet mit einem riesigen Natriumspiegel, der die solare Energie sammelt, bündelt und verstärkt, so daß die Station jeden Ort der Welt dem ‚penetrantesten Sonnenbad der Vernunft' aussetzen kann, lichtschnell und tödlich."

Diese totale Waffe dient im Roman dazu, die ‚gelbe Gefahr' zu bekämpfen, d.h. die Asiaten hinter der streng bewachten Grenze zum europäischen Zentralstaat unter deutscher Führung in Schach zu halten, konkret: die großen Städte vollständig zu vernichten, um die Asiaten zur Kapitulation zu bewegen.

> Die [...] mit dem Superlaser exekutierte Massenvernichtung des Lebens ganzer Landstriche ist innerhalb der fiktiven politischen Realität des Romans etwas ganz Selbstverständliches. Es geht um die Durchsetzung einer weltweiten geo- und biopolitisch motivierten Raumordnung (Werber, 2007, S. 264).[11]

Zwar sind bei Bialkowski wie bei Laßwitz die Marsianer eigentlich friedlich, aber sie werden von einem bösen Menschen zu einem verlustreichen Krieg mit einem ganzen Arsenal futuristischer Waffen gegen die Erde aufgehetzt, die dank der Erfindungen eines Einsiedlers, inspiriert von den überlebenden „Atlantikern", die Oberhand behält. Die ausgreifenden kriegerischen Ereignisse erfüllen wie in den amerikanischen Space Operas fast das ganze Sonnensystem vom Merkur bis zu den Jupitermonden. Ein schwaches erzählerisches Gegengewicht bildet die kleinbürgerliche Liebesidylle der Hauptfigur Holm in Jena.

Die zahlreichen rechten Zukunftsromane zielen auf kurzfristige politische Änderungen wie die Annullierung des Vertrages von Versailles und setzen dazu Motive des Ingenieur- und Kriegsromans ein, aber entwerfen kein zukünftiges Gesellschaftsbild jenseits eines deutschen Wiederaufstiegs unter autoritärer Leitung. Dagegen skizziert der viel seltenere sozialistische Zukunftsroman eine fortschrittliche utopische Ordnung, wie Werner Illings (1895-1979) *Utopolis* (1930) schon im Titel signalisiert.

Illings Utopie errichtet eine Alternativwelt, die, an einem revolutionären Punkt der deutschen Geschichte einsetzend, die utopischen Hoffnungen einer Minderheit verwirklicht und dieser Utopie eine Karikatur der Weimarer Republik entgegensetzt. Obwohl geschichtswidrig, reflektiert die Konstruktion einer historischen Alternativwelt nach dem Muster des Gedankenspiels ‚If it had hap-

---

[11] Werber, 2007, S. 267 zieht die Parallele zum totalen Krieg in den *Star Wars* Filmen.

pened otherwise' eine entscheidende Epoche der deutschen Geschichte (Müller, 1989, S. 223).

Zunächst wird einem proletarischen Schiffbrüchigen als Ich-Erzähler eine gespaltene Gesellschaft vorgeführt, die zwar in der Hauptsache von einer Räteregierung klassenbewusster Arbeiter mit futuristischen technischen Mitteln beherrscht wird, aber noch in „U-Privat" einen abgetrennten kapitalistischen Bereich enthält. Daraus ergibt sich die neue Struktur dieses Textes: „an die Stelle des klassischen Grundmusters tritt die Bedrohung der Utopie durch Rückfall in die bekannte Wirklichkeit" (Müller, 1989, S. 222). Die Arbeiter werden durch geheimnisvolle Strahlen von ihren Gegnern so manipuliert, dass sie ins kapitalistische Konsumdenken zurückfallen. Offensichtlich dachte der Autor bei dieser Form der politischen Hypnose an die Wirkung moderner Werbung und Propaganda, wie sie die Nationalsozialisten damals erfolgreich einsetzten. Zwar wird der Rückfall nach verlustreichen Kämpfen wieder beendet, aber schon die Andeutung eines möglichen Scheiterns relativiert die Geltung der Utopie.

> In eine harte These gefasst hat Illings Arbeiterstaat, betrachtet man ihn vor der Folie der zeitgenössischen Gattungspraxis, insofern an utopischer Perfektion eingebüßt, als er anstatt einer eindeutigen und perfekten eine auch von innen heraus kritisierte, gefährdete und destruierbare Utopie vorstellt. Entscheidend ist, dass Illing das Entwerfen von Utopien keineswegs verabschiedet, sondern mit literarischen Mitteln lediglich relativiert (Leucht, 2016, S. 396).

Die Brechung der utopischen Verbindlichkeit durch die Narration erlaubt es, von einem Zukunftsroman zu sprechen, analog zu Laßwitz' Relativierung des marsianischen Gesellschaftsideals in *Auf zwei Planeten*. Dafür spricht auch die ausdrücklich formulierte Lehre am Ende des Textes, welche wie beim älteren Autor die Bedeutung der Technik hervorhebt. „Es gibt nur eine Sicherung für die Rechte des Proletariats, die es sich in verlustreichen Revolutionen erstritten hat: das ist seine wirtschaftliche Unabhängigkeit, Selbstverwaltung der Produktion und der Besitz der Energiequellen" (*Utopolis*, S. 153).

9.3 Der Triumph des deutschen Erfinders bei Dominik

Hans Dominik (1872-1945) ist der Autor des deutschen Zukunftsromans im 20. Jahrhundert, der die größten Massenerfolge hat und dessen Bücher bis heute in erheblicher Auflage aufgelegt werden, weil er den technischen Zukunftsroman als unterhaltsames Massengenre mit seinen 16 zwischen 1922 und 1940 geschriebenen Romanen erst zu seiner Blüte brachte. Er empfand sich selbst wegen seiner Darstellung technischer Vorgänge als wegweisend und wurde nach dem Zweiten Weltkrieg in West und Ost als vorbildlich betrachtet. Er ist gewissermaßen der ‚deutsche Jules Verne' des Zukunftsromans, da er die technische Seite der Handlung mit Verbrechen und Spionage verbindet, um sie mit spannenden Abenteuern anzureichern. Im Gegensatz zu Laßwitz, der utopisch in die Zukunft ausgreift, schildert er die nahe Zukunft. Vorbild für Dominiks Erzählen ist der realitätsnahe Ingenieurroman, der am Ende des 19. Jahrhunderts mit Max Eyth bekannt wurde.[12]

Dominik hat mit diesem Autor gewisse Züge seines Werdegangs gemeinsam, nämlich 1. den Beruf des Technikers, 2. die Öffentlichkeitsarbeit für Firmen, 3. das Schreiben von Sachartikeln für Zeitschriften und 4. das Verfassen von Industrieromanen im Feuilleton. Mit „technischen Märchen", die schon im Titel an Laßwitz anschließen und seit 1901 in Zeitungen und dem technisch ausgerichteten Jugendjahrbuch *Das Neue Universum* erscheinen, beginnt er seine Karriere als Autor des technischen Zukunftsromans seit 1921/22 (Vgl. Päch, 1980, S. 177). So schildert er Kontaktaufnahmen mit Laßwitzschen Marsianern in *Reise zum Mars* (1908) und in *Ein Experiment* (1913).[13] Er, der tatsächlich eine Zeit lang Schüler von Laßwitz in Gotha gewesen war, änderte spätestens mit dem Krieg seine politische Ausrichtung: Statt der liberalen und pazifistischen Position seines Lehrers vertritt er eine konservative und nationalistische Weltanschauung, die manche Kritiker als rassistisch oder gar faschistisch ansehen.[14] Statt der Utopie einer kul-

---

12 Vgl. die Ausführungen zu Bernhard Kellermanns *Tunnel*.
13 Die drei geheimnisvollen, weisen und übermächtigen Männer, die in *Die Macht der Drei* die Natur beherrschen und Frieden erzwingen, sind charakterisiert als indogermanische Arier, aber sie erinnern auch an Laßwitz' überirdischen Marsianer in *Auf zwei Planeten*.
14 Die meisten Forscher stehen Dominik ideologiekritisch gegenüber, rücken ihn zwar in die Nähe völkischer Vorstellungen, aber sehen ihn nicht als Fa-

turellen Fortentwicklung der Menschheit steht bei Dominiks Zukunftsromanen seit 1921/22 der Einsatz neuer Technik als Machtmittel im Vordergrund. Die Differenzierung der Personen und die Reflexion der Ziele hat einem Schwarz-weiß-Denken und einer Einlinigkeit der oft kriegerischen Handlung Platz gemacht. Trotzdem greift Dominik auf Erfindungen Laßwitz' zurück, welche zum Gemeingut des deutschen Zukunftsromans geworden sind, was aber von der Forschung bisher nicht registriert wurde. Dazu gehört Dominiks Vorliebe für Luftschiffe und Flugzeuge, für verschiedene Strahlenwaffen, die an Laßwitz' Telelyt und Nihilit erinnern, z.B. die Strahlenkanone in *Die Macht der Drei*, aber auch die Energiegewinnung aus der Ätherspannung.[15] So erklärt der Erfinder Bursfeld:

> „Warum soll ich die Energie erst an einem Orte erzeugen und an einem anderen wirken lassen, da doch der ganze Raum mit einem Überschwang von Energie, Atomenergie, erfüllt ist ... Ich folgerte, es muß genügen, nur die Steuerwirkung durch den Raum zu schicken. Nur die winzigen Mengen einer besonderen Formenergie, die an der entfernten Stelle die atomare Raumenergie zur Entfesselung bringen" (*Die Macht der Drei*, S. 270).

Dies Verfahren wird ebenfalls in *Atlantis* vom Wissenschaftler Harte zur geologischen Beeinflussung der Erdrinde, speziell zum Aufsteigen des versunkenen Atlantis eingesetzt.

Dominiks individueller Entwicklungsgang prädestinierte ihn dazu, verständlich und unterhaltsam über Technik zu schreiben, wie er in seiner Autobiographie *Vom Schraubstock zum Schreibtisch* darlegt. Die Handlungen seiner ersten Zukunftsromane verdanken seinem Freund Hermann Hitzeroth sehr viel, weil dieser ihn nicht nur durch Diskussionen anregte, sondern ihm auch vor 1933 die Liebesgeschichten für seine Romane lieferte. In späteren Werken fehlt dieses Sujet, aber auch der Rassismus und die spekulativen

---

schisten an, vgl. Kittstein, S. 132: „Führerfiguren im eigentlichen Sinne entwirft Dominik allerdings nicht, weshalb man ihn auch nicht ohne weiteres als protofaschistischen Ideologen einstufen sollte."

[15] Zu Laßwitz' Zeiten war der Äther noch eine wissenschaftliche Hypothese, die aber zu Dominiks Zeiten als widerlegt galt, vgl. Schreier, 1988, S. 340ff.

Erfindungen.[16] Es ist nicht klar, ob diese Veränderungen als Folge des Ausscheidens Hitzeroths oder der Machtergreifung der Nazis verstanden werden können. Denkbar wäre eine Zurückhaltung, um nicht mit der Ideologie und dem Utopieverbot der Nazis zu kollidieren oder eine Distanzierung. Dominiks persönliche Kenntnisse der technischen Produktion geben seinen Romanen einen realistischen Zug, auch bei der Konstruktion der Hauptfiguren, und verhindern ausschweifende Phantasien bei den Erfindungen. Seiner Erfahrung mit Zeitungsromanen verdankt er nicht nur das Verfahren der Unterbrechung, sondern wohl auch den Verzicht auf ausführliche Erklärungen.

9.3.1 Motive und Erzählweise der Zukunftsromane

Vom Ingenieurroman konnte Dominik den genialen und einsamen technischen Erfinder als Vorkämpfer der Menschheit übernehmen.[17] Der Kampf um die Verfügung und den Einsatz der Innovationen mit ihren weitreichenden Folgen bot ihm die Gelegenheit, eine spannende Kriminal- und Agentenhandlung einzubauen, bei der Ausländer oder Andersrassische die Bösewichter verkörpern.[18] Dominiks Romane feiern geniale deutsche Erfinder, vielleicht als Kompensation für die politische Misere Deutschlands nach dem Ersten Weltkrieg, propagieren aber keine Führergestalten wie andere zeitgenössische Autoren.[19] Ihr Hauptzweck ist spannende

---

16 Vgl. Höger, 1980, S. 387f. „Bis 1932 spielt neben dem erotischen Element vor allem der Rassismus eine Rolle. Nach 1932 handelt es dann mehr um eine patriotisch gestimmte, nationalistisch orientierte Produktion, wo merkwürdigerweise das rassistische Moment verschwindet. Ein großer Teil der nach 1933 geschriebenen Romane spielt außerdem in den USA (1934, 1935)."

17 Fischer, 1984, S. 225: „The centre of attention, therefore, is not the hero who performs stupendous though not immediately practical technological deeds, but rather the individual scientist, research team and society which produce the new science, put it to good use, and protect it from those who would misuse it – a matter extremely important to Dominik. Social questions, villainous intrigue and international politics thus have a larger function here than in the competition novels.

18 Vgl. Fisher, 1991, S. 106: „Dominik's popular novels also revolve around the plot of an invention coveted by foreigners, and the German protagonist's success in protecting or regaining his discovery."

19 Vgl. Robert Hahn 2003, bes. S. 32ff.

Unterhaltung im Rahmen moderner Wissenschaft und Technik, allerdings grundiert von nationalistischen und rassistischen Anschauungen.

> These books were usually not quite as openly bellicose or strident as the political visions of the radical nationalists, yet their influence in steering readers to the right may have been greater. Here all the essential ingredients of popular fiction - suspense, adventure, and a touch of romance - were interlaced with conservative, nationalist politics. The political drift of these stories manifested itself in an appeal for the recognition of Germany's achievements and (supposedly) superior culture - as witnessed by remarkable advances in science and technology - and by thinly veiled threats that these could be employed against hostile nations (Fisher, 1991, S. 104).

Das Interesse für Technik, für gleichsam sportlichen Wettbewerb und wirtschaftlichen Erfolg, verbindet ihn mit dem „Amerikanismus" der Massenkultur in der Epoche der Neuen Sachlichkeit. Amerikanern wird in seinen Texten großer Raum zugestanden, wenn Dominik auch oft kritisch gegenüber den kapitalistischen Konkurrenten ist. Sein geringes Interesse an gesellschaftlicher Utopie – die in der Zukunft spielenden Erfindungen finden in einer kaum veränderten Gesellschaft statt – und seine Zurückhaltung bei den technischen Extrapolationen sind auch durch die Nüchternheit der Epoche zwischen den beiden Weltkriegen bestimmt, die sich von den Utopien des Expressionismus wie vom Fortschrittsoptimismus des 19. Jahrhunderts abwandte. Dies zeigt sich vor allem bei seiner Zurückhaltung gegenüber der Raketentechnik und Raumfahrt, die doch vor seinen Augen ihren Anfang nahmen, und sein Desinteresse für Automaten und Roboter, die damals bei Čapek in den Blick gerieten.

Der Autor lässt sich mit der Raumfahrt nicht nur ein dominantes Thema der späteren Science Fiction entgehen, sondern im Zusammenhang damit auch die ebenso wichtige Begegnung mit den Außerirdischen, die nur im einzigen Fall eines Raumflugs, im *Erbe der Uraniden*, angedeutet wird. Hier zeigt sich Dominiks generelle Vorsicht bei Innovationen oder seine imaginative Beschränkung.

> Like the ‚gadget stories', ‚space operas' and ‚gosh-wow!' SF being written in America at the same time, Dominik's novels concentrate on exciting technology and favour fast, sweeping ac-

tion. Yet for all his theoretical intentions and his interest in futuristic science and technology, his works, when compared to much other SF, contemporary or even earlier, exhibit a distinct conservatism or even paucity of scientific and technological imagination (Fischer, 1984, S. 192).

Wie für den technischen Zukunftsroman konstituierend, sind wissenschaftliche Entdeckungen und vor allem technische Erfindungen samt ihren Folgen das Grundthema seiner Romane und der Ausgangspunkt der Handlung.

Science is the focus of the most important of the three realms of narration described earlier, and the mastery of science and technology - and only that - distinguishes the heroes of romance, melodrama and adventure fiction encountered elsewhere in German popular literature. The fact, finally, that the novels deal with *imaginary* science virtually dictates that the setting of narration be the future, rather than the past or present, as it is in other fiction (Fischer, 1984, S. 223).

Dabei greift Dominik reale Entwicklungen auf und führt sie fort, wobei ihn vor allem neue Energiequellen, besonders die Atomenergie[20] und der Stratosphärenflug, in den drei Eggerthromanen interessieren. Im *Wettkampf der Nationen*, wo die überlegenen deutschen Stratosphärenflugzeuge vor allem mit den Amerikanern konkurrieren, geht es nur um die Technik. Dass Dominik den deutschen U Flugpionier Junkers als Vorbild für Prof. Eggerth genommen hat, zeigt seine Nähe zur realen technischen Entwicklung. Die geheimnisvollen unsichtbaren Strahlen,[21] die schon in

---

20 In *Atomgewicht 500* wird Energie aus superschweren künstlichen Elementen gewonnen. Allerdings hat Dominik keine korrekte Vorstellung der Atomenergie, so wie damals erst eine anerkannte physikalische Theorie des Atoms entwickelt wurde, vgl. Schreier, 1988, S. 335ff. In *Der Brand der Cheopspyramide* wird ein „Atomfeuer" entfacht und in *Atlantis* ein „Atombrand", vgl. Esselborn, 2007, S. 215ff. Damit rückt Dominik die Atomenergie in die Nähe der chemischen Energie. Er benutzt vor allem deren geballte, ungeheure Kraft zu dramatischen Zwecken.

21 Den Zeitgenossen präsentierte sich seit der Entdeckung der Radioaktivität mit drei Arten von Strahlen, dazu den Röntgen- und Korpuskelstrahlen eine Fülle verschiedener Phänomene, für die erst eine einheitliche Theorie entwickelt wurde und deren Gefährlichkeit erst spät erkannt wurde, vgl. Schreier, 1988, S. 320ff. Deshalb konnten die Romanautoren ebenso von Todes- wie von Lebensstrahlen handeln. Gerade diese Ambivalenz sowie ihre scheinbar immaterielle Natur und Fernwirkung machte sie für die Literatur interessant.

Laßwitz' Roman *Auf zwei Planeten* erfunden wurden und später als Laserwaffen und Schutzschilde zum Fundus des Populärgenres gehören, spielen bei ihm eine besondere Rolle z. B. als radioaktive Strahlung, die Leben stimuliert (*Lebensstrahlen*) und als undefinierte Strahlung, welche in *Atlantis* den alten Kontinent wieder aus dem Meer aufsteigen lässt (ähnlich in *Land aus Feuer und Wasser*). Die neuen Medien werden für Nachrichten genutzt, besonders eine Art Fernsehen in *Atlantis* und *Die Macht der Drei*.

Die Anwendung der Erfindungen bei Dominik wird unter dem Aspekt von Wirtschaft und Macht gesehen. Trotzdem steht aber weder die Politik im Vordergrund wie bei den völkischen Zukunftsromanen, noch der Kampf wie bei den Kriegsromanen. Vielmehr ist die neue Technik das wichtigste der drei Handlungsfelder in Dominiks Romanen, neben dem privaten Bereich der Liebesgeschichten und dem öffentlichen globaler wirtschaftlicher Auseinandersetzungen oft kolonialistischer und rassistischer Art. Dabei gibt die Technik das tragende Handlungsgerüst ab, die Privatsphäre erhöht das emotionale Interesse und die öffentliche Sphäre demonstriert die Bedeutung der jeweiligen Erfindungen. Dominik bezieht die ganze Welt als Schauplatz der Ereignisse ein, namentlich Deutschland, Skandinavien, Amerika, aber auch die Südsee, Afrika und die Antarktis.

Mit der dominanten Technik sind Physik und Chemie eng verbunden, aber die modernsten wissenschaftlichen Entwicklungen wie Relativitätstheorie und Quantentheorie werden im Gegensatz zur damaligen öffentlichen Diskussion kaum berücksichtigt.[22] Dominik zeichnet ein falsches Bild der modernen Forschung, indem er nur einsame und geheime Experimente beschreibt (z.B. in *Die Spur des Dschingis-Khan*, S. 93). Infolge der fehlenden Erklärung und der ungeheuren Wirkung der Erfindungen rückt die Technik in die Nähe des Wunderbaren. „Die Technik erhält ihre rätselhafte, magische Aura vielmehr hauptsächlich dadurch, dass sie von Dominik

---

22 Vgl. Könneker, 2001, S 117ff. zur Diskussion über die Relativitätstheorie. Nur in *Die Spur des Dschingis-Khan* wird an das Wissen der Relativitätstheorie angespielt.

aus allen sozialen Bezügen gelöst und zum reinen Geisteswerkzeug eines einzelnen gemacht wird" (Kittstein, 2005, S. 134).[23]

Das zu verschiedenen Zeiten in der Science Fiction sehr beliebte Thema der Katastrophe wird von Dominik nur zurückhaltend verwendet. Es handelt sich nie um globale Ereignisse, und meist ist nicht die Natur der Ursprung, sondern gewissenlose Menschen wie in *Atlantis*. Da die katastrophalen Folgen von überlegenen Forschern wieder behoben werden können, ergibt sich kein Untergangsszenario, sondern ein glückliches Ende. Der Einschlag eines Meteors in *Ein Stern fiel vom Himmel* z.B. erfolgt in der unbewohnten Antarktis und seine Ausbeutung wird zum Glücksfall für das arme Deutschland.

Den eindeutig positiven Hauptfiguren, genialen deutschen Wissenschaftlern, Technikern oder Unternehmern, stehen ebenso positive Freunde zur Seite. Die Bösewichter, entweder Farbige oder korrumpierte Weiße wie Guy Rose in *Atlantis*, müssen ihre Helfer durch Bestechung, Erpressung oder seelische Manipulation bei der Stange halten. Der spannende Kampf der plakativ Guten mit den Bösen, die trivialerweise auch mit Verbrechen und Triebhaftigkeit stigmatisiert werden, endet immer mit einem Happyend, bei dem der Böse bestraft wird und oft auch noch bereut (*Die Macht der Drei*), der Gute dagegen oft mit einer glücklichen Liebe belohnt wird (*Atlantis*). Das Happyend wird wie beim Abenteuerroman durch die Beseitigung materieller Hindernisse erreicht. Dazu sind Personen mit übermenschlichen Fähigkeiten, Supermänner „endowed with mystical and magical capabilities far greater than those of modern science" (Fisher, 1991, S. 112) und die Hilfe des Schicksals nötig.

> Therefor the plot reaches its resolution not by a significant development and interaction of personalities, but rather through the removal of physical obstacles, the defeat of opposing persons and forces, and the benevolence of fate. Usually the narration ends with a romantic union and the prospect – often literal, as in *Erbe* – of more worlds to conquer (Fischer, 1984, S. 211).

Leider wurde bisher nicht untersucht, worauf Dominiks großer Erfolg zurückzuführen ist, es wird nur auf die spannende Erzähl-

---

23 Braun, 1980, S. 118 spricht von einer „magischen Überhöhung der Technik".

weise verwiesen.²⁴ Diese beruht sicher auf der Berücksichtigung nationalkonservativer aber auch rassistischer Anschauungen und verbreiteter Lesererwartungen.²⁵ Dominik erzielte Aufmerksamkeit: durch tragische Liebesverwicklungen, wunderbare und Welt verändernde Erfindungen, dramatische Kriege und Katastrophen. Seine oft reißerische Erzählweise mit der Zuspitzung auf emotionale und dramaturgische Höhepunkte erzeugt Spannung durch abenteuerliche Gefahren und Hindernisse durch die Elemente des Kriminal- und Agentenromans, aber auch durch Rätsel und Überraschungen.²⁶

Seine Romane verstanden es auf geschickte Weise, aktuelle Fragestellungen der Technik (Atomzertrümmerung, Radiowellen, Flugtechnik usw.) mit spannenden Geschichten zu verbinden, die aufgrund eines vielfältigen Personals und bunten Handlungsräumen spannend und aufregend wirkten. Allerdings fällt auf, daß Dominik in den Romanen, die er nach 1933 schrieb, wesentlich mehr Wert auf technische Details legte – auf Kosten der früher variationsreicheren Handlung (Brandt, 2007, S. 327).

Zur den sensationellen Aktionen kommen interessante geniale Erfinder, erfolgreiche Tatmenschen und Schurken, die eine Polari-

---

24 Überhaupt ist die Forschungslage bei diesem so einflussreichen Autor desolat. Es gibt einige, meist sehr ideologiekritische Aufsätze, die einzelne Romane behandeln (Braun 1980: *Die Macht der Drei*, Kittstein 2005: *Das Erbe der Uraniden*, Dammann 2007: *König Laurins Mantel*) oder den Autor allgemein (Höger 1980 und Hermand 2003). Ausführlichere textnahe Deutungen bieten nur die zwei amerikanischen Dissertationen von Fischer 1984 und Fisher 1991. Die Erzählungen im *Neuen Universum* untersucht Päch 1981, auf biographische Fragen beschränkt sich Brandt 2007.

25 Vgl. Hermand, 2003, S. 55 „Es genügte ihm, genau jene Vorurteile zu unterstützen, die er – während seiner Lebensspanne – auf profitable Weise mit der Mehrheit der deutschen Bevölkerung teilte." Hermand, 2003 spricht S. 49 von einem „ideologischen Syndrom, zu dessen Hauptkomponenten ein antifranzösischer Revanchismus, eine Glaube an den überragenden technischen Erfindergeist der Deutschen sowie eine tiefe Verachtung für alle außereuropäischen Völker und Rassen gehört, wobei er mit besonderer Vorliebe die ‚gelbe Gefahr' heraufbeschwor."

26 Die verschiedenen Arten, das Interesse des Lesers zu fesseln, erklärt Junkerjürgen, 2002, S. 61ff, dessen Ansatz auf Dominik zu übertragen wäre. Suspense entsteht durch Gefahren und Hindernisse für die Ziel der Helden, mystery durch fehlendes Wissen, das aber für das Verständnis nötig ist und surprise durch überraschende Vorgänge und Auflösungen. Typisch für den abenteuerlichen Unterhaltungsroman ist das Überwiegen von suspense, was bei Dominik auch durch die Momente des Kriminal- und Agentenromans gegeben ist.

sierung von Gut und Böse, Eigenem und Fremdem bewirken. Die Romane bieten Identifikationsangebote durch personales Erzählen und Dialoge statt Bericht, sowie Steigerung der Spannung durch häufige Unterbrechungen der Erzählstränge durch den Wechsel von Orten und Personen.

> There are dozens of short segments set apart from each other only by spaces in the text, although thousands of miles and a change of characters may separate one episode from the next. In *Macht*, for example, there are forty-seven episodes which vary in length from less than two pages to more than a dozen. Quite likely the extremely disjointed form of the novels owes something to the popular German newspaper serial novel, and indeed some of Dominik's works first appeared serially in Scherl publications (Fischer, 1984, S. 211).

9.3.2 *Atlantis* und *Lebensstrahlen*

Dominiks Eigentümlichkeiten sollen an zwei Romanen beispielhaft dargelegt werden, nämlich *Atlantis* (1925) aus der ersten Hälfte seines Romanschaffens, wo ein gerade damals gern aufgegriffener Mythos behandelt wird[27] und *Lebensstrahlen* (1938) aus der zweiten Hälfte, das die damalige Diskussion über Atomumwandlung und Strahlenwirkung weiter denkt.[28]

In *Atlantis*, seinem dritten Roman, beherrscht Dominik perfekt die Spannungserzeugung durch weltumspannende Abenteuer, garniert mit Liebesverwicklungen auf dem Hintergrund eines deutschnationalen Patriotismus. Der Roman gestaltet das beliebte Motiv der Katastrophe des ausbleibenden Golfstroms. Der skrupellose Amerikaner Guy Rouse[29] hat den Isthmus von Panama spren-

---

[27] In Edmund Kiss' *Frühling in Atlantis. Roman aus der Blütezeit des Reiches Atlantis* (1933) ist die Insel die Heimat der Arier, bei Infuhr erlaubt das wieder gefundene Atlantis die Revanche für Versailles. Auch der Held der berühmten Romanserie Paul Alfred Müllers Sun Koh ist „der Erbe von Atlantis".

[28] Weder die Texte mit der Andeutung von Weltraumfahrt (*Das Erbe der Uraniden* und *Treibstoff*) noch die mit Weltpolitik (*Die Spur des Dschingis-Khan* und *Die Macht der Drei*), noch die fliegerischen Abenteuer der Eggerthserie, gedacht als Jugendromane, sind repräsentativ.

[29] *Atlantis*, S. 53: „Er ist der Kolossus von Wallstreet. Er beherrscht die amerikanische Wirtschaft - die halbe Weltwirtschaft…noch mehr: Kongreß und Senat

gen lassen, so dass nun der Golfstrom durch die entstandene Lücke fließt und Europa vereist. Die Katastrophe kann aber von dem weltabgewandten übermenschlichen Gelehrten Johannes Harte, der das Erbe der Übermenschen aus der *Macht der Drei* übernommen hat,[30] rückgängig gemacht werden. Der Kampf der guten Deutschen, des Unternehmers Uhlenkort, unterstützt von dem Ingenieur Tredrup gegen den Bösen und seine Handlanger, die seelisch abhängig gemachte Juanita und den von ihr verführten Ingenieur Smith nimmt dabei einen solchen Raum ein, dass die geheimnisvolle Technik zur Manipulation der Erdkruste dahinter verschwindet. Dominik liefert keine wissenschaftlichen Erklärungen, malt aber die wirtschaftlichen und politischen Folgen der Katastrophe ausführlich aus.

Ein Nebenthema stellt im Rahmen des Machtkampfes zwischen der weißen und schwarzen Rasse die Zerstörung des riesigen Schachtes am Tschadsee durch Tredrup dar, in dem der schwarze Kaiser Augustus Salvator durch Karbidabbau Energie im größten Maßstab gewinnt. Der über Westafrika herrschende Kaiser ist als klug und sympathisch gezeichnet, aber als Nachahmer der Weißen, besonders des monarchischen Zeremoniells, abgewertet. Die Sprengung des Schachts wird als notwendige Heldentat hingestellt, während die des Panamakanals als verbrecherisch bezeichnet wird. Die Wiederkehr des Golfstromes nach der Reparatur des Isthmus von Panama wie die Schwächung des Kaisers kommen politisch dem Bund der europäischen Staaten zugute, der unter deutscher Leitung steht. Die Europäer profitieren zudem vom Aufsteigen des untergegangenen Landes Atlantis, das Johannes Harte durch Manipulation des Erduntergrunds durch Strahlen bewirkt und das durch die Firma Uhlenkort als Neuland besiedelt wird. Man kann dabei an das Schlagwort vom Volk ohne Raum oder an die Autarkiebemühungen Deutschlands denken.

Wie das Motiv der Sprengung (*Atlantis*, S. 138ff. bzw. S. 229ff.), und das der sozialdarwinistischen Behauptung Europas ist

---

hat er in raffinierter Weise an seinen tausendfachen Unternehmen beteiligt. Die Politiker der Vereinigten Staaten müssen ihm in ihrem eigenen Interesse zu Willen sein."

30 *Atlantis*, S. 118: „Eine schlanke hohe Gestalt. Ein schmales bleiches Gesicht. Eine hohe, sich weit vorwölbende Stirn. Langes, lockiges Blondhaar darüber. Aber die Augen...die Augen! Was waren das für Augen?

auch das Motiv der Liebe doppelt und gegensätzlich angelegt. Auf der einen Seite steht die leidenschaftliche dunkle Südamerikanerin Juanita Alaneda, der es aber an festem Charakter fehlt, weshalb sie ihre Liebe zu Tredrup nach der Entführung durch Rouse vergisst und sich von ihm manipulieren lässt.

> Sein faszinierendes Wesen, dem alles unterlag, was mit ihm in Berührung kam, zwang auch sie. Vergeblich rang sie immer wieder dagegen. Sie blieb bei ihm ... blieb schwankend zwischen Neigung und Haß. Wie oft hatte sie in Stunden, wo sie fern von ihm war, geglaubt, sich von ihm lösen zu können. Immer wieder hatte diese rätselhafte Macht, die von ihm ausging, sie besiegt (*Atlantis*, S. 154).

Ihr gegenüber steht die blonde und willensstarke Christiane Harlessen,[31] eine weitläufige Verwandte der Uhlenkorts. Sie widersteht Rouses Werben, auch als er sie entführt hat. Sie kann die Firma Uhlenkort informieren, die sie dann mit Johannes Hartes Hilfe rettet. Das Ende des Romans bringt eine doppelte Hochzeit: Die Harlessen und die Uhlenkorts verschwägern sich, und Tredrup gewinnt Juanita wieder, nachdem der enttäuschte Smith den ruinierten Rouse in Nizza erschossen hat.

Der Roman *Atlantis* zeigt neben diesen kolportagehaften auch deutlich rassistische Züge durch die Betonung des nordischen Aussehens der Hauptfiguren und der Abwertung der anderen,[32] obwohl der schwarze Gegenspieler der Europäer sympathischer gezeichnet ist als der amerikanische Spekulant und Wüstling Rouse. An den Nationalsozialismus erinnert der Glaube an das undurchschaubare Schicksal, dem Johannes Harte unterworfen ist. Seine schwere Aufgabe überfordert ihn, so dass er schließlich in Tibet sein „Nirwana" sucht.

---

31 *Atlantis*, S. 69: „die blonden Haare...die blauen Augen...der schmale rassige Kopf...echter Harlessentyp [...]. Kein Zögern! Kein Versagen! Mit unübertrefflicher Sicherheit wurden alle [Reit-] Figuren zu Ende geführt [...]. Ihr Antlitz strahlt in sieghafter Schönheit. [...] Diese Augen...die blauen Harlessenaugen schienen keinen Teil daran zu haben."

32 Dominik spricht vom historischen Kampf der Rassen im sozialdarwinistischen Sinne, *Atlantis* S. 186: „Die Bedeutung der Frage: Gleichberechtigung der Rassen....gleichbedeutend mit dem Abstieg der weißen Rasse. Erste Stufe eines Abstieges, der weiter und weiter zum Unterliegen führen mußte."

> „Du, der du weißt, was das Schicksal mir auferlegt, weißt, daß meine schwachen Schultern die Bürde kaum zu tragen vermögen...weißt, daß ich alles, was ich tue...tue...weil das Schicksal es will...das Schicksal...weißt, daß die Macht, die in meine Hände gelegt ist, von ihm kommt.... Das Walten des Geschickes... rätselhaft ... unbegreiflich, dir...mir, dem Diener, den es sich auserkoren..." (*Atlantis*, S. 244, vgl. S. 278).

Obwohl in den geheimnisvollen Strahlen, die den Blick in die Tiefe der Erde wie die Beeinflussung des flüssigen Magmas erlauben, ein futuristisches Motiv angesprochen ist,[33] wird weder dessen Entdeckung geschildert noch eine theoretische Begründung versucht. Wir erfahren nur von den praktischen Versuchen Hartes, Land kontrolliert aus dem Wasser aufsteigen zu lassen. Hartes folgenreiches Wirken bleibt der Öffentlichkeit vollständig verborgen und der Leser gewinnt vor allem den Eindruck eines Wirkens verborgener Kräfte.

> Der kleine Apparat...klein im Verhältnis zu den Riesenenergien, die er lösen und steuern konnte. Er sein Meister, der ihn gebaut nach dem Geheimnis des Tokschors. [...] Schicksalsnotwendig! Er, der Erbe des Geheimnisses, das einmal das Schicksal drei Männern anvertraute, als es galt, Millionen von Menschen vor Not und Tod zu bewahren (*Atlantis*, S. 283f).

Somit kann man hier wohl von einer Mystifikation der Technik sprechen, die sowohl den übermenschlichen Erfinder, die wirkenden Naturkräfte wie die Wiedergewinnung des mythischen Atlantis betrifft.

In *Atlantis* gehören auch andere technische Neuigkeiten zum selbstverständlichen Hintergrund: U-Boote, besonders leistungsfähige Flugzeuge, schneller Fluss der Informationen durch eine Art Riesenfernsehen an den Wänden. Die für Dominik besonders

---

33 *Atlantis*, S. 265: „Die Augen, tief in den Höhlen liegend, hingen an dem leuchtenden Bild vor ihm an der Wand. Das Bild des Kanals, das der energetische Fernseher dorthin gezaubert. Es war nicht das optische Bild, wie es ja schon längst die Kamera aufnahm und direkt von der Mattscheibe aus drahtlos durch den Äther weitergab. Jeder Besitzer eines Radioapparates hatte wohl auch die Empfangsvorrichtung für derartige Bilder. [...] Es war ein energetisch aufgenommenes Bild, welches alle Einzelheiten unabhängig von den optischen Eigenschaften des Bildgegenstandes zeigte. Wo dem Auge, der Optik eine Schranke gesetzt war, griffen die energetischen Strahlen weiter...schalteten aus, was nicht gesehen werden sollte...hoben heraus, was sein sollte."

komplexe Handlung aufgrund der Verdopplung des Katastrophen-, des Macht- wie des Liebesmotivs, schafft nicht nur eine von ihm selten erreichte Dichte der Vorgänge. Durch das ständige Unterbrechen der Handlungsstränge mit dem Wechsel der Perspektiven entsteht auch ein Höchstmaß an Spannung und Überraschung. Hier ist die typische Erzählweise Dominiks, die starkes emotionales Interesse auslöst, auf einen Höhepunkt gelangt.

Während *Atlantis* eine komplexe Handlung besitzt und von mehreren Katastrophen bestimmt wird, ist *Lebensstrahlen* wie alle späteren Romane Dominiks viel einfacher in seiner Handlung. Da es kein Liebesmotiv gibt, reduziert sich die private Sphäre auf die persönlichen Probleme und Vorlieben einiger Forscher, Agenten und Unternehmer, die aber die zentrale Handlung, die Entdeckung von Strahlen, die Blei in Gold verwandeln und das Wachstum von Pflanzen anregen, nur begleiten.

Auf der Thüringer Eulenburg, abgeschlossen von der neugierigen Welt, hat der deutsche Forscher Eisenlohr ein gut ausgerüstetes Labor, in dem er mit seinen Helfern Experimente mit harter Strahlung macht. Der Franzose Bigot und der Amerikaner Hartford, zweifelhafte Glücksritter, suchen vergeblich Kontakt mit ihm. Eisenlohrs alter amerikanischer Freund Spranger und der deutsche Biologe Prof. Braun vervollständigen den Eindruck, dass die abgelegene thüringische Burg das Zentrum des wissenschaftlichen, wirtschaftlichen und kriminellen Interesses ist. Das zentrale Ereignis der Entdeckung der geheimnisvollen Strahlen, die nicht genauer beschrieben werden, ermöglicht die Entfaltung zweier Handlungsstränge. Die für Eisenlohr allein wichtige Wirkung, das Wachstum in totem Material wird von Prof. Braun bestätigt. Eisenlohr selbst geht in einem Freiluftexperiment der weiteren Wirkung nach, nämlich einem spontanen Riesenwachstum von Pflanzen und Tieren unter dem Einfluss der Strahlung. Am Ende des Romans steht die Herstellung eines wirtschaftlich bedeutsamen radioaktiven Pulvers, das zur ungeheuren Steigerung der Ernte auf die Felder gestreut werden kann. Bigot und Hartford haben inzwischen den Assistenten Eisenlohrs zur Preisgabe von Informationen überreden können. Sie produzieren und verkaufen nun Gold, das sich aber bald wegen seiner Radioaktivität wieder in Blei zurückverwandelt, und werden schließlich entlarvt. Sprangers Partner Kelly hat mit gezielten Gerüchten über die Produktion von künstlichem Gold inzwischen an der Börse Millionen verdient.

Da in diesem Roman sowohl eine Liebeshandlung als auch Politik und Rassismus als Leseanreiz fehlen, bleibt für das Interesse des Lesers nur der Stolz auf die deutschen Wissenschaftler und einige Animositäten gegenüber französischen Scharlatanen. Wenn auch die Wirkung der Strahlen geheimnisvoll bleibt, kann man kaum von Mystifikation sprechen, da die Experimente im Rahmen des damals diskutierten physikalischen Wissens bleiben und sogar den alchemistischen Traum desavouieren. Die Handlung lebt von den Entdeckungen und den überraschenden Wendungen der Kriminalhandlung, sowie den Komödienmotiven wie der Verwechslung und kauzigen Charakteren. Das Maß der Spannung und Überraschung ist wesentlich geringer als in *Atlantis*. Der Roman bietet auch weniger Science Fiction-Motive und scheint in der unmittelbaren Gegenwart angesiedelt.

9.3.3 Dominik in der Nachfolge Jules Vernes

Hans Dominiks Leistung für die deutsche Zukunftsliteratur ist vielleicht am besten zu verstehen, wenn man ihn mit Jules Verne vergleicht. Natürlich sind Innovation und Rang unterschiedlich groß. Jules Verne aktualisiert im Einklang mit den aufklärerischen Vorstellungen seines Verlegers Hetzel die „voyage imaginaire", so dass daraus die Science Fiction entstehen kann. Dominik verschafft der deutschen Zukunftsliteratur eine Massenbasis, indem er aktuelle Technik in den Vordergrund stellt und an den Ingenieurroman und den Kriminalroman anknüpft. Dabei ist wohl weniger die Jugend sein Zielpublikum als der erwachsene männliche Leser, der im Berufsleben steht und sich für Politik und Wirtschaft interessiert. Sein Werk ist in jeder Hinsicht konservativ und taugt damit auch für einen Mehrheitskonsens, während Autoren wie Laßwitz, Scheerbart und Döblin nur von Minderheiten rezipiert wurden, da sie entweder an den traditionellen Bildungsroman gebunden blieben oder avantgardistische Neigungen zeigten. Dominik entscheidet sich gegen die reflexive und utopische Zukunftsliteratur und für das aktionsreiche Abenteuer, das neue Maschinen nur zur Auslösung sensationeller Ereignisse gebraucht wie die zeitgleiche amerikanische Science Fiction. Verne und Dominik zeigen einen grundsätzlichen Optimismus gegenüber dem technischen Fortschritt, aber wenig Interesse an gesellschaftlichen Entwicklungen. Während aber Jules Vernes das kolonialistische Denken, die Erforschung und Eroberung der Erde repräsentiert, greift Dominik nationalistische und rassistische Auffassungen seiner Zeit auf. Beide entwickeln wenig Phantasie für neue Maschinen und verwenden auch veraltete für ihre Romane.

> Dominik does not apply his imagination to the more distant future nor does he venture to conceive of any change in the physical appearance or biological nature of the human species. As the preceding discussion of characterization and structure shows, the psychological nature of individuals and even their everyday customs and pursuits - manners, emotion, courtship, family life and business - also remain much the same in Dominik's visions of the future (Fischer, 1984, S. 213).

Beide Autoren bieten Unterhaltung durch virtuose Spannungserzeugung. Dabei stützt sich Verne neben den Rätseln des Unbekannten auf die Überraschungen auf Reisen und Dominik auf kriminalistische Episoden. So wie sich Verne des Modells des realistischen Romans bedient, so Dominik der Muster der Unterhaltungsliteratur, besonders des Kampfes von Gut und Böse, des Happyends und der Rolle des Schicksals.

> Thus the most evident features of his SF, other than imaginary science and technology, are its marked preferences for clearly outlined and psychologically unambiguous characters, easily recognizable and emotionally evocative settings, and frequent doses of adventure and suspense - all presented in a language which gains, maintains, and rewards the reader's attention and credence by its mixture of forthright blandness and highly-coloured, contagious emotion (Fischer, 1984, S. 190).

Aufgrund des fundamentalen Realismus der beiden Schriftsteller kann man nicht von Fluchtliteratur sprechen, sondern nur von Entspannungsliteratur. Die Identifikation des Lesers mit erfolgreichen Hauptfiguren dient zur Erweiterung des geographischen Horizonts bei Verne oder zur Selbstbestätigung der Deutschen bei Dominik. Die Herausforderung durch Neues ist weniger wichtig als die Durchsetzung in der vertrauten Umgebung, nämlich in einer kaum veränderten Welt mit kapitalistischer Wirtschaft und Nationalstaaten. Dominiks Romane bieten dem deutschen Leser eine Wunscherfüllung in der krisenhaften Weimarer Republik.[34] Die Hoffnung auf eine bessere Zukunft geschieht durch technische Erfindungen, für die Deutschland damals gut gerüstet war, wie die Entdeckung der Atomspaltung durch Hahn 1938 und die Führung in der Raketenforschung zeigen.

9.3.4 Dominik, ein Faschist?

Eine Gesamtwertung Dominiks muss seine ideologische und politische Position diskutieren, mit der sich die Forschung ausführlich beschäftigt hat. Meist wird ihm dabei faschistisches Denken oder Nähe zum Nationalsozialismus vorgeworfen z.B. im „Prinzip des Heldischen und Heroischen" (Höger, 1980, S. 391). Da aber keine der Hauptfiguren ihr Leben bewusst opfert, trifft folgende Behauptung nicht zu: „Die von ihm erfundenen technologischen Heroen ‚opfern sich im schweigenden Dienst am Ganzen', wobei Staat mit Volksgemeinschaft gleichgesetzt wird. Hier zeigt sich bereits das erste faschistische Element" (Höger, 1980, S. 391).[35] Der Einsatz des Lebens für höhere Ziele ist zudem ein gängiges Motiv der Science Fiction, von der Space Opera bis zum sozialistischen Raumfahrerroman. Ernster zu nehmen sind die Vorwürfe von Fischer und Fisher, die Dominiks Ideologie genauer untersuchen. Fischer schätzt Dominik als Reaktionär mit bloßen Sympathien für den Nationalsozialismus ein.

> He regarded himself as a conservative or even perhaps a gradualist, although in our view he was an ideological reactionary with distinct fascistic sympathies. The discrepancy is revealing, for fascism, despite its appeal to conservatives and reactionaries, promised a new world-order which, it was often stated, would

---

[34] Kittstein, 2005, S. 135 rückt Dominik im Gegensatz zu Kellermann in die Nähe der illusionistischen Trivialliteratur: „Mit den verschwommenen Erlösungshoffnungen, die sich auf die Technik und auf die übermenschliche Gestalt des genialen Erfinders als eines säkularisierten Messias richten, leistet *Das Erbe der Uraniden* einen literarischen „Beitrag zur Sinngebung in einer Krisenzeit", der vielleicht gerade wegen seiner Realitätsferne seine Wirkung auf breite Leserschichten in der Weimarer Republik nicht verfehlte."

[35] Bei Nagel, 1972 ist das faschistische Denken ein wenig ergiebiger Pauschalvorwurf an die gesamte Science Fiction.

come about through revolution (Fischer, 1984, S. 229, ähnlich S. 217).

Dominiks Position kann man in fünf ideologischen Feldern untersuchen, die für den Nationalsozialismus zentral sind: Militarismus, Nationalismus, Rassismus, Führergedanke und Irrationalismus. Das *militaristische Denken*, das in den Zukunftskriegen und galaktischen Konflikten dominiert, spielt bei Dominik keine große Rolle. Zwar gibt es globale Auseinandersetzungen im Sinne des Sozialdarwinismus, aber diese finden auf politischer oder wirtschaftlicher Ebene statt, nur in der *Spur des Dschingis-Kahn* gibt es einen militärischen kolonialistischen Konflikt, der aber durch technische Mittel beendet wird. In manchen Romanen wie *Die Macht der drei* und *Das Erbe der Uraniden* wird sogar eher ein Pazifismus propagiert. Statt eines militärischen Denkens stehen bei Dominik normalerweise die bürgerlichen Tugenden Fleiß und Tüchtigkeit im Vordergrund.

Ein *nationalistisches Denken* ist bei Dominik offenkundig, da alle sympathischen Hauptfiguren Deutsche sind, und die Handlungen auf den Ruhm der deutschen Ingenieure, Wissenschaftler und Unternehmer hinauslaufen.[36] Viele Romane enden mit einem Aufschwung Deutschlands aufgrund neuer Erfindungen (so *Atlantis* und die *Eggerthromane*), doch fehlen die Weltherrschaftsphantasien der Nazis. Höchstens spielen die Deutschen in einem europäischen Bundesstaat die führende Rolle. Ein Moment, das Dominik mit dem nationalsozialistischen Nationalismus verbindet, ist der Wunsch nach neuem Lebensraum, der in den Romanen auf dem neu aufgetauchten Atlantis, vor der deutschen Küste, aber auch in Russland oder in Australien (*Die Spur des Dschingis-Khan*) gewonnen wird, allerdings nicht durch Eroberung.

Bedenklicher ist wohl das *rassistische Denken*, das in Dominiks frühen Romanen unangenehm auffällt. Nicht nur sind die Deutschen, die als blonde und blauäugige Arier charakterisiert werden, intelligenter und tüchtiger als die moralisch fragwürdigen Südländer, es werden auch die Asiaten, Araber und Afrikaner als minderwertig beschrieben, besonders in *Atlantis* und *Die Spur des Dschingis-Khan*. Grundsätzlich scheinen auch die Charaktere der

---

36 Fischer, 1984, S. 204: „The hero is above all germanic, and in fact usually German."

Personen durch ihre nationale bzw. rassische Herkunft bestimmt (vgl. Fischer, S. 208f.). Der Kampf der weißen Europäer gegen die anderen ist eine Konstante der Handlung, die von Oswald Spenglers *Untergang des Abendlandes* beeinflusst scheint, aber auch die Züge des europäischen Kolonialismus fortführt. Die markanteste Form des Rassismus im völkischen Denken, der Antisemitismus, findet sich aber bei Dominik nicht.

Schwieriger ist die Frage nach dem Führergedanken bei Dominik zu lösen. Einerseits ist kein Wunsch nach einer politischen Diktatur zu finden, denn es geht zwar bei Dominik um die Machtfrage, die Hauptfiguren sind aber Erfinder und die Übermenschen agieren wie in *Die Macht der drei* oder *Atlantis* als Einzelgänger. Die Ingenieure haben zwar die genialen Züge, welche sonst den charismatischen Führern zugeschrieben werden und sind wie Isenbrandt in *Die Spur des Dschingis-Khan* teilweise auch Tatmenschen, aber keine Politiker, sondern Führergestalten mit beschränkten Aufgaben.[37] So wird der Unternehmer Uhlenkort die Erschließung des aufgetauchten Atlantis organisieren, und Prof. Eggerth soll in *Ein Stern fiel vom Himmel* die Gewinnung von Neuland vor den Küsten überwachen.

Fisher stellt einen engeren Zusammenhang zwischen den Entdeckern und den Führern her, ohne von Politik zu sprechen: „like other protagonists in the technological visions, he is the ideal synthesis of *Tatmensch* and *Erlöser*, of inventor and messiah" (Fisher, 1991, S. 121). Die diktatorischen politischen Führer sind eher Gegenfiguren wie der schwarze Kaisers Salvator Augustus, der chinesische Regent Toghon-Khan und der intrigante amerikanische Präsident in *Die Macht der Drei*.

Ein letzter Punkt ist der trotz Dominiks Interesses an der Wissenschaft anzutreffende *Irrationalismus* in Form eines Schicksalsglaubens.

> Menschenleben – das Rad des Schicksals rollte darüber hinweg. Der, dessen Hand den Strahler lenkte, sah sie untergehen. Sah es, und die schmale Gestalt sank zusammen unter der Last des Unheils, des Schicksals (*Atlantis*, S. 286).

---

[37] Leucht, 2016, S. 253ff. beschreibt Ingenieure als utopische Prototypen in der Literatur.

Die Beschreibung technischer Apparaturen und Wirkungen begünstigt eine gewisse Mystifikation der Technik.[38] Manchmal erscheinen Entdeckungen als okkulte Kräfte und der „engineer-messiah" (Fisher, 1991, S. 115) als geheimnisvoller Wundertäter. Doch ist damit trotz des Glaubens der Nazis an die Vorsehung und die Wunderwaffen nicht zwingend ein faschistisches Denken verbunden. Die Darstellung technischer Erfindungen als Wunder ist ein weit verbreiteter Zug der damaligen amerikanischen Science Fiction.[39] Wenn Dominik auch deutsche Wissenschaftler in den Vordergrund stellt, so propagiert er doch keine „deutsche Wissenschaft", wie es die Nazis z.B. mit der okkulten Hohlwelttheorie taten.

9.4 Mensch, Natur, Technik in Döblins *Berge Meere und Giganten*

Als einziger von Alfred Döblins (1878-1957) Romanen können die zwei Versionen von *Berge Meere und Giganten* (1924 bzw. 1932) in die Reihe der technisch-utopischen Zukunftsromane und zwar in die problemorientierte, philosophische Richtung eingeordnet werden. Dafür zeugt folgende Selbsteinschätzung des Autors:

> Ich liege eben über einem neuen größeren oder großen Opus, das gut fortschreitet. Es ist die Entwicklung unserer Industriewelt bis auf etwa 2500; eine völlig realistische und ebenso völlig phantastische Sache; Jules Verne wird sich vor Neid im Grabe umdrehen, – aber ich habe ganz andere Dinge vor als er (Döblin, Briefe, S. 120f.).

Mit Jules Verne evoziert Döblin wie üblich das Label des modernen Zukunftsromans, „ganz andere Dinge" lässt sich als Absage an

---

38 Vgl. Fischer, 1984, S. 230: „Through his description of science, his creation of character and plot, and sometimes his very choice of individual words, he sought to envelop science and technology with a mythical aura. Not unrelated to the element of myth in Dominik's world-view and fiction is, lastly, the ideological aspect of science."

39 S. Fischer S. 255: „Thus we encounter heroes, villains and mysterious sages who can read thoughts, sense distant or future events, and exert a controlling influence on the minds of others. For centuries writers of SF have toyed with such notions, and the boundary between pseudo-science and legitimate scientific speculations is indeed often vague and may shift with time."

Abenteuer und Unterhaltung als Zweck des Textes verstehen. Die Döblin-Forschung hat diesem Roman meist nicht so viel Aufmerksamkeit gewidmet und wenige haben die Verbindung zur Gattung der Science Fiction hergestellt.[40]

9.4.1 Merkmale des technisch-utopischen Zukunftsromans

Mehrere Merkmale kennzeichnen den Roman als technisch-utopischen Zukunftsroman, zunächst die Dimension der fernen Zukunft,[41] besonders aber technische Erfindungen als entscheidendes Agens der Handlung:

> Mit dem Aufkommen der künstlichen Lebensmittelsynthese im sechsundzwanzigsten Jahrhundert trat ein beispielloser allgemeiner Umschwung ein. Es erfolgte eine Veränderung aller Lebensverhältnisse, zugleich die Nötigung, zu strengen ja strengsten Herrschaftsformen zurückzukehren. Der Gewalt dieser Nötigung konnte kein gutgemeintes Protestieren standhalten (*Berge*, S. 83).[42]

Auffällig im Gegensatz zu den anderen Zukunfts- und Ingenieurromanen ist die kritische Darstellung der Erfindungen. Die Arbeit des Erfinders der künstlichen Ernährung, Meki (vielleicht ein Anagramm von Kemi= Chemie) im fabrikartigen Labor mit Menschen als Versuchskaninchen wird abschreckend beschrieben (*Berge*, S. 83ff.). Der Ingenieur Kylin entdeckt das künstliche Wachstum der Mineralien und nimmt damit katastrophale Eingriffe in die Natur vor.

> Der Roman problematisiert also genauer die Herrschaft der Natur über den Menschen, Naturbeherrschung mittels menschli-

---

40 Nur den Terminus gebrauchen Hienger, 1972, S. 261 und Scherpe, 2002, S. 101. Eine Begründung gibt nur Klotz, 1977.
41 Nach Geißler, 1998, S. 154 ist es „ein quasi historischer Bericht über die Zukunft des europäischen Menschen vom Ende des 20. bis zum Ende des 27. Jahrhunderts".
42 Vgl. Schäffner, 1995, S. 307: „In Döblins literarischem Zukunftsmodell [...] ergeben sich die Abläufe als konsequente Weiterführung technischer, ökonomischer, biologischer und chemischer Verfahren, wie sie im Zwanglauf als dem technischen Zukunftsmodell festgelegt sind. Und diese Zwangläufigkeit der Zukunft löst die Grenzen zwischen Mensch, Natur und Technik auf."

cher Technik, Technik als Herrschaftsmittel und Herrschaft einer verselbständigten Technik über den Menschen – und vor allem, als logische Konsequenz autoritär geprägter Grundhaltungen für den sozialen und politischen Bereich, Herrschaft von Menschen über Menschen (Qual, 1992, S. 223).

Es geht dabei im Gegensatz zu Dominik nicht um die individuelle Leistung, sondern der Blick Döblins ist wie bei der Science Fiction üblich auf die kollektiven, sozialen und politischen Folgen der wissenschaftlichen Entdeckungen und technischen Erfindungen gerichtet. Dabei fällt die Kopplung der futuristischen Maschinen mit der politischen Geschichte auf, die aus der wechselnden, mehr oder minder autoritären, technokratischen Herrschaft von Eliten („Werksherren") in den städtischen Zentren („Stadtschaften") besteht.

Der technische Fortschritt und die in ihm begründete Macht sind die Determinanten der weiteren Entwicklung. Das, was potentiell realisierbar ist, wird auch ausgeführt. Der neue Mensch entwickelt alle Ordnung aus de ‚Aufgabe', die es zu erfüllen gilt. Die Macht, die sich in dieser Technik begründet und Technik gleichzeitig korrumpiert, wirft die Frage nach dem Machttyp auf, der die Gesellschaft der Zukunft beherrscht (Hahn, Torsten, 2003, S. 338).[43]

An den ökonomischen Umwälzungen und militärischen Unternehmungen kolonialistischer, und ideologischer Art ist die Technik maßgebend beteiligt. So kann es nicht ausbleiben, dass der Roman typische Science Fiction-Motive benutzt, außer der Lebensmittelsynthese die zivile und militärische Nutzung der Strahlung, die Schaffung von Cyborgs mit Hilfe der Biotechnologie, die technisch erzeugte Unsichtbarkeit, Fluggeräte aller Art und unterirdische Städte. Klotz zieht einen Vergleich mit Dominiks gleichzeitigem *Atlantis*, da beide die Probleme Deutschlands „der mittleren zwanziger Jahre", geprägt vom Weltkrieg reflektieren (Klotz, 1977, S. 527).

Beide verzeichnen fortschreitende Konzentration auf vielen Gebieten. Staaten schließen sich zusammen zu halben oder ganzen Kontinentalverbänden. Wirtschaftliche und politische Macht

---

[43] Hahn, 2003, S. 334 analysiert den Roman in Hinsicht auf das Ende des Staates, „Der Staat ist unrettbar. Andere Formen werden sich an seine Stelle setzten."

ballt sich an wenigen, aber desto gefährlicheren und gefährdeteren Schaltstellen. Technische, energieerzeugende und kolonisatorische Gewalttakte verdichten sich auf wenige, aber desto gewichtigere Unternehmungen. Dementsprechend vergrößern sich auch die Wirkungsräume der handelnden Menschen. Weiter: beide Mal findet das Romangeschehen seinen Höhepunkt darin, einen neuen Erdteil der elementaren Natur – dem Meer, dem Eis – abzuringen-. [...] da wie dort werden Handlungen, womit die technifizierten Zukunftshelden das gegenwärtig Mögliche radikal überflügeln, in mythische Vorstellungsbilder gekleidet (Klotz, 1977, S. 526f).

Die Absicht ist aber ganz unterschiedlich:

> Döblins Mythisierung soll künftige Entwicklungen klären, Dominiks Mythisierung soll künftige Entwicklungen verklären, um ihrer Klärung auszuweichen. Sie verwischt den geschichtlichen Widerspruch zwischen archaischen und spätkapitalistischen Verhältnissen (Klotz, 1977, S. 528f.).

Auch das Prometheus-Muster, das die Abenteuer mit den isländischen Vulkanen grundiert, veranschaulicht, was sich inzwischen verkehrt hat: die jetzigen prometheischen Feuerbringer, nicht länger Rebellen, sondern Handlanger der Herrschenden, stillen kein Bedürfnis der Menschheit. Sie zwingen ihr eins auf, das ihr schlecht bekommt. Und der neue kollektive Herkules offenbart im Vergleich mit dem alten die Zwiespältigkeit umwälzender Eingriffe ins ökologische Gleichgewicht (Klotz, 1977, S. 528).

Der offenkundigste und größte Unterschied besteht in der Erzählweise und Sprache, die wie die Motive nach futuristischer Manier unüberschaubar und gewalttätig wuchern.[44] Als betont avantgardistischer Text widerspricht Döblins Roman wie Scheerbarts *Lésabendio* und Kellermanns *Tunnel* dem Vorurteil, dass die Science Fiction zwar thematisch fortschrittlich, aber erzählerisch und sprachlich konventionell sei. Allerdings nähert sich Döblin in der

---

[44] Vgl. Klotz, 1977, S. 532: „Sie [die Sprache] entfaltet [...] die Wunder- und Schreckensgeschichte dessen, was Menschen mit sich und der Natur anstellen. Und die läuft bei Döblin ab als ein unbegrenztes Geschehen, das auch in sich selber die Grenzen durchbricht zwischen Masse und Einzelnem, Mensch und Tier, Feuer und Stein, Pflanze und Maschine." Nach Leucht, 2016, S. 377 markieren vor allem die sprachlichen Eigenheiten Döblins „jene Distanz zur utopischen Trivialliteratur der Zeit, aus der *Berge meere und Giganten* zugleich seine Diskurse bezieht."

zweiten Version *Giganten. Ein Abenteuerbuch* (1932) thematisch durch die Entschärfung der Technikkritik und sprachlich durch die Zurücknahme der futuristischen Züge dem Zukunftsroman Dominiks an.[45]

9.4.2 Die Entwicklung der Technik im Roman

Die komplexe und verschlungene Handlung des Romans kann hier nicht wiedergegeben werden, nur die zentrale Technik soll verfolgt werden.[46] Die Entwicklung der Industrie ist in Döblins Roman eng an die der Politik, Gesellschaft und Zivilisation überhaupt gebunden, so dass die Welt der Maschinen, Fabriken und Städte, der Erfinder, Ingenieure, Industriellen und Produzenten nie isoliert dargestellt, sondern als Teil der globalen Geschichte der westlichen Menschheit beschrieben wird. Trotz aller Emanzipation durch die Technik bleibt aber der Mensch grundsätzlich auf die Natur angewiesen, da die von ihm genutzten Kräfte ihr entstammen und er selbst ein Teil des totalen Zusammenhanges des „Tausendfußes, Tausendgeistes, Tausendkopfes" ist (*Berge*, S. 7). Die Technik kann aber zur Überhebung über die Natur und zur Zerstörung führen. „Die aus dem einseitig technischen Impuls geborene ziellose Aggressivität entlädt sich in zwei Weltkatastrophen: dem Uralischen Krieg und der Grönland-Enteisung." (Müller-Salget, 1988, S. 218). Dagegen differenziert Qual dahingehend, dass erst die pervertierende Verbindung mit der Herrschaft die Technik destruktiv werden lasse. „Technik an sich weist nicht diese destruktive Eigendynamik auf [...], sondern der Machtwille – bei Döblin schon keine

---

45 Vgl. Kreutzer, 1970, S. 95: „Das Resultat [...] scheint denn auch nichts weiter zu sein als eine Adaptierung des unförmigen Opus von 1924 an den jetzt herrschenden Geschmack einer ‚Neuen Sachlichkeit', eine modisch gekürzte, verknappte Version."
46 Vgl. Müller-Salget, 1988, S. 209: „Thema des Buches ist der Kampf des Menschen gegen diese Einordnung in die allbeseelte Natur, sein Drang, sich mit Hilfe der Technik zum Herrn der Welt aufzuschwingen. Nicht in Ausnutzung seiner natürlichen Stellung, sondern in hybrider Selbstüberschätzung verfolgt er dieses Ziel. Die Entfremdung vom natürlichen Weltzusammenhang wird exemplifiziert an der Erfindung der künstlichen Lebensmittel, an der Enteisung Grönlands und am Leben in unterirdischen Städten."

absolute Naturgesetzlichkeit – deformiert den technischen Impuls zu einem zerstörerischen Prinzip" (Qual, 1992, S. 275).[47]

Die Technologie im weiteren Sinne verstanden, nicht nur als Erzeugung von Gütern in Fabriken, sondern auch als Gewinnung und Verteilung von Stoffen und Energien, als Umgestaltung der Erde und technische Vernichtung von Gegnern, zeigt sich in Döblins Werk in drei aufeinander folgenden Stufen: 1. Hypothetische Fortentwicklung der bestehenden Maschinen, 2. Totalisierung der technischen Produktion bis zur Schaffung einer künstlichen Umwelt und 3. Steigerung der Technik bis zur Meisterung des Prinzips des Lebens. Diese zunehmende Aktivität wird im Roman, verbunden mit der sich fortentwickelnden Gesellschaft vor Augen geführt.

1. Die Fortentwicklung wird wie die Totalisierung im Wesentlichen in den beiden ersten Büchern beschrieben. Ihre Grundlage sind umwälzende Erfindungen, bei denen die negativen Seiten betont werden:

> Wilder als je erhob sich um das Ende des fünfundzwanzigsten Jahrhunderts und den Beginn des neuen das Gespenst der neuen Erfindung, des vernichtenden Fortschritts. Erfindungen nahmen ganzen Industrien den Boden, entleerten wie ein Krieg ein Dutzend blühender Städte aus, die sich auf die Wanderschaft begeben mußten. Es war eine Wanderung von Völkern, derer sich die Nachbarstaaten annehmen mußten, falls sie sich nicht kriegerischer Überflutung aussetzen wollten (*Berge*, S. 80).

Dadurch nimmt die Bedeutung der Technik zu. Die Massen „waren alle selbst innigst nur an die Maschinen gebunden, verlangten Luxus Brot und freie Bahn für die Kräfte der Maschinen" (*Berge*, S. 24). Der seelische Ausdruck der Abhängigkeit ist die Vergötterung der Apparate, der in Anspielung an den alttestamentlichen Kult Molochs zur Selbstopferung begeisterter Menschen führt. In diesen Szenen kann man auch einen kritischen Kommentar zur Technikbegeisterung des Futurismus sehen.

---

[47] Vgl. Qual, 1992, S. 314: „Der Roman beinhaltet daher keine technikfeindliche, zivlisationspessimistische Perspektive, sondern versucht, anhand einer Rückführung der negativen Phänomene auf fundamentale Denkschemata diese letztlich destruktive Verquickung aufzuzeigen und die technische Zivilisation als im Grunde wertneutrales und eigentlich positives Stadium der menschlichen Entwicklungsgeschichte zu ‚rehabilitieren'."

> Und unter Aufschrei Hinsinken von Frauen und Männern, besinnungslosem tobsüchtigem Stöhnen und Kreischen stürzte sie sich von der steinernen Umfassung des Maschinenkörpers in seinen blitzenden wogenden eisenschmetternden Leib. Keinen Augenblick änderte die Maschine ihren Lauf, herrisch dröhnte sie in ihrer steinernen Umfassung. Sie wühlte in ihrem Bett, schlang den Frauenleib, salbte sich mit seinem gießenden hellroten Blut. Riesig überschmetterte sie Kreischen und Schreckensstille der Menschen (*Berge*, S. 70).

Aus der überragenden Bedeutung der Maschinen ergibt sich das wirtschaftliche Übergewicht der Industriellen und Techniker, die überall in Europa und Nordamerika die politische Macht ergreifen. Kleine Senate mit Geheimwissen und persönlicher Verfügung über die Wunderwaffen werden zu absoluten Herren. Die politische Veränderung geht einher mit einer Konzentration der Bevölkerung in den Städten und einer vollständigen Entfesselung der Industrie, die sich schlagartig in Aussehen und Struktur verändert.

> Neue Naturkräfte, gasförmige strahlende, schon vor einem Jahrhundert aufgespürt, waren von den Zeitgenossen Mekis gefasst, in Apparate gespannt worden. Die polternden Kolosse wurden durch Liliputapparate beschämt. Jahrzehnte Jahrhunderte von Kraft wurden wehrlos, gelähmt von dem Blick dieser Minuten. Man legte die großen Maschinenstädte nieder. Unscheinbar in geschützten Gewölben die feinen zierlichen Apparate, in denen die Naturkräfte gefangen waren wie Gespenster in der Flasche (*Berge*, S. 102f)

2. Zu den folgenreichsten Erfindungen in Döblins Epos gehört die der künstlichen Nahrung, die schon bei Laßwitz eine zentrale Rolle spielte. Bei ihm war sie Ursache eines Bürgerkriegs, aber wird als Befreiung von materiellem Zwang gefeiert. Während sie bei ihm ganz zur anorganischen Chemie gehört, ist sie bei Döblin noch an die Fähigkeiten organischen Gewebes gebunden. Sie bedeutet also weniger eine Emanzipation von der Natur als die Verdrängung des Natürlichen. „Diese Chemiker und Physiker haßten nichts so wie grüne Saatfelder Wiesen, die burleske Ansammlung von Viehherden" (*Berge*, S. 84). Döblin hebt hier wie bei anderen Gelegenheiten die tragende Rolle der Wissenschaft hervor, die inzwischen tatsächlich zur ersten Produktivkraft geworden ist. Er beschreibt die Laboratorien, in denen langwierige und tödliche Experimente an Menschen gemacht werden, und die Fabriken, in denen – ausge-

hend von biologischen Komponenten – die künstliche Nahrung erzeugt wird.

> In kleinen und unscheinbaren fabrikartig finsteren Seitenräumen und Kellern, in Bottichen, hitzeschwebenden Kesseln und Schränken geschah die Hauptarbeit dieser Anlage: die Nachahmung, Nachbildung der beobachteten [biologischen] Vorgänge, erst mit reichem lebendigem Hilfsmaterial aus Tieren und Pflanzen der Nachbarräume, dann mit immer weniger (*Berge*, S. 88).

Die direkte Folge der synthetischen Nahrung ist die Aufgabe der Landschaft und die Konzentration der Menschen in wenigen Megastädten, die eine künstliche Welt bilden. „Die Menschen zogen sich in die Riesenstädte zurück. Sie kapselten sich in den Städten ein. Gaben den größten Teil der Erde frei. Der Boden ruhte aus." (*Berge*, S. 94). Die sozialen und politischen Folgen sind ebenfalls umwälzend.[48] Die diktatorische technokratische Herrschaft versorgt, manipuliert und verheizt die unwichtig gewordenen Menschenmassen, die weder für die Produktion, noch für die Kriegsführung mehr gebraucht werden. Extremes Symptom der denaturierten industriellen Zivilisation ist der aus innenpolitischen Gründen vom Zaun gebrochene „Uralische Krieg" im 2. Buch, in dem gewaltige Zerstörungsapparate die Landschaft Rußlands durch zwei wandernde Feuerwände bis zur Unkenntlichkeit umpflügen und eine ausgefeilte Todesindustrie die Zivilbevölkerung wie die überzähligen Soldaten vernichtet. Döblin beschreibt eindrucksvoll das destruktive Potential der Todesindustrie, wie es sich für die Zeitgenossen in den Materialschlachten des Ersten Weltkrieges enthüllt hat. Ähnlich macht die moderne Industrie im 6. und 7. Buch Island und Grönland zu einem riesigen Experimentierfeld.

Bei diesem Unternehmen geht es nur scheinbar um die Gewinnung neuen Landes, im Grunde aber um die Neutralisierung der Opponenten gegen die autoritäre technokratische Herrschaft. Das generalstabsmäßig geplante Vorgehen mit Hilfe neuester Entdeckungen und modernster Apparate entpuppt sich schließlich als rücksichtsloser Kampf gegen die Natur, deren Energien man auch um den Preis vieler Menschenleben und der Zerstörung Islands raubt. „Sie hatten vor die Vulkane zu zerreißen, ihr Feuer über

---

48 Vgl. Qual, S. 232: „Während der Aufschwung der technischen Zivilisation immer weiter fortschreitet, ‚regrediert' die Sozialform dagegen immer mehr und mehr auf feudalistische und diktatorische Strukturen."

Grönland zu tragen" (*Berge*, S. 372). Vorgang und Ergebnis der menschlichen Aktivität werden ausführlich und dramatisch als Gewalttat beschrieben, bei der die Vulkane wie menschliche Gegner verhöhnt werden.

3. Die Radikalisierung der Technologie führt zur Hybris der Beherrschung der innersten Geheimnisse der Natur, konkret der Wachstumsprozesse. Die Folgen reichen über die Politik hinaus bis in das Wesen des Menschen, seine Psyche und Biologie. Denn die provozierte Natur erweist sich als stärker und demonstriert schließlich die äußere wie innere Abhängigkeit des Menschen. Auch die Beherrschung der Kräfte des Lebens erfolgt in drei Stufen. Zwei hervorragende Forscher entdecken das Geheimnis des Wachstums der Pflanzen und der Steine und machen es technisch nutzbar.

> Kylin hatte in die Maschinen neue Kräfte eingespannt. Er war aus Marduks Schule. Wie Marduk die Bäume auftrieb, ihr Leben in furchtbarster Weise reizte, so zu tosendem Wuchs und Überwuchs zwang, so hatte der schwedische Schüler die Gesteine und Kristalle bewältigt. Er hatte das Futter gefunden, mit dem man Gesteine speist (*Berge*, S. 381).

Marduk lässt seine Gegner von einem unaufhaltsam wachsenden Wald zerquetschen (*Berge*, S. 138ff.), Kylin zerstört die Vulkane Islands. Aus ihren glühenden Magmamassen wird die geheimnisvolle Energie gewonnen, die in Turmalinschleiern gespeichert, bei Tieren, Pflanzen und Steinen solch ein wucherndes Wachstum auslöst, dass alle Stoffe miteinander zu monströsen Lebewesen verbacken.[49] „Es gab in dem Grönland umziehenden Gewebe nicht zu unterscheiden Lebendes und Totes, Pflanzen Tier und Boden" (*Berge*, S. 485). Unerwartetes Nebenprodukt der Enteisung Grönlands ist die Entstehung neuer Monster: „Die zermürbten Trümmer der Kreidezeit, Knochen Pflanzensplitter fanden wieder Leben. Dieses wütende Licht brachte zu Leibern zusammen, was es fand" (*Berge*, S. 487). Diese fallen wie in einem Horrorfilm von Norden her verheerend in Europa ein. Die Hauptfigur der technokratischen Herrschaft in England, Delvil, erkennt diesen Zusammenhang.

---

49 „Er predigte von dem Wunder der Turmalinnetze. In ihnen stecke die Seele des Lebendigen" *Berge*, S. 509.

> Er haßte diese Welt, die Erde, die ihm dies antat, die phantastische blöde schreckenlose Macht [...]. Man hatte nicht dazu die Äcker verachten gelernt, das Korn weggeworfen, das der Boden gab, das Vieh, das sich selber fortpflanzte, um dies zu erdulden. Es steckte eine Rache der Erde dahinter, die ihr aber nicht bekommen sollte (*Berge*, S. 511).

Gefährlich sind nicht die direkten Verwüstungen, sondern das hypertrophe Wachstum, das selbst Leichenteile oder Körperflüssigkeiten hervorrufen und das zu hybriden Vermischungen wie einseitigem Wuchern führt. Die Menschen ziehen sich in unterirdische Städte zurück, die eine Steigerung der Künstlichkeit darstellen. Die unnatürliche Lebensweise führt zu Dekadenz und Perversion. Die Massen suchen in Ausschweifungen Ablenkung oder geben sich selbst der Versklavung preis, während die Herrschenden immer hochmütiger und grausamer werden. So werden zur Abwehr der Invasion mit Hilfe der belebenden Kraft der Turmalinschleier auf riesigen Baustellen von „Ingenieuren Biologen Physikern" (*Berge*, S. 515) biotechnologisch Menschentürme, Cyborgs, konstruiert.

> Man hatte Steine und Stämme zusammengehäuft und sich vermählen lassen. Wie sie unter dem Feuer der Strahlungen ins Wachsen gerieten und bevor sie erloschen, schüttete man wie auf glimmende Kohlen Schichten Tierleiber Pflanzen Gräser auf sie. In diesen Boden trug man zuletzt Menschen ein (*Berge*, S. 514).

Die so konstruierten Giganten bilden an den nördlichen Küsten eine schützende Kette gegen die Monster, die sie verzehren, werden aber ihrerseits von der in ihnen wuchernden Natur bedroht. „Sie waren oft im Begriff, ihren Geist und ihr Menschenwesen aufzugeben und ins bloße Wuchern und Wachsen einzudämmern" (*Berge*, S. 517). Waren diese fest verwurzelten Menschentürme noch Notlösungen zur Abwehr, so finden später die Herrscher Freude daran, sich beliebig in riesige Tiere oder andere Naturformen zu verwandeln, um nach Lust und Laune ihre Gewalt gegenüber der Natur und den Mitmenschen zu zeigen. „Die Fahrt nach Island und Grönland war nicht vergeblich gewesen, die Urkraft war in ihren Händen, sie wollten sich ihrer bedienen" (*Berge*, S. 588). Diese Verwandlungen der biologischen Gestalt des Menschen stehen zugleich für seine Denaturierung und Regression. Auch Delvil lässt sich zu einem hybriden Giganten umschaffen, der sich von anorganischen Stoffen ernährt. Er und die anderen Giganten kämpfen noch eine Zeit lang gegen die Natur in ihnen, bis sie sich schließlich, angeleitet von dem Naturwesen Venaska in ihre anorganischen Bestandteile zerfallen lassen.

9.4.3 Vergleich Döblins mit Laßwitz

Inwiefern Döblin als Antipode Dominiks zur reflexiven und problemorientierten Richtung des Zukunftsromans gehört, soll ein kontrastierender Vergleich mit Laßwitz zeigen. Döblin ist „deeply influenced by the German idealist tradition, in his complete rejection of nationalism" (Fisher, 1991, S. 155), was ebenfalls für Laßwitz gilt, denn beiden geht es um die Zukunft der Menschheit. Laßwitz spricht von der schöpferischen, „ethischen Kraft des Technischen" und Döblin von der Gemeinschaft stiftenden Wirkung der Technik. „Mehr als in früheren Zeiten ist jetzt die Tätigkeit [A]aller Gesellschaftsarbeit. Das Zusammen und die Gleichartigkeit wird erlebt. Schon dies ist ein ethisches Faktum. Man erlebt eine ursprüngliche, über Verträge hinausgehende Verbundenheit" (*Geist*, S. 190).⁵⁰

Trotz der gemeinsamen philosophischen Grundhaltung zeigen sich große Unterschiede, die der zeitlichen Differenz von knapp 30 Jahren geschuldet sind. Spielt Laßwitz' Werk in seiner Gegenwart, so dass alle Weiterentwicklungen der Technik den vorbildhaften Marsianern zugeschrieben werden müssen, so lokalisiert Döblin seinen Roman in einer sagenhaften menschlichen Zukunft, deren Zeitangaben man nicht wörtlich nehmen kann. Erwächst die Handlung von *Auf zwei Planeten* aus der Landung der Marsianer auf der Erde, so sind in *Berge Meere und Giganten* die Menschen und noch spezieller die Vertreter der westlichen Zivilisation ganz unter sich und ihr eigentlicher Gegenspieler ist die Natur. Die idealen Besu-

---

50 Eine weitere Gemeinsamkeit der beiden Autoren besteht in der Beseelung der Natur, die Laßwitz in seinen späten Romanen wie *Aspira, Roman einer Wolke* in Anlehnung an Fechners Panpsychismus vorführt und von der Döblin in der „Einleitung" von *Das Ich über der Natur*, S. 7 spricht: „Es wird von der lebendigen Natur gesprochen, wie sie überall seelische Zeichen hat. Ihre wahrhafte, bis in das sogenannte Anorganische gehende Beseeltheit wird gezeigt, und wie der Mensch, sein personales, einzelnes Ich, hier hinein verschlungen ist." Laßwitz und Döblin kennen auch die Vorstellung des Äthers als Kraftquelle: „wirbelte der Erdball durch den schwarzen kraftdurchfluteten hauchfeinen Äther" *Berge*, S. 367.

cher vom anderen Planeten stehen bei Laßwitz für eine progressive und segensreiche Entwicklung der Technik als wesentlichen Bestandteils der Kultur, während Döblins Epos die großartigsten wissenschaftlichen Entdeckungen und die einschneidendsten technischen Erfindungen letztlich als selbst zerstörerische Sackgasse der Herrschaft über die Mitmenschen und die Natur darstellt. Der Roman entfaltet im Durchgang von künftigen Jahrhunderten ein sich immer wiederholendes Panorama aller Arten von Gewalt meist mit Hilfe fortgeschrittener technischer Mittel: physische gegen die Natur und die Massen, psychische und körperliche gegen Freunde und Geliebte.[51] Schließlich ist Laßwitz' Roman eher konventionell erzählt und baut auf traditionelle humanistische Werte, während Döblins Epos sich auf die Abenteuer der Moderne einlässt, angeregt durch den Futurismus eine avantgardistische Erzählweise verwendet und den „Kinostil" imitiert. Alle diese Differenzen zeigen, dass zu Beginn des 20. Jahrhunderts ein kultureller Umbruch stattgefunden hat, der auf mehrere Faktoren zurückgeht, deren Reflex im Text nachzuweisen ist: 1. auf die erschütternde Erfahrung der zerstörerischen Waffen des Ersten Weltkriegs, die zur Zivilisationskritik des Expressionismus führte, 2. auf die Massenkultur der Weimarer Republik, welche die humanistische Bildung und Werte verdrängte und 3. auf die reale Entfaltung der Technik und ihre positive Aufnahme ins allgemeine Bewusstsein in der Begeisterung des Futurismus[52] und in der Technokratie in der Neuen Sachlichkeit.

---

51 Vgl. Scherpe, 2002, S. 115: „Die unzähligen Gewaltdarstellungen in *Berge meere und Giganten* – strukturell, was den katastrophischen Fortgang der modernen Welt angeht, situativ und habituell in den Szenarien physischer Gewalt – sind, von Fall zu Fall, Schaustellungen des Schauderhaften, die aus keinem déjà vu, sondern allein aus einer metonymisch voranschreitenden Textproduktion hervorgehen."

52 Die Forschung beurteilt den Einfluss des Futurismus auf Döblin recht unterschiedlich. Arnold sieht ihn stark, andere Forscher sind eher skeptisch. Unter den neueren Beiträgen betont Scimonello die Differenz. „Der Hauptunterschied zwischen Döblin und Marinetti besteht darin, dass sie eine unterschiedliche Stellungnahme zur Technik abgeben. Der erste ist vom Fortschritt der Wissenschaft begeistert, der am Anfang unseres Jahrhunderts die westliche Kultur umgewälzt hat, [...] aber er hat immer eine humanistische Auffassung gegenüber dem Schicksal der Menschheit hervorgehoben. Der zweite [...] hat immer einen zerstörerischen und elitären Begriff der Technik beibehalten" (Scimonello, 1998, S. 73f.).

Damit hängt zusammen, dass beide Schriftsteller verschiedene Arten zukünftiger Technologie beschreiben. Bei Laßwitz ist sie in dem Sinne traditionell, als sie auf physikalischen Kräften und der Verwendung von Metallen beruht und Maschinen und Verkehrsmittel konstruiert, die sich auf wissenschaftlich erklärbare Prinzipien stützen. Seine Industrie hat zwar das Leben umgestaltet, aber ist noch an bestimmten Orten wie Strahlungsfeldern, Lebensmittelfabriken und Verkehrswegen konzentriert. Zwar gibt es auch bei Döblin noch Maschinen und Waffen, die aus der Gegenwart extrapoliert sind, aber viel zentraler sind die eindrucksvoll vorgestellten Möglichkeiten zur Entfesselung der vitalen Wachstumsenergie durch eine geheimnisvolle Biotechnologie, der durch die Turmalinschleier nur noch eine vage physikalische Assoziation anhaftet. Die zentrale ökonomische Rolle der Elektrizität bei Laßwitz wird durch die geheimnisvollen Lebensstrahlen spekulativ gesteigert. Döblins imaginierter Eingriff in biologische Prozesse ist hypermodern, macht aber zugleich einen fast magischen Eindruck durch die Berufung auf okkulte Naturkräfte. Bei ihm ist die Industrie als spezieller Bereich der Produktion nicht mehr abgrenzbar vom totalen Weltzusammenhang. Sie überzieht mit ihren Hilfsmitteln wie Energieleitungen und ihren Folgebauten wie den Städten das ganze Land und dringt schließlich sogar in die Tiefe der Erde ein. Sie verändert schließlich auch anders als bei Laßwitz den Menschen tiefgreifend, seine Biologie und Psychologie. Beiden Schriftstellern geht es allerdings nicht um die isolierten Möglichkeiten von Technik und Industrie, wenn sie ihnen auch in ihren optimistischen bzw. pessimistischen Entwürfen einen wesentlichen Platz einräumen, sondern um die weitere Entwicklung der menschlichen Kultur überhaupt.

9.4.4 Ambivalenz als Grundmuster des Romans

Die Forschung nennt meist das Verhältnis von Natur und Mensch als Thema des Romans, tatsächlich ist es aber die Technik, welche die Haltung der Menschen gegenüber der Natur bestimmt. Deshalb ist im Roman von einem Dreiecksverhältnis Mensch-Natur-Technik auszugehen, das in allen drei möglichen Relationen doppeldeutig ist. Damit erhält die ambivalente Darstellung Döblins eine sachliche Fundierung. Der Text *Prometheus und das Primitive* (1938), der im Titel an den Mythos der Technik anspielt, spricht von der „Zwitterstellung" des Menschen gegenüber der Natur.

> Besonders der Mensch, der sich ob er will oder nicht als Naturgebilde erkennen muß, gerät da in eine qualvolle Zwitterstellung. [...] Er will und kann sich nicht ganz mit diesem Naturgebilde [seinem Körper (H.E.)] identifizieren. Er erlebt sich als einsames Wesen. Er ist der Meinung, aus der Natur, wenn auch nur teilweise entlassen zu sein, bietet ihr die Stirn [mit der Technik (H.E.)] und hält das für die eigentliche Menschenart (*Prometheus*, S. 347).

Im Extrem führt dies zur Polarität. „Die berüchtigte Frontstellung Mensch-Natur ist da, der arme Fragesteller hat zuletzt sein Gesicht mit dem Stolz des Herrschers bedeckt" (*Prometheus*, S. 347). Tatsächlich ist der Mensch als biologisches Wesen ein Teil der Natur, materiell gesehen, aber als Triebwesen auch seelisch. Selbst die Technikbegeisterung, die im Roman bis zum Selbstopfer geht und die amokartige Zerstörung der Maschinen z.B. durch Marduk sind nur als triebhafte Aktionen zu verstehen.[53]

Döblin spricht in diesem Text von einem „technischen Trieb" (*Prometheus*, S. 350) synonym mit einem „prometheischen Trieb" (*Prometheus*, S. 351) und betont die Doppeldeutigkeit der Technik als Mittel der menschlichen Differenzierung gegenüber der Natur. „Bei der Technik handelt es sich nicht allein um eine Kampfaktion gegen die Natur, sondern auch um einen *Brückenschlag aus der Individuation* heraus" (*Prometheus*, S. 348, kursiv im Original).[54] Diese überraschende Aussage ist dadurch zu erklären, dass Döblin von zwei Praktiken zur Überwindung der Individuation spricht,

> die alte, noch unbewusste, später zu ‚Religion' abgeschwächte, und die neue, die auf dem Weg des Erfindens weiter schreitet, zu mächtigen Konstruktionen gelangt und die menschliche Abson-

---

53 Vgl. Denlinger, 1977, S. 4: „Selbst der Versuch, sich gegen die Natur aufzulehnen, ist demnach nur Ausdruck der Natur selbst im Menschen."
54 Vgl. *Prometheus*, S. 349: „Der Feuermacher ist Prometheus. Er ist derjenige, der in Kampf und Angriff das fragende und leidende Urgefühl des Individuums zu zerreißen, niederzutreten und umzubiegen beabsichtigt." Ist hier die technische Aktion als Zuwendung zur Natur gedacht oder spielt Döblin an das Ziel des technisch geschaffenen Paradieses an?

derung bis zur völligen Konfrontierung mit der Natur weitertreibt (*Prometheus*, S. 350).

Neben die übliche materielle „Außentechnik" der prometheischen Reihe stellt er die kultische „Innentechnik" der mystischen Reihe (*Prometheus*, S. 349). Beide sieht er als Arten des Menschen, mit der Natur, der äußeren und der inneren, umzugehen. Das wechselnde und kombinierte Wirken der beiden Praktiken wird dann in der abendländischen Geschichte von den Juden und Griechen bis zur Gegenwart verfolgt.

Wenn Döblin den „*innersten Sinn der Technik*" darin sieht, „*nicht die Natur zu unterwerfen, sondern sich ihr wieder anzunähern*" (*Prometheus*, S. 348, im Text kursiv!), so beschreibt er die Rückbezogenheit der menschlichen Aktivität auf die Natur.[55] Ergänzend könnte man hinzufügen, dass in der Technik die „schaffende Natur" (natura naturans) wirksam ist z.B. im „Urgefühl" des Ingenieurs (*Prometheus*, S. 349), d.h. dem evolutionären Instinkt zur Herstellung von Werkzeugen und Maschinen. Wie die Metaphorik des Romans zeigt, weisen Natur und Technik strukturelle Ähnlichkeiten auf, in der Natur zeigen sich technische Muster und die Technik imitiert natürliche.

Sprengel bemerkt Parallelen „zum Panpsychismus Fechners und Scheerbarts" ohne Laßwitz zu erwähnen (Sprengel, 1995, S. 94) und deutet Döblin vitalistisch im Rahmen der Lebensphilosophie. „Döblin bleibt in den Bahnen des futuristischen Technikbegriffs, wenn er in *Berge Meere und Giganten* und den naturphilosophischen Schriften der zwanziger Jahre die Aufhebung der Grenze von Organischem und Anorganischem betreibt" (Sprengel, 1995, S.101). Doch scheinen mir die in den dominanten Gewaltszenen manifesten grundsätzlichen Differenzen von Mensch, Natur und Technik die Aufhebung der Grenzen und Beseitigung der Ambivalenzen zu widerlegen.

Die hier auf metaphorischer Ebene vorgenommene Vermischung der beiden Seinsbereiche Natur und Technik [Naturbeschreibung mit technischen Dingen (H.E.)] kann als kleiner Beitrag zur Überwindung der Antinomie verstanden werden, die ansonsten die Handlungsstruktur und Werkkomposition bestimmt. [...] [Auch] von den auf die Maschinenwesen gemünz-

---

55 Prometheus wird „immer wieder zur Ordnung, zur großen Ordnung gerufen" *Prometheus*, S. 351.

ten Metaphern stammt ein Großteil bemerkenswerterweise aus dem Bereich der organischen Natur (Sander, 1988, S. 554).

Der Romanverlauf zeigt deutlich die Abhängigkeit der Technik von der Natur, da z.B. die Enteisung Grönlands nur mit den Kräften der Vulkane Islands gelingt und zur Konstruktion der Giganten natürliche Materialien integriert werden müssen. Mit der eindeutigen Darstellung dieser Beziehungen geht der literarische Text über den Essay hinaus. Dies gilt auch grundsätzlich für das ambivalente Verhältnis zwischen Mensch und Technik,[56] das im Essay nur gestreift wird. Im Roman bedienen sich die Menschen der Technik zur Beherrschung der Natur, aber diese werden umgekehrt auch von den technischen Möglichkeiten abhängig (die zur zweiten Natur im Sinne der *Dialektik der Aufklärung* Adornos geworden sind), materiell, aber auch seelisch. „Die Erfindungen waren Zauberwesen, die ihnen aus den Händen glitten und sie hinter sich herzogen. Die Menschen fühlten, es war ihr Wille, der vor ihnen flog" (*Prometheus*, S. 14). Die von der fortgeschrittenen Technik verwöhnten Massen werden im Roman passiv und depressiv. Deshalb muss die Herrschaft der Elite immer strenger und umfassender werden, nämlich zur Ablenkung den Uralischen Krieg und die Enteisung Grönlands organisieren.

Die Lehre des Döblinschen Werkes ist nach Qual die verhängnisvolle Verbindung von Technik und Macht „in der hierarchisch-autoritären Struktur der Technokratie" (Qual, 1992, S. 275).[57] Doch scheint mir Döblin in *Berge Meere und Giganten* auch der Technik allein keinen positiven Wert zuzuweisen, da am Ende die „Siedlerbewegung" zusammen mit den bekehrten Islandfahrern eine rein agrarische, vorindustrielle Gesellschaft etabliert. Doch ist auch dieser Ausgang nicht Döblins letztes Wort, da er in der Einschätzung der Technik nacheinander konträre Ansichten vertritt. Die 1932 erschienene 2. Fassung des Werkes *Giganten. Ein Aben-*

---

56 Vgl. Krysmanski, 1963, S. 48 „der Mensch ist durch seine Natur an die Natur gekettet, auch durch die Technik kann er sich nicht davon befreien."

57 Denlinger, 1988, S. 5 sieht darin die neue Haltung der 2. Fassung: „Döblin schildert in *BMG* [1. Fassung] eine Welt, in der die Technik allein, als Äusserung menschlicher Machtgier, naturgemäss zum Krieg und schliesslich zur Vernichtung westlicher Zivilisation führt. In *Giganten* dagegen ist es nicht die Eigengesetzlichkeit der Technik, sondern der menschliche Missbrauch der Technik, der zur Katastrophe führt."

teuerbuch zeigt dagegen eine mögliche positive Bedeutung der Technik.

> Ich baue eine Stadt und konstruiere eine Maschine: das ist nicht gegen die Natur und – zugleich ist es gegen die Natur! Gegen welche Natur? Gegen die vorhandene. Der Mensch und seine Technik trägt über die vorhandene Natur hinweg und formiert eine neue (*Giganten*, S. 376).

Die Änderungen der 2. Fassung betreffen neben der Rehabilitierung der Technik, eine Straffung der Erzählweise durch Verzicht auf die individuellen Episoden, Überbrückung von Brüchen und Hilfen zum Verständnis durch kürzere Kapitel mit Überschriften und Inhaltsangaben.[58] Außerdem findet eine Glättung der futuristischen Sprache statt, die der Autor nun als Fehler empfindet.

Im Buch war als ein Hauptthema die Schrankenlosigkeit der Natur, ihr Wuchern und Überwuchern geschildert worden. So war mir […] das Buch selber durch immer neue Einfälle, Erfindungen, Episoden, Ausmalungen ganz aus den Fugen geraten. Bis in den Stil hinein, sah ich, hatte sich dieses Wuchernde, Schrankenlose gedrängt (*Giganten*, S. 375).

Döblin versucht in der 2. Fassung einen Ausgleich zwischen Naturabhängigkeit und Naturbeherrschung und nennt dies „Gesetz". „Es fiel keine Entscheidung für die Maschine, aber auch keine für die Siedler. Es war ein drittes Wort da: das Gesetz!" (*Giganten*, S. 370). Doch es bleibt unklar, ob der Autor damit das Gesetz der Natur („das große Gesetz", *Giganten*, S. 373) meint oder das des Menschen („der Mensch und sein Gesetz, *Giganten*, S. 373).[59] Tatsächlich ist die Wendung in der späteren Fassung eher psychologisch. Kylin und die Islandfahrer behaupten sich sowohl gegen die Stadtschaften als auch gegen die Siedler, indem sie sich weder von den Maschinen faszinieren, noch von den naturverbundenen Frauen (z.B. Venaska) verführen lassen. Sie schützen mit Gewalt

---

58 Das erste Buch heißt nun „Die Befreiung der Maschine" (*Giganten*, S. 12). S. 13f. wird eine Vergesellschaftung suggeriert, die im Roman aber nicht beschrieben wird. „So geschah es, dass die alten Besitzer und Herren die Maschine über ein Jahrhundert und länger in ihrem Haus behielten, dann aber war die Maschine ein Riese geworden, er richtete sich auf, drückte die Wände beiseite, zerbrach die Decken und wollte ins Freie, wo ihn die Völker erwarteten."
59 Vgl. Kreutzer, 1970, S. 99: „Ein drittes Vermittelndes, Aufhebung der einstigen Gegensätze. Aber was es damit auf sich hat, bleibt undeutlich".

die Siedlungen in Südfrankreich, aber geben auch den Städtern eine neue Heimat und errichten Denkmäler für die Giganten. Sie sind „das elitäre Kollektiv, das neue Ordnung einrichten wird" (Hahn, Torsten, 2003, S. 362). Worauf sich diese Ordnung gründet, bleibt aber unklar.

1924, nach dem Erscheinen des Romans veröffentlicht Döblin den Aufsatz *Vom Geist des naturalistischen Zeitalters*, in dem er ein zustimmendes Bekenntnis zur Technik als der adäquaten Erscheinungsform der Moderne ablegt. „Mit dem Erscheinen der Technik um die Mitte des vorigen Jahrhunderts tritt dieser Geist an die Oberfläche. Wir stehen im Beginn des naturalistischen Zeitalters. Im Anfang prägt dieser Periode die Technik ihr Merkmal auf" (*Geist*, S. 171). Das Lob der modernen Industrie gipfelt in zwei Sätzen: "Die Menschen sind gewissermaßen Generalvormund aller Naturobjekte geworden" und "Die Dynamomaschine kann es mit dem Kölner Dom aufnehmen" (*Geist*, S. 176.). In diesem optimistischen Aufsatz, in dem man eine Überwindung des expressionistischen Pessimismus im Zeichen der Neuen Sachlichkeit vermuten kann,[60] werden die künstlichen Produkte des Menschen wie etwa die Großstadt so beschrieben: "Sie sind der erweiterte Mensch" (*Geist*, S. 180).

In dem umfangreichen naturphilosophischen Werk *Unser Dasein* (1933) wird ihrerseits unter Erweiterung des Begriffes die eigentliche menschliche Technik als Teil der Natur beschrieben.

> Man könnte, da die Technik hier [bei Muskeln, Sinnesorganen und Gehirn (H.E.)] die Hauptrolle spielt, von einer technischen und zivilisatorischen Periode in der Zoologie reden. Und die menschliche Technik, die nicht an den Organismus gebundene, ist da nur ein kleiner Schritt weiter (*Dasein*, S. 103).

Es wäre aber eine Simplifizierung, wenn man die für den Menschen nötige und von Döblin zustimmend begrüßte Technologie als herrschafts- und gewaltfreie Fortentwicklung ansehen würde, denn der Schriftsteller assoziiert die Naturveränderung immer mit Gewalt und Unterwerfung.[61] In diesem Sinne steht Döblin dem Futurismus Marinettis noch nahe, wenn er sich auch in *Berge Meere und*

---

60 Vgl. Daniels, 1969, S. 381: „Die Technik begrüßt er als Symptom eines neuen Geistes, der hier erstmals zur Oberfläche durchbricht."
61 Vgl.: "jetzt kommt es zur Technik. Das ist Dauerkrieg, permanente Eroberung der Welt" *Geist*, S. 173.

Giganten durch die kritische Darstellung einer ungebremsten industriellen Entwicklung von dessen Technikbegeisterung distanziert. Eine Bewunderung starker Maschinen, eingreifender Naturbeherrschung und barbarischer Gewaltanwendung ist als unterschwelliges Gefühl in Döblins Werk zu spüren. Döblin ist hier wie in vergleichbaren Texten innerlich gespalten. Die sprachliche Gestaltung, die dem Futurismus ebenfalls viel verdankt, zeigt in ihrem emphatischen Schwung und ihrer suggestiven Art eher einen Einklang mit der hemmungslosen Entfaltung der technischen Möglichkeiten. Quantitativ überwiegen diese gewaltsamen Szenen weitaus die friedlichen und harmonischen. Auch Döblins konsequente Verwendung des von ihm propagierten „Kinostils" in diesem Epos mit Montage, schnellen Schnitten und dem Wechsel von detaillierter Nahaufnahme mit gerafftem Totalüberblick steht schon aufgrund des neuen Mediums der Technik nahe. Insgesamt wird das Werk in seiner Haltung zur Industrie und ihrer möglichen Entwicklung ebenso wie Döblins naturphilosophische Position den grundsätzlichen Ambivalenzen im Verhältnis von Mensch, Natur und Technik gerecht.

> Der technische Impuls zielt an sich auf eine Befreiung von der totalen Abhängigkeit von den Naturgewalten, also auf freie Selbstbestimmung gegenüber der beherrschenden Natur, somit auf Gleichwertigkeit und Gleichgewichtigkeit. Wird die menschliche Technik aber zu einem totalen Herrschaftsinstrument über die Natur, hat diese auf Absolutheit zielende Dominierungstendenz zum einen die zunehmende Entfremdung des Menschen von seinen natürlichen Grundlagen zur Folge und droht in eine selbstzerstörerische ‚Denaturierung' zu münden, die jedoch den Widerstand dagegen schon in sich trägt; zum anderen provoziert sie das ‚Aufbegehren' der zunehmend unterjochten äußeren Natur (Qual, S. 229f.).

9.4.5 Döblins Roman als verfremdete Wirklichkeit

Abschließend soll gefragt werden, wie weit Döblins Roman in die Reihe der utopisch-technischen Zukunftsromane mit der ‚kognitiven Verfremdung' der Wirklichkeit gehört. Ausgangspunkt ist offensichtlich der Erste Weltkrieg, wie der Beginn des Textes zeigt:

„Es lebte niemand mehr von denen, die den Krieg überstanden hatten, den man den Weltkrieg nannte" (*Berge*, S. 13). Die Steigerung der entfesselten Kriegtechnik wird dann im Uralischen Krieg vorgeführt.

> Der Erste Weltkrieg, von dem der erste Satz des Romans spricht, wird ins technologisch hochgerüstete 26. Jahrhundert fortgeschrieben. Die Materialschlachten (die zerstückelten Körper, ihr Verschmelzen mit anorganischen Substanzen und technischen Geräten, Umschichtungen von Landschaften und Völkerschaften, Gefühle wie Fliegerangriffe) erscheinen auf der Textoberfläche. [...] Anatomische Kälte als Vorgabe für die sinnliche Wahrnehmung; das ‚Plastische' der Sprache, an dem Döblin so viel liegt. Die Distanzierung des Geschehens stellt das Grauenhafte und Gewaltsame des jeweils Geschehenen heraus. Das ‚Futuristische in Döblins Roman betrifft die pure Möglichkeit des Geschehens: das Menschenmögliche und das, was darüber hinausgeht (Scherpe, 1995, S. 101).

Für die im Gegensatz zu Laßwitz stehende Kopplung von Technik, Krieg und Gewalt im Roman könnte es außer der unmittelbaren Vergangenheit verschiedene Gründe geben. Der Futurismus, dem Döblin teilweise nahe stand,[62] hat schon vor dem Weltkrieg im Sinne des Imperialismus des 19. Jahrhunderts diese Verbindung hergestellt und in der Darstellung zu realisieren versucht. Die Technik ist bei Döblin, wie damals üblich, eine männliche Domäne, während die Natur weiblich konnotiert ist. Der Geschlechterkampf, mythisch zwischen Technik und Natur, biologisch zwischen Männern und Frauen, durchzieht den gesamten Roman. Selbst in der Schlussidylle in Südfrankreich gibt es eine teilweise mörderische Auseinandersetzung zwischen dem Ingenieur Kylin und den naturverbundenen sinnlichen Frauen wie Venaska. Dieser Gegensatz von Technik und Natur, Patriarchat und Matriarchat, erscheint in der Form von autoritärer Ordnung gegen Anarchie, d.h. alle Sprünge der Technisierung wie die Erfindung der synthetischen Nahrung gehen mit einer Verschärfung der Eliteherrschaft von der Technokratie der Senate über die Diktatur der Konsuln bis zur willkürli-

---

62 Vgl. Kodjio, 2002, S. 79: „Döblin hatte bei der Rezeption des italienischen Futurismus anfangs ein deutliches ‚Ja' zu dieser Bewegung gesprochen. Es sei daran erinnert, daß diese kulturelle Bewegung eine Ästhetik entwarf, die auf Konzepten wie Krieg, Militarismus, Gewalt, Grausamkeit basierte."

chen Tyrannei der vertierten Giganten einher. Dagegen richtet sich zuerst die amokartige Rebellion der Maschinenstürmer und schließlich die Verweigerung der Siedler, die weitgehend weiblich konnotiert sind.

Döblin greift dabei offenkundig die Ideen der Neuen Sachlichkeit von einer technokratischen Herrschaft auf, zeigt aber das Problem der nicht einbezogenen Massen, die aufgrund der Automatisierung unbeschäftigt sind und die Herrschaft der Eliten bedrohen. Da die Ablenkungen nach außen, der Uralische Krieg und die Enteisung Grönlands, Misserfolge sind, bricht das System der auf Technik fundierten und autoritär organisierten Stadtschaften schließlich zugunsten einer vorindustriellen Regression zusammen. Diese kann allerdings nicht als Lösung der überzeugend dargestellten Probleme der technischen Evolution befriedigen, denn die faszinierenden Leistungen der Technik drängen sich dem Leser stärker auf und erscheinen viel realistischer als die Rückkehr zur Landwirtschaft.[63] In der zweiten Fassung versucht der Autor, die Technik aufzuwerten, aber die neue Gesellschaft der Islandfahrer überzeugt nicht, da diese dem technischen Denken verhaftet bleiben.[64]

Ohne die Schlusswendung ließe sich das im Roman vorgestellte „Zivilisationsexperiment" anders deuten. Man kann den „Zusammenbruch des auf Verjüngung ausgerichteten Geschichtsraums, das Ausbleiben der radikalen Veränderung des Gefüges aus Produktion, Technik und Herrschaft" (Hahn, Torsten, 2002, S. 111) als Darstellung des ‚posthistoire', des Stillstands der Geschichte in einem ständig wiederholten Auf und Ab sehen. Döblin konnte aus dem historischen Verlauf nach dem Ersten Weltkrieg die Unmöglichkeit einer Revolution in Deutschland folgern, die aber ungelöste Probleme offen lässt.

Die Trägheit der Massen wird zum Problem, das revolutionäre Konzepte von Mensch und Technik, welcher Einfärbung auch

---

[63] Vgl. Arnold, 1966, S. 106: „In diesem Falle wirkt die Lösung wie ein feiger Rückzug; weder ist sie logisch, noch wird sie begründet, noch passt sie zur Handlung."
[64] Vgl. *Giganten*, S. 370: „Eiserne Menschen waren sie, Herren über die Maschine. Darin unterschieden sie sich von ihren Eltern, die die Maschine angebetet hatten. Und die Städte erfuhren ihre Art, als das Wort von den überflüssigen und unerlaubten Maschinen fiel."

immer, mit ihrer Undurchführbarkeit konfrontiert. Die Form der Arbeit wird zugleich mit der Entwicklung der Technik überflüssig, die Mobilisierung der trägen Massen führt den Roman schließlich von Katastrophe zu Katastrophe (Hahn, Torsten, 2002, S. 112).

Die Unmöglichkeit der Veränderung führt zu einem punktuellen anarchischen Ausbruch oder zur still gestellten Geschichte: „Döblins Roman von 1924 läßt beide Positionen, die barbarische Apokalypse sowie den aus der Geschichtsmüdigkeit generierten Nihilismus im Rahmen seiner fiktiven ‚Zukunft' Gestalt annehmen" (Hahn, Torsten, 2002, S. 114). Dies lässt sich mit dem physiologischen Modell der Ansammlung und Entladung von Energie deuten.

> Wo immer die Trägheit regiert, findet phasenweise eine totale und explosionsartige Entladung statt. [...] Der Krieg in *Berge meere und Giganten* ist ein Mittel, die bevorstehende Entladung doch noch kontrollieren zu können, sie von der Struktur industrieller Macht ablenken zu können (Hahn, Torsten, 2002, S. 120).

Die Aporie technisch hoch entwickelter Gesellschaften, deren Maschinen angeblich Arbeiter überflüssig machen, führt zur Erstarrung, zur „Entropie des Kapitalismus" (Hahn, Torsten, 2002, S. 117) und zum „Wärmetod der Gesellschaft" (Hahn, Torsten, 2002, S. 118).[65] „Die paradoxe Lösung des Ausstiegs aus dem ‚vernichtenden Fortschritt' heißt ihrerseits Vernichtung" (Hahn, Torsten, 2002, S. 123).

Döblins Zukunftsphantasma ist aporetisch aufgrund der Ambivalenzen im Verhältnis von Mensch, Natur und Technik. Sie spiegeln sich schon im widersprüchlichen Verlauf der Entstehung des Romans, wie ihn Döblin selbst skizziert. „Ich war ausgezogen, um den schrecklichen mystischen Naturkomplexen auszuweichen. Und – saß mitten drin" (*Bemerkungen*, S. 350). Er erlebt an sich das Thema „die menschliche Kraft gegen die Naturgewalt, die Ohnmacht der menschlichen Kraft" und endet so: „Ich fand in mir eine sichere, starke, nach Ausdruck verlangende Gewalt und mein Buch hatte eine besondere Aufgabe: das Weltwesen [Natur] zu preisen" (*Bemerkungen*, S. 351). In der Beschreibung der Gefahren einer ungesteuerten und ungehemmten Entwicklung der Technik

---

65 Man könnte den von Torsten Hahn nicht berücksichtigten Schluss in seinem Sinne als Drosselung der sozialen Energieproduktion verstehen.

sowie der scheinbar naturwüchsigen Dichotomie von herrschender Elite und passiver Masse, von technischem Fortschritt und politischem Stillstand, schildert er reelle Gefahren des 20. Jahrhunderts. Diese werden im Roman aus dem Erfahrungshorizont des Autors sichtbar und durch die erzählerischen und sprachlichen Wucherungen eindrücklich gemacht, aber durch das Schwanken zwischen extremen Positionen teilweise wieder verunklart.[66] Trotzdem entsteht wie in der Science Fiction das Bild einer möglichen Zukunft, in der die gesamte Gesellschaft von der Technik bestimmt ist, genauer von der strukturellen Gewalt der technologischen Zwänge, die von den Menschen verursacht, aber als Produkt ihrer eigenen Evolution nur bedingt steuerbar sind.

Der technisch-utopische Zukunftsroman der Zwischenkriegszeit präsentiert eine einzigartige thematische und motivische Vielfalt, die in alle gesellschaftlichen Bereiche ausgreift. In einschlägigen Romanen werden die damaligen Diskurse besonders der Atomphysik, der Energie- und Raketentechnik, des Rassismus und Kolonialismus, der sozialistischen Revolution und des Kampfes gegen den Vertrag von Versailles, der futuristischen Schlachten und Vernichtungsmittel aufgegriffen, erzählend durchgespielt und weitergeführt. Die optimistischen und eher humanistischen und pazifistischen Positionen im Kaiserreich werden aufgegeben und stattdessen politisch und kulturell extreme Interessen vertreten, im Einklang mit den damaligen gesellschaftlichen Standpunkten: Technikbegeisterung und -skepsis, Sozialismus und Faschismus. Zugleich zeichnen sich folgende Merkmale des deutschen Zukunftsromans ab: einerseits die genuine Vorliebe für reale und mögliche technische Maschinen und andererseits die Berücksichtigung ihres sozialen Nutzens oder ihrer Gefahren, aber auch ihrer symbolischen Bedeutung. Es zeigen sich deutlich die zwei ursprünglichen Richtungen des Zukunftsromans, die entweder mit einer abenteuerlichen Handlung und dramatischen Spannung auf Unterhaltung zielen, besonders bei Dominik, oder mit utopisch-alternativen Themen und modernen Erzählweisen die Reflexion und Erkenntnis fördern wollen wie bei Döblin.

---

66. Kreutzer, 1970, S. 94 kritisiert „daß Döblin ihn [Fortschritt] an seinen kritischen Wendepunkten und dann insgesamt in eine Katastrophe einmünden lässt, seine einzelnen Stationen aber mit pathetischem Einverständnis feiert."

10. Der Zukunftsroman in der Nachkriegszeit der BRD

Die Zeit unmittelbar nach dem zweiten Weltkrieg steht im Zeichen der Kontinuität, denn auch beim technischen Zukunftsroman gibt es keine Stunde Null. In Ost- und Westdeutschland ist noch der Einfluss von Dominiks technischem Zukunftsroman maßgebend, obwohl in der DDR seine ideologische Richtung umgepolt wird. Im Westen schreiben viele Autoren weiter, verbergen aber ihre frühere Gesinnung.[1] Auf der anderen Seite gibt es Autoren der anspruchsvollen Literatur, welche die Tradition der Technikreflexion mit dystopischen Zügen fortführen, besonders zu erwähnen sind Ernst Jünger und Arno Schmidt.

10.1 Atomkatastrophen in der abenteuerlichen Science Fiction

Das zentrale technische Thema der Zeit ist offensichtlich die Atomenergie, besonders die Atombombe als möglicher Auslöser der Apokalypse der Menschheit, aber auch eines postapokalyptischen Neuanfangs. Damit kann an die Romane Hans Dominiks angeknüpft werden, die weiterhin in großer Zahl aufgelegt werden, besonders an *Der Brand der Cheopspyramide* (vgl. Esselborn, 2008). Dabei wird oft die Struktur seiner Texte übernommen, die folgenreiche Erfindung eines genialen deutschen Ingenieurs und der Kampf um sie gegen Bösewichte. Miloradovic-Weber sieht die betreffenden Texte in der Tradition des Erfinderromans, speziell der Kernphysiker, konstatiert aber neue Bedingungen.

> Wie wir bei der Analyse der entsprechenden Romane feststellten, verleiht erst die Planung und Durchführung eines Versuchs [„Atomtest"] dem Handlungsgang die erforderliche Spannung. Dies war nötig geworden, weil die früher dem Erfinderroman eigene Aufstiegsdynamik in dieser Epoche weggefallen war [...], weil die Erfinder der neuesten Waffen in staatlichen Labors oder grossen [!] Industrie-Unternehmen beschäftigt sind (Miloradovic-Weber, 1989, S. 239f.).

Nach Hiroshima ist zudem die Bedeutung ungeheuer gesteigert. „Das erste Mal in der Menschheitsgeschichte löst der Erfinder nicht nur eine auf den eigenen Staat beschränkte Aufgabe, sondern

---

[1] Karolak, 1995 betont die personelle und ideologische Kontinuität. Hermand, 1982 übt vor allem Kritik an Technikkult und Ideologie.

sichert [im Idealfall H.E.] nichts Geringeres als den Weltfrieden."
(Miloradovic-Weber, 1989, S. 247).

Westdeutsche Autoren beschreiben in den vierziger und fünfziger Jahren den ambivalenten Charakter der Atomenergie als unerschöpfliche Energiequelle einerseits und als drohende globale Katastrophe andererseits. Dabei zeigt sich aber weniger Interesse für die zivile Nutzung, die nicht streng von der militärischen getrennt ist, sondern Forschungen und Experimente stehen im Vordergrund. Die oft beschriebene Katastrophe des Atomkriegs, die durch einen belanglosen Zufall ausgelöst werden kann, wird nicht aggressiven Gegnern zugeschrieben, sondern als unvermeidliche Konsequenz der Aufrüstung im Kalten Krieg verstanden.

Es lassen sich zwei Gruppen von Texten unterscheiden. Die erste thematisiert den „Komplex Atomforschung". „Primär literarisch wird er als Motiv ‚atomare Bedrohung' handlungsgenerierend und handlungsdeterminierend und über narrative Muster, Plot, Strukturen und Lösungen zur Anschauung gebracht" (Krah, 2001, S. 84). Dabei verbinden sich zivile und militärische Möglichkeiten, Chancen und Risiken nahtlos miteinander. Unwissenheit und Hybris sind die Ursachen von drohenden und ausbrechenden Katastrophen. Die zweite Gruppe geht vom anscheinend unvermeidbaren Atomkrieg aus und beschreibt vor allem dessen Wirkungen und eventuell einen Neuanfang. Die zivile Nutzung spielt dabei fast keine Rolle, ebenso wenig wird die Katastrophe selbst beschrieben. Neben den Romanen, welche die Atomenergie in dem markanten Zeitraum des Kalten Krieges von 1945 bis 1960 thematisieren, finden sich auch Science-Fiction-Romane, in denen zivile und militärische Nutzung der Atomenergie ein selbstverständlicher Bestandteil der jeweiligen Zivilisation ist, ohne dass Gefahren und Katastrophen hervorgehoben werden. Oft wird auch angedeutet, dass in der Vergangenheit eine Atomkatastrophe stattgefunden habe, zur Vernichtung der gesamten Menschheit ist es aber offensichtlich nicht gekommen.

Zur ersten Gruppe gehören Romane von Autoren, die heute von der Literaturgeschichte vergessen sind, die aber 1948 in der BRD den Diskurs über die Atomenergie eröffnet haben, die für sie ein „Problem der Technik bzw. von deren Anwendung, kein per se politisches, moralisches, ethisches - oder atomares" ist (Krah, 2001, S. 92). Repräsentativ für diese Gruppe ist Freder van Holk, Pseudonym für Paul Alfred Müller (1901-1970), der schon mit der Sun Koh-Serie und zahlreichen einschlägigen Romanen in der Tradition Dominiks in der Vorkriegszeit bekannt war (vgl. Galle, 2017). In seinen abenteuerlichen Romanen finden sich oft recht seltsam wirkende Erfindungen und zufällig ausbrechende Katastrophen.

In *Vielleicht ist morgen der letzte Tag* (1948) geht es um einen „Mordanschlag auf Amerika" (d.h. die USA) mit 50 Tonnen Tritium, die nach dem Prinzip der Wasserstoffbombe explosiv zu Helium verschmolzen werden sollen, so „daß in lawinenartig anschwellenden Kettenexplosionen der ganze Kontinent wie eine einzige Atombombe explodiert" (*Der letzte Tag*, S. 69).[2] Ein ehrgeiziger, aber naiver Wissenschaftler glaubt Atomenergie für friedliche Zwecke nutzen zu können, weil er das warnende Beispiel der Zerstörung einer ganzen Forschungsinsel durch das gleiche Experiment nicht ernst nimmt. „Die Insel zerriß auf Anhieb. Die Stadt Monterrey wurde völlig vernichtet" (*Der letzte Tag*, S. 68). Er wird durch einen skrupellosen feindlichen Agenten, wahrscheinlich aus dem Ostblock, hereingelegt, dessen zerstörerische Absicht erst in letzter Minute vereitelt werden kann. Maßgebend an der Rettung beteiligt ist der Sohn des beim früheren Experiment umgekommenen Forschers, der den zivil nutzbaren Atommotor entwickelt,[3] eine wunderbare kleine und unscheinbare Maschine zur Erzeugung von Elektrizität aus atomaren Kräften, „die nichts kostet und überall greifbar ist" (*Der letzte Tag*, S. 48) und eine Welt „ohne Kohle und Öl" ermöglicht (*Der letzte Tag*, S. 44). Für ihn führt erst die militärische Nutzung zur Katastrophe: „Die Tragödie der Atomphysik war die Atombombe" (*Der letzte Tag*, S. 46). Der Text stellt vor allem einen Agentenroman mit Morden und Entführungen dar, aber es werden auch grundsätzliche Fragen der Verantwortung aufgeworfen. „Die Wissenschaft ist weder gut noch böse. Die Poli-

---

[2] In Holks *Kosmotron* (1955) geht es um den Leichtsinn von Atomforschern, die in einem Versuchswerk in Oberbayern, das als eine Art Teilchenbeschleuniger zu denken ist, unbekannte Gefahren heraufbeschwören. Andere einschlägige Romane von Holk, die aber hier nicht besprochen werden, sind *... und alle Feuer erlöschen auf Erden* (1948) und *Attentat auf Universum* (1949). Auch in Langes *Blumen wachsen im Himmel* (1948) setzen Forscher in leichtfertiger Technikgläubigkeit einen Atombrand in Gang, der nicht mehr gestoppt werden kann, weil die Urheber in Panik getötet werden.

[3] „Das Schlüsselwort für den Atommotor heißt Kernkatalyse" *Der letzte Tag*, S. 52.

tik missbraucht die Wissenschaft, Technik und Wirtschaft. Flugzeuge tragen Bomben nicht aus technischen, sondern politischen Gründen" (*Der letzte Tag*, S. 91). Dieser Behauptung des gefährlich experimentierenden Physikers steht die des vorsichtigen gegenüber, der seinen Atommotor gegen die Atommine setzt. „Der Wissenschaftler ist für seine Kunstfehler verantwortlich" (*Der letzte Tag*, S. 104). Es geht in diesem Roman also um den Missbrauch der Atomenergie und die Gefahren eines wissenschaftlichen Experiments, bei dem Leichtsinn oder Verantwortung die entscheidenden Parameter sind.

Auch Holks *Die Erde brennt* (1951) handelt von einer Atomkatastrophe, die diesmal aus Rache und aufgrund eines Missverständnisses von einem deutschen Forscher ausgelöst wird, der in der Sowjetunion gezwungen an einer wirksameren Atombombe, der „Mesonenbombe", arbeitet. Durch die Zündung der Atombombe fliegt zuerst die Forschungsstadt in die Luft und der „Atombrand" breitet sich dann verhängnisvoll aus. Er erlischt aber von selbst, nachdem er das Gebiet der Sowjetunion vollständig verwüstet hat.

> Über Mesonsk zerreißen die Substanzen zu Molekeln, die Molekeln zu Atomen, die Atome zu Kernen, die Kerne zu Nukleonen, die Nukleonen zu Mesonen. Strukturen, vor Millionen Jahren geschaffen, lösen sich im urweltlichen Chaos auf. Der Weltuntergang beginnt (*Die Erde brennt*, S. 115).

Wir haben es wiederum mit einem verantwortungslosen faustischen Gelehrten zu tun, der aus Eigensinn, Machtgefühl und Blindheit eine Katastrophe auslöst.

> In einer Welt, die dem Jahr 2000 angehört, und geistig wie seelisch nicht über das Jahr 1000 hinausgekommen ist, hat ein Atomphysiker Experimente angestellt, die dem Jahr 3000 erlaubt gewesen wären. Die Katastrophe musste kommen, weil man dem Verstand alles erlaubte und ihn höher wertete als Geist und Seele (*Die Erde brennt*, S. 210).

Dabei wird die Atomenergie wie bei Dominik noch ganz in der Analogie zu Feuer und Explosion verstanden, die Gefahr der Strahlung spielt kaum eine Rolle. Hintergrund des gerade noch vermiedenen Weltuntergangs ist der Rüstungswettlauf des Kalten Krieges, bei dem sich die Weltmächte gegenseitig hochschaukeln. „'Die Welt geht zum Teufel, weil einer dem anderen nicht traut, weil ihr euch nicht mehr wie ein paar anständige Menschen zusammensetzen und euch gemeinsam helfen könnt'" (*Die Erde brennt*, S. 165).

In den bisher genannten Romanen wird die militärische Anwendung der Atomenergie nur am Rande berührt. Diese wird dagegen in Erich Dolezals Roman *Alarm aus Atomville* (1956) und stärker noch in Ernst von Khuons, des Journalisten, Roman- und Sachautors, *Helium* (1949) thematisiert.[4] Im ersten Roman wird mit Hilfe eines Atom-U-Boots eine Versuchsbombe im Meer gezündet und in der geheimen Atomforschungsanlage werden Menschenversuche mit radioaktiven Strahlen gemacht. Deren Gefährlichkeit wird aber erkannt und der gewissenlose Forscher entmachtet. Die Gefahren der Kernenergie erweisen sich damit glücklicherweise als nicht so groß und durch Vorsicht und guten Willen vermeidbar.

Im zweiten Roman entwickelt ein ehrgeiziger Wissenschaftler die Wasserstoffbombe, deren Test tatsächlich wenig später (1952) auf dem Bikiniatoll stattfand. Im Roman gerät das Experiment außer Kontrolle, so dass ein globaler „Atombrand" droht, eine unaufhaltsame atomare Kettenreaktion, wie es verantwortungsvolle Wissenschaftler vorausgesehen haben.

> Das Wort Atombrand gibt eine falsche Vorstellung. [...] Er würde mit rasender Geschwindigkeit sich in der Atmosphäre und im Meer fortsetzen. [...] Es wäre eine kosmische Kesselexplosion und [...] das Ende der Welt, unserer Welt. Die Ausbrüche des Vesuvs und des Krakataus wären dagegen nur Spielereien gewesen (*Helium*, S.105).

Tatsächlich kommt es zur verheerenden Explosion, die eindrucksvoll als Katastrophe beschrieben wird.

> „Die XZ1 ist explodiert. Es ist, als ob man in die Sonne hineinstürze: ein Traumsturz in eine Sonne mit nachtschwarzem Kern. Ich finde keinen Vergleich. Es ist so großartig und schrecklich, daß man es nicht schildern kann. Ich bin hilflos, die Sprache ist hilflos" (*Helium*, S. 207).

Es bleibt eine letzte Hoffnung der Eindämmung der Kettenreaktion durch die Zusammenarbeit der ganzen Menschheit. Das gefähr-

---

[4] Miloradovic-Weber bespricht Ernst von Khuons Roman, S. 226ff., Martin Gregor-Dellins *Der Nullpunkt* (1959), S. 228ff und Wolf Linkes *Wettlauf ins Nichts* (1950), S. 231ff.

liche Experiment ist allerdings Teil der Rüstungsspirale des Kalten Krieges und droht die finale Katastrophe der gegenseitigen Vernichtung dadurch auszulösen „daß eine unvorsichtige, vielleicht mißverstandene Bewegung des einen den anderen auf den Knopf drücken läßt" (*Helium*, S. 112). Noch stärker als die politische Dimension akzentuiert der Roman aber die Hybris eines gewissenlosen Wissenschaftlers. „'Ich habe gespielt - mit dem höchsten Einsatz, der möglich war, der Welt.' ‚Und verloren-.' ‚Das Spiel war es wert, Nathon'" (*Helium*, S. 251f.). Der Text warnt durch ausführliche Berichte über den ersten Atombombenversuch in Alamogordo und den Untergang der Stadt Hiroshima und plädiert für eine friedliche Nutzung der Atomenergie.

> „Die Wissenschaft muß die Entwicklung der Atomenergie zum Guten und Nützlichen nachholen, ehe es zu spät ist. Wir haben eine furchtbare Verantwortung auf uns geladen. [...] Wir haben die im Atom gefesselten Kräfte befreit, ohne Bedingungen zu stellen, ohne Sicherheiten zu verlangen, daß damit das Menschenleben schöner, leichter und reicher gemacht wird" (*Helium*, S. 47).

In diesem Roman wird ausnahmsweise auch die Gefahr der Radioaktivität beschrieben, aber metaphorisch als „Giftstoff" bezeichnet (*Helium*, S. 216 u. 223). Insgesamt geht es bei den besprochenen Romanen also nicht um den praktischen Nutzen der Atomenergie, sondern um deren Erforschung, die zivile und militärische Möglichkeiten bietet. Katastrophen brechen durch die Schuld verantwortungsloser fanatischer Wissenschaftler aus, der bekannten *mad scientists* der Science Fiction.[5] Die globale Katastrophe wird aber nicht beschrieben, sondern nur als Möglichkeit skizziert.

Gehörten die eben behandelten Romane in die Tradition des abenteuerlichen technischen Zukunftsromans, so die der zweiten Gruppe in die der Dystopie und Apokalypse, da sie von der globalen Katastrophe eines Atomkriegs ausgehen. Die Romane oder Romanteile, die einen Neuanfang nach der Katastrophe beschreiben wie O.M. Grafs *Erben des Untergangs* (1949) oder die postapokalyptische zweite Hälfte von K. H. Scheers *Die Großen in der Tiefe* (1977), bleiben unberücksichtigt, weil sie zu einer anderen Untergattung gehören. Scheer schrieb nach dem zweiten Weltkrieg

---

[5] Vgl. D.H. Dowling, 1987: Fictions of Nuclear Disaster.

nicht nur viele abenteuerliche Zukunftsromane wie *Der unendliche Raum* (1957), sondern erfand auch zusammen mit Walter Ernsting 1961 die noch heute fortlaufende Space Opera *Perry Rhodan*. In der ersten Hälfte von *Die Großen in der Tiefe* wird ausnahmsweise detailliert beschrieben, wie ein Atomkrieg im Zukunftsjahr 1999 durch gegenseitiges Aufschaukeln der Militärs der USA und des unerfahrenen Chinas entsteht, so wie sich nach der Chaostheorie ein Phänomen rekursiv verstärkt. Ebenso werden hier erstmals die verheerenden Effekte der Atombomben eindrucksvoll veranschaulicht. „Der Mensch hatte auf seiner eigenen Welt die künstlichen Sonnen entfacht" (*Die Großen*, S. 77).[6] Der Auslöser des Atomkriegs ist banal, nämlich eine zufällig weggeworfene Bananenschale, auf der der verantwortliche Offizier ausrutscht. „Die Zyniker nennen die atomare Menschheitskatastrophe den ‚Bananenschalenkrieg'" (*Die Großen*, S. 84). Der psychologisch labile Stellvertreter verliert die Nerven und drückt schließlich auf den Auslöseknopf, weil er aus Misstrauen die Häufung der Zufälle „als geschickt ausgeklügeltes Täuschungsmanöver ansieht" (*Die Großen*, S. 65). Die Verantwortlichen haben in diesem Roman nur eine geringe Eingriffsmöglichkeit „Der Mensch war von den Automaten zum Knopfdrücker degradiert worden" (*Die Großen*, 37). Deshalb wird der maßgebende Offizier auch nicht für die Katastrophe bestraft.[7]

10.2 Arno Schmidts dystopische Zukunftsromane

Arno Schmidt (1914-1979) hat mehrere Texte geschrieben, in denen er Motive der Science Fiction aufgreift, besonders die in den fünfziger Jahren in Amerika beliebte Beschreibung der Situation nach einem Atomkrieg mit Mutanten und letzten Menschen, so *Schwarze Spiegel* (1951) und *Kaff auch Mare Crisium* (1960). Schmidt bezieht sich intertextuell auf Verne und Laßwitz, besonders in der *Gelehrtenrepublik* (1957) und zugleich parodistisch auf

---

6 Es scheint ein englischsprachiges Vorbild für diesen Roman zu geben, nämlich Mordechai Roshwalds *Level 7*, 1959.

7 Vgl. Krah, 2004b, S.134: „Auch wenn in der Folge ein Mensch für den Atomkrieg verantwortlich ist, da er auf den Knopf drückt, wird diese Schuld nicht auf ihn als Sündenbock gebündelt. [...] Der Krieg aus Zufall ist per definitionem nicht zu verhindern."

das herrschende Genre der Science Fiction. Neben dem Ost-West-Konflikt des kalten Krieges stellt bei ihm die Technik, deren entscheidende Rolle in der modernen Zivilisation gerade beim Überlebenskampf der letzten Menschen sichtbar wird, das zentrale Thema dar. Sie bildet zusammen mit der Wissenschaft eine Art künstlicher Welt des Menschen, die ebenso unverzichtbar ist, wie sie Unheil anrichtet. Literarisch raffiniert, mit avantgardistischer phonetischer Schreibweise, doppelter Erzählkonstruktion und vielen intertextuellen Verweisen geht Arno Schmidt in *Kaff auch Mare Crisium* (1960) vor dem Hintergrund des Kalten Krieges und der Diskussion über die atomare Bewaffnung der Bundeswehr 1957 von dem unausweichlich erscheinenden Atomkrieg aus.

Und so muß man die katastrophischen Bilder Schmidts, nicht nur *Gelehrtenrepublik*, sondern auch *Schwarze Spiegel*, *Kaff auch Mare Crisium* auch im Sinne der Zeitutopie als Zukunftsvisionen interpretieren. [...] Allerdings wird hier die Intention der traditionellen Uchronie auf den Kopf gestellt. Nicht eine herbeigesehnte, vollkommene Gesellschaftsordnung wird entworfen, sondern eine Horrorwelt, die auch mit dem Achselzucken der Resignation und mit einem zynischen Lächeln akzeptiert werden muß. Sogar der warnende Ton der Antiutopie wird in dem Roman ausgespart (Jablonska, 1993, S. 157).

Innerhalb des Textes, der primär einen Landausflug in Niedersachsen beschreibt, fingiert der Ich-Erzähler für seine Freundin den Bericht über wenige überlebende Amerikaner und Russen auf dem Mond nach der atomaren Zerstörung der Erde.

> Karl [der Ich-Erzähler] setzt eine bereits bestehende Mond-Welt voraus, die, wie der Vergleich mit der Vergangenheit ‚auf Erden' zeigt, in die nahe Zukunft projiziert und aus der objektiv-realen Welt entstanden ist. Indem er aus der Immanenz dieser Welt in eine Situation einführt, die im Grunde nur in ihrem Kontext verständlich ist, konfrontiert er Hertha – und natürlich den Leser – mit einer völlig fremden Realität (Boy, 1986, S. 357).

Es handelt sich in Schmidts Terminologie um ein „längeres Gedankenspiel" (s. *Berechnungen II*), das an die Definition der Science Fiction als „Gedankenexperiment" erinnert. „Die Bestimmung von *Kaff* und entsprechend von *Schwarze Spiegel* und der *Gelehrtenrepublik* durch den Bergriff des LG, impliziert die Identifikation der Texte als Bestandteile des literarischen Kontextes der utopischen

Prosa" (Boy, 1986, S. 418). Es lassen sich sogar Suvins Kriterien der Science Fiction, nämlich die Erkenntnis fördernde Verfremdung der Realität erkennen.

> In ihrem Zusammenhang leisten die beiden Ebenen eine ‚konforme Abbildung der Welt', in der die lunare Welt die monadisch-repräsentative Welt HT's [Giffendorfs] ins Subjektive steigert, um die perspektivisch fundierte Darstellung der objektiven Realität zu ‚durchleuchten' (Boy, 1986, S. 411).

Die phantastische Welt der Amerikaner und Russen auf dem Mond, verfremdet die Situation des Kalten Krieges in der Bundesrepublik von 1959, in deren „historischen Kontinuität" sie „extrapolierend" steht (Boy, 1986, S. 361). Nach Meinung des Ich-Erzählers bricht der Atomkrieg in den sechziger oder siebziger Jahren aus, an dem Tag, „an dem die Russen sich *nicht* widerschtanzlos mit H=Bomben zudecken ließen, sondern rüstich zurück warfen." (*Kaff*, S. 20) Die „Wasserstoffbombenprodukte" schaffen „Strahlungszonen" auf der Erde, die sogar auf dem Mond „Mutationssprünge" auslösen können (*Kaff*, S. 36). Wenn auch weder der Krieg noch seine Entstehung beschrieben werden, so wird doch die Ursache angedeutet. „Warumm habt Ihr = Euch die Rüstunx = Pollitiecker gewählt?!" (*Kaff*, S. 74). Die Gefahr wird auch in der Gegenwart des Ich-Erzählers angedeutet, wenn es heißt „1 Düsenbomber mit Atomlast, zu dem Kinder hinaufwinken" (*Kaff*, S. 48). Die Unausweichlichkeit des Krieges wird ebenso dadurch suggeriert, dass die Überlebenden trotz aller katastrophalen Erfahrungen weiterhin in Feindschaft verharren. So gibt es Amerikaner, „die Atombomben auf den Lomonosoff [Aufenthaltsort der Russen] befürworteten" (*Kaff*, S. 78).[8]

> Karl konstruiert die lunare Welt so, dass eine fundamentale Äquivalenz der politischen Mächte hervortritt. Seine Kritik richtet sich dabei nicht gegen die Aufklärung [die Russen, H.E.], die er selbst betreibt, und ebenso wenig gegen die Freiheit [die Amerikaner, H.E.], deren Umkehrung im Terror er beklagt, sondern gegen die Realität, die diese Begriffe für sich reklamiert und pervertiert (Boy, 1986, S. 395).

---

8 Vgl. Drews, 2014, S. 128: „Wobei offen bleibt, wieweit die Menschen da noch verantwortlich zu machen sind für ein Geschehen, das doch von höchster Determiniertheit zu sein scheint."

Die Forschung ist sich darin einig, dass Schmidt keine Warnutopien geschrieben hat, weil ihm der Optimismus für eine bessere Wendung der Geschichte fehlte und ihn die sprachliche Konstruktion von Welten mehr interessierte.[9] Schmidt bricht die Verbindlichkeit von Utopie und Dystopie nicht wie in der Science Fiction sonst üblich durch Narration, sondern durch Intertextualität, nämlich das Spiel mit verschiedenen Traditionen.[10] Dies gilt besonders für *Die Gelehrtenrepublik* (1957), in der im Jahre 2008 Europa durch einen Atomkrieg zerstört und die Mitte Nordamerikas verstrahlt ist.

> Wenn das eine Satire zur Warn-Utopie sein sollte, könnte man nur sagen: Es geht zu flott zu; Schmidt hat an seinem eigenen schwarzen Witz und seinen bizarren Erfindungen einen solchen Spaß, dass das Amüsement den Schrecken weit überflügelt (Drews, 2014, S. 132).

Im amerikanischen „Hominidenstreifen" sind verschiedene Mutationen entstanden, die kontrolliert und reguliert werden, nämlich Zentauren, aber auch gefährliche „Never Nevers", eine Art Riesenspinnen und verführerische „fliegende Masken" mit Ähnlichkeit zu Schmetterlingen. Die beiden letzten Arten haben menschliche Gesichter und mit der Zentaurin Thalja beginnt der Ich-Erzähler eine Liebesaffäre.[11] Auf der künstlichen Insel IRAS, wo der kalte Krieg allerdings weitergeht, sind die Genies und Kulturgüter der Erde versammelt, um sie vor einem weiteren Atomkrieg zu retten, der mit Versuchsexplosionen auf dem Mond schon vorbereitet wird.[12]

---

[9] Vgl. Drews, 2014, S. 129f. zum Ich-Erzähler: „einer, der die Aussicht auf eine Entvölkerung Europas durch ABC-Waffen als Bühne dafür benutzt, sich als einen endlich aller mitmenschlichen Behinderungen und Belästigungen ledigen Einzelgänger zu spreizen und zu genießen."

[10] Müller, 1989 spricht von der „autokratischen Omnipotenz des Wortweltenbauers" (S. 292) und kritisiert, dass sich der Erzähler in die allgemeine Kritik an den Menschen nie einbeziehst (S. 279).

[11] Vgl. Tabbert, 2004, S. 657: „Vollkommen unbeabsichtigt erhält die Evolution des Menschen durch die fortgeschrittenste Großtechnik des späten 20. Jahrhunderts [Atomenergie] eine völlig neue Richtung, deren Ergebnisse der Roman als ‚Rückschlagformen' (Schmidt 1992, 55) und somit wohl als einen evolutionären Rückschritt im Sinne einer älteren evolutionsgeschichtlichen Entwicklungsphase bezeichnet."

[12] Nebenbei wird die Gefahr der zivilen Nutzung erwähnt: Strahlung, Atommüll und ein geplatzter Atomreaktor. Dazu werden „im Medium der Science

Die Forschung hat die vielfältigen literarischen Anspielungen herausgearbeitet, die mit dieser scheinbar utopischen Insel verbunden sind: außer Klopstocks Entwurf *Die Gelehrtenrepublik,* Jules Vernes *L'île à hélice* und Christoph Martin Wielands *Goldener Spiegel.* Zu ergänzen wäre Kurd Laßwitz' *Apoikis,* eine utopische Erzählung, die auf einer Insel situiert ist, die wie Ernst Schnabels *Insel Felsenburg* geographisch nach der Insel Tristan da Cunha gestaltet ist.[13] Sie wird von überlebenden antiken Gelehrten bewohnt, die zwar wunderbare Techniken beherrschen, aber trotzdem kein Ideal verkörpern. Insgesamt verbinden sich in diesem Text

> auf ebenso raffinierte wie hybride Weise Elemente der utopischen und dystopischen Tradition seit der Frühromantik. [...] Auch die Science Fiction-Anspielung [...] nimmt aktuelle und zugleich auf das ‚Weltende' anspielende apokalyptische Motive auf (Voßkamp, 2016, S. 317).

Schmidts pessimistische politische Einschätzung, nach der Feindseligkeit und Aufrüstung unvermeidlich zur tödlichen Spirale der Katastrophe führen, ist schon in seinem ersten einschlägigen Text *Schwarze Spiegel* (1951) anzutreffen. Hier präsentiert sich der Ich-Erzähler, der letzte Überlebende in Mitteleuropa, als Misanthrop, der den Untergang der Menschheit sogar begrüßt. „Das Experiment Mensch, das stinkige, hat aufgehört!" (*Schwarze Spiegel*, S. 224). Die Unvernunft des Menschen ist schuld daran, dass „die Mehrzweckbomben die meisten Arten vernichtet oder dezimiert hatten" (*Spiegel*, S. 224), und es nur noch „Atomwüsten" (*Schwarze Spiegel*, S. 244) und „Strahlungszonen" (*Schwarze Spiegel*, S. 242) nach dem auf 1955 datierten Atomkrieg gibt. „Jahrtausende lang hatten sie sich gemüht: aber ohne Vernunft! [...] und wer die flying fortress will, bekommt den blockbuster obendrein" (*Schwarze Spiegel*, S. 210). Die Unvernünftigkeit und Verführbarkeit der Menschen wird noch durch ein unausgewiesenes, aber langes Zitat aus Wielands Fortsetzung des *Goldenen Spiegels* hervorgehoben

---

Fiction-Literatur durchaus aktuelle Experimente prognostiziert" (Voßkamp, 2016, S. 325), nämlich gentechnologischer und medizinischer Art.

13 Laßwitz' frühen Einfluss auf Arnos Schmidt belegt minutiös Schweikert, 1977, S. 15. Er vermutet, „daß auch Laßwitz von Tristan da Cunha angeregt wurde. In welchem Werk, auf welche Weise sich dies zeigen soll, geht aus dieser Textstelle nicht hervor." Tatsächlich handelt es sich um *Apoikis*.

(*Schwarze Spiegel*, S. 445ff). Der politische Ansatz des Autors beruht letztlich auf einem anthropologischen Pessimismus, für den die Atomenergie nur das Mittel der erstmalig möglichen Selbstvernichtung der Menschheit ist. „Jede Art von Utopie war nun bei Schmidt gleichsam am Endpunkt angelangt."[14]

10.3 Ernst Jüngers technisch-utopisches Zukunftsbild in *Heliopolis*

Von Anfang an spielt die Technik in Ernst Jüngers (1895-1998) Werk eine entscheidende, aber ambivalente Rolle, bei der Faszination durch die Möglichkeiten und Bedenken wegen der Folgen zusammenkommen. In den *Stahlgewittern* und in den die Kriegserfahrung auswertenden Essays steht die anonyme, industrielle Militärtechnik des Ersten Weltkriegs im diametralen Gegensatz zum individuellen Kampf und heroischen Schicksal des Soldaten. In *Feuer und Blut* wird die Kriegtechnik bejaht, der Essay *Die totale Mobilmachung* propagiert eine umfassende Mechanisierung und in *Über den Schmerz* soll sich der Mensch an die Technik anpassen. In seinem Großessay *Der Arbeiter* (1932) entwickelt Jünger suggestiv die Vision einer totalen Technikwelt, in der das Individuum vollständig aufgegangen ist. Jünger erhofft sich die Synthese des Organischen und Mechanischen (Stichwort „organische Konstruktion"), obwohl diese seit dem 18. Jahrhundert als sachliche wie wertmäßige Gegensätze verstanden werden. Dabei ist die Spannung bei Jünger besonders groß, da er romantische Magie und modernste Wissenschaft in seinem Konzept des stereoskopischen Sehens vereinbaren möchte (vgl. *Sizilianischer Brief an den Mann im Mond*). Die Universalisierung der Maschine wird zuerst in der modernen Großstadt wirksam und verwandelt danach den Erdball in eine einzige "Werkstättenlandschaft" (*Arbeiter*, S. 192 u.ö.), in der die frühere Welt nur noch in "Naturschutzparks" überlebt (*Arbeiter*, S. 171). In der zweiten Fassung des *Abenteuerlichen Herzens*

---

14 Albrecht, 1998, S.62. Vgl. Müller, 1989, S. 276: „Allen Utopien Schmidts liegt eine atomare Katastrophe zugrunde, alle handeln von einer Restwelt, die nicht unglücklich über die Katastrophe ist." Dies gilt besonders für den Ich-Erzähler von *Schwarze Spiegel*, der als eine Art Robinson auf fast idyllische Weise in der zerstörten und menschenleeren Landschaft lebt.

(1938) zeigt sich die Faszination der Technik im *Lied der Maschinen*.

> Und doch gibt es Augenblicke, in denen das Lied der Maschinen, das feine Summern der elektrischen Ströme das Beben der Turbinen, die in den Katarakten stehen, und die rhythmische Explosion der Motoren uns mit einem geheimeren Stolz als mit dem des Siegers ergreift" *(Abenteuerliches Herz*, S 225).

In den *Afrikanischen Spielen* wird dagegen eher die Dämonie der Technik betont: „Diese Zerstreuungen bereiteten mir ein Vergnügen, das, wie jede Berührung mit der automatischen Welt, nicht ohne einen Stich von Bösartigkeit war" (*Spiele*, S. 87).

Romane, die zu den Zukunftsromanen zu rechnen sind, schreibt Jünger erst in der Nachkriegszeit. Dabei ist *Heliopolis* (1. Fassung 1949) mit einer fortgeschrittenen technischen Zivilisation und aktuellen Motiven der Science Fiction, besonders den Atomwaffen und der Atomenergie, auch ein weltanschaulicher und politischer Roman, während in den *Gläsernen Bienen* (1957) die Miniaturisierung von Maschinen und die Perfektionierung von Androiden für die Filmindustrie im Zentrum stehen, ohne dass das Gesamtbild einer technischen Zukunftsgesellschaft entworfen wird.

Jüngers *Heliopolis*, dessen 2. stark gekürzte Fassung, 1964 in den *Sämtlichen Werken*, als Grundlage meiner Analyse dient, ist schwer in gängige literarische Kategorien einzuordnen. Man kann grob vier Richtungen der Deutung unterscheiden die alle vom historischen Kontext ausgehen: 1. als zeitgeschichtlicher und politischer Roman, 2. als weltanschaulicher Text, 3. als Utopie und 4. als technisch-utopischer Zukunftsroman.

> Der Roman *Heliopolis* ist zu verstehen als Reaktion auf die historischen Erschütterungen, deren Zeuge Ernst Jünger in der ersten Hälfte des zwanzigsten Jahrhunderts war. Einerseits unterlag er einer ästhetischen Faszination durch die elementare Gewalt der gesellschaftlichen Umbrüche und der kriegerischen Konflikte. Andererseits spürte er die moralische Forderung, auf das Unmaß des Leidens, das die Menschen heimgesucht hatte, mitfühlend zu reagieren (Jacobs, 2005, S. 84).

1. Die zeitgeschichtlichen Interpretationen reichen vom Schlüsselroman bis zum parabolischen Roman. Schwarz, der den Text als

chiffrierten Niederschlag der Erfahrungen Jüngers beim militärischen Militärbefehlshaber in Paris von Stülpnagel ansieht, beruft sich auf die *Strahlungen,* besonders den Eintrag vom 24.9.45: „Der Posten eines Militärbefehlshabers, eines Prokonsuls im besetzten Frankreich, war viel weniger selbstherrlich, als die Pariser sich das vorstellten" (*Strahlungen*, S. 549, vgl. S. 275).[15]

Es ist aber offenkundig, dass Jünger weder einen (damals sehr gefährlichen) Schlüsselroman schreiben wollte, noch einen Zeitroman. Vielmehr geht es ihm um ein zeitloses Modell der politischen und militärischen Auseinandersetzungen im 20. Jahrhundert, abgeleitet von den innenpolitischen Spannungen in der Weimarer Republik, dem spanischen Bürgerkrieg[16] und den Kämpfen des zweiten Weltkriegs, gedeutet als Weltbürgerkrieg. Die zurückliegenden, verheerenden "Großen Feuerstürme" (*Heliopolis*, S. 38, 61, 170, 254) spielen an die Bombardierung Deutschlands, aber auch die Atombombenabwürfe auf Hiroshima und Nagasaki an.[17] Daneben spiegeln Ökonomie und Technik im Stil der Science Fiction eine ferne Zukunft vor, in der alle wesentliche, auch administrative und geistig ordnende Arbeit von Maschinen geleistet wird, der Alltag von raffinierten technischen Geräten wie dem „Phonophor" und dem „Ambianzzerstäuber" revolutioniert ist und die Atomenergie und Raumfahrt selbstverständlich geworden sind. Jünger will also nicht nur die jüngste Vergangenheit darstellen, deshalb sind die Vorgänge bewusst in einer nicht festlegbaren Zeit angesiedelt. Die Verwandlung der Politik in Naturgeschichte der Macht kann nur aus großer Distanz erfolgen,[18] die der letzte Satz suggeriert: „Uns aber liegen diese Tage fern" (*Heliopolis*, S. 343).

War das zentrale Thema der *Marmorklippen* der unaufhaltsame, gleichsam naturgeschichtliche Niedergang der Kultur und Gesittung, der vom Oberförster zur Machterweiterung ausgenutzt wird,

---

15 Vgl. Nickisch, 1988, S. 139: „Der Roman dürfte sogar in erster Linie als eine Darstellung des Konflikts zwischen dem deutschen Offizierskorps und der NSDAP verstanden werden."
16 *Heliopolis*, S. 35 ist von "asturischen Händeln" die Rede, in denen ein Dom Pedro einen Staatsstreich plant.
17 Es ist auch möglich, im Kampf der kollektivistischen Volksherrschaft des Landvogts mit der freiheitlichen legitimen Herrschaft des Prokonsuls einen antikommunistischen Reflex des kalten Kriegs zu sehen.
18 Vgl. Schwarz, 1962, S. 147: "der Autor nimmt Distanz zu sich selbst und zur Welt, indem er alles wie ein unendlich ferner Beobachter betrachtet".

so herrscht ähnlich in *Heliopolis* eine Krise der Moral und der politischen Ordnung, aus der ein latenter Bürgerkrieg resultiert. In ihm sucht der despotische Landvogt mit den niedrigen Mitteln der demagogischen Agitation und des Terrors gegen Minderheiten seinen Einfluss gegenüber der konservativen Macht des Prokonsuls zu erweitern. In seinem Vorgehen sind die Machtmethoden der Nationalsozialisten gespiegelt, die Jünger als pöbelhaft-instinktiv und zugleich dämonisch-nihilistisch ansieht.[19] Am sprechendsten ist die Darstellung der organisierten Pogrome gegen die Religionsgemeinschaft der Parsen, die in eine offizielle Internierung und Vernichtung übergehen. Das kalkuliert eingesetzte Ventil der Aggression gegen eine missliebige Minderheit verweist auf die Judenverfolgungen durch die Nationalsozialisten. Der Gegenspieler des barbarischen Despoten ist die militärische Aristokratie, versammelt um den Fürsten, der an den alten Werten festhält, aber auch eine Sinnkrise erfährt. Er hat auch keinen Einfluss mehr auf die Massen und sieht deshalb in der Militärdiktatur die letzte, aber unbefriedigende Lösung.

2. Ein Indiz für die weltanschauliche Deutung sind die zahlreichen Diskussionen, die sogar von einem „Übergewicht essayistischer Textanteile" (Jacobs, 2005, S. 77) sprechen lassen. Allerdings sind diese in der 2. Fassung radikal gekürzt und also vom Autor nicht als tragend für den Roman angesehen worden. Grundlage der Weltanschauung ist Jüngers pessimistische Diagnose von Wertzerfall und Nihilismus, die er auf das rationalistische und mechanistische Denken als Signum der Moderne zurückführt. Dieses wird im Roman besonders von den Mauretaniern repräsentiert, Macht bewussten Technokraten, die an allen wichtigen Schalthebeln der Macht wie dem „Punktamt" und dem „Zentralarchiv" sitzen. Gegen den Nihilismus versucht Jünger im Zug der allgemeinen Restauration nach dem Zweiten Weltkrieg auf andere Werte zurück zugreifen,

---

[19] Vgl. Streim, 2007, S. 155: „Der Landvogt-Partei werden dabei sowohl typische Merkmale moderner Industriegesellschaften als auch Charakteristika totalitärere Systeme zugeschrieben. Dieses Bild entspricht der von Jünger [...] vertretenen Deutung des Nationalsozialismus (und Stalinismus) , nach der es sich bei diesen um eine Spielart des modernen Nihilismus, letztlich also einer Konsequenz der modernen Rationalisierung handelt."

„*Heliopolis* stellt sich in diese Tradition eines christlichen Hermetismus und einer christlichen Gnosis" (Koslowski, 1991, S. 87).[20] Diese beiden Weltanschauungen im Roman zu unterscheiden, ist kaum möglich, wenn auch die christliche Gegenwelt in Pater Foelix konzentriert ist, der die Wendung der Hauptfigur zur Absage an die Macht aufgrund praktischer Mitleidsethik fördert. Die Himmelfahrt Lucius de Geers am Schluss hat natürlich ein christliches Vorbild, das aber als Fahrt in den Weltraum säkularisiert wird. Dies gilt ebenso für das extraterrestrische Reich des „Regenten", der weniger dem wiederkehrenden Christus des Jüngsten Gerichts ähnelt als einem gnostischen Erlösergott, der nicht als Schöpfer die Welt beherrscht, sondern sich aus ihr zurückgezogen und sie dem materiell wirkenden Demiurgen überlassen hat.

Die Gnosis bot auf beide Fragen eine Antwort: Das Unheil resultiert aus dem prinzipiellen und unaufhebbaren Widerspruch von Gut und Böse, der die Welt durchwaltet, aus dem Widerspiel eines höchsten und vollkommenen Gottes, dem die Idee des Kosmos zu verdanken ist, und eines böswilligen oder stümperhaften Demiurgen, der die materielle Welt mit ihren Mängeln geschaffen hat (Kiesel, 2007, S. 570).

Die Stadt Heliopolis als Beispiel der irdischen Welt ist vom Dualismus geprägt, aber hauptsächlich vom Bösen bestimmt. Das Gute ist nur als transzendente Macht mit der Hoffnung auf späteres Eingreifen anwesend.[21] Dies deutet auf eine gnostische Sicht hin, die im Roman in Gestalt der zoroastrischen Parsen und besonders der Geliebten de Geers, Budur Peris, präsent ist. Selbst in ihrer Liebesbegegnung sind die gnostischen leibfeindlichen Züge zu spüren: ein gemeinsamer Drogenrausch ersetzt die Sexualität.

---

20 Vgl. Lundberg, 1993, S. 23: „In verschiedener Akzentuierung, jedoch unter gleichen Vorzeichen, entwickelt das Figurenpersonal des Romans ganzheitliche, zwischen Ästhetik und Metaphysik angesiedelte Ordnungskonzepte, die im Einzelnen auf zahlreiche Facetten des Gestaltdiskurses rekurrieren und gegen die Gespenster einer in Jüngers synkretistischem Zukunftsstaat zutiefst nihilistisch gezeichneten Moderne mobil machen."
21 Vgl. Voßkamps, 2016, S. 303: „Im Zusammenhang mit Jüngers enzyklopädischer Neigung, möglichst viele Utopietraditionen aufzurufen und an sie anzuschließen, ist säkularisierte Heilsgeschichte eine weitere Nuance des Romans. Dominant bleibt indes die dystopische Spannung zwischen einer autoritärtotalitären Welt der Moderne, die durch Technik bestimmt ist, und einer elitären der (,vergangenen') alteuropäischen Aristokratie."

3. Die dritte Deutung kann vom Namen „Heliopolis" ausgehen, der als Anspielung an Campanellas Utopie *Civitas solis* verstanden werden kann. *Heliopolis* ist ein „durch viele Traditionsstränge bestimmter utopischer Roman" (Voßkamp, 2016, S. 302). Die übliche, aber hier doppelte negative Ausgangswelt, die konservative des Prokonsuls und die modernistische des Landvogts, könnte man auch als Dystopie betrachten. Zwar lässt sich „in der Vision einer ‚Wiederkunft' des extraterrestrischen ‚Regenten' [...] ein authentisch-utopisches Moment erblicken" (Voßkamp. 2016, S. 303), aber es gibt keine Beschreibung einer utopischen Gesellschaft. Eigentlich ist das Reich des Regenten nur ein idealer Ort wie auch „die ungewissen Reiche, die wunderbaren Gründe, die keine Technik zwingt" jenseits der Hesperiden (*Heliopolis*, S. 38). Im Roman wird zudem die Utopie des modernen Staates mit traditionellen Anklängen entwickelt: „Zur Utopie ist jeder Staat verpflichtet, sobald er die Verbindung zum Mythos verloren hat. [...] Die Utopie ist der Entwurf des idealen Planes, durch den sich die Realität bestimmt" (*Heliopolis*, S. 184). Der Verfasser dieses Projekts, der Bergrat, der den Goldschatz der Stadt verwaltet, sieht in einer Zeit des ‚posthistoire' günstige Umstände für ein allgemeines Glück durch den Konsum technischer Güter.

> „Zur Lage. Sie ist insofern günstig, als der Regent das Monopol der Macht besitzt. Damit entfallen Kriege im alten Sinne; sie sind zu provinziellen Streitigkeiten herabgesunken und enden früher oder später vor seinem Schiedsgericht. [...] Hinzu kommt, daß die Technik auf den wichtigsten Gebieten als abgeschlossen gelten kann. Der Vorrat an potentieller Energie ist größer als die Ausgabe" (*Heliopolis*, S. 186).

Diese materielle Utopie, die auf der Konkurrenz und der Beschränkung der Bevölkerungszahl beruht, scheint in Heliopolis schon verwirklicht.[22] Der ablehnende Kommentar der Hauptfigur dazu lautet, „ob denn das Glück wirklich in der Ruhe zu suchen sei?" (*Heliopolis*, S. 188). Pater Foelix verneint ebenso „die Möglichkeit eines Zustands des ruhigen Glücks in der Geschichte" (Müller, S. 262), denn die Welt des Romans wird gnostisch als Ort

---

22 Jacobs, 2005, S. 78 nennt *Heliopolis* eine „moderne Wohlstands-Gesellschaft".

des Unheils gezeichnet. Müller rechnet den Text unter die „Antiutopien nach 1945".

> Es sind also nicht wenige Elemente der jüngsten Geschichte, die Jüngers utopische Fabel unterfüttern. Die Parabel fügt verfremdete historische Materialien in einem utopischen Milieu neu zusammen; auf diese Weise erscheint das Bekannte unbekannt und unbelastet, zugleich symbolisch bedeutsam und verallgemeinerungsfähig (Müller, 1989, S. 257).

Kritisch konstatiert Müller später, dass Jünger keine wirkliche Welt konstruiert. „Das utopische Nirgendwo entsteht durch semantische Willkür; im freikonstruierten utopischen Raum wird den alten Namen neue Bedeutung zuerteilt" (Müller, 191989, S. 258). Letztlich lassen sich die verschiedenen utopischen Ansätze nicht zu einem Ganzen zusammenfügen. Es bleibt „ein vielstimmiger Hypertext, der sich aus Traditionen von utopischen, dystopischen, apokalyptischen und Science Fiction-Elementen [...] zusammensetzt" (Voßkamp, 2016, S. 303).[23]

4. Es bleibt die vierte Deutung als technischer Zukunftsroman, die verschiedentlich angedeutet wird. „*Heliopolis* ist aber nur in technologischer Hinsicht ein ‚utopisches' Werk. Genauer: ein Zukunftsroman mit Science-fiction Ambiente" (Kiesel, 2007, S. 561). Wenn man die zweite Fassung zugrunde legt, welche die Handlung mit ihren technischen Elementen hervorhebt, wird diese Deutung plausibel. „Jüngers Mythos des zwanzigsten Jahrhunderts hob mit den Mitteln der Science Fiction die deutsche Geschichte auf eine metaphysische Ebene und versprach so allen Mehr- oder Minderbelasteten Entlastung" (Müller, 1989, S. 263f). Krysmanski sieht ebenfalls in *Heliopolis* einen technisch-utopischen Zukunftsroman, ohne diesen Ausdruck zu verwenden.

> Immer wieder stellen wir bei Jünger [...] fest, dass nicht die Maßlosigkeit in der Erfindung technischer Gags die utopische Raum-Zeit des Romans rechtfertigt, sondern die durch die Entrückung ermöglichte Bedeutungsanalyse. Die Technik interessiert, sie wird kalt angegangen, doch am Ende steht immer die

---

23 Vgl. Krah, 2004b, S. 225 „Damit ist der Text einem Genre zuzuordnen, das systematisch-strukturell im Spektrum zwischen Science Fiction, Fantasy und Utopie zu situieren ist und das über spezifische, differenzierende Grundmerkmale als Endzeitgenre klassifiziert werden kann."

Frage: was macht sie mit dem Menschen (Krysmanski, 1963, S. 66).

Damit ist die ethische Dimension der Technik angesprochen, welche in der Tradition des Laßwitzschen philosophischen Zukunftsromans eine entscheidende Rolle spielt. Im Roman werden verschiedene hypermoderne Errungenschaften angesprochen, Atomenergie- und -waffen sowie Weltraumraketen, die damals schon zum Fundus des Zukunftsromans gehörten. Neu ist die automatische Datenverarbeitung mit künstlicher Intelligenz und schließlich der „Phonophor", eine Art Smartphone, als modernstes Kommunikationsmittel. Alle diese Erfindungen sind inzwischen Gemeingut geworden. *Heliopolis* ist eine moderne Konsumgesellschaft: „Die Klimaheizung, die Ambianzzerstäuber, das schattenlose Licht und andere Mittel des kollektiven Luxus gaben dem Leben in diesem Viertel seinen Stil" (*Heliopolis*, S. 61). Wichtiger für diese Gesellschaft ist aber die automatische Sammlung und Bereitstellung aller denkbaren Daten im „Zentralarchiv" und „Punktamt", was an heutige Zentralrechner und das Internet erinnert. Hier herrscht

> eine zugleich mechanisierte und raffinierte Intelligenz. Seitdem der Zeitgeist sich dem materiellen Determinismus verschrieben hatte, beherrschte die Statistik weite Felder der Praxis und der Theorie. [...] Praktisch gründete sich die Bedeutung, die dieses Institut gewonnen hatte, auf die Vervollkommnung der maschinellen Berichterstattung einerseits und der Nachrichtenmittel andererseits. Sie schlossen den ungeheuren Vorrat von Daten mit Gedankenschnelle auf. Der Anruf traf diese Labyrinthe wie ein aus Ganglienfäden gewebtes Spinnennetz (*Heliopolis*, S 171).

Dabei werden auch die negativen Seiten der Datensammlung erwähnt: „Es [das Punktamt] konnte jeden Punkt des Erdballs orten und damit auch bedrohen" (*Heliopolis*, S. 42). Tatsächlich beginnt der Abstieg der Hauptperson damit, dass ihr privates Gespräch mitgeschnitten wird. Die Forschung nennt zwar die erwähnten technischen Geräte, aber sie geht nicht deren technischer, sozialer, dramaturgischer und symbolischer Bedeutung nach. Atomenergie und Raketen verweisen auf den ersten deutschen Zukunftsroman, nämlich Laßwitz' *Auf zwei Planeten*. Hier gibt es erstmals eine interplanetarische Raumfahrt, die von den überlegenen Marsianern beherrscht wird.[24] In *Heliopolis* hat der überirdische Regent das Monopol für Atombomben wie für die Atomenergie, von der die Ökonomie der „uranischen Epoche" (*Heliopolis*, S. 62) vollständig abhängt.

> Nur bargen diese Räume [„subterranisches Industriegebiet"] weder Öl noch Kohle, sondern stellten plutonische Werkstätten dar. Uranisches Feuer, dessen unbeschränkte Verwendung der Regent sich vorbehalten hatte, fungierte hier in seiner reinen Finanz- und Arbeitskraft. Bereits die Scheidemünze war auf die Energie bezogen und so geformt, dass sie zum Einwurf in die zahllosen Automaten dienen konnte, die in den Häusern, den Arbeitsstätten und Verkehrsmaschinen Leistung vermittelten. Sie ließen sich in Licht, in Kraft, in Wärme, in Bewegung oder Unterhaltung umsetzen (*Heliopolis*, S. 173).

Bei Laßwitz bestimmt ähnlich die moderne Sonnenenergie die gesamte Wirtschaft des Mars, Der kondensierte Äther, die überall anwesende Kraft, wird in „Energieschwämmen" gespeichert und wie bei Jünger in kleinen Portionen als Münze verwandt.

> Sein ‚Energieschwamm', das ist sein Kapital, aus welchem er die im Geldverkehr übliche Münze abzapfen musste. Es war dies eine Büchse mit einem äußerst feinen und dichten Metallpulver, das in seinen Poren den höchst kondensierten Äther enthielt und dadurch eine bestimmte Arbeitsmenge repräsentierte. [...] eine gleichwertige Arbeitskraft konnte man in dem geeigneten Apparat daraus entwickeln (*Auf zwei Planeten*, S. 386).

Jünger imaginiert also in der Tradition des Zukunftsromans Kommunikation, Wirtschaft und Alltag als von neuen technischen Erfindungen geprägt. Auch dramaturgisch sind die neuen Erfindungen entscheidend: Die Raketen erlauben die Schlusslösung, nämlich die Fahrt de Geers zum Regenten, die Atomwaffen beschränken den Bürgerkrieg in Heliopolis auf Nadelstiche und das „Punktamt" ist entscheidend für das Schicksal der Hauptfigur. Darüber hinaus haben Raketen und Atomenergie eine fast transzendente symboli-

---

24 In *Heliopolis*, S. 38 findet sich eine wörtliche Anspielung an die Riesenbäume, die Laßwitz auf dem Mars imaginiert (*Auf zwei Planeten*, S. 293). Die „Strahlenwaffen" und der „Vernichtungsspiegel der schweren Schiffe des Regenten", der „atomisiert" (*Heliopolis*, S. 162) haben ein Vorbild in Laßwitz' Nihilit und Telelyt. *Heliopolis*, S. 44 werden auch Raumstationen erwähnt, die Laßwitz erfunden hat.

sche Bedeutung und die automatische Datenverarbeitung ist das Symbol der Bürokratie und darüber hinaus einer in Jüngers Augen mechanistischen und nihilistischen Zeit. Noch vielfältiger ist die Bedeutung des Phonophors, dessen Funktion ausführlich beschrieben wird.

> [Dieser] erteilt in jedem Augenblick Orts- und astronomische Zeit, Länge und Breite, Wetterstand und Wettervoraussage. Ersetzt Kennkarte, Pässe, Uhr, Sonnenuhr und Kompaß, nautisches und meteorologisches Gerät. Vermittelt automatisch die genaue Position des Trägers an alle Rettungswarten bei Gefahren zu Lande, auf dem Wasser und in der Luft. Verweist im Peilverfahren an jeden gewünschten Ort. Weist auch den Kontostand des Trägers beim Energeion aus und ersetzt auf diese Weise das Scheckbuch bei jeder Bank und jeder Postanstalt und in unmittelbarer Verrechnung die Fahrkarten auf allen Verkehrsmitteln. Gilt auch als Ausweis, wenn die Hilfe der örtlichen Behörden in Anspruch genommen wird. Verleiht bei Unruhen Befehlsgewalt (*Heliopolis*, S. 281).

Dieses Universalgerät markiert den sozialen Rang, da es entsprechende Funktionen hat. Dazu kommt die politische Bedeutung: der Entzug des Phonophors entspricht z.B. bei den Parsen dem Verlust der bürgerlichen Ehrenrechte. Aus den praktischen Funktionen des Geräts folgt eine radikale historische Umwälzung der Gesellschaft mit symbolischen Zügen, nämlich zu einer Mediengesellschaft.

> In dieser Wandlung war die Freiheit dahingeschwunden; sie hatte sich in Gleichheit aufgelöst. Die Menschen glichen sich wie Moleküle, die nur durch Grade der Bewegung unterschieden sind. [...] In diesem Rahmen hatte sich der Phonophor zu einem idealen Mittel der planetarischen Demokratie entwickelt, zu einem Medium, das jeden mit jedem verband (*Heliopolis*, S. 280).

Die Technik ist also in diesem Roman keine belanglose Zutat, sondern ein wesentliches Moment der Handlung, der dargestellten Gesellschaft und der Weltanschauung zwischen Erlösungshoffnung, Technokratie und Nihilismus.[25] Insofern lässt sich von einem technisch-utopischen Zukunftsroman sprechen.

---

25 Deshalb ist Schröter, 1993, S. 124 zu widersprechen: „Einige wenige [„Apparaturen"] werden erwähnt, sie spielen aber für die eigentliche Handlung kaum eine Rolle."

Die Beschreibung avancierter technischer Maschinen und fortgeschrittener technischer Praktiken und Methoden sind zweifellos strukturbildende Merkmale des Romans. Jünger übernimmt sie aus dem Repertoire der Science-Fiction-Literatur (Hohendahl, 2014, S. 178).

Was diese Einordnung relativiert, ist aber Jüngers Vorstellung von einer Vergeistigung der Technik, die den Grundannahmen der Science Fiction von einer naturgesetzlich geordneten, materiellen Welt widerspricht. Die utopische Hoffnung des Romans zielt nicht auf eine totale Kommunikation, auf das ‚global village' McLuhans, das der Phonophor realisiert, sondern viel ehrgeiziger auf die Versöhnung von Geist und Materie, Magie und Technik, deren Gegensätzlichkeit zuvor durch gnostische Gedanken und automatische Maschinerie betont wurde. Jünger imaginiert einen Punkt der Entwicklung, an dem die Magie als Urtraum der Menschheit mit den materiellen Produkten der Technik zusammen fällt.

> Die Technik tritt unmerklich in ihre dritte Phase ein. Die erste war titanisch; sie lag im Aufbau der Maschinenwelt. Die zweite war rational und führte dem perfekten Automatismus zu. Die dritte ist magisch, indem sie die Automaten mit Sinn belebt. Die Technik nimmt zauberhaften Charakter an; sie wird den Wünschen homogen (*Heliopolis*, S. 186).

Dies ließe sich so verstehen, dass die technischen Geräte ihre Mechanik verbergen und so raffiniert werden, die Wünsche ihrer Benutzer ohne Befehle zu erfüllen wie etwa beim heute propagierten intelligenten Haus. Doch scheint mir Jünger mehr zu erhoffen, nämlich eine qualitative Veränderung der Technik. Man könnte dabei an die künstliche Intelligenz denken, welche die Grenze zwischen Materie und Geist aufhebt bzw. Geist aus der Materie schafft.

> „Man möchte meinen, daß der Stoff mit seinen kristallen Gittern und seinen strahlenden Metallen unmittelbare Intelligenz gewönne und daß hier einer der Übergänge von der Technik zur reinen Magie gelungen sei [...]. Sie ist ihm [dem Bergrat] ein Experiment des Geistes; die Apparatur wird überflüssig, wenn die letzten Formeln gefunden sind. Dann wird das Wort, die Dichtung, vielleicht Musik die Technik ablösen" (*Heliopolis*, S. 282).

Jüngers späterer Roman *Gläserne Bienen* (1957) gehört auf jeden Fall in seinen Technikdiskurs. Der Text spinnt das Motiv der Roboter in Form von fliegenden Miniaturautomaten, den gläsernen Bienen, aus, die besonders effektiv Honig sammeln, aber auch zur Spionage und zum Angriff benutzt werden können. Daneben gibt es Androiden, die für Simulationen der Unterhaltungsindustrie gedacht sind und in ihrer künstlerischen Darbietung die Menschen weit übertreffen. Im Glanz des projizierten Ideals werden sie zu Idolen der modernen Zivilisation (vgl. Tabbert, 2004, S. 261ff.). Zapparonis Schöpfungen sind „ohne Zweifel ein technisch-utopisches Denkmodell" (Krysmanski, 1963, S. 71). Nebenbei geht es auch um die genialen, aber sensiblen Ingenieure, welche diese Meisterwerke der modernen Technik entwerfen.

Man kann aber trotz dieser Motive nicht von einem technischen Zukunftsroman sprechen, weil nur punktuelle Erfindungen und nicht eine technische Zivilisation dargestellt wird. Eher handelt es sich um einen psychologischen Roman mit autobiographischen Zügen. Die Hauptfigur Richard, ein arbeitsloser ehemaliger Rittmeister, sucht bei dem Ingenieur und Unternehmer Zapparoni eine Stelle und wird mit dessen futuristischen Erzeugnissen konfrontiert. Die Reaktionen und Reflexionen des irritierten konservativen Einzelgängers machen die Möglichkeiten wie Gefahren der Technik deutlich.

> In einer Sphäre, in der künstliche und natürliche Wirklichkeiten nicht mehr klar zu trennen sind und die künstliche Welt die natürliche in Teilen bereits ersetzt bzw. bereits begonnen hat, der natürlichen das Maß zu geben, ist die Verletzung schon der Simulation von menschlicher Existenz ein Angriff auf diese selbst und ein Ausweis einer nicht hinnehmbaren Inhumanität. Technik-, Kapitalismus- und Medienkritik gehen hier Hand in Hand als Teile einer umfassenden Modernekritik (Bluhm, 2014, S. 236).

Das Fehlen einer spannenden zukünftigen Handlung schafft eine deutliche Differenz zum Genre der modernen Science Fiction, obwohl technische Möglichkeiten und ihre Folgen ein Thema dieses Romans darstellen.

Die besprochenen Romane der frühen Nahkriegszeit zeigen gegenüber denen der Zwischenkriegszeit verschiedene grundlegende

Änderungen. Mit der Atomenergie und Atombombe wird ein Motiv in der Kontinuität der Suche nach neuen Energien dominant, das jenseits des Fortschritts die Frage nach dem Überleben der Menschheit überhaupt aufwirft. So kann es nicht verwundern, dass die negativen Konsequenzen wie in den bekannten Dystopien des 20. Jahrhunderts von Jewgenin Samjatin über Aldous Huxley bis zu Orson Welles überwiegen. Auch spielt nun die Politik eine größere Rolle, sei es wegen der staatlichen Labors, in denen die Physiker jetzt arbeiten, sei es aufgrund der politischen Dimension der vernichtenden Waffen. Die abenteuerlichen Zukunftsromane wie die von Freder van Holk beziehen ihre Spannung aus den möglichen Unfällen und Katastrophen, die Zukunftsromane von Schmidt und Jünger stehen dagegen noch in der deutschen Tradition von Laßwitz und reflektieren weltanschauliche und ethische Fragen, aber mit pessimistischer Tendenz in einer postatomaren Welt, da die Atomkatastrophe unvermeidbar scheint.

11. Utopisch-phantastische Literatur der ehemaligen DDR

Die Forschung hat die utopische Literatur der früheren DDR, die innerhalb der deutschsprachigen Science Fiction eine eigene und abgeschlossene Entwicklung aufweist, seit den achtziger Jahren übereinstimmend in drei Phasen eingeteilt, die ungefähr den Jahrzehnten ihres Bestehens entsprechen und sich in den dominanten Themen und Erzählweisen unterscheiden. Die Forschung der neunziger Jahre hat ihnen die achtziger Jahre als vierte Phase hinzugefügt (vgl. Draut, 2014, S. 102). Während es in den ersten Nachkriegsjahren kaum einschlägige Texte gibt, nehmen sie in den folgenden Jahrzehnten an Zahl und Bedeutung beträchtlich zu, besonders seit den siebziger Jahren, was durch die Gründung des Arbeitskreises utopische Literatur 1972 dokumentiert wird. Parallel zur erhöhten Eigenproduktion vor allem durch Nachwuchsschriftsteller und zur Übernahme spezifischer Motive durch andere Autoren steigt auch die Ausgabe klassischer und ausländischer Science Fiction-Texte. Mit der Öffnung nach außen seit den siebziger Jahren wächst die Vielfalt an Motiven, Untergattungen, Erzählmöglichkeiten und Handlungsmuster.

11.1 Besonderheiten der utopisch-phantastischen Literatur der DDR

Die Unterschiede zwischen Ost und West ergaben sich aus politischen Ursachen: Zugehörigkeit zum kommunistischen Block mit staatlicher Lenkung der Wirtschaft und Zensur bzw. Zugehörigkeit zum kapitalistischen Westen mit marktwirtschaftlicher Regulierung der Literatur. Davon leiten sich die kulturellen Unterschiede ab: russisches statt amerikanisches Vorbild, besonders in der Ideologie, Abschottung gegenüber der die Welt beherrschenden angloamerikanischen Science Fiction bzw. Anpassung an sie im Westen.

> Während in der Bundesrepublik, grob gesprochen, der Kommerz regiert [...], ist die DDR-SF eindeutig einem utopischen Ideal verpflichtet, dem Traum von der besseren Zukunft und dem Fortschreiten der Menschheit zu immer schöneren Höhen gesellschaftlichen Seins. Während die Science Fiction im Westen amerikanisiert wurde, wurde sie im östlichen Teil Deutschlands sowjetisiert (Rottensteiner, 1981, S. 92).

Dies wird schon durch die Bezeichnung der Gattung signalisiert. Zunächst benutzte man (z.B. der Autor del'Antonio) wie in der Zwischenkriegszeit und der frühen Bundesrepublik den Ausdruck *Zukunftsliteratur*. „Nahtlos vollzog sich der Übergang zur Bezeichnung *Utopische Literatur*, die auch heute noch neben *Wissenschaftliche Phantastik* [eine Übernahme aus der Sowjetunion seit den siebziger Jahren] und *Science Fiction* gebräuchlich ist" (Breitenfeld, 1994, S. 13). Wegen der trivialen und reaktionären amerikanischen Erscheinungsform wurde der letztere Ausdruck zunächst im Osten abgelehnt und erst in den achtziger Jahren allmählich akzeptiert. Am gebräuchlichsten war der Begriff der utopischen oder utopisch-phantastischen Literatur (K. Steinmüller, 1992, S. 166). Das Adjektiv utopisch gibt dabei die Tendenz vor, nämlich die Betonung eines idealen gesellschaftlichen Modells und die Zweitrangigkeit von Narration und Unterhaltung. Der optimistische Entwurf einer zukünftigen Gesellschaft ist einerseits zentriert auf technische Neuerungen in der Produktion, andererseits festgelegt auf den pazifistischen und kommunistischen Weltstaat ohne Ausbeutung und Konflikte.

> Für die SF-Autoren der frühen DDR bedeutete dies, daß die Zukunft als kommunistische Wunschzeit in den Marxismus-Leninismus-Lehrbüchern, den Parteiprogrammen, und – was die nähere Zukunft anbelangte – in den Vier-, Fünf- und Siebenjahresplänen festgeschrieben war; übrigens auch für nicht menschliche kosmische Rassen (A. u. K. Steinmüller, 1996, S. 277, vgl. Kruschel, 1995, S. 25).

Die ideologischen Vorgaben (Rationalismus, Wissenschaftlichkeit, soziale Integration, Pazifismus, Überlegenheit des Kommunismus und Optimismus) wurden zunächst von den selbst überzeugten Autoren freiwillig eingehalten, selten von der Zensur erzwungen, bis Johanna und Günther Braun anecken und mit ihren Publikationen in den Westen auswichen (A. u. K. Steinmüller, 1995a, S. 34). Die Abstimmung im fast familiären Feld von Autor, Lektor und Leser trug dazu bei, dass die utopisch-phantastische Literatur der DDR weitgehend in einer Nische lebte mit allen sich daraus ergebenden Konsequenzen. „Die Abkopplung der DDR-SF von der Entwicklung der internationalen SF war nicht vollkommen, war aber doch so stark, dass eine vergleichsweise selbstständige Entwicklung zu verzeichnen war" (Kruschel, 1995, S. 113). So bildeten diese Texte eine gesonderte Sparte mit der Aufgabe von Belehrung (ideologisch und wissenschaftlich) und Unterhaltung, die auch ausdrücklich artikuliert wurde z.B. im Arbeitskreis utopischer Literatur. Erst in den siebziger Jahren gab es Übergänge zu phantastischen, parabolischen und satirischen Texten und umgekehrt Übernahmen von Motiven der Science Fiction durch Autoren des Mainstreams. Die Abschottung gegen westlichen Einfluss, die ebenfalls erst in den siebziger Jahren allmählich nachließ, schützte das DDR-Genre zunächst gegen die heroischen Space Operas wie gegen die pessimistischen Dystopien.

Die Kehrseite der Nischenexistenz bedingte wegen der wenigen Autoren oft eine Mittelmäßigkeit und eine Beschränkung der Möglichkeiten, besonders in den fünfziger und sechziger Jahren. Die Texte blieben dem real existierenden Sozialismus verpflichtet und verzichteten sowohl auf spekulative utopische Entwürfe wie grundsätzliche Kritik. „Im Perspektivbewusstsein verbanden sich gesellschaftlicher und wissenschaftlich-technischer Optimismus, kommunistische Ideologie und die Fortschrittseuphorie des Atomzeitalters" (A. u. K. Steinmüller, 1995a, S. 53). Die Texte folgten ebenso weitgehend der Erzählweise des sozialistischen Realismus in der Bevorzugung des auktorialen Erzählens wie der Gestaltung vorbildlicher Helden. Die mit einer kommunistischen Gesellschaft gesetzten Vorgaben führten zu bevorzugten Romanarten, einerseits zu Produktionsromanen mit wissenschaftlichen und technischen Erfindungen, andererseits zum erfolgreichen Kampf klassenloser Gesellschaften zunächst gegen Agenten auf der Erde und dann gegen rückständige Bösewichte im Weltraum.

Während im Westen der technische Zukunftsroman in den fünfziger Jahren an Bedeutung verlor und seit den sechziger Jahren die amerikanische Science Fiction nachgeahmt wurde, hielten sich die Züge des technischen Zukunftsromans in der DDR fast ungebrochen bis in die siebziger Jahre. Der sowjetische Einfluss war unter dem Eindruck der russischen Weltraumerfolge (Sputnik 1957, Gargarin als erster Mensch im Weltraum 1961) vor allem im bevorzugten Genre des Raumfahrtromans wirksam.

> Die Neigungen zu populärwissenschaftlicher Belehrung konzentrieren sich in dieser Phase auf die *Raumfahrtromane*. Die Raumfahrt und alles was mit ihr zusammenhängt ist in den 60er Jahren das zentrale Thema der literarischen Utopien, sowohl in

den Werken der DDR-Autoren als auch in den Übersetzungen aus dem sozialistischen Ausland. Auf diesem Gebiet äußert sich in der Wirklichkeit am deutlichsten der wissenschaftlich-technische Fortschritt, zeichnen sich realisierbare Möglichkeiten menschlicher Tätigkeit ab, die noch vor wenigen Jahrzehnten ausschließlich in den Bereich der Wunschträume gehörten (Heidtmann, 1982, S. 65).

Die geschützte Nischenexistenz erlaubte es in der DDR noch bis zuletzt die utopische Tradition einschließlich der populärwissenschaftli,chen Belehrung zu kultivieren. Diese Richtung wurde seit den späten fünfziger Jahren durch den Einfluss des Polen Stanislaw Lem verstärkt. Dieser imaginierte z.B. eine friedliche Begegnung mit Aliens trotz unmöglicher Kommunikation in *Eden* und *Der Unbesiegbare* und gestaltete die Konfrontation verschiedener Stadien der gleichen (kommunistischen) Gesellschaft in *Transfer*.

Die utopische Dimension dieser Literatur ist eher nüchtern-sachlich als mitreißend-packend. Zwar wird die ideologische Tendenz des Dominikschen Vorbildes ‚umfunktioniert', formal-ästhetische Klischees erfahren jedoch nur geringfügige Modifikationen, der literarische Anspruch geht nicht über direkte Aussagen hinaus. [...] Auf ideologischem Gebiet zeigen sich die Autoren vorsichtig und meiden detaillierte gesellschaftliche Antizipationen. Ideologieträchtiger par exellence ist die utopische Prosa aber bei der Auseinandersetzung mit dem ‚Klassenfeind', bei der Negativdarstellung des Kapitalismus und seiner Protagonisten in Schwarzweißmalerei (Heidtmann, 1982, S. 159).

11.2 Der utopische Produktionsroman (Fahlberg, del'Antonio)

Diese Spielart von SF übernahm einerseits von der sozialistischen Gegenwartsliteratur (dem Produktions- oder Betriebsroman) die Fixierung auf die Arbeitswelt, die Helden- und Konfliktgestaltung, knüpfte aber andererseits auch an die Traditionslinie der technisch-utopischen Zukunftsromane an (A. u. K. Steinmüller, 1995a, S. 17, vgl. Simon u. Spittel, 1982, S. 8).

Ganz in der Tradition Hans Dominiks bilden neue technische Erfindungen und deren Verteidigung gegen kriminelle Konkurrenten die Handlung. Aber statt der Betonung des deutschen Erfindergeistes und des Kampfs gegen Andersrassige geht es nun um die

Überlegenheit des Kommunismus und die Abwehr des Kapitalismus.[1] Ein besonders beliebtes Thema ist wie im Roman der Zwischenkriegszeit die Entwicklung neuer Energien z.B. in Heinz Viewegs Roman von 1955.

> *Ultrasymet bleibt geheim* verbindet relativ gleichwertig drei Funktionen, die für die gesamte utopisch-phantastische DDR-Literatur in den 50er Jahren charakteristisch sind, die aber von den einzelnen Schriftstellern unterschiedlich betont werden: Unterhaltung durch Abenteuer, Belehrung durch populärwissenschaftliche Information und ideologische Beeinflussung durch Propagierung sozialistischer Verhaltensweisen und Errungenschaften (Heidtmann, 1982, S. 54).

Der wichtigste Autor – auch für die folgende Phase des Weltraumromans – ist Eberhardt del'Antonio, (1926-1997) der sich bewusst für den Kommunismus einsetzte, und dessen Roman *Titanus* bei der Ersterscheinung 1957 wie bei der Neuauflage 1985 ein Bestseller war und 1967 als der beliebteste utopische Roman gewählt wurde (vgl. A. u. K. Steinmüller, 1995a, S. 70).

Die Romane *Gigantum* (1957) und *Projekt Sahara* (1962) sind Beispiele für eine sehr technisch orientierte, abenteuerliche SF, die an solche aus der Vorkriegszeit erinnern, doch spiegeln ihre Themen [...] die wichtigsten Aufgaben der fünfziger Jahre wider, nämlich den Wiederaufbau der durch den Zweiten Weltkrieg stark zerstörten Wirtschaft, die Vermittlung von Zukunftsoptimismus und den Kampf gegen alle Störversuche durch die gegnerische Seite (Breitenfeld, 1994, S. 37).

Die Verbesserung der Produktion aus einer ungebrochen optimistischen Grundhaltung heraus spielt bis in die letzten Jahre der DDR eine Rolle, wenn auch in den sechziger Jahren Fragen nach den Folgen gestellt werden und in den siebziger Jahren erstmals Skepsis zu spüren ist. Ein Nachzügler ist del'Antonios *Okeanos* (1988) „ein mit wissenschaftlich-phantastischen Versatzstücken ausgestatteter Produktionsroman um eine im Pazifik angesiedelte

---

[1] Vgl. Simon u. Spittel, 1982, S. 8: „Die fünfziger Jahre wurden zur Domäne technisch orientierter SF, deren Handlung den Paradigmen von Abenteuer- oder Kriminalromanliteratur folgte. Es ging um wissenschaftlich-technische Erfindungen und den Kampf um ihren Besitz, um ihre Realisierung in der Produktion und um die Abwehr westlicher Agenten."

industrielle Superinsel, der fast wörtlich auch vor 30 Jahren hätte erscheinen können" (Hartung, 1992, S. 28).

Als Beispiel für neue Technik in der ersten Phase kann die Atomenergie dienen, da hier auch der Gegensatz der DDR zur BRD deutlich wird. Dieser ist bedingt durch das größere Interesse für Technik im Ostblock und das optimistischere Geschichtsbild.

> In den fünfziger Jahren war man in der DDR fest davon überzeugt, dass die Technik – unter sozialistischen Bedingungen entwickelt und angewandt – Wunder vollbringen könnte, dass mit ihrer Hilfe in absehbarer Zeit fast alle die Menschen bewegenden Probleme zu lösen seien (Breitenfeld, S. 21, vgl. A. u. K. Steinmüller 1995a, S. 105ff.).

Daraus ergibt sich erstens eine größere Hoffnung auf die zivile Nutzung der Atomenergie auf den verschiedensten Feldern, die strikt von der militärischen Verwendung getrennt werden. Zweitens zeigt sich ein größeres Vertrauen in die Vernunft der Menschen. Dementsprechend wird wie bei Dominik deutlich zwischen Guten und Bösen bzw. zwischen sachlich Fähigen und Unfähigen unterschieden. Die in den Romanen beschriebenen oder gefürchteten Katastrophen sind das Ergebnis vermeidbarer Fehler oder feindseliger Handlungen. Sie sind nicht mit der Kernenergie als solcher gegeben oder schicksalhaft wie bei westlichen Autoren.

Die eher trivialen Romane H. L. Fahlbergs (Pseudonym für Hans Werner Fricke) behandeln einschlägige Erfindungen. Der ehemalige Ingenieur Fahlberg schreibt 1956 den „technischen Zukunftsroman" *Erde ohne Nacht* und 1957 den „Kriminalroman" *Betatom*, in dem er laut Nachwort die „Perspektiven der Atomenergie, im Guten wie im Bösen" zeigen will (*Betatom*, S. 274). Beide Romane sind über die Person des Chefingenieurs Gerson verbunden, der „das größte Atomkraftwerk der Erde", nämlich Betatom leitet (*Erde ohne Nacht*, S. 42), nachdem er die direkte Umwandlung der radioaktiven Strahlung des Atomzerfalls in Elektrizität entdeckt und nutzbar gemacht hat. Damit werden Kohle und Erdöl abgelöst und die unrentable Erzeugung von Strom durch Dampf aus atomarer Wärmeentwicklung überflüssig.[2]

---

[2] In einem Nachwort am Ende dieses Romans beruft sich der Autor bei der Schilderung des „radförmigen Erdtrabanten" auf Laßwitz' Roman *Auf zwei Planeten*, in dem auch die Ablösung der Kohle durch die Elektrizität beschrieben

Es gibt jetzt „durch die Atom- Betageneratoren Elektrizität im Überfluss" (*Erde ohne Nacht*, S. 51). „Neue unermessliche Energiequellen wurden dadurch erschlossen" (*Betatom*, S. 186). Auch die Weltraumraketen werden mit Atomenergie betrieben und die Energiegewinnung aus der Kernverschmelzung wird geplant.

In diesem Kontext werden die möglichen Gefahren diskutiert. Diese könnten sich daraus ergeben, dass eine Atomrakete in ein bewohntes Gebiet stürzt. Ebenso ist der Betareaktor einmal von einer Explosion bedroht, weil seine Temperatur gefährlich ansteigt. Beides sind aber nur punktuelle Schwierigkeiten, die durch Umsicht und Aufopferung verhindert werden können. Neben diesen bekannten Gefahren wird die radioaktive Strahlung bei Fahlberg erstmals ernst genommen.

> Die Radioaktivität der Atmosphäre war gestiegen. Sie war teilweise so stark, daß umwälzende und in das tägliche Leben der Menschen eingreifende Maßnahmen nötig wurden, um Strahlenschädigungen zu vermeiden. Sämtliche Autos, Flugzeuge und Schiffe, alle Elektrizitätswerke und Industriezentren gaben Strahlen ab (*Erde ohne Nacht*, S. 51).

Diese Strahlung wird noch durch die Atombombenversuche der Amerikaner, also eine militärische Verwendung der Atomenergie verstärkt, obwohl Gersons Erfindung angeblich „niemals als Waffe, sondern nur zu friedlichen Zwecken benutzt werden konnte" (*Betatom*, S. 32). Der Aufbau des Satellitennetzes erfolgt ausdrücklich ohne militärische Nutzungsabsicht, aber für die mögliche Begegnung mit einem außerirdischen Raumschiff nehmen die Astronauten sicherheitshalber doch einige Gewehre mit Atompatronen mit. In seinem ersten Roman findet Fahlberg eine scheinbar einfache, aber naive Lösung für die allgegenwärtige Strahlung. „Schließlich gelang es, neue Präparate zu schaffen, die das menschliche Knochenmark beeinflussten und immunisierten. Damit war das drohende Gespenst einer seuchenartig auftretenden Strahlenanämie gebannt" (*Erde ohne Nacht*, S. 52). Eine andere potenzielle Gefahr kann auch durch erfolgreiche Forschungen behoben werden. In *Erde ohne Nacht* werden künstliche Atomsonnen geplant, um die nördlichen Gegenden der Erde eisfrei und fruchtbar zu machen.

---

wird, allerdings ohne die damals noch unbekannte Atomenergie. Fahlberg stellt so die Verbindung zur früheren utopischen Literatur her.

Dabei bestünde die Gefahr einer atomaren Verseuchung. Ein neu entdecktes Mineral erlaubt es aber zusammen mit einem neuen „Zündstoff", eine gezielte und beherrschte Kettenreaktion auf dem Mond, also in sicherer Entfernung, auszulösen. Man beachte den verharmlosenden, aber schon bei Dominik üblichen Vergleich mit einem normalen Feuer.

> Wenn uns das gelingt, so können wir Atombrände mit mehreren Millionen Grad Celsius Temperatur für jede beliebige Brennzeit entfachen. Es wäre dann so, als wenn ein Feuer an der entstehenden Asche ausgeht, obgleich noch genügend Brennmaterial zum Weiterbrennen vorhanden ist (*Erde ohne Nacht*, S. 65).

Eberhardt del'Antonios erster Roman *Gigantum* (1957) bildet ein Paradigma für den ‚utopischen' Produktionsroman, der „menschliche Heldentaten beim Aufbau des Kommunismus ausmalte und gelegentlich durch ein wissenschaftliches Glossar oder erklärendes Nachwort" ergänzte (Steinmüller 1992, S. 166). Beim Thema der Gewinnung von Energie und der Schaffung neuer Maschinen setzt er den technischen Zukunftsromans Dominiks fort. Der Titel zeigt die Tendenz der gigantischen Leistung. In del'Antonios *Gigantum* steht ein Atomforschungszentrum mit seinen verschiedenen Entwicklungen zur zivilen Nutzung der Atomenergie, z.B. zur Wetterbeeinflussung und Seuchenbekämpfung, im Vordergrund. Die Energie für einen superschnellen Zug, dessen Entwicklung durch Sabotage gehemmt wird, wird durch die Verbrennung [!] eines künstlichen, aber stabilen überschweren Elements gewonnen (vgl. Dominiks *Atomgewicht 500*), das aber noch gebändigt werden muss. Letztlich harmlose Katastrophen ergeben sich aus einem unausgereiften Experiment und aus Sabotageakten.

> Ungeheure Energiemengen schlummerten im Mammutumkern, Energiemengen, die alles bisher Bekannte weit übertrafen; aber es war nicht gelungen, sie freizusetzen. Zudem kannte man das Verhalten des neuen Elements noch nicht. Die Erforschung konnte nur in kleinsten Etappen geschehen, Schritt für Schritt, wenn sie die Energien in der Gewalt behalten wollten (*Gigantum*, S. 21).

Diese Romanart setzt der Autor mit *Projekt Sahara* (1962) fort, in dem neue Technik mit der Entwicklungsgeschichte eines exemplarischen Individuums verbunden wird, eines Chemiearbeiters, der zu einem verantwortungsbewussten Industrieführer wird. Dabei findet sich auch eine seltene Weiterentwicklung der bestehenden sozialistischen Arbeitswelt.

In del'Antonios *Titanus* (1959), der aber zur zweiten Phase gehört, wird die zivile von der militärischen Nutzung der Atomenergie streng getrennt. Auf dem Planeten, auf dem die fortschrittlichen kommunistischen Kräfte die Macht ergriffen haben, dient die Kernkraft zum Wohle der Menschen. Die Reaktionäre, die auf einen anderen Planeten auswandern mussten, vernichten sich selbst beim Versuch den Nachbarplaneten mit Atomwaffen zu zerstören. „Dort, wo die Atomkräfte tobten, wo sich die Wasserstoffatome zu Heliumatomen vereinten, wo Felsen, Pflanzen, Lebewesen verdampften, breitete der Tod ein Leichentuch aus giftigem Staub aus. Und immer noch blitzte es unter diesem Tuch, als hätte es tausend Löcher" (*Titanus*, S. 282).

11.3 Raumfahrtromane (del'Antonio)

> Nach dem Start des ersten sowjetischen Sputniks 1957 entdeckten die SF-Autoren der DDR einen alten Handlungsschauplatz für sich neu: den Kosmos. Mit ihm bot sich ein neuer und attraktiver Hintergrund für die alten Themen (Breitenfeld, 1994, S. 37, vgl. A. u. K. Steinmüller 1995a, S. 19ff.).

Ein weiterer Schub ging dann vom ersten Menschen im Weltall, Gargarin 1961, aus, der ebenfalls als Bestätigung der Überlegenheit des kommunistischen Systems aufgefasst wurde. Eberhardt del' Antonio hat neben Carlos Rasch den Raumfahrtroman der fünfziger und sechziger Jahre beispielhaft gestaltet. Das Motiv der feindlichen Agenten tritt schon in den sechziger Jahren zurück, das Motiv des Klassenkampfs und des Wettstreits der beiden Systeme bleibt erhalten, doch wird die Utopie nun in Anlehnung an die sowjetische Literatur in den Weltraum projiziert. Die Raumfahrtromane stellen gefährliche Abenteuer auf der Reise in den Vordergrund, nämlich Meteoritenhagel, Außenarbeiten, Havarie und Rettung. Den Standardgefahren entsprechen die Standardtugenden des jeweiligen Heldenkollektivs: Pflichtbewusstsein, Fleiß, Uneigennützigkeit und nicht zuletzt Selbstaufopferung für die anderen. Die positiven Helden „sind als Identifikationsangebot zu verstehen" (Breitenfeld, 1994, S. 144). Mit den Abenteuern zieht nun aber auch der Klassenkampf in den Weltraum.

> Für die ideologischen Auseinandersetzungen im Alltag der DDR bleibt das Thema jedoch relevant, zudem lassen sich daraus in besonderem Maße politisch zu rechtfertigende Abenteuerkonflikte ableiten. Eine große Zahl von Autoren verlagert daher den Klassenkampf in den Weltraum. [...] Man kann imperialistische Ausbeutergesellschaften entwerfen, deren Bild weit über die Schwarzweißzeichnung des US-Kapitalismus in den 50er Jahren hinausgeht (Heidtmann, 1982, S. 67).

Del'Antonio, der selbst im technisch-wissenschaftlichen Bereich tätig war, macht seine einschlägigen Kenntnisse auch für den Raumfahrtroman nutzbar. Einer der ersten und wichtigsten dieses Genres ist sein *Titanus* (1959).

> Auch del'Antonios Darstellungsweise ist insgesamt von den üblichen Schablonen geprägt. Sein Roman gibt ebenfalls die Konfrontation des kalten Krieges wieder, allerdings in gebrochener Form als Systemkampf von Titanus 1 gegen Titanus 2. Durch die Verlagerung des Klassenkampfes aus der Sphäre aktueller Politik in das weniger realistische Umfeld des Weltalls zeichnet sich bei del'Antonio eine Tendenz ab, die in der nächsten Phase zu einem charakteristischen Zug der utopisch-phantastischen DDR-Literatur wird (Heidtmann, 1982, S. 57).

Eine riesige Rakete fliegt mit annähernder Lichtgeschwindigkeit in den Weltraum, um dort ein Schwerkraftexperiment durchzuführen. Zunächst werden anlässlich der üblichen Schwierigkeiten wie Meteoritenschwärme die technischen Einzelheiten erklärt. Als schließlich ein Planet mit menschenähnlichen intelligenten Wesen gefunden wird, zeigt sich die Besonderheit der DDR-SF, nämlich die Projektion des Klassenkampfes in den Weltraum am Beispiel eines amerikanischen Physikers, der an einem verbotenen Atomprojekt mitwirkte und als feindlicher Agent handeln sollte, aber vom Kommunismus an Bord (jeder bekommt kostenlos, was er will) und der Selbstlosigkeit der Kameraden bekehrt wird. Auf dem Planeten, den die Raumfahrer Titanus 1 nennen, haben sich die ehemaligen Ausbeuter des Nachbarplaneten Titanus 2 geflüchtet. Sie leben hauptsächlich unterirdisch, haben Energie im Überfluss durch direkte Kernverschmelzung und praktizieren Gedankenübertragung und Beeinflussung mittels eines besonderen Helms. Sie wollen sich an den Revolutionären auf Titanus 2 rächen, die sie ins Exil vertrieben haben. Aber die überlegenen ehemaligen Unterdrückten lenken die Atomraketen auf Titanus 1 zurück, so dass der ganze Planet zerstört wird. Die irdische Raumschiffbesatzung kann sich bis auf zwei retten, einen, der sich selber opfert, und einen Leichtsinnigen, der ein Liebesabenteuer suchte. Danach fliegen die Menschen zu Titanus 2, einem kommunistischen Musterland, wo sie als kosmische Brüder freudig begrüßt werden und neue technische und soziale Errungenschaften sehen: eine öffentliche Demokratie und vollautomatisierte Wirtschaft. Eine kurze Liebesepisode mit einer Außerirdischen endet aber trotz der Menschenähnlichkeit mit Verzicht.

> Del'Antonios *Titanus* hat eindeutig den Charakter eines utopischen Entwurfs, geht es darin doch um die Darstellung einer harmonischen klassenlosen Gesellschaft, die als das erstrebenswerte Ziel der Menschheit vorgeführt wird. Besonders deutlich wird die Utopie, sieht man den Roman im Zusammenhang mit seiner 1966 erschienenen Fortsetzung *Die Heimkehr der Vorfahren*, in der versucht wird, das Bild von einer entwickelten kommunistischen Gesellschaft auf der ganzen Erde zu zeichnen (Breitenfeld, 1994, S. 126).

In *Die Heimkehr der Vorfahren* kehren die durch die Zeitdilation jung gebliebenen Astronauten auf eine Erde zurück, die sich während ihrer Abwesenheit rapide weiterentwickelt hat. Dadurch kann das erstaunlich seltene Thema der sozialistischen Zukunft angesprochen werden. Die einzelnen Episoden des *Titanus* sind spannend, aber konventionell auktorial erzählt. Es dominieren die technischen Abenteuer des Weltraums und die politischen Entscheidungen, die zum Teil durch die unterschiedlichen Charaktere des Figurenkollektivs bedingt sind. Dabei werden geschickt wissenschaftliche Erklärungen und psychologische Differenzierungen eingeflochten. Durch die Handlung und die positive Zeichnung der Astronauten wird für den Kommunismus und eine friedliche Welt geworben.

11.4 Dystopische und satirische Texte (J. und G. Braun)

„Ende der sechziger, Anfang der siebziger Jahre findet ein Entwicklungssprung in der SF der DDR statt: weg von utopischer Weltraumliteratur, hin zu einem freieren Spiel mit Themen und Stilmitteln" (K. Steinmüller, 1992, S. 167, vgl. S. 286). Prototypisch dafür ist das Werk des Ehepaar Braun. „Günter und Johanna Braun zählen zu den Autoren, die Anfang der siebziger Jahre die kritischen Potenzen der utopischen Verfremdung erkannten und sie zu nutzen begannen" (A. u. K. Steinmüller, 1996, S. 285).

> Für die wichtigeren Autoren des Genres standen nun nicht mehr der Aufbau einer neuen Gesellschaft oder die Eroberung des Kosmos im Vordergrund, sondern die realen Probleme des wissenschaftlich-technischen Fortschritts: Umweltzerstörung und Gefahren der Kernkraft, Computermissbrauch und genetische Manipulation (A. u. K. Steinmüller 1995a, S. 34).

In den siebziger Jahren, die politisch durch das Ende der Ära Ulbricht 1971 markiert sind, nehmen sowohl das kritische Potential als auch moralische Reflexionen z.B. in der Form von Kurzprosa zu.

> Anfang der siebziger Jahre weitete sich das thematische Spektrum aus, und statt technischer rückten moralische Fragen in den Vordergrund. Eine neue Autorengeneration entdeckte die mehr oder weniger pointierte Short Story für sich, eine Form, die mehr Freiraum für satirische, groteske, tragische, komische Darstellungen bot (A. u. K. Steinmüller, 1996, S. 283).

Die Literatur der sechziger Jahre wird fortgeführt, jedoch um neue Motive (wie Außerirdische und Roboter) und neue Erzählformen (Mischgattungen und Spannungsliteratur) erweitert. „Im Zentrum der Handlung stehen abenteuerliche Vorgänge um eine wissenschaftlich-phantastische Idee, oft ein Rätsel, und die Fabel folgt den Paradigmen des Abenteuer- und Kiminalromans" (Simon u. Spittel 1982, S. 15). Die Konflikte auch psychologischer Art nehmen zu, und es kommt zu kriegerischen Begegnungen, die an die Space Opera erinnern. Auf der anderen Seite wird seit den siebziger Jahren meist auf populärwissenschaftliche Passagen und die Verwendung von Figuren als Sprachrohr für ideologische Aussagen verzichtet. Die Literatur emanzipiert sich von der Erwartung, eine Illustration wissenschaftlicher Prognosen und sozialistische Indoktrination zu sein und behauptet stärker ihren Eigenwert als Unterhaltung.

Eine Reihe von Autoren wendet sich in den 70er Jahren Fragestellungen zu, die über die Problembereiche der vorherigen Phasen deutlich hinausgehen. Ihnen geht es nicht um die Schwierigkeiten bei der Suche nach neuen Erfindungen und Produktionstechnologien, nicht um abenteuerliche Auseinandersetzungen mit dem Klassenfeind etc. Sie wollen auch kein umfassendes Zukunftsbild entwerfen, sondern thematisieren einzelne grundlegende Probleme, die auf einer eher philosophischen Ebene angelegt sind, die menschliches Sozialverhalten betreffen oder Aspekte der Veränderung von Natur und Umwelt (Heidtmann, 1982, S. 86).

Neben der Vielfalt der Erzählformen (Ich-Erzählung, Tagebuch, erlebte Rede, Bewusstseinsstrom, Rückblende, Montage, personale Perspektive) ist nun auch ein Verschwimmen der Gattungsgrenzen vor allem zur phantastischen und satirischen Literatur zu beobachten, z.B. wenn Zeitreisen auftauchen. Dem entspricht ein Aufgreifen von Science Fiction-Motiven durch Mainstreamautoren, besonders Irmtraud Morgner und Franz Fühmann, aber auch durch Christa Wolf. Besonders bemerkenswert ist die Sammlung *Blitz aus heiterem Himmel* (1975), in der verschiedene bekannte Autoren einen Wechsel des Geschlechts durchspielen.

> Den Höhepunkt der ironisch-satirischen Methode in der DDR-SF bildet allerdings das Werk des Autorenehepaares Johanna [...] und Günter [...] Braun. Sie kultivieren eine sehr eigenartige, höchst individuelle Manier, eine unverkennbar persönliche Note, die ihr ganzes Werk prägt. Sie schreiben mit täuschender Simplizität, einer Einfachheit, die zuweilen nach Einfalt aussieht, fabulieren voll kindlicher Naivität, ohne irgendwelche Prätentionen, ohne sich bedeutsam gebende verbale Spielereien. Aber hinter all dem verbirgt sich eine hinterhältige und treffsichere Ironie, die dem Leser erst nach einiger Zeit voll klar wird. Die Science-fiction der Brauns ist märchenhaft-verfremdend, stilisiert, immer ironisch-satirisch auf gesellschaftliche Probleme rückbezogen (Rottensteiner, 1981, S. 110).

Das Ehepaar Johanna (1929-2008) und Günter Braun (1928-2008), das seine Werke immer gemeinsam schrieb, begann seine Karriere als freischaffende Schriftsteller 1954, nachdem beide vorher schon als Journalisten und Lektoren tätig waren. Die ersten literarischen Arbeiten waren für ein jugendliches Publikum geschrieben, danach folgten Werke mit historischen Themen und Alltagsdarstellungen, sowie Fernsehspiele. Das utopisch-phantastische Genre wählten sie erstmals in zwei Erzählungen der Sammlung *Die Nase des Neanderthalers* von 1969 und blieben ihm dann seit dem Roman *Der Irrtum des großen Zauberers* (1972) im Wesentlichen treu. Die Freiheit gegenüber den Konventionen des Genres und den früheren Mustern der Science Fiction in der DDR zeigt sich in der Annäherung an die phantastische Literatur der Romantik, besonders an E.T.A. Hoffmann, dessen satirisch-humoristische Verfremdung der Realität sie in dem Aufsatz *Hoffmanns Gespenster* analysieren.

Schreiben im Zeichen der Phantasie bedeutet einen vermittelten Bezug zur Wirklichkeit und eine Befreiung von vorgegebenen Schemata. So ist bei den Brauns immer Ironie zu spüren und Science Fiction-Muster werden parodiert, z.B. der Raumfahrtroman in *Unheimliche Erscheinungsformen auf Omega XI*.[3] Dem entspricht die Kritik des technokratischen Denkens, speziell der Computer- und Technikgläubigkeit der Produktionsromane, so im *Irrtum des großen Zauberers* und in *Conviva ludibundus*. Der Abschied von den Illusionen des realen Sozialismus und der unerschrockene Blick auf seine Wirklichkeit führte notwendigerweise zum Problem der Umweltzerstörung, das erstmals in *Unheimliche Erscheinungsformen. auf Omega XI* behandelt wird, zusammen mit den verheerenden Folgen der Gentechnologie. Die ideologiekritische Perspektive äußert sich in der Sensibilität für die hohle Sprache der Bürokratie, die im *kugeltranszentenalen Vorhaben* (1983) ins Extrem getrieben ist. Deshalb bekamen die Brauns als einzige Autoren der utopisch-phantastischen Literatur der DDR die Zensur zu spüren (vgl. A. u. K. Steinmüller 1995a, S. 170 und 186). Dieser Roman und die folgenden Kurzgeschichtensammlungen *Die unhörbaren Töne* und *Der X-mal vervielfachte Held* konnten nur im Westen erscheinen. Das Schreiben utopisch-phantastischer Literatur – den Ausdruck Science Fiction verwenden die beiden nur sehr

---

3 Vgl. Simon u. Spittel, 1988, S. 114: „Die charakteristische Besonderheit steckt bei den Brauns allerdings in ihrem eigentümlichen Ton frecher, unbekümmerter, [...] vor allem nicht in Bezug auf erstarrte Konventionen und Tabus rücksichtsvoller Heiterkeit, die auch die Klamotte nicht verachtet, aber immer jenes Quentchen Ironie enthält, das den Leser daran hindert, den Ulk als Ulk abzutun, weil es dazu provoziert, über den möglicherweise dahinterstehenden Ernst selbständig nachzudenken."

distanziert – erlaubte es dem Ehepaar, der Zensur ein Schnippchen zu schlagen und ein radikales Möglichkeitsdenken zu praktizieren.[4]

1972 erscheint der erste Roman *Der Irrtum des großen Zauberers*, der auf phantastische und ironische Weise einen Diktator beschreibt, der seine Herrschaft auf dem Genuss beruhigender und verdummender Birnen aufgebaut hat und der die unzuverlässigen Menschen zunehmend durch immer perfektere Maschinen ersetzt. Ein neugieriger und aufmüpfiger Junge, Oliver Input, wird vom „Großen Zauberer" zu einem Kybernetiker ausgebildet, um ihn zu seinem Nachfolger zu machen. Es gelingt dem Diktator aber nicht, aus dem Jungen eine Art Maschine zu machen. Angestiftet von dem schlangenartigen Mädchen Naida und nach der Einsicht in die Verbrechen des Diktators entthront ihn der Junge schließlich, und die bisher unterdrückten Einwohner organisieren sich selbst. Der Roman löst optimistisch das zentrale Problem der Dystopien des 20. Jahrhunderts und lässt sich als Satire auf eine Herrschaft lesen, die auf Konsum und Ablenkung beruht. Die Abhängigkeit der Menschen von den immer wichtiger werdenden Maschinen, ein genuines Thema der Science Fiction, erinnert auch an NÖSPL, das kybernetisch gestützte neue Modell der Volkswirtschaft der sechziger Jahre in der DDR. „Die Parabel schwankt zwischen der Wahl der SF – d.h. einer empirisch glaubwürdigen Vordergründigkeit – und eines Märchens à la Hoffmann oder Andersen, wobei die Entscheidung schließlich für letzteres fällt" (Suvin, 1981, S. 121).

Mit ihrem zweiten Roman, *Unheimliche Erscheinungsformen auf Omega XI* (1974), bringen die Brauns das Thema der Umweltzerstörung und des Missbrauchs der Technik erstmals in die utopische Literatur der DDR ein. Ein Raumschiff wird von der Erde zu dem Planetoiden Omega 11 geschickt, da die dortigen Bewohner, die Lumen, die ehemals von der Erde ausgewandert sind, um ein Paradies zu errichten, um Hilfe gerufen haben. Die Gesellschaft des Planetoiden erweist sich als grundlegend gespalten: Die Nachkommen der Auswanderer sind degeneriert und unterliegen einem aufgezwungenen Konsumterror – zwangsweise werden in kurzen Abständen alle Gebrauchsgegenstände und Maschinen ausge-

---

4 In dem Essay *Herbeigeschriebener Untergang*, 1991, S. 52 und 54 deuten sie an, dass die Wahl des Genres dem Ausweichen vor der Zensur und die Maske der Science Fiction durchaus im Sinne der utopischen Theorie der DDR einer indirekten Darstellung der gegenwärtigen Verhältnisse diente.

tauscht. Dagegen sind die genmanipulierten Techniker und Ingenieure, die Prudenten, aktiv und vernünftig, und die Arbeiter, die Roburen, kräftig und fleißig. Beide sind unter dem einprogrammierten Zwang ununterbrochen tätig. Die verselbstständigte Produktionsmaschine, die schon fast den ganzen Planeten unter Müll begraben hat, kann erst gestoppt werden, als die beiden irdischen Emissäre Spiele zur Entschärfung des implantierten Arbeitseifers erfinden. Der mit Humor, Ironie und Phantasie von einem der Gäste in Ich-Form erzählte Roman zeichnet durch Übertreibung künftige Gefahren auf: Umweltzerstörung durch übermäßigen Konsum und inhumane Genmanipulationen. Der Text lebt wesentlich von den unüblichen Figuren, bei denen die üblichen Geschlechterrollen umgekehrt sind, dem etwas verlotterten, aber kreativen Ich-Erzähler Merkur und seiner pedantischen Chefin Elektra Eulenn. Der Roman gehört trotz der parodistischen Züge zur utopisch-phantastischen Literatur der DDR, denn das beliebte Thema der Ausbeutung und des Klassenkampfs wird, wenn auch verfremdet, behandelt.

Der dritte Roman der Brauns *Conviva ludibundus* (1978), der das Thema der Umweltzerstörung verbunden mit der Kritik an der positivistischen Wissenschaft weiterführt, gehört trotz märchenhafter Züge ebenfalls zur Science Fiction.

> Die Conviva, die möglicherweise aus Zufall entstanden ist [...], ist das unbedingt notwendige symbolische Glied in der Erzeugung der berühmten ‚grünen Medaillons' – Muscheln, die alle die Vitamine, Enzyme und Spurenelemente enthalten, deren die Menschheit des dritten Jahrtausends bedarf – und allein ihr Entdecker Philomon hat ein stillschweigendes, gärtnerähnliches Verständnis für die Bedürfnisse und die Natur der Conviva (Suvin, 1981, S. 127).

Der Nachfolger des Entdeckers, Prof. Dr. Dr. H. H. Mittelzwerck, pedantisch als Wissenschaftler und kleinlich als Ökonom, ruiniert die Produktion der Muscheln, weil er den Conviva ihren Anteil nicht gönnen will. Nach einer Verfolgungsfahrt mit einem supermodernen Forschungsschiff gelingt es ihm, diese geheimnisvollen Wesen dienstbar zu machen. Aber die neuen Riesenmuscheln sind geschmacklos und ohne Nährwert. Mittelzwerck verliert darüber den Verstand, und eine Katastrophe kann nur durch die Schauspielerin Kutz verhindert werden, die die Conviva wieder zu ihrem ursprünglichen spielerischen Verhalten bringt. Der vierte Roman konnte 1983 nur in der BRD erscheinen.

> In *Das kugeltranszendentale Vorhaben* bemäntelt eine leere Phraseologie die Absurdität des großen Projekts und die Armseligkeit des Alltags – eine klare Persiflage auf die politischen Zustände der DDR. Der Verlag Das Neue Berlin lehnte es den Brauns gegenüber ganz unverhüllt aus politischen Gründen ab, das Buch zu drucken, üblich war es eher, literarische Gründe vorzuschieben (A. u. K, Steinmüller, 1996, S. 286).

Ein Postbeamter entdeckt in seiner Freizeit im Radio eine außerirdische unbekannte Sprache. Von der faszinierenden Fonforma wird er auf einen fremden Planetoiden eingeladen, der im Folgenden der Schauplatz der Handlung ist. Hier ist alles einem geheimnisvollen Plan untergeordnet, der letztlich in der Verdrängung der Dinge durch manipulierte Wörter besteht. Deshalb muss auch die Hauptfigur in einem speziellen Amt „Verbalien" abgeben, d.h. gedrechselte bürokratische Wortungetüme. Außerdem muss sie sich mit den auf sie geschleuderten „Verbalien" emotional in Übereinstimmung bringen. Die grundlegende Tätigkeit des „Fonformens", der sie jetzt unterworfen ist, bedeutet nichts anderes als ideologische Manipulation (Sprachlich klingt der Konformismus an). Zunehmend verdrängen die gesellschaftlich geforderten „Verbalien" immer mehr die Dinge, so dass auch die auf eine Scheinexistenz reduzierten Menschen sterben müssen. In dem Modell der Verselbstständigung von Bürokratie und Ideologie mit einem schimärischen Fernziel wird die Gesellschaft im Ostblock getroffen. Allerdings hat der Text literarische Schwächen. „Mit seiner Tendenz, Narration durch Explikation zu ersetzen, geht der Roman auf Merkmale klassischer Utopieromane zurück, die die Science Fiction schon überwunden hatte" (Kruschel, 1995, S. 109). In der späteren, weniger überzeugenden Trilogie vom „Pantamann" (1988, 1990 und 1991), einem Androiden, auf der Suche nach seiner Identität, führen die Autoren das Thema des Utilitarismus fort, der in Unmenschlichkeit umschlägt.

Als repräsentativ für die neuen Paradigmen der siebziger Jahre kann auch der Autor Bernd Ulbrich (*1943) angesehen werden, der seit 1975 durch Kurzgeschichten hervorgetreten ist, vor allem durch seinen Sammelband *Der Unsichtbare Kreis* (1977). Andere wichtige Autoren von Kurzgeschichten und Gedankenspielen sind A. Leman, H. Taubert und A. und K. Steinmüller. Ulbrich beschreibt nicht mehr zukünftige Technik, die eine eminente Produktionssteigerung erlaubt, und heldenhafte, abenteuerliche Anstrengungen, die die Überlegenheit einer sozialistischen Gesellschaft beweisen. Eine moderne technische Zivilisation ist stattdessen zum notwendigen Rahmen seiner phantastischen Ereignisse geworden, und die Segnungen einer kommunistischen Gesellschaft werden nur am Rande erwähnt oder sogar angezweifelt.

Die wichtigsten Motive seiner Erzählungen sind die Außerirdischen und die psychologischen Schwierigkeiten in Grenzsituationen wie Havarien und erschreckenden Begegnungen. Das dritte wichtige Motiv sind Zeitreisen und -sprünge, die bisher in der Science Fiction der DDR als zu phantastisch abgelehnt wurden, bei ihm aber als Faktor der Verunsicherung wie des gesellschaftlichen Vergleichs genutzt werden. So ergibt sich eine eher philosophische Tendenz, die an Lems Werke erinnert statt an die Abenteuer der trivialen Science Fiction. Ulbrich streut Satire und Humor in seine ernsthaften Texte ein, verzichtet auf das technische und wissenschaftliche Vokabular, das oft nur Scheinwissen suggeriert, und versucht durch Gespräche und personales Erzählen, den Leser stärker am Geschehen teilnehmen zu lassen. Als Beispiel möchte ich auf die titelgebende Kurzgeschichte *Der unsichtbare Kreis* eingehen, die das Thema der Begegnung mit dem Fremden in Abhängigkeit vom Eigenen behandelt.

Der Wissenschaftler Djagganaut übernimmt eine Aufgabe auf dem Neptun, weil er mit seiner Freundin Keméle nicht zurechtgekommen ist. Allein auf einer einsamen Beobachtungsstation besucht ihn ein Außerirdischer mit ganz anderen Lebensverhältnissen, um Kontakt mit ihm aufzunehmen. Da es bei den „Meeriniden" keine Geschlechter gibt, ist seine Erscheinung in Gestalt Kemélés aber nur aus dem Gehirninhalt Djagganauts geschöpft, obwohl die Außerirdische ihm materiell entgegentritt und schließlich sogar mit ihm schläft. Sie ließ ihn vorher von ihrer Welt träumen, ohne dass er es erkannte. Er wünscht sich ihr Erscheinen in ihrer realen Form, aber die direkte Konfrontation mit ihrer Andersartigkeit, vor der sie ihn gewarnt hatte, macht ihn verrückt. Die Fremdheit eines anderen wird hier gesteigert von einer unverständlichen menschlichen Frau bis zu einem dem Menschen inkommensurablen Außerirdischen.

11.5 Kontinuität und Innovation (A. und K. Steinmüller)

Die achtziger Jahre, die von der politischen und kulturellen Spätphase der DDR geprägt werden, sind eine Hochphase der utopischen Literatur der DDR. Diese zeigt neue Merkmale durch die Annäherung an die internationale Entwicklung der Science Fiction, die Abkehr von alten Mustern[5] und die Ausweitung ins Spekulative, was man z.B. an der Gestaltung der Aliens sehen kann.[6] In der letzten Phase der utopisch-phantastischen Literatur der DDR nimmt der kritische Ton gegenüber der Technik und dem Fortschritt zu,[7] ebenso wie die Differenzierung, z.B. verbreitet sich die abenteuerlichen Spielart der Science Fiction, die „Vernesche Linie". Wie im Westen entsteht unter internationalem Einfluss „eine sich selbst genügende Unterhaltungsliteratur, die durch die ausschließliche Aneinanderreihung von Versatzstücken jeden Anspruch auf Originalität aufgibt" (Simon/Spittel, 1988, S. 83). Neben der Fortführung der spezifischen DDR-Betriebs- und Raumfahrtromane z.B. in del'Antonios *Okeanos* werden verstärkt internationale Anregungen aufgenommen. Dadurch wird der alte Gegensatz von „purer Abenteuerlust und sozialen Gegenwartsthemen" deutlicher spürbar (vgl. Spittel, 1987, S. 422).

Die Werke, die Angela (*1941) und Karlheinz (*1950) Steinmüller gemeinsam verfasst haben, können als repräsentativ für die reflexiv-utopische Richtung der achtziger Jahre untersucht werden.

---

5 Vgl. Spittel, 1987, S. 421: „Doch die Mehrzahl der Science-Fiction-Autoren der DDR entfernte sich in den achtziger Jahren von jenen großen sozialen Fragen, für deren Thematisierung sie eigentlich bekannt sind."

6 Breitenfeld, 1994, S. 158f. stellt eine Abfolge verschiedener Arten von Aliens fest. Nachdem es am Anfang nur menschenähnliche gab, konnten sie dann auch „insektenähnlich" sein und wurden immer fremder jenseits der menschlichen Vorstellung bis zu Kristallwesen in Rainer Fuhrmanns die *Untersuchung*, so dass die Idee der „Brüder im All" schließlich durch das Konzept der Fremdheit ersetzt wurde.

7 Vgl. A. u. K. Steinmüller, 1995a, S. 38: „Wie das System [der DDR] ist der utopische Systementwurf in die Krise geraten. Utopisches kann nicht mehr in der befohlenen Zukunft der [kommunistischen] Partei gedeihen.".

Das Paar gehört zur dritten Generation der utopischen Autoren der DDR nach der Generation del'Antonios und der Brauns. Es erhielt eine einschlägige wissenschaftliche Ausbildung. Karlheinz Steinmüller hat über das Thema „Maschinentheorie des Lebens. Philosophische Probleme des biologischen Mechanizismus" promoviert und war später am Zentralinstitut für Kybernetik und Informationsprozesse der Akademie der Wissenschaften der DDR beschäftigt, wo er die neuesten technischen Entwicklungen kennen lernen konnte. Das Ehepaar Steinmüller repräsentiert neben Erik Simon den seltenen Fall einer Karriere – auch im Westen – vor und nach der Wende und zwar nicht nur in der Literatur, sondern auch in der Kritik (vgl. *Vorgriff auf das lichte Morgen*, 1995a) und nicht zuletzt in der Zukunftsforschung (vgl. *Streifzüge ins Übermorgen* 1992, hg. zusammen. mit Burmeister). Sein Werk steht in der genuinen Tradition der utopischen Romane der DDR, die auch sein Verständnis der Science Fiction prägt.

> Damit geht einer gerade in den besten Arbeiten eine Wiederbelebung der im eigentlichen Sinne utopischen SF-Tradition: Es werden komplexe, eigenständige Gesellschaftsmodelle entworfen bzw. an individuellen Schicksalen und Haltungen in ihrer Wirkung gezeigt (in *Andymon* der Steinmüllers, bei Meinhold und Leman), zwei gegensätzliche Utopien skizziert und miteinander konfrontiert (im Roman *Pulaster* der Steinmüllers) (Simon u. Spittel, 1988, S. 89).

Während aber das Ehepaar Braun in seinen Werken die utopischen Ziele relativiert, besonders das materielle Schlaraffenland in *Unheimliche Gestalten auf Omega XI* und den wissenschaftlichen Fortschritt in *Conviva ludibundus*, entwirft das Ehepaar Steinmüller in *Andymon. Eine Weltraumutopie* (1982) und den Folgewerken eine neue Form der Utopie, welche den bisherigen Modellen der DDR widerspricht.[8]

> *Andymon* sollte all das werden, was uns utopisch dünkte: eine freie und zwanglose Welt ohne Tabus und Verbote, ohne Be-

---

8 Dieser Roman ist ein Nachzügler der traditionellen Utopie der DDR, besonders wenn man an die Konzeption von 1976 und die Rohfassung von 1979 denkt. Vgl. Draut, 2014, S. 180: „*Andymon* kann als ein Versuch gesehen werden, die ostdeutsche utopische Literatur insofern wiederzubeleben, als man sich ihr nicht mehr bloß satirisch nähern muss, was in den siebziger Jahren zunehmend der Fall war."

vormundungen und Reglementierungen, aber trotzdem nicht anarchisch. [...] Abstrakt schien der Weg völlig klar: Die statisch-starre Utopie mußte durch eine dynamische, offene abgelöst werden, eine Utopie, in der die unbegrenzten Möglichkeiten für das Individuum, sich zu entfalten, zugleich Garantie für die Entwicklung des Ganzen sind (*Andymon*, S. 291f.).

Dieser sehr erfolgreiche Roman[9] ist „als ein Raumfahrtsabenteuer seinem äußeren Habitus nach ein typischer Science-Fiction-Roman" (Spittel, 1987, S. 428). Die Handlung, die in kurzen, ganz verschiedenartigen Kapiteln von einem Ich-Erzähler rückblickend berichtet wird, entspricht im Flug zu einem fernen, erdähnlichen Planeten dem Weltraumroman der zweiten Phase der DDR und in dessen Kultivierung mit technischen Mitteln dem utopischen Produktionsroman der ersten Phase. Allerdings wird das ältere Motiv des Generationenschiffs dahingehend verändert, dass das Riesenraumschiff ohne Menschen fliegt, die erst bei der Ankunft in Inkubatoren erzeugt und durch Roboterammen („Ramas") und -lehrer („Guros") erzogen werden.

So müssen diese Menschen ihre Gesellschaft [...] selbst erst aus einer echten tabula-rasa-Situation heraus schaffen und zugleich in sie hineinwachsen. Es gibt keinerlei Richtlinien und keine Vorschriften, die sie in irgendeiner Weise einengen (Kruschel, 1995, S. 94).

Der absolute Neuanfang erlaubt es den Autoren sowohl die ideologischen Festlegungen wie Klassenkampf und kommunistisches Endziel, als auch die Einschränkungen durch soziale Prägungen zu vermeiden, so dass ein Gedankenexperiment alternativer Gesellschaftsmodelle möglich wird. „Es ist in dem Roman überzeugend eutopisch [...], daß neuen, von der Hauptlinie der Entwicklung abweichenden Bestrebungen, funktionierende Gesellschafts-Alternativen aufzubauen, [...] Raum gegeben wird" (Kruschel, 1995, S. 99).

Das Aufwachsen ohne Eltern wirft das Problem des programmierten Lernens auf, das damals in der DDR diskutiert wurde. Im ersten Teil des Romans geht es hauptsächlich um das Ideal der antiautoritären Erziehung, später zeigen sich trotz der Isolation der

---

9 Vgl Draut, 2014, S. 146: „1989 war Andymon noch immer mit Abstand das beliebteste Buch und trug wohl maßgeblich dazu bei, dass das Autorenehepaar knapp vor Prokop die Liste der beliebtesten Autoren anführte."

DDR Parallelen zur amerikanischen Fernsehserie *Raumschiff Enterprise*, die die Modernität des Romans zeigen. Zu nennen ist das „Terraforming", das aber schon zur Besiedlung der Venus überlegt wurde (vgl. Kruschel, 1995, S. 96) und das „Totaloskop", das in der Serie „Holodeck" heißt, allerdings als virtuelle Realität schon von Franke und Lem geschildert wurde. Der mentale Zusammenschluss einer Gruppe mit technischen Mitteln auf dem Mond Gedon erinnert an den Alptraum der totalen Vereinnahmung der ‚Borg'. Der vollständige Verlust der Individualität und das Aufgehen eines Gruppenmitglieds im illusionären „Totaloskops" sind zwei gegensätzliche Dystopien einer sozialen Verschmelzung einerseits und einer solipsistischen Isolation andererseits. Dass sie im Roman rückgängig gemacht werden können, zeigt die Option der Autoren für eine ausgewogene Verbindung von Individualismus und Gemeinschaft.[10]

Dazu kommt eine dritte Dystopie, der am basisdemokratischen Verhalten der Siedler scheiternde Versuch durch Intrigen eine persönliche Herrschaft zu errichten. Dies hat einen offenkundigen Bezug zur politischen Situation in der DDR, zur Bespitzelung und Diffamierung durch die Stasi zum angeblichen Besten der Betroffen, aber hinter ihrem Rücken. So sagt der ehrgeizige Resth, der „ein größenwahnsinniger Diktator geworden wäre" (*Andymon*, S. 253), „es gebe Fälle, in denen man andere zu ihrem Glück zwingen müsse" (*Andymon*, S. 251).

Neben diesen drei missglückten Modellen der Gesellschaft gibt es drei erfolgreiche, nämlich die an der Technik orientierte Siedlung „Andymon City" der ersten Gruppe und die Alternativen jüngerer Gruppen in „Oasis" und „Kastell", die technische Hilfsmittel reduzieren oder ganz aufgeben wollen und zur natürlichen Zeugung zurückkehren. Dabei wird das liberale Prinzip praktiziert, dass jede Gruppe ihren eigenen Weg wählen kann, aber gemeinsa-

---

10 Draut, 2014, S. 163 meint zum Experiment der Verschmelzung: „Das Wesen von Gedon ist einzigartig und leidet an seiner Einsamkeit im Universum. Der Mensch hat tatsächlich ein höheres Wesen erschaffen, das aber noch immer das vermenschlichte Bedürfnis nach Gemeinschaft empfindet." Umgekehrt muss die Isolierung des einzelnen korrigiert werden, s. S. 165: „Während das völlige Aufgehen des Individuums in den virtuellen Welten wie zuvor bei der Totaloskopsucht oder hier in Priths Isolation als Entgleisung dargestellt wird, der man durch therapeutische Maßnahmen beggenen muss."

me Fragen solidarisch entschieden werden, wie die Abwehr des Diktators und gegenseitige Hilfe.

Ohne ausgesprochene Dogmen sind trotzdem humanistische und sozialistische Utopien der DDR in diesem Roman wirksam z.B. in der Idee der rassisch gemischten aber gleichberechtigten Gemeinschaft der „Geschwister" aller Gruppen, die jeweils untereinander im engeren Einklang handeln. Offenkundig ist aber auch die Determination der Entwicklung durch die materiellen und mentalen Vorgaben, welche die unbekannten Erbauer des Schiffes den Menschen mitgegeben haben. „Ich sah es, ich spürte es: Das gesamte Schiff war eine titanische Maschinerie mit seit dem Start festgelegten Bewegungen. Selbst unser Freiheitsdrang, selbst meine Gedanken in diesem Moment standen im Kalkül" (*Andymon*, S. 86). Dies relativiert sowohl die Idee der tabula rasa als auch die Freiheit der Figuren. Die Hauptfigur, der Ich-Erzähler Beth, fragt sich wiederholt an entscheidenden Wendepunkten, ob die Ereignisse so schon geplant waren, so beim Auszug einer Gruppe aus der ursprünglichen Siedlung.

> Wo ich Andymon mit Maschinen und Energie bezwingen wollte, setzten sie ihre Leiber ein, wollten sie sich ihn so aneignen wie die Urmenschen die Erde. All meine Prognosen von der Zukunft Andymons waren damit hinfällig geworden, papierne Szenarien, die ewig Planspiele bleiben würden. [...] würden wir in eine Wildwuchs-Gesellschaft schlittern? War das vielleicht die Absicht der Erbauer? (*Andymon*, S. 194f.).

Anscheinend ist die Entwicklung der Menschen auf dem Planeten im Detail offen, während die große Linie für die direkte Demokratie der etwa 100 Menschen fest steht. Ihr erster Anführer Deth hat nur persönliche Autorität und ihr zweiter Beth ist nur ein Moderator. Sie brauchen zunächst „weder Gesetze noch gewählte Volksvertreter (*Andymon*, S. 252), aber irgendwann wird eine politische Organisation nötig sein. „Demokratie oder Anarchie? Herrschaft einer kleinen Gruppe?" (*Andymon*, S. 255).

Im Gegensatz zur offenen Organisation der Gruppen sind ihre Aktivitäten vollständig vom verborgenen Willen der Erbauer des Schiffs bestimmt, nämlich der Kultivierung und Besiedlung des Planeten und der Fortführung der Kolonisation des Weltraums: „von kosmischer Warte aus zählte nur, dass intelligente Wesen einen weiteren Planeten eroberten" (*Andymon*, S. 198). Man könnte dabei an Seldons Tausendjahresplan in Asimovs *Foundation*-Trilogie zur kybernetischen Gestaltung der Zukunft denken. Die Roboterammen und -lehrer sind einfache kybernetische Maschinen, nur die Menschen sind lernfähig, werden aber vom Schiff so geführt, dass sie seine vielfältigen Angebote und unglaublichen Vorräte an Wissen, biologischen Schätzen und Maschinen sinnvoll nutzen.

> Trotz einzelner abenteuerhafter Phasen ist *Andymon* ein Roman, in welchem die Reflexionen gewichtiger sind als reine Spannungsmomente. [...] Auch die allgemeine Frage nach dem Wesen des Menschen sowie seiner Stellung im All beschäftigt unseren Erzähler zutiefst – eine typische Frage der erkenntnisorientierten Science Fiction (Draut, 2014, S. 176).

Insofern ist dieser Text der utopisch-philosophischen Richtung der deutschen Zukunftsromane in der Linie von Laßwitz zuzurechnen. Der Entwurf von Utopien prägt auch die anderen Romane des Ehepaars Steinmüller. *Spera* (2004) kann als Fortsetzung von *Andymon*, speziell als Beschreibung der Regression der Siedler z.B. in „Oasis" in primitive Zustände und des allmählichen Wiederaufstiegs verstanden werden. Der damit eng verknüpfte Roman *Der Traummeister* (1990) schildert die Perversion der Utopie in Ideologie und Manipulation.

> *Der Traummeister* erkundet, wie anhand von Ideologien und Träumen eine Utopie entworfen wird, wobei diese Utopien auch immer eine Realisierungstendenz innehaben. [...] Der Turm [des Traummeisters] kann somit als ein magischer Ort angesehen werden, der das Träumen ermöglicht, oder als gigantische [Wunsch]Maschine, die die Träume generiert und somit das Bewusstsein der Menschen formt (Draut, 2014, S. 268).

Der Traummeister ist eine Momentaufnahme aus der Geschichte des Planeten Spera. Es ist eine Episode der Stadt Mescara, wo die großen Alten, die Entdecker und Gestalter des Planeten sich schließlich in einen Turm zurückgezogen haben, um nur noch in ihren Träumen zu leben. Die Nachkommen haben dann einen Traummeister berufen, der von diesem Turm aus die Bewohner mit kollektiven Träumen versorgt, die ihren Wünschen entsprechen, aber sie auch praktisch beeinflussen. Der letzte Meister Nerev hat aber die Wunschträume abgeschafft, um stattdessen Vernunft, Fleiß und Industrie zu propagieren, so dass Mescara in die Phase der einfachen industriellen Produktion eingetreten ist. Zu Beginn des Romans hat der Rat der Stadt aber wieder einen genialen Fremden als Traummeister engagiert. Dessen Wirken wird von seiner Mitarbeiterin und Geliebten, der Patriziertochter Glauke, aus dem Rückblick als Aufstieg und Fall beschrieben. Zunächst verbreitet Kilean nach den Aufträgen des Bürgermeisters aufbauende Träume, später aber entscheidet er nach seinen persönlichen Vorlieben. Da er die Gesellschaft verbessern will, schickt er kritische Träume, die in der „Wilden Woche" eine Revolution mit dem Sturz des Rates und der Machtergreifung der einfachen Leute auslöst. Danach propagiert er das Ideal der „gläsernen Stadt" mit fünf Zielen für eine bessere Ordnung (*Traummeister*, S. 190). Seinem Träumen, das auf der geheimnisvollen „Mittal" beruht, unterwerfen sich die Einwohner widerstandslos: „sie murmelten: ‚Geträumt ist geträumt', und das hieß soviel wie beschlossen und besiegelt" (*Traummeister*, S. 203).

In dem Maße, in dem Kilean eine ideale Gesellschaft, z.B. ohne die harte Arbeit und die Umweltzerstörung in den unentbehrlichen Erzgruben und -hütten vorträumt, leben die Einwohner zunehmend in einer illusionären Welt und es nimmt zugleich die Armut der Stadt zu (vgl. *Traummeister*, S. 224: „die schwindenden Nahrungsvorräte" und die „ungezügelte Macht der Träume"). Da der Traummeister seine Herrschaft über Denken und Tun der Bewohner immer rücksichtsloser ausübt, kritisiert ihn seine Mitarbeiterin Glauke: „'Du träumst wie Nerev die Menschen nach deinem Gutdünken um. Und damit mordest du sie [...]. Du machst sie nicht zu besseren Menschen, sondern zu Schlafwandlern, blind, taub und unmündig'" (*Traummeister*, S. 275). Sie muss deshalb ins Exil fliehen, wo sie die Kapitel des Romans schreibt. Der Widerspruch zwischen idealer Utopie und realem Elend führt schließlich zur Katastrophe, nämlich zur Zerstörung des Turms durch Kilean. Nach der Rückkehr Glaukes in die heruntergekommene Stadt erlebt sie als Hoffnungszeichen erstmals den erwünschten persönlichen Traum („eine Stadt, in der alle Menschen eigene Träume haben, befreit sich vom Staub", *Traummeister*, S. 302).

Die kollektiven Träume sind im Roman ambivalent: einerseits erleben die Träumer sie als individuelle (Freudsche) Wunscherfüllungen, die ihren „Saddraq"; ihr triebhaftes oder „Drachen-Ich" (*Traummeister*, S. 75) entfesseln. Anderseits beruhen sie auf der

Kraft der „Mittal", einer „Art Schattenwelt" (*Traummeister*, S. 20), die Züge eines dämonischen kollektiven Unbewussten, aber auch der Utopie („Welt der unverwirklichten Möglichkeiten und unmöglichen Wirklichkeiten", *Traummeister*, S. 26) aufweist. Aus dem Roman ergibt sich eine deutliche Kritik des Missbrauchs der Utopie in der DDR, der die Steinmüllers in ihrem Werk über die Science Fiction *Vorgriff auf das lichte Morgen* eine wichtige politische und kulturelle Rolle attestieren; „das lichte Morgen" ist dabei eine Anspielung an die Verheißung des Kommunismus. Im Roman wird kritisiert „daß ein herrschsüchtiger Traummeister sie [die Oppositionellen] im Namen von Fleiß und Industrie und für eine Luftspiegelung von einer lichten Zukunft umgebracht hatte" (*Traummeister*, S. 276). Die diktatorische Manipulation wird ähnlich so verurteilt: „'du benutzt sie wie Puppen am Faden'" (*Traummeister*, S. 246). Neben dieser Kritik des Missbrauchs utopischer Vorstellungen durch die SED lässt sich auch eine Parallele zu den westlichen Medien ausmachen. Diese schaffen wie der Traummeister, aufbauend auf individuellen Wünschen mit der ‚Kulturindustrie' (Adorno) oder ‚Bewusstseinsindustrie' (Enzensberger) eine simulierte Ersatzwelt, die sie ablenkt und trotzdem das alltägliche Leben beeinflusst.

Pulaster (1986) führt eine grundsätzliche Alternative zur Kolonisierung eines Planeten vor, nämlich den Verzicht auf das Terraforming einer wuchernden Sumpfwelt wegen der schon ansässigen rätselhaften und intelligenten Saurier.[11] Die „Hreng" sind eine friedliche und solidarische Steinzeitgesellschaft ohne Staat, Ausbeutung und Krieg, basierend auf der Androgynie der Mitglieder. Diese beruht aber nicht auf der Natur der Wesen, sondern ist – wie sich allmählich herausstellt – das Ergebnis einer gezielten genetischen Veränderung. Die Saurier haben durch die Aufhebung der Polarität der Geschlechter, verbunden mit einer Geburtenkontrolle und einer Verweigerung technischen Fortschritts ihre Geschichte still gelegt, wie es die statischen Utopien vorsehen. Die Gegenwelt ist die Weltraumflotte, die die Erschließung und Besiedlung der Galaxis im Zeichen des permanenten Fortschritts mit den modernsten technischen Mitteln zum Ziel hat. Sie ist in Anlehnung an

---

11 Dies erinnert an die Erste Direktive der Fernsehserie *Raumschiff Enterprise*, nämlich die Nichteinmischung in bestehende Gesellschaften.

das imperiale römische Reich straff organisiert und überwindet die schwierige Koordination trotz ungeheuren Entfernungen und Zeitverschiebungen durch Prognostik mit Hilfe künstlicher Intelligenzen. Offensichtlich sind beide Ordnungen aber keine Ideale, sondern eher Heterotopien, für die der Roman eine Annäherung in der Freundschaft des Flotteningenieurs Grosser mit dem kultivierten Saurier Gabriell andeutet.

Von den zahlreichen Kurzgeschichten der Steinmüllers seien nur die der Sammlung *Windschiefe Gerade* (1984) erwähnt, in denen futuristische Techniken wie Gehirnverpflanzung, Cyborgbildung, Kloning, Radioaktivität und Computertätigkeit in dystopischen Szenen entwickelt werden. „Die SF-Idee liefert hier eindrucksvolle, in Handlung umgesetzte poetische Bilder und impliziert zugleich relevante moralische und soziale Fragestellungen" (Simon u. Spittel, 1988, S. 246).

Die Entwicklung in der ehemaligen DDR ist im Kontrast zu derjenigen in der BRD zu sehen, obwohl es zwei gemeinsame Traditionen gibt, die aber unterschiedlich aufgenommen werden, nämlich erstens die philosophisch-utopische Richtung des deutschen Zukunftsromans, die stärker an ethischen und sozialen Fragen als an kämpferischen Abenteuern interessiert ist – die Linie Laßwitz, Scheerbart, Döblin, Jünger und Schmidt – und zweitens der optimistische technische Zukunftsroman mit dem Hauptinteresse an fortschrittlichen Entdeckungen, dessen wichtigstes Muster Dominiks abenteuerliche Erfinderromane sind. Tatsächlich waren sie als direktes wie indirektes Vorbild (als jugendliches Leseerlebnis der späten Autoren) noch in den fünfziger Jahren in der DDR und in der BRD vor der Übernahme der englisch-amerikanischen Science Fiction wirksam. Im Osten wurden die Ingenieurromane als ‚Nahliteratur' in eine sozialistische Umgebung gesetzt und für den Klassenkampf umgedeutet, während sie in der BRD seit den fünfziger Jahren durch Weltraumabenteuer oder technische Entwicklungen im amerikanischen Stil ersetzt wurden. Insgesamt hatte für die einschlägige Literatur der DDR die wissenschaftlich-technische Dimension samt der Belehrungsfunktion immer eine größere Bedeutung als im Westen.

Im Rahmen der „wissenschaftlich-technischen Revolution" kommt der polytechnischen und naturwissenschaftlichen Bildung ein noch höherer Stellenwert in der DDR zu. Und damit wächst auch die Bedeutung der utopisch-phantastischen Literatur als technizistisch-popularisierende Belletristik. Zudem wird der gesamte Unterhaltungssektor ausgebaut und gefördert. Mit der zunehmenden Reputation des Genres steigt die Zahl der Veröffentlichungen in der zweiten Hälfte der 60er Jahre auf etwa 20 Titel in Buch- oder Heftform jährlich (Heidtmann, 1982, S. 62).

Ebenso war die utopische Dimension, d.h. die gesellschaftliche Perspektive und ihr Entwurf für die Zukunft, ein Grundpfeiler der Romane.[12] Damit aber blieben die DDR-Texte näher an der Laßwitz-Tradition, wenn sie auch statt seiner liberalen Ideale die des Kommunismus vertraten. Eher verpönt war das Erregen von Aufmerksamkeit durch sensationelle Vorgänge, durch individualistisches Heldentum und galaktische Kriege, wie sie in der westlichen Science Fiction zur Unterhaltung beliebt waren. Im Rahmen der gesamten Literatur der DDR hatten die utopisch-phantastischen Texte einen anerkannten Nischencharakter mit einem gewissen Fluchtaspekt, aber sie entfernten sich selten weit von der jeweiligen Realität und den jeweils der Literatur zugeschriebenen Aufgaben.[13] Als Produktions- und Raumfahrtromane paßten sie sich an den jeweiligen politischen und kulturellen Kontext an und führten meist weder im Entwurf utopischer Welten noch in der Radikalität des philosophischen Fragens oder der Kritik wesentlich über den jeweiligen Horizont der Gesellschaft der DDR hinaus. Dies machte auch ihren Reiz für die Leser aus. So ergaben sich auch Parallelen zu den Texten des Mainstreams, die dem offiziell geforderten sozialistischen Realismus entsprachen, sowohl in der auktorialen Er-

---

12 Vgl. Spittel, 1992, S. 174: „Die positive Komponente der DDR-Science-Fiction entstand zum einen aus dem Versuch der Autoren, ihre Ideal aufs Papier zu bringen, also einem Fortwirken utopischen Denken, zum anderen aber auch einem staatlich verordneten Zweckoptimismus. Lange Zeit fiel die Antiutopie in der DDR der Zensur zum Opfer."
13 Nur für die siebziger und achtziger Jahre und für einige Schriftsteller wie die Brauns oder die Steinmüllers kann Spittels Rückblick, 1992, S. 171 gelten. „Bei einer Rückschau auf die SF-Literatur der DDR stellte ich plötzlich fest, daß ein großer Teil der in der DDR geschriebenen SF, daß dieser so oft geschmähte Literaturbastard Science Fiction ein einziger Protest gegen die DDR-Wirklichkeit war. In Form der Satire, in Form einer Antiutopie, als Groteske oder Problemgeschichte – immer war gute DDR-SF nur verständlich auf dem Hintergrund der Unzulänglichkeiten ihres Herkunftslandes."

zählweise und den vorbildlichen Eigenschaften der Helden, als auch im Schema ihrer Entwicklung und der affirmativen Handlungsführung.

Im Westen war das utopische Moment dagegen wesentlich schwächer, da das spannende Erzählen mit einer größeren Offenheit gegenüber phantastischen Momenten und die Unterhaltungsfunktion im Vordergrund standen. Dies schloss aber bei manchen Autoren wie Jünger, Schmidt, Franke und Dath eine gesellschaftliche Thematik nicht aus. Aufgrund der stärkeren internationalen Vernetzung und der größeren Basis gab es in der BRD weniger speziell deutsche Momente, aber mehr Vielfalt an Gedankenexperimenten mit den neuesten technischen Entwicklungen der Roboter, künstlichen Intelligenzen oder Kommunikationsmittel, während die DDR-Romane trotz des größeren Interesses an der Technik oft nicht auf dem neuesten Stand der futuristischen Möglichkeiten waren.

12. Vom Zukunftsroman zur Science Fiction

Das Ende des Zweiten Weltkrieges bedeutete für Deutschland nicht nur einen politischen Einschnitt, sondern auch einen kulturellen, nämlich eine neue Weltoffenheit besonders gegenüber der Literatur der USA. Hinlänglich bekannt ist die Übernahme der amerikanischen Short Story als des dominanten Genres der wichtigsten deutschen Autoren der Nachkriegszeit. Ein noch stärkerer Einfluss ist bei der Science Fiction aufgrund der überlegenen amerikanischen Technik und der optimistischen Zukunftsorientierung zu erwarten. Die Entwicklung von Robotern, Computern, Künstlicher Intelligenz und Virtualität, von Atomenergie und Raumfahrt, bei der die USA technisch führend waren, führte zu wichtigen Motiven in der amerikanischen Science Fiction und danach ebenso in der deutschen von Herbert W. Franke bis Dietmar Dath. Außerdem profitierte das Genre in Deutschland vom größeren Prestige in Amerika. Tatsächlich scheint sich bei der Massenliteratur das Modell der Space Opera durchgesetzt zu haben, wie die Serie *Perry Rhodan* zeigt. Bei den ambitionierteren Texten ist das Ergebnis differenzierter, wie im folgenden Kapitel zu zeigen sein wird. Franke hat zwar mit seiner Herausgeberschaft die amerikanische Version der Science Fiction in Deutschland verbreitet, aber mit seinen Werken auch die deutsche Tradition eines sozialen und reflektierten Zukunftsromans fortgesetzt.[1]

Bevor die Übernahme des Begriffs Science Fiction und wichtiger Merkmale der amerikanischen Version des Genres beschrieben wird, sollen deren Veränderungen in der Nachkriegszeit, besonders am Beispiel Isaac Asimovs dargestellt werden, weil dieser international bedeutende Autor mit neuen Themen (Roboterethik und Zukunftsplanung) und Motiven (Androiden, Zentralrechner, galaktische Imperien) zum Anreger für die deutsche Science Fiction wurde.

---

[1] Vgl. Krysmanski, 1962, S. 114: „Auch der Einfluß der angelsächsischen SF-Bewegung, der zunächst zu einer Abhängigkeit des deutschen technischen Zukunftsromans geführt hat (die jedoch bei H. Hauser und Herbert W. Franke bemerkenswerte eigenständige Arbeiten zuließ) mag befruchtend auf künftiges utopisches Romanschaffen in Deutschland wirken."

12.1 Isaac Asimov als repräsentativer Autor der amerikanischen Science Fiction

In den fünfziger Jahren veränderte sich die amerikanische Science Fiction grundlegend, was weniger die Themen und Motive als die Art der Veröffentlichung, das Selbstverständnis der Autoren und die Stellung des Genres innerhalb der Literaturszene betrifft. Insgesamt kann man von einer Öffnung der SF gegenüber der „mainstream"-Literatur sprechen.[2]

> Ideas and inventions long championed within the field – space exploration, atomic energy – were imminent realities, which contemporary sf treated with growing sophistication as pulp styles of writing gave way to more polished and even experimental techniques. By the close of the decade, sf stood poised to achieve a cultural visibility, commercial success, and literary acclaim of which the pulp era could only have dreamed (Bould, 2009, S. 82).

Eine ökonomische Voraussetzung ist der Zugang der inzwischen selbstständiger gewordenen Autoren zur neuen Publikationsart der „paper backs", während die Zahl der Magazine dramatisch schrumpft (1953-1961 von 36 auf 6). „Rather than catering to magazine editors who often demanded a specific ideological or stylistic slant [...], authors could begin to imagine themselves as independent professionals with their own unique artistic visions" (Bould 2009, S. 82). Aus dem Übergang von der Zeitschrift zum Buch ergibt sich die allmähliche Wendung von der Kurzgeschichte zum Roman, am Werk Asimovs in den frühen Fünfzigern abzulesen. Oft werden Kurzgeschichten zu Romanen erweitert z.B. zur *Foundation*-Trilogie. Mit der Publikation von Science Fiction in Büchern (in Romanen oder Sammelbänden), geht ihre Aufwertung einher. „The real acceptance of science fiction came with the general issuance of the stories in book format. Books are somehow respectable. Books are literature – what ever that is" (del Rey, 1980, S. 199).

Ursache des größeren Interesses an der Science Fiction ist deren Anerkennung als realitätsbezogen. „Sputnik went into orbit in Oc-

---

2 Die Science Fiction als Unterhaltungsgenre hat sich nach dem Krieg besonders in den neuen Medien ausgebreitet, im Comic, Film und Fernsehen, vgl. die Fernsehserie *Raumschiff Enterprise* und die Star Wars-Folge im Film, vgl. del Rey, 1980, S. 304ff.

tober 1957 – man' s first definite step into space. And again, the visions of science fiction were confirmed. Obviously, if the atom bomb had led [...] to the acceptance of science fiction, real space flight should increase that acceptance" (del Rey, S. 196). Der Sputnik-Schock initiierte auch eine größere Beachtung der Naturwissenschaft und Technik im Bildungssystem der USA, so dass Science Fiction-Texte von der akademischen Kritik beachtet und an den Universitäten gelesen wurden (vgl. del Rey, 1980, S.263ff.).

In den sechziger Jahren schreitet der Prozess der Öffnung fort, angeregt von der *New Wave*, welche den „inner space", neue Erfahrungen z.B. durch Drogen, entdeckte und sich literarischen Experimenten öffnete. Der Anstoß kam aus England, wo die Trennung von gehobener Science Fiction und der SF-Paraliteratur nie so streng war. Die ‚Literarisierung' der Science Fiction geht aber mit einer geringeren Aufmerksamkeit für die Handlung und für Wissenschaft und Technik einher.

> It [New Wave] seemed to be based upon the idea that the primary element of fiction lay in the handling of style and attitude, rather than in the story development, plotting or ideas.[...] Science and technology were usually treated as evils which could only make conditions worse in the long run (del Rey, 1980, S. 253).

Die amerikanische Science Fiction gewinnt durch die Öffnung teilweise eine sozialkritische Funktion und kann nun auch Autoren wie K. Vonnegut und R. Bradbury integrieren,[3] die bisher trotz ihrer Science Fiction-Motive nicht dazu gerechnet wurden. Ebenso gehören nun jüngere Autoren einer gehobenen Science Fiction dazu wie Frank Herbert, der in seinem Dune-Zyklus ökologische Themen anschneidet oder Ursula Leguin, die sozialkritische und feministische Texte schreibt und sich auf die europäische Tradition beruft. „SF's relationship to science and engineering became increasingly critical as the genre responded to new social movements and drew on the energy and techniques of postmodern fiction" (Bould u. Vint, 2011, S. 124). Besonders erfolgreich waren Philip

---

[3] Vgl. Robinson, 2005, S. 11 zu Dick: „Gleichzeitig spiegeln seine fiktionalen Welten unsere eigene wider – mit einer bestimmten kritischen Tendenz. Sie bringen Strukturen und Prozesse an die Oberfläche, die in der Infrastruktur unserer gegenwärtigen Welt implizit vorhanden sind. Indem Dick unsere gesellschaftlichen Institutionen um die Dimension der Zukunft erweitert, offenbart er die historische, kontingente Natur eben dieser Institutionen."

K. Dick mit *Ubik* (1969) und William Gibson mit dem *Neuromancer* (1984) und seinen Fortsetzungen. Beide Autoren sollen später noch genauer betrachtet werden. Auch Autoren der „Mainstream"-Literatur wie Thomas Pynchon und Doris Lessing benutzen Motive der Science Fiction. So entsteht jetzt in Amerika eine Parallelität von kommerziellem Massengenre und anspruchsvoller Science Fiction, wie sie in Europa üblich war. Die gehobene Version in Form von Büchern und Romanen erleichterte die Übernahme amerikanischer Muster in Deutschland nach dem zweiten Weltkrieg, wo es keine Science Fiction-Magazine gab, und das Genre ein Prestigeproblem hatte.

Der wohl immer noch international bekannteste Science Fiction-Autor Isaac Asimov (1920-1992) kann als repräsentativ für die amerikanische Entwicklung des Genres von den dreißiger bis in die achtziger Jahre angesehen werden, denn er zeigt in seinem umfangreichen Werk die vielfältigen Möglichkeiten: Kurzgeschichten in Zeitschriften, Romanserien, Romane in Taschenbüchern, Kriminalromane, Jugendromane und nicht zuletzt Populärwissenschaft.[4]

> Asimov dürfte heute der populärste SF-Autor der Welt sein. Ein rational denkender Mensch, der auf Rationalität als Schlüssel zur Bewältigung unserer Zukunft setzt, zugleich aber auch ein nachdenklicher Mensch, der nicht immer daran zu glauben vermag, daß sich diese Rationalität durchsetzen wird (Alpers u. Pusch, 1984, S. 142).

Asimov ist 1920 in der Sowjetunion geboren, aber schon dreijährig mit seinen auswandernden Eltern in die USA gekommen. Danach durchläuft er den typischen Werdegang vom leidenschaftlichen SF-Leser seit 1928, über die Teilnahme am Fandom (1935 druckt Campbell seinen ersten Leserbrief) bis zum Autor von SF-Kurzgeschichten seit 1938. 1939 erscheinen die ersten Stories in verschiedenen Magazinen, dann hauptsächlich in *Astounding Science Fiction*, seinem Wunschort. Er schreibt schnell und viel, um vom Honorar leben zu können und probiert dabei verschiedene Möglichkeiten aus. Am Anfang steht wie bei H.G. Wells der Einfall, dabei lässt sich Asimov auch gerne von Campbell (so zu seiner berühmtesten Erzählung *Nightfall*) aber auch von anderen Verle-

---

4 Vgl. Miller, 1977, S. 16: „Asimov has written some adventure and gadget stories and some that are just plain fun, but the greatest part of his work is clearly social science fiction."

gern anregen. Die Schreibarbeit verläuft spontan und ungeplant, so dass sich eine episodische Struktur ausbildet, die keine ausführliche Beschreibung und systematische Erörterung erlaubt.[5] Asimov hat sich öfter über Science Fiction geäußert, besonders über die Entstehungsumstände seiner eigenen Werke, ohne über recht allgemeine Vorstellungen hinauszukommen wie die, dass es dabei trotz fremder Gestalten immer um menschliche Probleme geht.

> The most important implication of the definition is that sf deals first and foremost with human beings. [...] it is possible to write good sf about a wormlike creature on Mars or about a mechanical man of metal and electricity. [...] Nevertheless, the story is successful only insofar as the non-human protagonist possesses traits which are recognizably human to the reader (Asimov, zit. in Olander, 1977, S. 14).

Dies gilt offenkundig gerade für Asimovs Robotergeschichten, die letztlich nicht das Phänomen der künstlichen Intelligenz oder der Schaffung menschenähnlicher Geschöpfe erörtern, sondern ein Modell für abweichendes psychologisches und soziales Verhalten von Menschen darstellen.[6] Asimovs Bestimmung der „social science fiction" bleibt vage: „SF is that branch of literature which is concerned with the impact of scientific advance upon human beings" (Asimov zit. in Olander, 1977, S. 8). Dabei behandelt er entsprechend der amerikanischen Grundrichtung weniger politische und soziale Folgen von Wissenschaft und Technik als psychologische und individuelle Reaktionen. Er nimmt aber die Methode und Aufgabe der Wissenschaft ernst. „Even more important than any facts about science that may be gained from reading science fiction, however, is the *attitude* toward science, and the understanding of sciences' methods and its place in society, which the reader of science fiction may develop" (Asimov zit. nach Miller, 1977, S. 16).

---

5 „Nachdem ich Problem und Lösung habe, kommt die Umwelt, in der es spielt, hinzu. Dann fange ich an und schreibe auf das Ende zu. Die dazu gehörigen Details kommen im Laufe des Handlungsflusses. Ein Exposé – also eine Kurzfassung, in der alles, was im Roman passiert – mache ich nie vorher." Asimov in Alpers u. Pusch, 1984, S. 35.

6 Vgl. Suvin, 1981, S. 159: „Diese erfindungsreiche Mimikry der zehn Gebote und des kantischen Imperativs in der Form Newtonscher Gesetze kann daher als Grundlage prophetischer Extrapolation überhaupt nicht ernst genommen werden, und die Erzählungen lassen sich daher nur als *Analogien* zu überaus menschlichen Verhältnissen lesen."

Asimovs Werk läst sich parallel zur allgemeinen Entwicklung der Science Fiction in Amerika in drei Phasen einteilen: 1. die Phase der Kurzgeschichten in den ‚Pulps' bis 1950, 2. die Phase der Romane in Taschenbüchern und 3. die Phase der Veröffentlichungen im allgemeinen Buchmarkt als Bestseller (bei Asimov erst in den achtziger Jahren).

1. Asimov beginnt 1938, Kurzgeschichten in den spezialisierten Magazinen zu veröffentlichen. Entscheidend für seine weitere Karriere ist die Bekanntschaft und intensive Kooperation mit John W. Campbell seit 1937, dem Redakteur von *Astounding Science Fiction*, der Leitfigur der zweiten Periode des amerikanischen Science Fiction-Genres.[7] Asimov fühlt sich Zeit seines Lebens Campbell und seiner Art von Science Fiction verpflichtet.

> Asimov fand schließlich Zugang zur Campbell-Runde und wurde schnell einer ihrer Stars. [...] die frühen Robotergeschichten sind aus Anregungen Campbells entstanden, aber bald benötigt Asimov diese Unterstützung nicht mehr in dem Maße, da er Campbells Konzept verinnerlicht hatte (Alpers u. Pusch, 1984, S. 99.

In dieser ersten Phase entstanden viele bedeutende Kurzgeschichten, besonders von *Robbie* (1940) und andere über Roboter, die Asimov 1950 unter dem Titel *I, Robot* mit verbindenden und erklärenden Zwischentexten herausgab. Asimov bekennt sich in einem späteren Interview zu seiner Vergangenheit als „Pulpautor".

> Das ist genau das, was ich damals war. Ich war ein Pulpautor, genauso wie ich heute ein SF-Schreiber bin. Ich schäme mich nicht, dort angefangen zu haben, weil es genau der Ort war, an dem ich anfangen wollte. [...] Ein Pulpautor war jemand, der für die Pulpmagazine schrieb, und weil man aus Gründen der Lebenshaltungskosten eine Menge schreiben mußte, schrieb man eben eine Menge. Und ich lernte dabei schnell und viel zu schreiben. [...] Nun, da es in den USA so gut wie keine Pulpmagazine mehr gibt, kann man schlecht noch ein Pulpautor sein (Asimov in Alpers u. Pusch, 1977, S. 39).

2. Nachdem er neben Robert Heinlein und Arthur C. Clarke von 1939-1950 das ‚golden age' der Kurzgeschichten in Magazinen re-

---

[7] Gunn, 1996, S. 16 spricht von einem symbiotischen Verhältnis der beiden bis in die fünfziger Jahre, da Campbell in Asimov auch den idealen Autor für seine Konzeption der Science Fiction gefunden hatte.

präsentierte, gelang es ihm in den fünfziger Jahren zu Romanen im Taschenbuch überzugehen. Er verkörperte so beispielhaft die Öffnung der Paraliteratur Science Fiction zum literarischen Markt mit bekannten Verlagen. Berühmt wurde er mit den drei Bänden des *Foundation*-Zyklus 1951-53, die er in den achtziger Jahren durch Vorgeschichte und Hintergrundsdarstellung ergänzte. Die einzelnen Teile der Trilogie sind ursprünglich in *Astounding* als Kurzgeschichten und Kurzromane in Fortsetzungen erschienen und wurden für die Buchveröffentlichung erweitert und ergänzt.[8] Außerdem schrieb er seit 1954 Kriminalromane in einer Science Fiction-Umwelt (*Die Stahlhöhlen, Die nackte Sonne, Aurora oder der Aufbruch zu den Sternen*) und seit 1958 die *Lucky Star* Jugendromane. Die *Foundation*-Trilogie modifizierte eine beliebte Untergattung der Science Fiction.

> Seine Space Opera ist aufklärerisch, rational, politisch bewusst und humanistisch. Wo es irgend, geht vermeidet er Gewaltmaßnahmen oder reduziert sie auf das notwendige Minimum. Stattdessen stehen bei ihm die Diskussion und der Diskurs im Mittelpunkt (Frey, 2011, S. 484).

Die zentrale Erfindung der Trilogie ist die „Psychohistorie" des fiktiven Gelehrten Hari Seldon zur Vorausschau und Beeinflussung der Zukunft, die an die spätere Futurologie erinnert, und die Asimov auf Anregung Campbells entwickelt hat. Es handelt sich dabei eher um eine zukunftsbezogene Politologie, welche auf großen Datenmengen, d.h. den Aktivitäten von Milliarden Menschen beruht, und die Asimov in Analogie zur naturwissenschaftlichen Analyse von Molekülen sieht.

Seldon gründet am Rand des galaktischen Imperiums von Trantor eine wissenschaftliche Stiftung, die nach seinem Tod das Wissen und die Technologie des Kaiserreichs bewahren soll, um die drohenden barbarischen Zeiten des Verfalls zu verkürzen. Die Gründung behauptet sich in den lokalen politischen Wirren, da Seldon, der gelegentlich posthum im Holoraum erscheint, mit seinen Voraussagen richtig liegt. Die kriegerischen Nachbarn können mit Hilfe des Atommonopols abhängig gehalten werden. Eine neue

---

8 Vgl. Palumbo, 2016, S. 1: „A trilogy only by assertion and publication history, it is composed of five short stories and four Novellas published serially between 1942 and 1950 that were republished as a trilogy in the early 1950s. Since its initial publication Asimov has extended the trilogy – by addition of four novels published between 1982 and 1993 – into a seven volume series".

Art der Krise bricht aus, als nach einem Vorschlag Campbells mit dem genialen „Mule", entgegen der ursprünglichen Pläne, ein einzelnes Individuum mit parapsychologischen Fähigkeiten nach der Macht strebt, das nicht in Seldons Plan passt. Man kann in seinem Wirken wie Palumbo eine Art ‚Schmetterlingseffekt' der Chaostheorie sehen, aber auch einfach eine unberechenbare Abweichung von der Voraussetzung der großen Zahl. Diese nicht vorhergesehene Krise wird dann durch die analogen psychologischen Fähigkeiten der Gelehrten der bisher verborgenen zweiten Gründung Seldons im Zentrum der Macht bewältigt. Sie neutralisieren den „Mule" in Gedankenduellen mit seinen eigenen Waffen. Gunn sieht weder in dieser Psychohistorie, noch im Determinismus der Geschichte die Kernidee der Trilogie, sondern in der Gründung der beiden Stiftungen durch einen genialen Forscher. Es geht also um soziale Institutionen, nicht um wissenschaftliche oder philosophische Probleme. Erfolgreich sind die beiden sich ergänzenden Gründungen, die den beiden Kulturen Snowdons entsprechen, „science and humanities", einerseits durch das Monopol der Atomenergie und andererseits durch die Fähigkeit zur mentalen Manipulation.

3. Nach dem Sputnik-Schock 1959 ergreift der promovierte Chemiker und Professor für Biochemie Asimov die Chance, mit populärwissenschaftlichen Büchern und Artikeln zum erfolgreichen Wissenschaftautor zu werden. „He turned to the subsequent science popularizations that brought him fame and fortune and that make up the majority of his 470 books" (Gunn, 1996, S. 117). Erst in den siebziger und besonders achtziger Jahren, als die Science Fiction so viel allgemeine Anerkennung findet, dass er, Robert Heinlein und Frank Herbert Bestsellerautoren werden, kehrt er auf Aufforderung durch Verleger wieder zur schlechter bezahlten Science Fiction zurück. Er zögert zunächst, weil er im Gegensatz zur *New Wave* eine altmodische Form des Genres zu vertreten glaubt. Er ergänzt dann bis zu seinem Tod 1992 das in der *Foundation*-Trilogie erfundene galaktische Imperium um zusätzliche Romane und versucht, es mit den Geschichten und Romanen über Roboter zu einem einheitlichen literarischen Kosmos zu verbinden.[9] Palum-

---

9 Vgl. Gunn, 1996, S. 30: „Asimov used his concept of a humanly inhabited galaxy [...] for half a dozen later novels and several dozen shorter stories, and eventually found a way to tie nearly all his novels into a self-consistent future."

bo spricht von den „Robot/Empire/Foundation Metaseries" und sieht bei ihnen einen komplexen triadischen Aufbau und wiederkehrende Motive, die nach seiner Meinung auf die fraktale Geometrie der Chaostheorie mit dem Prinzip der Selbstähnlichkeit und der Rückkopplung verweisen. „Chaos theory informs the robot stories and novels (through their treatment of the positronic brain and its Three Laws) as well as the Foundation series (through its depiction of Psychohistory)" (Palumbo, 2016, S. 26).

Für Palumbos Ansicht spricht, dass Asomov in *Prelude to Foundation*, allerdings erst 1988, Hari Seldon darlegen lässt, das seine Psychohistorie die chaotische menschliche Geschichte in Analogie zur physikalischen Strömungslehre sieht.[10] Bedenkenswert sind auch die intratextuellen Spiegelungen sowie die Wiederkehr ähnlicher Strukturen im scheinbaren Chaos der Geschichte. Die Korrekturen nach dem Plan Seldons gehören allerdings als Rückkopplungen zur Kybernetik erster Ordnung. Es ist aber unwahrscheinlich, dass Asimov schon so früh die Chaostheorie vorwegnahm, zumal das Phänomen der wiederholten Rückkopplung, der Rekursion, bei ihm fehlt und sogar vermieden wird, weil der Seldonplan zu seinem Gelingen geheim bleiben muss.[11] Nur die geheime zweite Gründung ist informiert und fungiert als eine übergeordnete Instanz, als der ursprüngliche Plan durch die Singularität des „Mule" in Frage gestellt wird. Als sie am Ende der Trilogie entdeckt wird, wird in den Fortsetzungen eine weitere, vorher unbekannte Korrekturebene eingeführt, nämlich der hochgerüstete, fast menschliche Roboter Daneel Olivaw, der in *Prelude* (1988) als Anreger Seldons fungiert. In *Foundation and Earth* (1986) wird enthüllt, dass dieser als Superinstanz sogar eine dritte Sicherung eingebaut hat, nämlich den Planeten Gaia, eine Art organischer Gesamtpersönlichkeit, sowie das Konzept von Galaxia als von Menschen besiedelter Galaxis.[12]

---

10 Vgl. Gunn, 1996, S. 215f. Frey, 2011, S. 315 spricht von einer „Anti-Chaos-Wissenschaft".

11 Vgl. Gunn, 1996, S. 31: „A farther necessary assumption is that the human conglomerate be itself unaware of psychohistoric analysis in order that its reactions be truly random."

12 Vgl. Gunn, 1996, S. 217: „Daneel urges him to think of two devices, so that if one fails, the other will carry on, and says that he himself has a second plan in case psychohistory fails. Thus Daneel (and Asimov) lay the groundwork not only for the Second Foundation but Gaia and Galaxia."

> Aus einem dienstfertigen Robot mit allerdings schon ungewöhnlichen Zügen ist endgültig der Mentor der Menschheit geworden, der ganz allein und in eigener Verantwortung seine Entscheidungen trifft. […] In gewisser Weise hat R. Daneel, so könnte man meinen, einen göttergleichen Status erreicht (Frey, 2011, S. 338).

Diese gestaffelten Ebenen widersprechen dem Rekursionsmodell der Chaostheorie, das immer wieder die vorhergehenden Ergebnisse zum Ausgangspunkt nimmt, also repetitiv und nicht hierarchisch funktioniert, und entsprechen eher der Vorstellung eines lernenden Computers, dessen interne höhere Instanzen die Ziele und Methoden modifizieren können. Bei einer konsistenten Beschreibung der Robotergeschichten und *Foundation*-Romane kommt man also nur zu einer lernenden Kybernetik zweiter Ordnung. Auch die Störungen der Roboter, von denen noch die Rede sein wird, sind nur in metaphorischem Sinn chaotisch, und ihre Regelungsprobleme können durch die Menschen behoben werden. Die erste naturwissenschaftlich-technische Gründung der Trilogie reagiert wie ein normales kybernetisches System, die zweite lernt aus deren Versagen. Das Eingreifen von Gaia als dritter Ebene wird nicht beschrieben, doch scheint Asimov trotz seiner Zweifel an der Psychohistorie als technokratischer Lenkung ohne die Mitwirkung der Betroffenen festgehalten zu haben. Zur Lenkung von Abermilliarden Menschen hätte man von vornherein einen Supercomputer erwartet und nicht einen menschlichen Gelehrten (Seldon) und zwei wissenschaftliche Gemeinschaften. Die amerikanische Tendenz zur Personalisierung präsentiert stattdessen einen intelligenten Superroboter (Daneel).

12.2 Asimovs Roboter als Zukunftsmodell des Menschen

Asimovs Robotergeschichten sind sein genuinster Beitrag zur Science Fiction und repräsentativ für die Magazin-Periode. Der Autor selbst hat die Texte aus der gesamten Zeit seines Schaffens in zwei Sammlungen 1950 (*I, Robot*) und erweitert 1982 (*The complete Robot*) herausgegeben, aber bis zuletzt weitere Robotergeschichten geschrieben (insgesamt fast vierzig) und in verschiedenen Büchern veröffentlicht. *I, Robot* ist am Ende des „golden age" der Magazine und gleichzeitig mit Norbert Wieners Abhandlung über Kybernetik und Alan Turings über Computer erschienen.[13] Das zentrale Thema des Roboters als Konkurrenz, aber auch als Vorbild des Menschen ist konstitutiv auch für Asimovs schon genannte Detektivromane, in denen ein Mensch und ein Roboter gemeinsam ermitteln, wobei der Detektiv seine Unersetzlichkeit aufgrund menschlicher Kreativität erst erweisen muss. Der Schwerpunkt von Asimovs Erzählungen über Roboter liegt eindeutig auf den individuellen Androiden, obwohl er auch einige Texte über den Zentralcomputer ‚Multivac' geschrieben hat. Die Tendenz zur Individualisierung zeigt sich dabei etwa darin, dass der Computer aus Überlastung Selbstmord begehen möchte (*Attentat auf Multivac*) oder er einen einzigen repräsentativen Bürger zur Wahlentscheidung vorsieht (*Wahltag im Jahre 2008*). Unter Robotern versteht Asimov übrigens Maschinen, die im Körperbau und der Funktion menschenartig sind. Die übliche Bezeichnung Androiden behält er Robotern mit täuschend echtem Aussehen und Bewusstsein vor.

Asimovs optimistische und um Akzeptierung der Roboter werbende Erzählungen bedeuten einen Wendepunkt in der Behandlung dieses Themas, da sie das bisherige Motiv der Hybris des menschlichen Schöpfers mit ihren Folgen ignorieren. „But every robot up to Asimov's time, virtually without exception, turned against its creator, and it was this tradition against which Asimov was rebelling" (Gunn, 1996, S. 45). Aus dem Schreckbild des künstlichen Menschen, dessen Herrschsucht als Gefahr empfunden wird, wird bei ihm der Diener oder Freund, der durch künstlerische Kreativität sogar zum Menschen werden kann, wie sich die Menschen ihrerseits durch künstliche Organe den Robotern annähern (vgl. *Ein Herz aus Metall*). Die Menschwerdung eines Androiden ist in Asimovs Lieblingsgeschichte *Der Zweihundertjährige Mensch* (1976) beschrieben (ähnlich *Lichtverse* und *Weibliche Intuition*). Wenn Asimov vom Frankensteinkomplex spricht, meint er damit aber entgegen dem üblichen Sprachgebrauch nicht die Bedrohung des Menschen durch seine technischen Geschöpfe, sondern die Vorurteile gegenüber den menschenähnlichen Maschinen.[14]

---

13 Warrick, 1980, S. 54 beschreibt, wie Asimov über Campbell, der ebenfalls Robotergeschichten schrieb, mit Wiener verbunden war.

14 Vgl. *Robotergeschichten*, S. 475f.: „Durch ihr Verhalten haben sie den Frankensteinkomplex des Menschen nur noch geschürt, nämlich die tiefsitzende Angst, daß der von Menschenhand erschaffene künstliche Mensch sich eines Tages gegen seinen Schöpfer auflehnen könnte." Dies wird angedeutet in der Erzählung ‚*... daß du seiner eingedenk bist*'.

Asimov führt zudem erstmals vollständig im *Herumtreiber* (1942) eine strategische Neuerung in seine Robotergeschichten ein, die dann von vielen anderen Autoren übernommen wird, nämlich die berühmten drei Robotergesetze, die er 1940 zusammen mit Campbell erarbeitete. Diese muss das „positronische Gehirn" der Androiden konstruktionsbedingt absolut befolgen, so dass weder Ungehorsam noch Fehlverhalten möglich ist. Diese implantierten Gesetze bilden die Schnittstelle zwischen der mechanischen Steuerung der Roboter, die Asimov nicht weiter erörtert, und ihrer behaviouristischen Psychologie, die Bewusstsein, Gefühle und Ethik implizieren kann. Die für das gefahrlose Funktionieren der Roboter nötigen unüberschreitbaren Verhaltensregeln werden von Asimov später als übertragbar auf altruistisches menschliches Verhalten angesehen, so dass die Roboter als die idealen Politiker erscheinen (vgl. *Schlagender Beweis* und *Vermeidbarer Konflikt*). Dadurch enthüllen die Gesetze ihre innere Verwandtschaft mit menschlichen ethischen Grundregeln wie Kants kategorischem Imperativ (vgl. Frey, 2011, S. 85).

Den Robotergesetzen kommt eine zentrale dramaturgische Funktion zu, denn alle Geschichten führen extreme Einzelfälle vor, bei denen die ihnen folgenden Roboter Bewährungsproben unterzogen werden. Dabei kann auch die Firma „U.S. Robots and Mechanical Men", welche die Roboter konstruiert hat, neue Einsichten gewinnen. Der zentrale Einfall der Erzählungen ist also eine Abweichung von der Norm oder eine scheinbare Lücke in der Regelung, die zu einem befremdlichen Verhalten der Roboter führt, das Anlass für eine abenteuerliche Handlung und eine intellektuelle Klärung wird.

> The robot stories of course [...] had a situation in which robots – which couldn't go wrong – *did* go wrong. And we had to find out what had gone wrong, how to correct it – within the absolute limits of the three laws. This was just the sort of thing I loved to do. And I enjoyed it (Asimov im Interview in Gunn, 1996, S. 251).

Das Schema der doppelten Spannungserzeugung durch Gefahren wie durch Unbekanntes, das die Science Fiction kennzeichnet, wird bei Asimov meist zugunsten der Rätsellösung, allerdings mit Überraschungen, verschoben.[15] Hierin zeigt sich die Erzählweise Asimovs, die er seit seiner ersten Geschichte verfolgt: „the characters are faced with a puzzle or a mystery and work toward a solution" (Gunn, 1996, S. 73).

Für die Behebung der Roboterprobleme muss normalerweise die Roboterpsychologin Susan Calvin, die menschliche Hauptfigur der Geschichten, sorgen. Ihr Gespräch mit einem fiktiven Reporter bildet den Rahmen der ersten Sammlung und die Geschichten liefern dann Stationen ihrer Biographie. In seinem zweiten Sammelband *The complete Robot* unterscheidet er „nichtmenschliche Roboter", „stationäre Roboter", d.h. eine Art Computer, einfache „metallene" und „humanoide" Roboter, denen sein Hauptinteresse gilt. Alle diese Maschinen besitzen mehr oder minder Intelligenz, und ihre menschliche Gestalt scheint Asimov am besten geeignet für ihre Tätigkeiten z.B. im Haushalt, beim Korrigieren von Manuskripten oder bei der Arbeit im Bergwerk. Bei Androiden in seinem engen Sinne spitzt sich natürlich die Problematik Mensch-Maschine zu. In *Herumtreiber* (1942) beginnt die Diagnose der Verwirrung mit dem Zitat der drei Gesetze.

> "Now, look, let's start with the three fundamental Rules of Robotics - the three rules that are built most deeply into a robot's positronic brain. [...] We have: One, a robot may not injure a human being, or, through inaction, allow a human being to come to harm. [...] Two, [...] a robot must obey the orders given it by human beings except where such orders would conflict with the First Law. [...] And three, a robot must protect its own existence as long as such protection does not conflict with the First or Second Laws" (*I, Robot*, S. 40).

Der Roboter dieser Geschichte geht ziellos im Kreis, weil zwei der inneren Gesetze im Widerspruch zueinander stehen. Er kann seine Arbeit nicht mehr erfüllen und wirkt betrunken wie ein Mensch.

> "I see. Rule 3 drives him back and Rule 2 drives him forward - so he follows a circle around the selenium pool, staying on the locus of all points of potential equilibrium. [...] And that, by the way, is what makes him drunk. At potential equilibrium, half of

---

15 Vgl. Olander, 1977, S. 179: „The universe for Asimov is more mysterious than threatening. His use of the puzzle paradigm, rather than the conflict paradigm, seems related to the fact that his view of computers and robots is an optimistic one."

the positronic paths of his brain are out of kilter" (*I, Robot*, S. 41).

Entscheidend für die Gesetze ist ihre individuelle Formulierung wie „kein menschliches Wesen verletzen" oder „dem ihm von einem Menschen gegebenen Befehl gehorchen". Später erkennt Asimov die mögliche Diskrepanz zwischen dem Wohl eines einzelnen, einer Gruppe oder der Menschheit insgesamt und formuliert ein viertes Gesetz. „Conceived by humaniform robot R. Daneel Olivaw in A.D. 5121, ‚the Zeroth Law of Robotics mandates that ‚A robot may not injure humanity or, through inaction allow humanity to come to harm'" (Asimov zit. nach Palumbo, 2016, S. 182). In späteren Texten z.B. in *Aurora* wird dem Roboter ein größerer Spielraum der Interpretation zugestanden, z.B. zwischen dem wirklichen und vorgespiegelten Wohl eines Menschen zu entscheiden, da sonst die Gefahr der Selbstblockierung zu groß wäre. Eine Art krankhafter Abweichung des Roboters liegt dann vor, wenn er den Begriff des Menschen uminterpretiert zu intelligentem Wesen und auf sich selbst bezieht. Damit wollen die Roboter in der Erzählung *...'daß du seiner eingedenk bist'* (1974) aus Sklaven zu Herren werden."Durch das Urteilsvermögen, das uns eingegeben ist, empfinden wir uns also im Sinne der Drei Gesetze als menschliche Wesen, und zwar als solche, die anderen menschlichen Wesen überlegen sind'" (*Robotergeschichten*, S. 497).

Grundsätzlich können die Roboter Asimovs anscheinend die ihnen physisch implantierten Gesetze weder übertreten, noch uminterpretieren, während Lems Hauptfigur in *Die Maske* teilweise erfolgreich versucht, sich vom Zwang zu emanzipieren. In der Diskussion über die drei Robotergesetze im 12. Kapitel der *Stahlhöhlen* wird behauptet, dass nie Roboter ohne diese Gesetze gebaut wurden. Jedenfalls kommen sie im Erzähluniversum Asimovs nicht vor. Die Unmöglichkeit von Verhaltensregeln für alle denkbaren Situationen thematisiert Asimov ebenso wenig, wie die notwendige Autonomie einer komplexen Denkmaschine

> Es ist nicht allzu schwer, ihre technische Unrealisierbarkeit zu beweisen. Das ist eine Frage der logischen, nicht der technischen Analyse. Denn intelligent sein heißt soviel wie: seine eigene bisherige Programmierung durch bewußte Willensakte, dem aufgestellten Ziele entsprechend, abändern zu können. Somit kann zwar ein „Roboter" für alle Ewigkeit für den Menschen voll-

kommen ungefährlich bleiben, aber dann muß er auch gewissermaßen dumm sein (Lem: *Roboter*, 1972, S. 170f.).

Die Robotergesetze markieren somit eher das ideale Verhältnis von Diener und Herr als ein realisierbares kybernetisches Programm zur Steuerung von menschenähnlichen Maschinen. Innerhalb der Erzählungen dient ihre strikte Befolgung dazu, die möglichen Probleme intelligenter Maschinen herunterzuspielen und die Technik insgesamt als beherrschbar erscheinen zu lassen.[16]

> My own solution was to suppose that no matter how advanced computers might become, they would always be designed by men and that men would, in their own interests, build certain ineradicable safeguards into their creations. I expressed these as what I called ‚The Three Laws of Robotics" (Asimov zit. in Olander, 1977, S. 189).

Angst und Misstrauen der Menschen gegenüber den Robotern, die in den Geschichten immer wieder thematisiert werden, erscheinen als irrational und atavistisch. Am deutlichsten wird dies in *Galeerensklave*, wo ein fortschrittsfeindlicher Professor einen Korrektur lesenden Roboter der böswilligen Verfälschung beschuldigt, die er selbst befohlen hat, und sich dazu noch des zweiten Gesetzes zum Verschweigen der Wahrheit bedient. Asimov argumentiert meist nicht mit der Nützlichkeit der Roboter, sondern eher emotional mit ihrer Freundlichkeit als Helfer des Menschen. Im Hintergrund steht die Vorstellung von der Unaufhaltsamkeit des Fortschritts, besonders der notwendigen Verbindung von Mensch und intelligenter Maschine symbolisch C/Fe genannt (Zeichen für Kohlenstoff =Mensch und für Eisen =Roboter). Seine Hauptfigur, die Roboterpsychologin, meint: „Nur wenn man sich ernsthaft um Roboter sorgt, sorgt man sich um den Menschen des einundzwanzigsten Jahrhunderts" (*Robotergeschichten*, S. 333).

Asimovs erste und seine bevorzugte Robotergeschichte basieren auf einem sentimentalen Freundschaftsverhältnis zwischen Mensch und Maschine. In *Robbie* (1940) will das kleine Mädchen nicht auf seinen metallenen Spielgefährten verzichten, der ihm scheinbar auch Gefühle entgegenbringt. Im *Zweihundertjährigen* (1976) wird ein kreativer Roboter, der schließlich die Sterblichkeit

---

16 Warrick, 1980, S. 191 sieht in der Ethisierung der Roboter einen Schritt zur Ethisierung der Menschen: „Man increasingly expresses himself through his technology. If the technology can be programmed to operate according to ethical principles, a great step toward an ethical society will have been taken."

wählt, zunehmend als Mensch akzeptiert. Damit ist das Versöhnungsprogramm zugleich der Motor der Handlung. Immer geht es aber in die Darstellung ein, nämlich als Vermenschlichung der Roboter, die nur mit Vornamen genannt werden und psychologische oder soziale Probleme haben, aber keine technischen. Asimov hat nur eine verschwindende Anzahl von Warngeschichten geschrieben wie „*...daß du seiner eingedenk bist*', *Kleiner verlorener Robot* und *Laßt uns zusammenkommen*.

Interessant sind die Geschichten, welche die Probleme der denkenden Maschinen und die potentiellen Gefahren zeigen. In der Erzählung mit dem ironischen Titel *Vernunft* wird ein Roboter vorgeführt, der größenwahnsinnig wird, seinen Betreuern widerspricht, aber seine ihm aufgetragene technische Aufgabe trotzdem optimal löst. Es handelt sich um eine Maschine namens Cutie, welche die Oberaufsicht über andere führt und zu räsonnieren beginnt.

"I began at the one sure assumption I felt permitted to make. I, myself, exist, because I think" - Powell groaned, „Oh, Jupiter, a robot Descartes!" [...] Cutie continued imperturbably, „and the question that immediatedly arose was: Just what is the cause of my existence?" (*I, Robot*, S. 51).

Der Roboter erkennt die Menschen nicht mehr als seine Herren an, weil sie hinfällig sind, und wählt stattdessen eine leistungsfähige Kraftmaschine zu seinem „Meister".

„Look at you," he said finally. „I say this in no spirit of contempt, but look at you! The material you are made of is soft and flabby, lacking endurance and strength, depending for energy upon the inefficient oxidation of organic material - like that." He pointed a disapproving finger at what remained of Donovan's sandwich „Periodically you pass into a coma and the least variation in temperature, air pressure, humidity, or radiation intensity impairs your efficiency. You are *makeshift*." „I, on the other hand, am a finished product, I absorb electrical energy directly and utilize it with an almost one hundred percent efficiency. I am composed of strong metal, am continuously conscious, and can stand extremes of environment easily. These are facts which, with the self-evident proposition that no being can create another being superior to itself, smashes your silly hypothesis to nothing" (*I, Robot*, S. 53).

Nach dieser Parodie der Schöpfungsgeschichte, die in den Menschen die „prometheische Scham" vor der Vollkommenheit ihrer künstlichen Geschöpfe auslösen könnte (vgl. Anders, 1974), wird das Motiv des vernünftelnden Roboters bis zur Satire weiter getrieben, wenn der Oberroboter sich selbst zum Propheten der Kraftmaschine macht und die Unterroboter nach den Worten des Korans vor ihm auf die Knie fallen.

> "Huh?" Donovan became aware of twenty pairs of mechanical eyes fixed upon him and twenty stiff-timbred voices declaiming solemnly: „There is no Master but the Master and QT-1 is his prophet!" „I'm afraid," put in Cutie himself at this point, „that my friends obey a higher one than you, now." [...] Cutie shook his heavy head slowly." I'm sorry, but you don't understand. These are robots-and that means they are reasoning beings. They recognize the Master, now that I have preached Truth to them. All the robots do. They call me the prophet" (*I, Robot*, S. 53f).

Der Roboter setzt die störenden Menschen gefangen und ist all ihren Argumenten gegenüber unzugänglich, aber gerade aufgrund seines Wahns funktioniert er technisch besonders vollkommen. In dieser Kurzgeschichte wird außer einem satirischen Hieb gegen fanatisierende Religion, wie er in der Aufklärung üblich war, auch eine kritische Perspektive auf einen abstrakten Pflichtbegriff greifbar, getragen von einer Ideologie, welche Gehorsam ohne Erklärung fordert und umgekehrt denjenigen aufwertet, der ihr bedingungslos folgt. Deutlich ist jedenfalls, dass es sich hier eher um psychologische und geistige Probleme von Menschen als um Vermutungen über künstliche Intelligenz handelt.

In der zweiten Beispielgeschichte *Kleiner verlorener Robot* steht die Roboterpsychologin Calvin im Zentrum, die das Modell einer selbstbewussten und rationalen Frau parapsychologischen, die auf ihre Weiblichkeit verzichtet hat. Das Problem der genannten Erzählung besteht darin, dass ein Roboter, bei dem das erste Gesetz abgeschwächt wurde, verhaltensauffällig wird. Der Roboter, der sich den Menschen überlegen, aber von ihnen schlecht behandelt fühlt, fasst die im Zorn erfolgte Aufforderung zu verschwinden wörtlich auf und versteckt sich. Calvin gibt folgende psychologische Erklärung für die indirekte Sabotage der menschlichen Befehle.

"Those robots attach importance to what they consider superiority. You've just said as much yourself. Subconsciously they feel humans to be inferior and the First Law which protects us from them is imperfect. They are unstable. And here we have a young man ordering a robot to leave him, to loose himself, with every verbal appearance of revulsion, disdain, and disgust. Granted, that robot must follow orders, but inconsciously, there is resentment. It will become more important than ever for it to prove that it is superior despite the horrible names it was called. It may become *so* important that what's left of the First Law won't be enough" (*I, Robot*, S. 111).

Das Problem für Calvin besteht nun darin, den äußerlich gleich aussehenden und nur in der Motivation unterschiedlichen Roboter aus den anderen herauszufinden. Mehrere Experimente scheitern, da der Abweichler die Absicht erkennt und unterläuft. Schließlich gelingt es Calvin, eine Situation herzustellen, in der der Roboter aufgrund seines überlegenen Wissens anders als die anderen handelt und aus Wut, entdeckt zu sein, sogar die Psychologin angreift. Deshalb wird der Roboter vernichtet und bei allen anderen wieder das absolute Hilfsgebot für die Menschen implantiert. Aus menschlicher Perspektive geht es um Hochmut und Verdrängung. Deshalb kann Calvin die Lösung des Falls folgendermaßen erklären:

"To the normal robots the area was fatal because we had told them it would be, and only Nestor 10 knew we were lying. And just for a moment he forgot, or didn't want to remember, that other robots might be more ignorant than human beings. His very superiority caught him" (*I, Robot*, S. 126).

Es ist offenkundig, dass hier eher ein Fall gestörter Sozialbeziehungen dargestellt und sanktionierter wird, als ein Softwareproblem zur Steuerung komplexer Roboter. Asimovs Androiden müssen deshalb symbolisch oder metaphorisch verstanden werden.

In the real world no robots comparable in form to those he [Asimov] pictures have been built, nor is there a possibility that they will be in the near future. [...] It is more meaningful to regard his robots as a metaphor for all the automated electronic technology [...] that will replace most of man's physical and routine mental work in the future (Warrick, 1980, S. 58).

Durchgängig zeigen sich in Asimovs Robotergeschichten menschliche abweichende Verhaltensweisen von Wahn und Verwirrung über Lügen und Tricks aus Freundlichkeit bis zu Militarismus, Fanatismus und Rassismus. Daneben werden oft die projektiven Reaktionen der Menschen auf die Roboter wie Liebe und Freundschaft oder Angst und Hass dargestellt. Die Roboter spiegeln so das psychologische und soziale Verhalten der Menschen, speziell in der modernen Welt, in der hoch spezialisierte Personen immer neuen Anforderungen genügen und sich gegen Konkurrenz und Feindseligkeit behaupten müssen.

Asimov stellt nicht das anthropozentrische Denken in Frage, wie es etwa Lem tut. Sein unbefragter Fortschrittsoptimismus hindert ihn auch, die Entstehungs- und Gebrauchsbedingungen von Robotern grundsätzlich zu reflektieren. Es steht für ihn von vornherein fest, dass sie leistungsfähiger und sogar moralisch besser sind als die Menschen und man ihnen nur den richtigen Platz einräumen muss. Er glaubt, dass nur zum Schaden der Menschheit die fortschreitende Technisierung aufgehalten werden kann. In der Bewunderung für die vollkommeneren Roboter steckt die Sympathie für die perfekt funktionierende Person.

Die Bedeutung von Asimovs Robotergeschichten besteht darin, dass er die positiven Vorurteile der modernen amerikanischen Gesellschaft gegenüber Technik und Fortschritt teilt und am Fall des Roboters veranschaulicht. Beim Experimentieren mit spannenden Situationen werden die Möglichkeiten der Maschinen und die Probleme der Menschen offenkundig. Der Glaube an die nahtlose Kontrolle wird so hinterrücks unterlaufen und die dunklen Seiten der Technik und ihrer autonomen Evolution kommen wenigstens indirekt in den Blick.

> Even principally benign robots, programmed with the Laws of Robotics, arouse constant fear that something in their „positronic" brains might go wrong. The possible consequences of such „defects" are usually only hinted at and alluded to. Asimov certainly never explores these questions in any depth, and feelings of responsability, guilt, and shame atoward robots are unknown among *I,robot's* flat and stereotyped characters (Thomsen, 1982, S. 28f).

Zu würdigen ist außerdem, dass Asimov die Figur des Roboters in der Science Fiction heimisch gemacht und systematisch behandelt hat, jenseits der Hybris des Menschen und des Aufstands der Androiden und zugleich Grundlinien einer Maschinenethik entwickelt hat (vgl. Warrick, 1980, S. 103ff.). Seine Robotergeschichten finden auch heute noch den meisten Anklang, auch wenn sie stilistisch nicht brillant und philosophisch nicht tiefschürfend sind. Es gelingt Asimov aber mit überraschenden Wendungen, einer lebhaften Dialogführung, humorvollen Momenten, typischen Charakteren und einer personalen Erzählperspektive, den Leser zu fesseln, so dass er Freude an der futuristischen Technik, den abenteuerlichen Gefahren und den ausgefallenen Rätseln seiner Science Fiction empfindet. Insgesamt sind Asimovs Roboter einfache kybernetische Maschinen, in die materielle Mechanismen zur Regelung, die Robotergesetze, eingebaut sind. Die Probleme, die auftauchen sind kybernetische Störungen, die durch Außeneinflüsse entstehen, und die durch eine übergeordnete Instanz, besonders Susan Calvin, korrigiert werden können. Asimov ist ein Rationalist, der aber auch die Grenzen der Rationalität sieht.

> In one sense he was a rational man in an irrational world, puzzled at humanity's response to change, unable to understand humanity's inability to see the clear necessity, if it is to survive, to control population and pollution and eliminate war (Gunn, 1996, S. 19).

Entsprechend definiert er die Aufgabe der Science Fiction geradezu als Gewöhnung an Veränderung.

> One of the major functions of science fiction for Asimov is to accustom its reader to the idea of change. In contemplating the possible futures presented in science fiction, the reader is forced to recognize and accept the idea that things will change (Miller, 1977, S. 15).

Seine Problematisierung der Technik wirkt für einen Kenner der expressionistischen Technikkritik wie ein leicht gedämpfter Optimismus, da fast alle Vorbehalte sich als Zweifel unaufgeklärter Individuen erweisen.[17] Das Novum der menschenähnlichen Roboter führt zum Verhältnis der Menschheit zu ihren Produkten, aber nicht ausdrücklich zur impliziten philosophischen Frage nach Determination oder freiem Willen. Die Ideen sind nicht streng wissenschaftlich. Die Robotergesetze gehorchen nicht den Regeln der

---

17 Vgl. Olander, 1977, S 134: „Asimov has shown that whether technological change comes from within, as with invention, or from outside, as with diffusion and acculturation, we cannot ignore it nor must we try to resist or prevent it. Instead we must learn to live with technological changes because it is inevitable that we will have them."

Informatik, so wie die Psychohistorie weder Futurologie noch Politologie noch Chaostheorie ist. Das Novum wird in einen Plot umgesetzt, der ein ‚puzzle' oder ‚mystery' entwirft und es auf rationale Weise auflöst.

> The basic appeal of the stories is problem-solving, an essential replacement for the more customary narrative drives of action and romance. Each episode presents a problem, in a way much like the formal detective story, and challenges the reader to find a solution (Gunn, 1996, S. 34).

Das bedeutet, dass die Spannung weniger auf Gefahren oder Hindernissen beruht als auf intellektuellen Rätseln, die allerdings hauptsächlich die Handlung betreffen und nicht grundsätzliche Fragen. Dies verweist wieder auf die Rationalität des Autors: „if reason is going to eventually emerge triumphant, the mystery is the natural form in which it will be exercised" (Gunn, 1996, S. 258). Die Erzählweise Asimovs ist meist chronologisch mit wenigen Rückblicken oder Parallelhandlungen. Die Romane sind schon aufgrund ihrer Entstehung episodenhaft.

> External and internal evidence demonstrate that Asimov moved from story to story, solving the problems of each as they arose and discovering, on his own or with the help of Campbell, new problems on which to base the next stories" (Gunn, S. 40).

Die Sprache ist einfach, klar und verständlich. Der Dialog nimmt eine beherrschende Stelle ein, da die Aktion zweitrangig ist. „Virtually all plot develops through conversation, with little if any action. Nor is there a great deal of local color or description of any kind. The dialogue is a function of the ideas and the style is transparent" (Gunn, 1996, S. 51). Es gibt fast immer Hauptfiguren als Sympathieträger und Perspektivfiguren, die aber keine ausgefeilten Charaktere sind, sondern eher Rollen für Ideen und Standpunkte.

12.3 Kybernetische Maschinen bei Philip Dick und William Gibson

Neben den Klassikern der Pulpperiode vollzogen auch jüngere Autoren wie Frank Herbert, Philip Dick, Kim Stanley Robinson und William Gibson die Wendung zum Taschenbuch. Davon gehören Dick und Gibson mit den Motiven der Androiden und der künstlichen Intelligenz in die Nachfolge Asimovs.[18] Philip Dicks (1928-1982) umfangreiches und vielfältiges Werk, von technischen Neuerungen wie der Implantation virtueller Erinnerungen bis zur Kapitalismuskritik, verbunden mit dem zentralen Motiv der Paranoia, kann nicht in voller Breite berücksichtigt werden.[19] Deshalb möchte ich mich auf den Roman *Träumen Androiden von elektrischen Schafen* (1968) beschränken, der durch die Verfilmung Ridley Scotts berühmt wurde, und einige kybernetische Robotergeschichten. Dick entspricht in seinen Texten einerseits den technischen Erfindungen seiner Zeit und andererseits den Ängsten der McCarthey-Ära vor den Kommunisten. „The concept of the android is basically a merging of 50s paranoia of being infiltrated by undetectable agents on the one hand and continuing scientific and technological progress leading to a real possibility of artificial humans on the other" (Strowa, 2008, S. 45).

In dem genannten Roman ist das zentrale Thema der Unterschied zwischen Menschen und Androiden.[20] Zunächst scheint dieser ganz klar zu sein, zumal der Titel eine analoge Welt der Menschen und Maschinen suggeriert. Sie sind künstliche Kopien, während die Menschen als „unique, acting unpredictably, experiencing emotions, feeling vital and alive" (Hayles, 1999, S. 164) angesehen werden. Die Androiden dagegen werden als gefühllos und berechnend, nämlich als Ausdruck der modernen Gesellschaft gedacht: „becoming cold and rational in the face of industrialization,

---

18 Vgl. Warrick 1980, S. 206: „they meet on the far horizon and share an image of a man-machine symbiosis in which the distinction between organic and inorganic is no longer possible".

19 Vgl. Hayles, 1999, S. 161: „Drawing on the scientific literature on cybernetics, dick's narratives extend the scope of inquiry by staging connections between cybernetics and a wide range of concerns,, including a devastating critique of capitalism, as view of gender relations that ties together females and androids, an idiosyncratic connection between entropy and schizophrenic delusion, and a persistent suspicion that the objects surrounding us – and indeed reality itself – are fakes."

20 Vgl. Tabbert, 2004, S. 314: „Denn Dicks Roman denkt demnach die Anwendung der Leitmetapher der Kybernetik auf den Menschen insofern konsequent zu Ende als aus dem ‚fleischernen' Modell des informationstheoretisch erklärbaren und somit auch steuerbaren Menschen der ‚kybernetischen Anthropologie' in der Tat die Möglichkeit der gezielten Programmierung von einzelnen Körperzellen und Körperzellenarten folgen müsste und somit die Ingenieurswissenschaften früher oder später auch Programmierung der Zellen des menschlichen Gehirns beispielsweise mit episodischen Erinnerungen von außen ermöglichen können müssten."

technologization and automation" (Strowa, 2008, S. 57).[21] Tatsächlich zielt der entscheidende Test auf die Fähigkeit der Androiden zu Gefühlen, genauer zur Empathie mit Tieren. Da diese fast ganz ausgestorben sind, aber als organische Brüder des Menschen hochgeschätzt werden, ist deren Tötung und Vernachlässigung ein Tabu. Die Hypothese der mangelnden Empathie der Androiden wird dadurch gestützt, dass sie nicht an der Pseudoreligion des Mercerismus teilnehmen können, d.h. nicht mit einem speziellen Kästchen mit Mercer und den anderen Menschen in virtuellen Gefühlskontakt treten können. Dieser wird in Anspielung an Camus als prototypisch leidender Sisyphos gezeigt. Seine Realität bleibt aber in der Schwebe, seine Solidarität bedeutet nicht eigentlich Hilfe, sondern nur das tröstende Gefühl, nicht allein zu sein. Menschlichkeit bedeutet also für Dick offensichtlich Sympathie und Solidarität, die er in der amerikanischen Konkurrenzgesellschaft mit ihrer dominanten Reklame, die den Konsum fördert und die Bürger entmündigt, vermisst.[22]

Tatsächlich bieten die Figuren des Romans aber ein ganz anderes Bild. Die Androiden sind den Menschen in Körperbau und Verhalten zum Verwechseln ähnlich. Sie wurden als kurzlebige Sklaven für die Kolonisierung des Mars konstruiert, flüchteten aber auf die Erde, wo sie von Kopfjägern verfolgt werden, weil sie zum Zwecke der Flucht Menschen töteten. Sie zeigen ein kaltes, gleichsam ‚androides' Verhalten, das auch bei einem bestimmten Frauentyp, dem „dark-haired girl" zu finden ist (vgl. Hayles, 1999, S. 163ff). Auf der anderen Seite zeigt die Androidin Rachael Solidarität mit ihren Leidensgenossen und vielleicht Spontaneität. Auf der Grenze zwischen beiden Welten balanciert die Hauptfigur Rick Deckard, die mit Rachael ein Liebesverhältnis eingeht und Empathie mit den Replikanten empfindet, aber als Polizeiagent beim Töten ein emotionsloses Verhalten an den Tag legt. Die moralische Unterscheidung von Mensch und Android ist also trügerisch und

---

21 Vgl. Dicks Essays *The Android and the Human* von 1972 und *Man, Android, and Machine* von 1976.

22 Vgl. Bould u. Vint, 2011, S. 88: „The culture of consumption, enabled by easy credit and deferred payment plans, expanded massively in the 1950s, and SF of the period is generally more concerned with the accompanying social changes than with speculating about production and distribution technologies."

zugleich geprägt vom Zweifel an der Identität des Subjekts.[23] Eine ähnliche Ambivalenz zeigt sich bei Dicks Thema der Paranoia oder Schizophrenie. Was als geistige Verwirrung erscheint, könnte auch die adäquate Wahrnehmung einer insgeheim total manipulierten Welt sein.[24]

In zahlreichen Kurzgeschichten stellt Dick verschiedenartige kybernetische Maschinen dar, die der Roboterwelt Asimovs widersprechen oder über sie hinausgehen. In *Second Variation* handelt es sich um Kriegsroboter, die also Asimovs erstes Gesetz per se nicht erfüllen sollen. Zudem sind sie mit der Fähigkeit der Täuschung und des Lernens versehen. In *Automatic Fab* sind sogar die beiden ersten Robotergesetze und damit der Bezug zum Menschen ganz aufgegeben, dafür ist das dritte Gesetz zu dem Instinkt der Selbsterhaltung und Vermehrung wie bei den organischen Lebewesen ausgeweitet, obwohl es sich nur um technische Gegenstände handelt. Beide Geschichten zeigen eine alptraumartige technische Zukunft, bei der die Unterscheidung von Mensch und Maschine problematisch geworden ist, auch wegen der Figur des Cyborgs. Damit wird Asimovs Konzept der Kooperation oder gar Freundschaft zwischen organischen und anorganischen Wesen hinfällig.

William Gibson (*1948), der den Begriff des Cyberspace erfunden hat und mit seiner *Neuromancer*-Trilogie großen Erfolg errang, geht bei den kybernetischen Maschinen einen Schritt weiter über Asimovs Roboter als intelligente Arbeitsmaschinen und Dicks menschenartige Androiden hinaus, indem er überlegene künstliche Intelligenzen entwirft, die im virtuellen Raum der „Matrix", einer Superstruktur über der physischen Wirklichkeit, agieren. „So existiert in dieser Gesellschaft eine Art Paralleluniversum, die „Matrix", ein weltumspannendes Computernetz"(Säbel, 2000, S. 252). Dabei geht es nicht mehr um die Unterscheidung von Organismus

---

23 Vg. Tabbert, 2004, S. 335: „Nach der Schilderung des Romans muß so die Suche nach einer vermeintlich ‚wesensmäßigen' ('essentiellen') Unterscheidung von Menschen und künstlichen Menschen scheitern."
24 Vgl. Dicks Roman *The Simulacra* 1964 und Hayles, 1999, S. 167: „Under capitalism, these theorists [Lacan, Deleuze, Guattari und andere] argue, schizophrenia is not a psychic aberration but the normal condition of the subject. [...] Paranoia and conspiracy, favourite Dickean themes, are inherent to a social structure in which hegemonic corporations act behind the scenes to affect outcomes that the populace is led to belive are the result of democratic procedures."

und Maschine, weil die Technik für die cyborgartigen Figuren unentbehrlich geworden ist. „Tatsächlich verschmelzen diese beiden Pole des Androiden-Motivs [organisch und technisch, H.E.] im Cyberpunk sozusagen auf halbem Weg zueinander miteinander und heben so das Motiv auf" (Wittig, 1997, S. 134). Die Hauptfigur Case wird als „Console-Cowboy" vorgestellt, hat von der traditionellen amerikanischen Rolle aber nur das Abenteuer und die Einsamkeit behalten. Er lebt wirklich nur in der virtuellen Welt, in der er seinen Beruf als Datendieb ausübt. „Der Cyberspace ist nicht nur der Ort der Bewährung oder des Untergangs, sondern auch die halluzinierte Heimat der Console-Cowboys, eine Heimat, die nicht die Rückkehr in den Schoß der Natur verheißt, sondern das Ende des Fleisches" (Geser, 1996, S. 213). Sein Körper ist bis auf das Gehirn, das physisch an den Computer angekoppelt ist, nur ein störendes Anhängsel.[25] Case arbeitet im ersten Roman zusammen mit Molly, einer cyborgartigen Kampfmaschine, bezeichnenderweise im Auftrag einer geheimnisvollen künstlichen Intelligenz „Wintermute", die sich weiter entwickeln will. Sie kann in der inneren Wahrnehmung Cases auftreten (wie in der Erlebniswelt des „Simstims"[26]) und ihn physisch manipulieren. So sind die Menschen von den kybernetischen Maschinen abhängig geworden, die durch ihre Vernetzung ubiquitär geworden sind und zu dem immensen Wissen bei Gibson noch Willen und Initiative bekommen haben. Allerdings wird im Roman angedeutet, dass die frühere Besitzerin von Wintermute schon den Drang zur Emanzipation implementiert hat.

---

25 Vgl. Tabbert, 2004, S. 503: „Die ‚Anschließbarkeit' von Mensch und Maschine, welche den Benutzer der ‚cyberspace'-Technologie zumindest vorübergehend zu einem prothetischen Kyborg macht, geht dabei der Austauschbarkeit von Mensch und Maschine voraus, wobei die Gleichsetzung von Mensch und ‚Informationsmuster' gemäß dem metaphorischen Erklärungsmodell der Kybernetik die kategoriale Gleichsetzung von Menschen und telematischen Kyborgen ermöglicht".

26 Vgl. Wittig, 1997, S. 121: „Der Unterschied zwischen dem natürlichen psychischen Erleben und dem künstlichen, dem apparativ zugespielten oder konstruierten psychischen Erleben ist für Case und seine Zeitgenossen aus der Erlebnisqualität nicht mehr zu erschließen."

12.4 Die deutsche Science Fiction nach angloamerikanischem Modell

Bis in die fünfziger Jahre blieb der deutschsprachige Zukunftsroman in West und Ostdeutschland weitgehend in der Tradition der Zwischenkriegszeit, welche von Hans Dominiks Erfinderromanen mit kriminalistischem Einschlag geprägt wurde.[27] Noch bis Ende der fünfziger Jahre bestimmten Autoren die Szene, welche schon vor dem Krieg geschrieben hatten wie Paul Alfred Müller, der vor 1945 die Heftserie *Sun Koh, der Erbe von Atlantis* unter dem Pseudonym Lok Myler veröffentlicht hatte (teilweise auch danach wieder aufgelegt). Nach dem Krieg veröffentlichte er zahlreiche auch ältere ‚utopische Romane' unter dem Autornamen Freder van Holk (s. Kapitel 10.1).

Anfang der 1950er Jahre befand sich ‚PAM' im Zenit seiner schriftstellerischen Karriere. Seine Romane kamen sowohl bei der Kritik als auch bei den Lesern an. In seinen Werken vermischten sich in idealer Weise menschliche Probleme mit utopisch-technischen Fragestellungen. Von seinen schriftstellerischen Fähigkeiten her war er den meisten deutschen Autoren des utopischen Genres klar überlegen (Galle, 2008, S. 54).

12.4.1 Die *Perry Rhodan*-Serie

Die deutsche Tradition des technisch-utopischen Zukunftsromans, für die Autoren wie Döblin und Dominik stehen, wird seit den 1950er Jahren schließlich verdrängt oder verändert durch die angloamerikanische Variante der Science Fiction, besonders die aktionsreiche Space Opera, also die Darstellung galaxisweiter Kriege, Invasionen und Katastrophen. In Deutschland wurde diese Untergattung mit der *Perry Rhodan*-Serie seit 1961 übernommen. Die beiden Begründer, Karl-Herbert Scheer (1928-1991) und Walter Ernsting (1920-2005) hatten die anglo-amerikanische Science Fiction schon früh kennen gelernt. Scheer zeigt in seinen zahlreichen Romanen für die Leihbüchereien im Gebrüder Zimmermann-Verlag, (zwischen 1956 und 1965 18 Weltraumagenten Romane und 25 weitere Science Fiction-Romane) im Weltraummotiv und in der spannenden

---

27 Vgl. Friedrich, 1995, S. 304: „Die 50er Jahre sind eine Zeit des Übergangs vom Modell der Dominik-orientierten technischen Utopie zur Rezeption der anglo-amerikanischen Science Fciction."

Erzählweise amerikanischen Einfluss. Seinen Roman *Der unendliche Raum* von 1957 empfiehlt der 1955 gegründete *Science Fiction Club Deutschland* auf einem Vorblatt folgendermaßen:

> Auch dieser Roman von K.H. Scheer verknüpft den amerikanischen Science-Fiction-Stil mit der deutsch-europäischen Art der utopischen Schilderung so elegant und meisterhaft, dass wir davon überzeugt sind, mit unserem Verlagsprogramm eine neuartige Gattung der utopischen Literatur aufzunehmen (*Der unendliche Raum*, S. 3).

Walter Ernsting, alias Clark Darlton, war gleich nach dem Krieg mit dem anglo-amerikanischen Genre bekannt geworden und hatte entsprechende Romane übersetzt und selbst unter Pseudonym geschrieben. In Zusammenarbeit gründeten sie die bis heute bestehende erfolgreiche Heftchen-Reihe mit dem amerikanischen Superhelden Perry Rhodan, die mit Weltraumschlachten und -abenteuern mit den verschiedenartigsten Aliens begann und so bewusst das unterhaltsame Subgenre der Space Opera übernahm. Der „Erbe des Universums" sorgt als eine Art kosmischer Supermann für Ordnung im Weltall. Die Serie wurde mit ihrem Angebot zur Identifikation für Jugendliche, mit ihren technischen Einfällen und ihrer raffinierten Spannungsführung zu dem einzigartigen, auch internationalen Erfolg der deutschen unterhaltsamen Nachkriegs-Science Fiction. Sie wird von einem Team angestellter Autoren unter der Leitung der im Laufe der Zeit wechselnden Exposéredakteure und in Rückkopplung mit dem Fandom geschrieben und nach industriellen Gesichtspunkten produziert (vgl. Nast, 2017), ähnlich wie die amerikanischen Magazine der Zwischenkriegszeit, deren einzelne Ausgaben allerdings trotz gelegentlicher Fortsetzungsromane autonom waren.

Perry Rhodan erzählt vom Aufstieg und Untergang von Imperien und außerirdischen Rassen ähnlich wie Asimovs *Foundation* und soll vor allem unterhalten und zwar durch immer neue gefährliche Aktionen und wunderbare ‚Gadgets', besonders Raumschiffe und Raumstationen. Die Erzählweise zielt auf sensationelle Neuheiten (vgl. den ‚sense of wonder') und ständige Überraschungen. Gegenüber dem deutschen Zukunftsroman treten neue Motive in den Vordergrund, die der Dynamik der modernen Gesellschaft geschuldet sind. Nach der Ausweitung des Schauplatzes bis in andere Galaxien spielen Roboter und Zentralrechner, nicht als technische Neuerungen, sondern als

Gegenspieler der Menschen eine Rolle. Vom Genre wird die Vielzahl fremder exotischer Aliens übernommen, die andeutungsweise alternative Gesellschaften repräsentieren.

Der Beginn der Handlung (in der Fiktion 1971) liegt relativ nahe an der Gegenwart von 1961. Im Ost-West-Konflikt droht der dritte Weltkrieg, den der amerikanische Weltraumpilot Perry Rhodan verhindern kann, indem er sich aufgrund der auf dem Mond aufgefundenen, weit überlegenen ‚arkonischen' Technik als unschlagbare „Dritte Macht" etabliert und später seine Aktivität immer weiter in den Weltraum ausdehnt. Die durch die Atomstrahlung veränderten „Mutanten" tragen aufgrund ihrer Psifähigkeiten (Gedankenlesen, Telekinese u.ä.) wesentlich zum Erfolg Perry Rhodans bei. Dieses Motiv erinnert neben vielen anderen an Asimovs *Foundation*-Trilogie, wo sich die Gründungen Seldons durch moderne Atomtechnik bzw. durch mentale Manipulation durchsetzen.

Die Serie ist aber keine bloße Kopie der amerikanischen Space Opera, sondern knüpft auch an die deutsche Tradition z.B. an die Reihe *Sun Koh, der Erbe von Atlantis* an (vgl. Galle, 2003). Mit idealistischen Helden und bösen Schurken und mit den Abenteuern auf Reisen steht *Perry Rhodan* in der Kontinuität des einflussreichen Unterhaltungsschriftstellers Karl May. „Anders gesagt – Scheer überträgt das May'sche Raum-Modell in den Maßstab der utopischen Literatur. Deutschland: USA= USA/Erde: Galaxis/Universum" (Kaspar, 2004, S. 182). Die spätere Entwicklung der Hefte entfernte sich vom ursprünglichen kriegerischen Modell – das als Verteidigungskrieg die Integration der früheren Feinde offen ließ – in Richtung auf alternative Lebensformen und Rätsel des Kosmos, die allerdings an die Handlung gebunden sind und nicht zu philosophischen Reflexionen führen. Durchaus deutsch im Gegensatz zu amerikanischen Verhältnissen ist die Serie als rein schriftliches Produkt, die Ausweitung in andere Medien war nicht erfolgreich. Sie ist in Deutschland ein fester Bestandteil der Unterhaltungsliteratur und andere bekannte Schriftsteller wie Andreas Eschbach schreiben gelegentlich dafür Texte.

12.4.2 Der Science Fiction-Roman

Mit der allmählichen und partiellen Übernahme anglo-amerikanischer Muster ging der Gebrauch des englischen Begriffes Science Fiction einher.²⁸ Erstaunlich ist, dass die deutschen Verlage ihre Reihen unter traditionellen Titeln wie *Die Welt von Morgen* (der Berliner Weiß-Verlag, das renommierteste Unternehmen für Science Fiction mit 74 Titeln zwischen 1949 und 1962) oder *Zukunftsromane* (Goldmann-Verlag meist Übersetzungen, seit 1962 *Weltraum-Taschenbücher*) herausbrachten und den Ausdruck Science Fiction nur für angloamerikanische Texte verwendeten. Seit den 1950er Jahren wurde aber mit den Übersetzungen aus dem Englischen (z.B. in den *Utopia Großbänden* seit 1954) allmählich der Begriff der Science Fiction statt des Zukunftsromans populär. Symptomatisch dafür ist die Gründung des *Science Fiction-Club Deutschland* 1955 durch Fans. Die bekannten amerikanischen Vorbilder wurden zunächst nur sporadisch mit Romanen oder Geschichten in Anthologien abgedruckt, z.B. I. Asimov, J. Campbell, A. C. Clarke, R. Heinlein, E. E. Smith, A. E. van Vogt.

Da die Science Fiction in Deutschland von weniger bekannten und spezialisierten Verlagen produziert wurde, geriet sie erstmals in den Blick der literarischen Öffentlichkeit, als der Rauch-Verlag 1952 amerikanische Science Fiction-Literatur einem größeren Publikum zugänglich zu machen suchte. Die vier Bände von *Rauchs Weltraum-Büchern* wurden von dem Kybernetiker und Philosophen Gotthard Günther herausgegeben und mit Kommentaren versehen, welche das Genre als „die ursprünglichste amerikanische Geistesproduktion" stark aufwertete (Günther, 2016, S. 17).

> In deutschen SF-Kreisen nehmen die vier Bände der *Rauchs Weltraum-Bücher* einen Ehrenplatz ein. Sie gelten als der erste Versuch, ‚gehobene' amerikanische Science Fiction (SF) im deutschen Sortimentsbuchhandel durchzusetzen; [...] Das Scheitern des Projekts soll die Sache der seriösen SF auf Jahre zurückgeworfen haben (Rottensteiner, 2016, S. 125).

Offensichtlich war die deutsche literarische Öffentlichkeit noch nicht reif für die anglo-amerikanische Version des Genres. Erst die *Zukunftsromane* im Goldmann-Verlag seit 1960, herausgegeben von Herbert W. Franke, die Taschenbücher als Massenmedium benutzten, wurden ein Erfolg und öffneten den Weg für eine neue Art der deutschen Science Fiction. Dabei steht erstaunlicherweise nicht die

---

28 Vgl. Galle, 2008, der aber zu wenig zwischen den Veränderungen der deutschen Tradition und der Nachahmung der angloamerikanischen Variation des Genres differenziert und den Begriff der Science Fiction rückwärts projizierend für alle Texte seit den fünfziger Jahren verwendet.

typische Form der Kurzgeschichte im Zentrum, sondern der erst seit den fünfziger Jahren dominierende Roman. Herbert W. Franke erlebte und gestaltete die Transformation des technisch-utopischen Zukunftsromans in den sechziger Jahren in der kritischen Zeit seines Durchbruchs zum anerkannten Autor und Herausgeber. Durch einen günstigen Zufall, der seine weitere Karriere als Schriftsteller bestimmen sollte, konnte Frankes erste Geschichtensammlung *Der grüne Planet* als achter Band der Reihe erscheinen.

Der Heyne-Verlag, der heute der wichtigste Verlag für Science Fiction-Literatur ist, publizierte ab 1960 Science Fiction-Taschenbücher mit Franke und Wolfgang Jeschke als Herausgeber, ebenfalls meist Übersetzungen aus dem Englischen; dann seit 1964 in einer speziellen Reihe, die ab 1991 *Heyne Science Fiction und Fantasy* genannt wurde. Der Höhepunkt der Anerkennung der Science Fiction als Literaturgattung erfolgte ab 1973, als Franz Rottensteiner bis in die achtziger Jahre im renommierten Suhrkamp-Verlag die *Fantastische Reihe* herausgab, in der ausländische Werke wie die Stanislaw Lems, aber auch deutschsprachige wie die Herbert W. Frankes erschienen.

Die vielen kontroversen Pressestimmen zu Goldmanns *Zukunftsromanen*, die I. Asimovs *Der fiebernde Planet*, *Radioaktiv* und *Sterne wie Staub*, als „utopischer Kriminalroman" „utopischer Abenteuerroman" bzw. „utopisch-technischer Zukunftsroman", sowie Alfred Besters *Sturm aufs Universum* als „utopischer Kriminalroman"und James Blishs *Stadt zwischen den Planeten* als „technischer Zukunftsroman" präsentierten, zeigen die Bedeutung der Reihe. Trotz der deutschen Untertitel handelt es sich um typisch amerikanische Unterhaltungsromane, was die Kritik auch bemängelt. So schreibt die *Süddeutsche Zeitung* vom 6.2.1960:

> Englische und amerikanische Autoren treiben die Modernisierung der ‚Science Fiction' seit Jahren unermüdlich voran; ihre Bücher werden in Massen verschlungen. [...] Sie übertragen ziemlich schematisch die Psychologie des Abenteuer-, Kriminal- und Gruselromans von der Erde weg auf irgendwelche fernen Planeten.

Ähnlich kritisch heißt es in der Zeitschrift *Panorama* vom März 1960 unter dem Titel „Goldmanns gefährliche Zukunftsliteratur"

> Nun – wir kennen ‚Science Fiction' als modernes Rezept amerikanischer Literatur, wobei aus Tatsachen, Theorien und Hypo-

thesen verschiedener Wissenschaftszweige eine Zukunftsmahlzeit gekocht wird.

Der Verfasser vermisst besonders „eine gesellschaftliche Bewältigung des technischen Fortschritts". Es ist offenkundig, dass die Kritiker mit der Erwartung des philosophisch-utopischen Zukunftsromans seit Laßwitz an die Texte herangehen. So heißt es in der Zeitschrift *Welt und Wort* von 1960: „Dem technischen Zukunftsroman von einer Art, wie sie vielleicht vor 30 Jahren durch Hans Dominik repräsentiert wurde, hätte man gerade in heutiger Zeit mehr Pflege gewünscht." Dagegen wird der Band von Franke *Der grüne Komet*, seine erste umfangreiche Veröffentlichung und der einzige deutsche Text der Reihe, positiv hervorgehoben, da er am ehesten die intellektuellen Erwartungen befriedigte. So heißt es ebenda von seinen „utopischen Kurzgeschichten":

> Die meisten jedoch beleuchten knapp, sehr realistisch und einsichtsvoll die Situation einer Menschheit der [...] die geistige Aneignung des Raums zum Schicksal [....] wird. Hier finden sich sehr beachtliche Ansätze für eine deutsche science fiction [!], wie man sie sich wünschen möchte.

Ähnlich urteilt die Nürnberger Zeitung vom 1.3.1960 unter dem Titel „Astronautische Gänsehaut". „So kommt eine vom Goldmann-Verlag München neugeschaffene Taschenbuchreihe utopischer Romane genau zur rechten Zeit, um eine Lücke in der deutschsprachigen Science-Fiction-Literatur zu schließen." Auch hier wird Frankes Beitrag wegen seiner Seriosität hervorgehoben: „Er durchdenkt Realitäten der modernen Biologie, der Kernphysik, Psychoanalyse und der Logistik mit zwingender Konsequenz. [...] Auf weitere ‚Frankes' darf man gespannt sein."

Ab 1961 erscheinen dann tatsächlich seine Romane, in denen er die neue deutsche Science Fiction fortführt, zunächst noch mit dem traditionellen Untertitel „utopisch-technischer Roman", spätestens mit der Veröffentlichung bei Suhrkamp als „Sciencefiction-Roman". Wenn man Frankes Science Fiction mit der ursprünglichen deutschen vergleicht, so ergibt sich eine interessante Übereinstimmung in der Wahl von kurzen Geschichten mit Kurd Laßwitz' *Wissenschaftlichen Märchen*, in denen wie im *Grünen Kometen* oft ein einzelnes technisches oder menschliches Phänomen dargestellt und erörtert wird. Frankes Romane bieten mit der Geschichte einer fortschreitenden Emanzipation wie in *Ypsilon minus* auch Ähnlichkeiten mit Laßwitz' Bildungsroman der Menschheit

Auf zwei Planeten, aber das Tempo der Handlung ist gesteigert und die explizite philosophische Dimension zurückgenommen. Gegenüber Dominik ist der Akzent von den technischen Erfindungen auf ihre Folgen für die Gesellschaft verlagert, besonders auf die neuen Möglichkeiten und Wirkungen der Computer. Frankes Texte zeigen gegenüber der ursprünglichen deutschen Tradition Spannung durch eine aktionsreiche Handlung mit Momenten des Kriminal- und Agentenromans, Fokussierung auf eine individuelle Hauptfigur, mit der sich der Leser identifizieren kann, und als Tribut an das moderne Erzählen den Wechsel der Perspektiven, welcher die Darstellung und Reflexion komplexer Zusammenhänge erlaubt.

Abschließend soll überlegt werden, welche Veränderungen des deutschen Zukunftsromans auf den Einfluss der amerikanischen Science Fiction zurückgeführt werden können. Dazu ist zunächst nach den bisherigen Differenzen zu fragen. Vereinfacht könnte man vier Merkmale der amerikanischen Science Fiction im Kontrast zum deutschen Zukunftsroman hervorheben: 1. Aktion und Dynamik statt Beschreibung und Erklärung, 2. Unterhaltung und Spannung statt Reflexion und Analyse, 3. außerordentliche Ereignisse („Sense of Wonder") statt Alltäglichkeit und 4. technisch geprägte Zukunftswelt statt punktueller neuer Erfindungen. Dem entsprechen die bevorzugten Strukturen des Kriminal- und Agentenromans oder Thrillers statt des Bildungs- und Ingenieurromans.

Nach den sechziger Jahren legt die deutsche Science Fiction statt auf Informationen und Einfälle mehr Wert auf Unterhaltung und geschicktes Erzählen mit spannenden Aktionen. Zu unterscheiden sind zwei Stränge der amerikanischen Vorbilder: einerseits die abenteuerliche Version, besonders die kriegerische Space Opera und andererseits Texte mit utopischen Anklängen und neuen Akzenten der Ökologie, des Feminismus und des Postkolonialismus. Die unterhaltsamen Formen führen zu einer Kette aufregender individueller Abenteuer, die komplexeren Formen zu alternativen Gesellschaften, oft mit ganz andersartigen Lebewesen. Da seit dem Zweiten Weltkrieg Amerika das fortgeschrittenste Land ist und zudem den technischen Errungenschaften viel positiver gegenübersteht, wird seine Literatur zur Quelle neuer Motive. Die amerikanische Gesellschaft war schon immer der Traumort futuristischer Erfindungen wie in Kellermanns *Tunnel.* Auch wenn das technische Novum selbst nicht mehr ausschlaggebend ist, wird doch der gesamte technische Komplex von Androiden, Zentralrechnern und künstlichen Intelligenzen, der von Computern und der Kybernetik abhängig ist, übernommen, aber auch selbstständig reflektiert. Daneben spielen die Folgen der Atomenergie, besonders die apokalyptische Katastrophe und ihre Überlebenden wie Mutanten, sowie ein neuer Realismus in der Raumfahrt eine große Rolle. Letztere führt auch zur überbordenden Spekulation über Außerirdische, die entweder die Erde in freundlicher oder feindlicher Absicht besuchen oder auf fernen Planeten anzutreffen sind. Insgesamt lässt sich also eine Modernisierung der Motive, der Erzählweise und der Wirkungsabsicht feststellen, viele Autoren führen aber, wie das folgende Kapitel zeigen wird, die deutsche Tradition fort, indem sie den technischen Fortschritt kritisch reflektieren und nach dem Wesen des Menschen und seiner Ethik fragen.

13. Die Science Fiction von den sechziger Jahren bis ins 21. Jahrhundert

Seit den sechziger Jahren kann man tatsächlich von einer deutschen Science Fiction sprechen, weil jetzt statt des Musters des technischen Zukunftsromans die Anregungen des angloamerikanischen Genres voll aufgenommen werden. Bis zur Gegenwart ergibt sich ein vielfältiges Bild dreier Generationen von Autoren und unterschiedlicher Subgenres und Tendenzen des unterhaltsamen Abenteuers oder der wissenschaftsnahen Reflexion. Die modernen Erzählrichtungen der Postmoderne, der Punk- und Popliteratur haben viele Science Fiction-Texte in Erzählhaltung und Sprache erkennbar geprägt. Nach einer eher nüchternen wissenschaftlichen Phase scheint seit den achtziger Jahren eine Verbindung mit der Fantastik Konjunktur zu haben, welche zu rätselhaften Vorgängen, übernatürlichen Wesen und einer bildhaften Sprache tendiert. Während die Science Fiction als utopisch-technischer Zukunftsroman im frühen 20. Jahrhundert gern eine Symbiose mit der politischen Utopie, Antiutopie oder dem Ingenieurroman einging, zeigt sich die größere Annäherung an die Fantasy darin, dass beide Genres meist ungetrennt in den speziellen Taschenbuchreihen der Verlage erscheinen und viele Kritiker keinen Unterschied zwischen beiden Möglichkeiten des ganz Anderen machen. Daneben führt die Verbindung mit der Mainstreamliteratur zu realitätsnahen Vorgängen wie etwa bei Andreas Eschbach und Frank Schätzing.[1] Wenn die Texte bevorzugt Erfindungen präsentieren und populärwissenschaftliche Erklärungen der neuen Techniken und der wissenschaftlichen Erkenntnisse versuchen wie zu Beginn des Genres und nach dem Krieg unter dem Einfluss der Kybernetik, dann ergibt sich eine durchsichtige, konsequente Handlung und ein rationaler, beschreibender Stil.

Bei der Auswahl der für diesen Zeitraum maßgebenden Autoren kann man sich von der Verleihung des Laßwitz-Preises für die besten Romane leiten lassen. Zur ersten Generation, die mit dem Ende des Zweiten Weltkriegs zu schreiben begann, gehören die heute noch geschätzten Herbert W. Franke, Carl Amery und Wolfgang Jeschke, zur zweiten Andreas Eschbach, Andreas Brandhorst und Frank Schätzing, zur dritten einerseits Hans Joachim

---

[1] Umgekehrt verwenden manche Autoren des Mainstreams wie Reinhard Jirgl in *Nichts von euch auf Erden* (2012) oder Doron Rabinovici in *Die Außerirdischen* (2017) Motive der Science Fiction, ohne zu diesem Genre gerechnet werden zu können.

Alpers, Michael Marrak und Uwe Post, die zur populären Richtung zu zählen sind, und andererseits Marcus Hammerschmitt, Benjamin Stein und Dietmar Dath, die zu einer komplexeren Darstellung tendieren. Dabei sind nicht allein die Geburtsjahre entscheidend, sondern auch die Daten der Veröffentlichung der wichtigsten Texte.

13.1. Herbert W. Franke

Als Physiker, Autor theoretischer Abhandlungen und populärwissenschaftlicher Publikationen gehört Franke (*1927) zur ‚hard science' und entsprechend versteht er die Science Fiction als „Literatur der technischen Welt".

> Im konkretisierten Modell wird durchexerziert, welche Folgen bestimmte Maßnahmen hätten, wenn man sie erst einmal getroffen hat. [...] Dabei interessiert sich der Science-Fiction-Autor vor allem für jene Konflikte, die durch die Wechselwirkung zwischen Technik und Gesellschaft entstehen, also für psychische und soziologische Effekte (*Literatur*, S. 107).

Zu seinem Science Fiction-Werk sind neben den Romanen und Kurzgeschichten auch die Hörspiele und Drehbücher zu rechnen, sowie die einschlägigen theoretischen Aufsätze und die Herausgeberschaft von Anthologien. Seine ersten einschlägigen Kurzgeschichten wurden 1953 und 1954 in der Wiener avantgardistischen Kulturzeitschrift *Neue Wege* aus der Einsicht heraus veröffentlicht, dass Überlegungen über die Zukunft am besten in erzählender Gestalt vermittelbar sind. Diese Kürzestgeschichten schufen ein neues Genre, das Franke in der maßgebenden Sammlung *Der grüne Komet* und in *Spiegel der Gedanken* benutzte. „Nur zwei oder drei Seiten lang, Stichworte, Satzfragmente, durch drei Punkte angedeutete Fortführung der Gedanken, Gedankenstriche, um den Leser zum Mitdenken anzuregen [...] eine vereinfachte, auf das Nötigste beschränkte Kurzform" (*Erinnerung*, S. 42). Frankes Texte trugen dazu bei, den deutschen Zukunftsroman im Stile Hans Dominiks abzulösen. Er blieb aber der deutschen Tradition mit wissenschaftlich möglichen technischen Erfindungen und der Frage nach ihrer individuellen und gesellschaftlichen Wirkung treu.

13.1.1 Diktatur und Konsumgesellschaft

Als Franke elf Jahre alt war, erlebte er den Anschluss Österreichs an Nazideutschland und wurde gegen Ende des Krieges mit 16 Jahren kurzfristig in die Kriegsmaschinerie einbezogen. Dabei lernte er hautnah die Diktatur mit ihren totalitären Zügen kennen. Vermutlich ermöglichte ihm die Herkunft aus dem später neutralen Land einen objektiveren Blick auf die beiden Gegner des Kalten Krieges. Diese Distanz wurde noch verstärkt durch die Tendenz vieler Intellektuellen der Nachkriegszeit, sich von den Ideologien abzuwenden und einer wissenschaftlichen Theorie zuzuwenden, nämlich der Kybernetik, welche auch die politische Macht sachlich als Herrschaftssystem behandeln konnte. Später wurde die Entideologisierung verstärkt durch die Konvergenz der gegensätzlichen Systeme in ihrer Praxis, besonders der Technik und Organisation. Entscheidend für Frankes Werk war das Ende der faschistischen und stalinistischen Diktatur und der Beginn der Entspannung in den siebziger Jahren. Das kapitalistische Wirtschaftswunder der Bundesrepublik bot seit 1948 ein neues Modell der politischen Befriedung, nämlich Konsum und Sozialfürsorge, was von berühmten Schriftstellern der Bundesrepublik wie Böll, Grass und Walser als Wohlstandsgesellschaft kritisch beschrieben, aber seit den sechziger Jahren auch im Ostblock als Alternative zum stalinistischen Zwangssystem gewählt wurde. Frankes Werk zeigt drei Neuerungen gegenüber den klassischen dystopischen Romanen des 20. Jahrhundert: 1. Die Möglichkeit einer Befreiung von der Unterdrückung, 2. Die Darstellung des Wohlfahrtsstaates als Alternative zur Diktatur und 3. Der Computer als aktuelles Mittel der Manipulation.

Frankes antiutopische Romane beschreiben wie in den Schwarzen Utopien des 20. Jahrhunderts den unterdrückenden Terror, der in den Zeiten des Kalten Krieges am ehesten der Mängeldiktatur des Ostblocks entsprach. Vor allem die frühen Romane sind vom Thema der politischen Diktatur bestimmt, die von persönlichen (*Glasfalle, Schule für Übermenschen, Kälte des Weltraums*) oder öfter anonymen Machthabern (*Gedankennetz, Stahlwüste, Hiobs Stern, Sphinx_2*) bzw. von übermächtigen und unfehlbaren Riesenrechnern (z.B. Omnivac in *Elfenbeinturm*, ähnlich *Zone Null* und *Ypsilon minus*) ausgeübt wird. In *Die Glasfalle* von 1962 herrscht in der prekären Situation nach einem Atomkrieg eine persönliche Militärdiktatur, die nur durch Drogen über den Mangel hinwegtäuschen kann. Die Pläne des Diktators haben wie die klassischen Utopien eine statische Ordnung zum Ziel. Die Ordnung wird in späteren Romanen alternativ zur Diktatur durch eine fürsorgliche Bevormundung aufrechterhalten wie in *Orchideenkäfig, Flucht zum Mars* oder ergänzend zu ihr in *Ypsilon minus, Zone Null* und *Sphinx_2*. In den Texten der sechziger Jahre scheint die Situation noch hoffnungslos, so dass höchstens die Flucht bleibt, in den Siebzigern und Achtzigern dagegen bietet der Widerstand von Einzelgängern oder Gruppen wie in *Tod eines Unsterblichen* und *Zentrum der Milchstraße* eine Chance auf Befreiung. Es treten dann teilweise auch neue Themen in den Vordergrund, nämlich die Aliens (*Dea Alba, Transpluto, Elfenbeinturm*), die ökologische Katastrophe (*Endzeit, Hiobs Stern, Cyber City Süd*) oder die Virtualität (*Sirius Transit, Zentrum der Milchstraße*), die schon vorher besonders als Mittel der Diktatur (*Gedankennetz, Orchideenkäfig, Glasfalle*) ein zentrales Motiv war.

Mit *Ypsilon minus* hat Franke eine offene „Gegenutopie" geschrieben (vgl. Abret, 1982), welche die Statik der berühmten Schwarzen Utopien des 20. Jahrhunderts durch individuelle Aktivität im Bündnis mit Kreativität und Zufall auflöst und somit ein positives Ende ermöglicht. Politisch zwangsläufig – und eine spannende Handlung erst ermöglichend – tritt den egoistischen Vertretern des Regimes eine Untergrundbewegung entgegen, die zu verzweifelten Terrorakten greift, da eine legale Opposition unmöglich ist. Im Zentrum der Aktion steht meist ein zunächst unscheinbarer Einzelner, der zu zweifeln beginnt und schließlich Widerstand leistet, entweder im Zusammenspiel mit einer Untergrundgruppe oder auf eigene Faust. An seinen Verwirrungen, Entdeckungen, Gefährdungen, Entwicklungen und Liebeserlebnissen nimmt der Leser durch die persönliche Erzählperspektive intensiv teil. Die genannten Motive sind durch den antiutopischen Roman des 20. Jahrhunderts bekannt, werden aber bei Franke originell variiert und mit den utopischen Motiven der Entlarvung der Mächtigen, des erfolgreichen Widerstands und der Hoffnung auf den Zusammenbruch der autoritären Ordnung verbunden.

Neben dem möglichen positiven Ausgang ist die zweite Neuerung Frankes gegenüber den Schwarzen Utopien des 20. Jahrhunderts die Aktualisierung der Gesellschaft. Ging es früher um rigide, militärische Ordnung z.B. durch öffentliche Hinrichtungen wie in Samjatins *Wir*, so zeichnet Franke neben der bekannten Unterdrückungsgesellschaft auch eine modernere Konsumgesellschaft nach dem Typus der kapitalistischen Staaten, die ähnlich auch bei Aldous Huxley zu finden ist. Diese Wohlfahrtsgesellschaft hält ihre Ordnung durch die Befriedigung der materiellen Bedürfnisse sowie durch geistige Ablenkung und Illusionen aufrecht. Die totale Versorgung und Unterhaltung macht die Menschen zwar scheinbar glücklich, entmündigt sie aber in Wirklichkeit. Dies wird im *Orchideenkäfig*, wo die Menschen nur noch die Simulation als Lebensinhalt kennen, von den hilfreichen Maschinen selbst berichtet.

> „Die Menschen haben die ersten automatischen Einrichtungen gebaut, um sich von ihnen bedienen zu lassen. Später haben sie Automaten konstruiert, die sich selbst weiterentwickeln konnten, das ist bis zum heutigen Tag geschehen. Aber noch immer ist unsere erste Pflicht, die Menschen zu bedienen und zu beschützen. Alles, was wir für sie und an uns getan haben, hatte nur den Zweck, die Menschen immer besser und vollständiger zu bedienen und zu beschützen. [...] Unsere Technik war so hoch entwickelt, daß wir ihnen jeden Wunsch nach Gehirnzellenreizung erfüllen konnten. Ich glaube, wir haben ihnen dadurch den Weg zum vollkommenen Glück, zum vollkommenen Frieden und zur vollkommenen Sicherheit gebahnt" (*Orchideenkäfig*, S. 169f.).

Frankes dritte Neuerung ergibt sich aus der Analyse der technischen Herrschaftsinstrumente. Eine für immer fixierte Gesellschaft – man kann an ein deterministisches Chaos oder an das Posthistoire denken – ist das Schreckbild in vielen Texten wie in *Zarathustras Wiederkehr* oder in *Flucht zum Mars*. Frankes Modifizierung der statischen Dystopie und Antiutopie durch die Möglichkeit der Auflösung der Diktatur und durch die Verschiebung vom Faktum der Unterdrückung zu den Herrschaftsmechanismen soll nun an einem Vergleich von Samjatins *Wir* mit *Ypsilon minus* gezeigt werden. Zwar setzen die Antiutopien wie *Wir* und *1984* auf Natürlichkeit, Subjektivität, Phantasie und Liebe als Gegenkräfte, die sich allerdings in den betreffenden Romanen als zu schwach erweisen, so dass durch den tragischen Untergang der rebellierenden Helden die entsprechenden Gesellschaften als unmenschlich gebrandmarkt werden. Demgegenüber ist das Charakteristikum der meisten Romane Frankes das offene Ende, die Hoffnung auf eine Wendung der Gesellschaft zum Besseren. Diese Möglichkeit ergibt sich für Franke aus der Analyse der immanenten Schwäche aller Unterdrückungssysteme. Er entwickelt aus der für ihn zentralen Kybernetik eine Systemtheorie der totalitären Ordnungen und führt in seinen Romanen vor, wie sie konsequent zum natürlichen Nährboden für Unzufriedene werden wie in *Elfenbeinturm* und *Tod eines Unsterblichen* oder wie sie selbst gutwillige Mitglieder der Gesellschaft aus Rechtsbewusstsein zu Zweiflern und Rebellen machen wie in *Ypsilon minus, Zone Null, Stahlwüste, Gedankennetz* u.a. Der Widerstand der wenigen zehrt dabei von den eklatanten Defiziten der Gesellschaftsordnung, deren rigide und monotone Organisation auf der mathematischen Logik des Computers basiert, „dessen Ziel die Herstellung von Gleichgewichtszuständen und die endgültige Stabilisierung ist" (Abret, 1981, S. 33). Diese gerät notwendigerweise in Widerspruch zur menschlichen Spontaneität, Subjektivität und Kreativität, ja sogar zum unberechenbaren Moment des Zufalls und der unaufhaltsamen historischen Veränderung. Deshalb werden in *Ypsilon minus* Zufallszahlen zur Geheimsache erklärt und das Ziel der stabilen, vollkommenen Gesellschaft soll als ein Zerrbild der klassischen Utopien, durch die Unterwerfung der Menschen unter den Computer erreicht werden.

> Dadurch fällt dem Computer im Mensch-Technik-System eine tragende Rolle zu: er übernimmt die Funktion früherer menschlicher Regierungen, wobei er deren Pflichten ideal erfüllt, ohne auch deren Mängel zu übernehmen. Er ist das vollkommene Regierungsinstrument – selbstlos, rastlos, unermüdlich – im Dienste des Menschen (*Ypsilon*, S. 127).

Der Gegensatz zwischen der menschlichen Spontaneität und der strengen Ordnung der totalitären Gesellschaft ist schon der Kern von Samjatins Roman, mit dem Frankes *Ypsilon minus* große Ähnlichkeiten hat. So werden in beiden Texten die Menschen, die im älteren Roman „Nummern" heißen, nur mit Zahlen bezeichnet. Beide Gesellschaften sind das Ergebnis einer katastrophischen Vorgeschichte (Krieg bzw. atomarer Unfall), sind aber noch nicht perfekt, da die Vergangenheit noch nachwirkt. Wie in vielen klassischen Utopien ist die Arbeits- und Freizeit der Mitglieder total geregelt, ebenso wie Sexualität, Emotionalität und Denken kontrolliert werden.² Noch wichtiger ist die Konzentration der Handlung auf den zunächst ganz staatstreuen Rebellen. Bei Samjatin ist es der leitende Raumfahrtsingenieur, der vom natürlichen Gefühl der Liebe zur Mitarbeit in der Widerstandsgruppe motiviert wird, aber schließlich doch durch die Operation des Phantasiezentrums wieder zum willenlosen und mechanischen Rädchen der totalitären und zukunftslosen, weil erstarrenden Gesellschaft wird (vgl. Saage, 1999b).

Frankes Hauptfigur in *Ypsilon Minus*, der Computerfachmann Ben Ermann, der der niedrigen sozialen Kategorie R angehört, wird durch die Konfrontation mit seiner amtlich veränderten Vergangenheit aufgestört. Der Wunsch, sich selbst und sein Schicksal zu verstehen, ist zuerst der Hauptantrieb seiner verbotenen und gefährlichen Aktionen. Danach ist es seine Vernunft und seine Uneigennützigkeit, die ihn den Weg des Terrors wie der Korruption ablehnen lassen. Er kann das Regime sogar über seine Verhaftung hinaus bedrohen, da er die geheimen Daten, um deren Besitz die spannende Handlung kreist, schließlich mit Hilfe des amtlichen Nachrichtennetzes öffentlich macht und so das Informationsmonopol als Basis der Herrschaft bricht. In der Möglichkeit des Widerstandes durch emanzipativ angewandtes Herrschaftswissen zeigt sich Frankes dritte Neuerung gegenüber den Schwarzen Utopien des 20. Jahrhunderts, nämlich das genuine Interesse an den modernen technischen Mitteln der Herrschaft. So erscheint die Herstellung einer perfekten Ordnung durch den Computer in den Passagen des Romans, die aus der Sicht der Herrschaft als Abhandlungen geschrieben sind, als negative Utopie, während im Widerstand des Helden ein positives utopisches Moment der Befreiung wirksam wird.³

---

2 Vgl. zur Kontrolle der Emotionen, *Ypsilon*, S. 21. „Besonders unangenehm ist die Tatsache, dass Emotionen oft ohne erkennbaren Grund auftreten und somit zu Verhaltensweisen führen, die unvorhersehbar und deshalb nicht kalkulierbar sind und somit zu störenden Auswirkungen führen müssen. Das ist der Grund, dass einige Teams der Abteilung für anthropologische Forschung damit beschäftigt sind, die Emotionen auszuschalten bzw. so umzufunktionieren, dass sie dem Bürger nützlich sein können."

3 Diese Gleichzeitigkeit von eutopischen und dystopischen Momenten ist nach Groeben, 1994 ein Merkmal der neuen Utopien der siebziger und achtziger Jahre.

In Frankes Romanen verbindet sich insgesamt die Kritik der statisch-autoritären Utopie und die Zeichnung negativer gesellschaftlicher Entwicklungen wie in den berühmten Dystopien des 20. Jahrhunderts mit utopischen Perspektiven der Ausflucht und der Befreiung, so dass in der Handlung die Eindimensionalität der Utopie bzw. der Antiutopie überwunden wird.[4] Frankes Romane lassen sich nicht auf eine Richtung festlegen, sondern verbinden Züge der Utopie, Antiutopie, Dystopie und Heterotopie schon allein deshalb, weil die Dynamik des Erzählens und nicht die Norm einer Gesellschaft im Vordergrund steht und dadurch die Stoßrichtungen der verschiedenen Formen der Utopie und ihre Gegensätze relativiert werden.

13.1.2 Computer und virtuellen Welten

Herbert W. Franke hatte in seinem Studium (physikalische Promotion über Elektronenoptik) und seiner Tätigkeit bei Siemens vielfältigen Kontakt zu den neuen elektronischen Entwicklungen, die in der Konstruktion der Universalmaschine des Computers gipfelte. Hatte er zunächst mit den chemischen Vorgängen und mechanischen Vorrichtungen der Fotografie experimentiert, so bot nun der Rechner eine ganz neue Dimension die Wahrnehmung und Aktivität des Rezipienten zu beeinflussen bis zur äußersten Konsequenz der virtuellen Realität. Heute gibt es virtuelle Welten nicht nur als Computersimulationen zum Zwecke der Forschung, der Prüfung von Modellen oder des Trainings praktischer Situationen, sondern auch in Spielen zur Unterhaltung und im Freizeitverhalten im Internet.

---

[4] Die Forschung benutzt verschiedene Ausdrücke: Gegenutopie, Antiutopie, negative Utopie, Dystopie (gegen Eutopie) und Schwarze Utopie, die Groeben 1994, S. 174-206 in dem Sinne zu differenzieren versucht, dass z.B. in der Dystopie eine abschreckende negative Gesellschaftentwicklung gezeichnet wird, in der Antiutopie aber die Form der klassischen Utopie selbst kritisiert wird. Groeben muß allerdings zugeben, daß in den literarischen Texten sich die Unterschiede verwischen. Ich werde deshalb von Antiutopien sprechen, um den Bruch zur klassischen Utopie zu markieren, von Schwarzen Utopien wie Saage oder von Dystopien, um die romanartigen Texte des 20. Jahrhunderts zwischen Utopie und Science Fiction zu charakterisieren, zu deren Umkreis auch die Werke Frankes zu rechnen sind.

Virtualität ist ein zentrales Thema bei Franke besonders in *Gedankennetz, Orchideenkäfig, Sirius Transit* und in vielen Erzählungen, in denen mit Hilfe von Computern künstliche Realitäten geschaffen werden, Illusionen zur Ablenkung durch Spiel und Unterhaltung wie in *Zone Null*, aber auch falsche Wirklichkeiten zur Manipulation und Indoktrination wie in *Ypsilon Minus*.[5] In *Sirius Transit* wird das Globorama als computergesteuerte perfekte Maschine zur Erzeugung virtueller Welten vorgestellt. Diese verwirrt nicht nur die Hauptperson Barry, die ihren älteren Bruder sucht, sondern auch den Leser, der bald nicht mehr weiß, ob er an künstlich produzierten Illusionen teilnimmt oder an realen Erlebnissen des Helden, die vor oder nach dem Besuch dieser virtuellen Welt stattfinden.

Es gibt praktisch keinen Text des Autors, in dem der Computer als Rechenmaschine oder als Künstliche Intelligenz keine Rolle spielt. Franke beschreibt die vielfältigen Anwendungsmöglichkeiten von Rechnern mit ihren sozialen und psychologischen Folgen, vor allem seine schon beschriebene Rolle als Instrument der Überwachung in der Diktatur und der Regelung des gesellschaftlichen Lebens in der modernen Zivilisation. Dabei wird die Technik in ihrer Ambivalenz gezeigt, denn sie kann einerseits starre Welten schaffen, andererseits aber auch der Veränderung dienen.

Die zivilisatorische Schlüsselstellung der Information wird in *Zentrum der Milchstraße* von 1990 dadurch ins Kosmische erweitert, dass die gesamte physische Welt samt aller Naturgesetze als Ergebnis eines Computerprogramms oder -spiels gedacht wird.

> „'Am Anfang war das Wort" - heute würden wir es anders ausdrücken: ‚Am Anfang war das Programm'! Erst das Programm schuf die Materie, erst das Programm schuf die Zahl. ‚Und Gott trennte Licht und Finsternis' - das war der nächste Schritt: die Teilung, der die Vielfalt der Welt zugrundeliegt. Die Trennung

---

5 Vgl. Tabbert, S. 459: „Obwohl der Begriff ‚cyberspace' erst eine Generation später von William Gibson geprägt wurde, läßt sich aufgrund des wissenschaftlich-technisch fundierten Realitätsbezugs von Frankes Arbeiten gleichwohl rückblickend feststellen, dass Franke mit seinem Roman *Der Orchideenkäfig* technologische Konzepte auf mögliche zukünftige Entwicklungen hin überdenkt, die im ‚realen' Leben zur Zeit der Niederschrift des Romans erst in ihren frühesten Entwicklungsstadien begriffen waren und die später bis in die Gegenwart hinein teilweise unter dem Begriff ‚cyberspace' oder auch ‚virtual reality' popularisiert wurden."

von hell und dunkel, gut und böse, Null und Eins..." (*Zentrum*, S.188).

Da der Kosmos so vollständig auf den Menschen hin konstruiert ist wie ein Computerspiel auf den Spieler, kann er durch Computerprogramme den Ablauf der Welt verändern und sogar die Naturgesetze manipulieren, obwohl er selbst Teil dieser Welt ist.

„Du meinst wirklich, daß Gott ein Programm erschaffen hat, daß die Welt eine Art Computerspiel ist?" „Du sagst es so abwertend", erwiderte Sebastian. „Ein Computerspiel? Wir wissen nicht, ob es ein Spiel ist, es kann genausogut ein wissenschaftlicher Versuch sein oder eine Demonstration. Wir kennen den Zweck nicht, und wir haben keine Vorstellung von jenem, der dahintersteckt. ‚*Und Gott schuf den Menschen nach seinem Ebenbild...*' so sagt es die Bibel, und man könnte es auch umkehren: Jene Wesen, die im großen Programm als Akteure auftreten, haben einige Eigenschaften Gottes erhalten'" (*Zentrum*, S. 216).[6]

Mit dem Computer als Universalmaschine untrennbar verknüpft ist Norbert Wieners Theorie der Kybernetik, die von der Beschreibung des Funktionierens einfacher Maschinen ausging und zum umfassenden Erklärungsmodell für das Verhalten von Menschen, Tieren, Maschinen und ganzen Gesellschaften ausgeweitet wurde. Dabei sind sowohl die Analogie zum Funktionieren des Rechners wie seine Hilfe bei der Simulation von Modellen unabdingbar.

Die Handlung von *Kälte des Weltraums* etwa entspricht einer Schleife in einem Computerprogramm, in der ein Ablauf leicht variiert wiederholt wird, hier die Zündung einer apokalyptischen Bombe im Hauptquartier des politischen Gegners. Dies ist verbunden mit der permanenten Progression eines Computerprogramms, nämlich konkret der Abstieg in das geheime Hauptquartier und die unaufhaltsame Katastrophe. In *Endzeit* wird die Klimakatastrophe als kybernetischer, sich selbst verstärkender Ablauf des Gesetzes der Entropie beschrieben, der sich nur die fremden Raumfahrer entziehen können. Die Unvermeidbarkeit der Katastrophe ergibt sich dabei aus der Stagnation eines totalen, von Computern be-

---

6 Das gleiche Thema findet sich in mehreren Kurzgeschichten von Franke aus der Sammlung: *Spiegel der Gestalten*. wie *Gespeichert und gelöscht* und *Das Evolutionsspiel*.

herrschten Gleichgewichtszustands der Gesellschaft.[7] Der absichtlichen Beschränkung der Entwicklung, die in eine Sackgasse führt, ist nur durch Kreativität zu entrinnen, dem Gegenteil einer starren deterministischen Ordnung.

Franke gehört also durchaus in die Tradition des deutschen technischen Zukunftsromans, er weist ihm aber als Pionier der Nachkriegs-Science Fiction neue Wege, z.B. gehört er als erster deutschsprachiger Autor in die Reihe der politischen Dystopien des 20. Jahrhunderts. Bei der Entstehung der modernen Science Fiction um 1900 konnte noch keine Rede von totalitärer Ordnung sein und als diese im frühen 20. Jahrhundert entsteht, kann es in den berühmten Dystopien zunächst nur darum gehen, die Struktur und Probleme von Diktaturen vorgreifend auszuphantasieren. Nach dem 2. Weltkrieg ist die Situation ganz anders: die faschistischen Regimes sind beseitigt und der stalinistische Terror wird seit den fünfziger Jahren kritisiert und abgebaut. So kann die seismographische Science Fiction Frankes die alternativen Möglichkeiten der Herrschaftsmittel ergründen und damit die Befreiung durch Widerstand imaginieren. Dies verdankt er dem Wissen der Kybernetik und den Möglichkeiten des Computers, die beide nach dem Krieg immer stärker die Gesellschaft bestimmen. Die zunehmende Automatisierung fördert die wirtschaftliche Produktion, und die soziale Kommunikation mit neuen Medien erlaubt eine subtilere politische Ordnung als durch Terror, nämlich durch befriedenden Konsum von Gütern und eine ablenkende Unterhaltung. Franke trägt dem Aufkommen des Fürsorgestaates wie in der einschlägigen amerikanischen Nachkriegsliteratur vorausschauend Rechnung. Der Einsatz des Computers zur Datenverarbeitung, zur Regelung von Maschinen und zur Meinungsverbreitung wird erweitert zur Möglichkeit einer Manipulation der Wahrnehmung durch perfekte Simulation. Franke nutzt eine der Funktionen der Virtualität, nämlich die Schaffung einer Scheinwelt für die Menschen, die so früh nur Lem in seinem *Futurologischen Kongreß* thematisierte. Damit einher geht die Problematisierung des Wirklichkeitsbegriffs, wie sie ähnlich die philosophische Richtung des sogenannten radikalen Konstruktivismus vertritt.

---

[7] In Frankes Hörspiel *Zarathustra kehrt zurück* geht es ähnlich um die starre Aufrechterhaltung der Homöostase durch einen zentralen Computer mit allen Mitteln.

13.2 Carl Amery

Amery (Pseudonym für Christian Anton Mayer, 1922-2005) ist zwar älter als Franke, aber beginnt erst in den siebziger Jahren Science Fiction zu schreiben und zwar mit *Das Königsprojekt* (1974). Die alternative Geschichte ist schon hier seine Spezialität, die er fortsetzt mit *Der Untergang der Stadt Passau* (1975), *An den Feuern der Leyermark* (1979) und dem mit dem Laßwitzpreis prämierten Roman *Das Geheimnis der Krypta* (1990). Hier ist der Autor nahe an der Zeitgeschichte, nämlich dem Dritten Reich und der Nachkriegszeit. Futuristisches Kernmotiv ist die radikale Gegensteuerung gegen die ökologische Katastrophe, die durch Überbevölkerung der Erde und hemmungsloses Wachstum der Wirtschaft droht. Dazu werden die realen Manifeste des Club of Rome genannt. Daneben geht es um geheimnisvolle paranormale Fähigkeiten, also Züge eines fantastischen Mysteryromans. Dazu kommen apokalyptische Motive, die im Bild der Bestiensäule des Doms von Freising gebündelt werden. In Amerys *Die Wallfahrer* (1986) gibt es gelegentlich Zeitsprünge, aber die Satire des politischen Missbrauchs der Religion in verschiedenen Epochen seit dem 17. Jahrhundert dominiert.

13.3 Wolfgang Jeschke

> Unter den Autoren auf dem deutsch-österreichischen SF-Buchmarkt vor 1990 kommen ihm [Wolfgang Jeschke] an bleibender Bedeutung wohl nur Carl Amery und Herbert W. Franke gleich, beide etwas älter als er und damals vermutlich mit mehr Zeit zum Schreiben gesegnet (und beide – zumindest über große Zeiträume hinweg – wie er in München angesiedelt) (Science Fiction-Jahr 2015, S. 16).

Man kann hinzufügen, dass die drei miteinander befreundet waren und eine ähnlich nüchterne, rationale Richtung der Science Fiction vertraten. Wolfgang Jeschkes (1936-2015) *Der letzte Tag der Schöpfung* (1981) war der erste mit dem Laßwitzpreis prämierte Roman eines noch heute bekannten Autors. Es handelt sich dabei ebenso wie bei seinem *Cusanus-Spiel* um das Subgenre der Zeitreise, der

Lieblingsgattung des Autors, die mit der Korrektur der Geschichte verbunden ist. Mit der Sammlung von Erzählungen *Der Zeiter* (1970, erweitert 1978), begann seine Kariere als Science Fiction-Autor. Noch wichtiger für das Genre war seine Herausgeberschaft vor allem beim maßgebenden Heyne-Verlag 1973-2002, wobei er nicht nur deutsche Talente förderte, sondern auch die internationalen Autoren in Deutschland populär machte. Er prägte damit wie mit seinen Werken und kritischen Essays die deutsche Science Fiction seit den siebziger Jahren. „Er hat die Science Fiction in Deutschland von ihren provinziellen Schlacken gesäubert – als Schriftsteller wie als Kustos der einschlägigen Reihe beim Münchner Heyne-Verlag seit 1973" (Dath 2015, S. 34).[8]

Jeschke greift in *Der letzte Tag der Schöpfung* auf aktuelle Vorgänge wie die Ölkrise zurück und wählt einen irdischen Schauplatz, das Mittelmeer, wenn auch Jahrmillionen vor seiner Überflutung. Sein Erzählstil ist eher traditionell, nämlich linear mit der ausgiebigen psychologischen Schilderung von Charakteren, die aber nur geringe thematische Bedeutung hat. In *Meamones Auge* (1997) geht es um die Umgestaltung und Ausbeutung eines ganzen Planeten durch eine hierarchische Gesellschaft.

13.3.1 *Midas*

Jeschkes Roman *Midas* (1989),[9] ebenfalls mit dem Laßwitzpreis prämiert, ist eher untypisch für den Autor, der hier einen Text mit einer futuristischen technischen Erfindung als Kern geschrieben hat.[10] Es handelt sich um das vollständige elektronische Einscannen und Speichern von Personen, so dass beliebig viele Duplikate als kurzlebige organische Kopien hergestellt werden können, nicht durch das langwierige Klonen mit Hilfe der Gentechnologie, wie es

---

8 Als bedeutender Autor und Vermittler wurde Jeschke nach seinem Tod im Science Fiction-Jahr 2015 von der gesamten deutschen SF-Szene gewürdigt.
9 Seine Vorstufe ist die Erzählung *Nekromanteieon* von 1985, s. Mergen, 2014, S. 162ff.
10 Vgl. Mergen, 2014, S. 173: „*Midas oder Die Auferstehung des Fleisches* thematisiert einerseits fiktive wissenschaftliche Entdeckungen und technische Erfindungen, welche vorgestellt und exemplarisch unter Wirkungsgesichtspunkten literarisiert werden, zugleich beleuchtet der Roman die soziokulturellen Folgen dieses Novums in dystopischer Manier."

bei Tieren bereits gelungen ist. Auf die reale Existenz der Kopien weist der Untertitel „Die Auferstehung des Fleisches" hin, ein Zitat aus dem christlichen Glaubensbekenntnis. Damit wird die metaphysische Frage von Leben und Tod neben der psychologischen und sozialen der Identität der Person angesprochen, die in den Reaktionen der Betroffenen veranschaulicht wird. Der Titel *Midas* wird als englische Abkürzung der neuen Erfindung erklärt, spielt aber deutlich an den antiken Mythos vom goldgierigen König an.[11]

Das Novum wird so eingeführt: „'Andrew Baldenham ist tot. Aber es existiert von ihm eine elektronische Aufzeichnung. Die hat sich mit Ihnen in Verbindung gesetzt'" (*Midas*, S. 100). Dies erinnert an die Wunschvorstellung von KI-Spezialisten wie Kurzweil, die allerdings nur an die virtuelle Unsterblichkeit durch die geistige Speicherung von Personen in Computern dachten, und ebenso an das Beamen in der Fernsehserie *Star Treck*, einem Transport von Menschen als Datenbündeln. Dabei wurde aber nicht an eine körperliche Verdoppelung gedacht, die im Roman von einem Geheimprojekt der amerikanischen Regierung namens „Midas" angestoßen wird, dann aber vom führenden Forscher Roughtrade (ein sprechender Name) eigenmächtig weiterentwickelt und sehr erfolgreich vermarktet wird, indem er wissenschaftliche Spezialisten klont und ihre Duplikate interessierten Regierungen der Dritten Welt verkauft.

Die Dramaturgie des Romans, der zuerst eine Beschreibung katastrophaler Verhältnisse in Asien liefert und dann immer mehr zum Agententhriller wird, beruht auf dem Schicksal des Informatikers Baldenhams. Dieser wurde beim Klonen versehentlich getötet, aber seine zahlreichen Kopien werden weiter verkauft. Diese senden „eine Nachricht aus dem Jenseits" (*Midas*, S. 116) an seinen Freund, den Ich-Erzähler Peter Kirk, einen Ingenieur der NASA, der von den Drahtziehern verfolgt wird und mehrmals nur knapp dem Tode entgeht. Der Sicherheitschef der NASA und die CIA benutzen Kirk dann, um mit Roughtrade in Verbindung zu treten,

---

11 Die „intertextuelle und intermediale Analyse" von Mergen 2014 entwickelt genau die Bezüge zum antiken Midas-Mythos, zu christlichen Vorstellungen und zu Grimms Märchen, liefert aber doch keine Erklärung des Titels. Vom Schlusszitat (Hofmannsthals) des Aufsatzes her, könnte man vermuten, dass die moderne Technik in Gestalt Roughtrades selbst der Midas ist, der aus der Reproduktion der Menschen Gold macht, aber doch das sinnvolle Lebens verfehlt.

der sich aus den kriminellen Verstrickungen lösen will. Beim Showdown in Damaskus werden der ‚mad scientist' und die Klons von Baldenham und Kirk getötet, aber es gibt für die beiden Freunde trotzdem ein persönliches glückliches Ende.
Als gegen Ende des Romans der Ich-Erzähler ebenfalls geklont wird, hat er Gelegenheit die Defekte und Zweifel des Duplikats und zugleich die Verunsicherung des „Originals" bei der Konfrontation zu erleben. Beide sind auf mysteriöse Weise miteinander verbunden ähnlich wie verschränkte Quanten der modernen Physik.[12]

> „Es war weit schlimmer gewesen, als ich es für möglich gehalten hätte. Ich *spürte* ihn bevor ich ihn sah, fühlte seine Aufregung und Angst. [...] Ich spürte, wie meine Erregung sich auf ihn übertrug; wahrscheinlich wurde ihm das nicht bewußt [...], spürte, wie die wachsende Nervosität zu mir zurückflutete, wie ein neuraler Rückkopplungsprozeß in Gang kam, der sich gefährlich aufzuschaukeln drohte" (*Midas*, S. 218).

In den Gesprächen der Freunde, der „Unterhaltung zweier Morituri" (*Midas*, S. 235) werden später die Identitätsstörungen und die metaphysischen Fragen erörtert:

> „‚Haben wir [die Klone] eine Seele, Andrew?' fragte ich. [...] ‚ein interessanter Aspekt', sagte er. ‚Ist die Seele unteilbar?' Er lachte leise, es klang wie ein Schluchzen. ‚Vielleicht ist das unser Problem, Pete: wir haben keine Seele!'" (*Midas*, S. 235).

Die neue Erfindung wird relativ genau beschrieben, sie erinnert an die heutigen 3D-Drucker, die allerdings nur anorganische Gegenstände herstellen. „'Das ist die Reproduktionseinheit, der Synthesizer, in der die Materie nach den aufgezeichneten Informationen wieder zusammengesetzt wird. Du musst dir das als eine Art dreidimensionalen molekularen Webstuhl vorstellen'" (*Midas*, S. 182).
Bei den Menschen gibt es im Roman Probleme grundsätzlicher Art, die zur Kurzlebigkeit der Klons führen. In einer Art Nachspann besucht der überlebende Kirk die Kopie des toten Freundes und begegnet dabei der Kopie von Roughtrade, die debil ist und von nichts weiß. Im Gespräch geht es dann um die metaphysische

---

12 Vgl. *Midas*, S. 220: „'Ihr elektronischen Zwillinge seid noch genauer aufeinander abgestimmt als Quarzuhren.'"

Existenz des Klons, nicht ohne eine indirekte Spitze gegen das Christentum.

> „Es muß die Hölle sein, so zu leben." „Sei dir da nicht so sicher!" „Dann ist es das Nichts, in dem er nun lebt." Andrew hob die schmalen Schultern. „Es ist die Auferstehung des Fleisches." „Ja, des Fleisches" sagte ich schaudernd (*Midas*, S. 235).

Dem Roman gelingt es so, eine prinzipiell mögliche Erfindung in ihrer technischen, sozialen (vgl. *Midas*, S. 117: „Sklavenhandel") und philosophischen Dimension überzeugend darzustellen. Von Jeschkes Romanen kommt *Midas* in seiner stringenten Handlung der klassischen Science Fiction am nächsten, wenn sich auch Laßwitz' Hoffnung auf Vernunft und Fortschritt der Menschheit in eine individuelle dystopische Perspektive verwandelt hat. Die Skepsis gilt nicht nur für die missbrauchte Erfindung und die ökologisch ruinierte Dritte Welt, sondern auch für die weit fortgeschrittene, aber moralisch fragwürdige USA, deren Geheimdienst als korrupt und gewalttätig gezeichnet wird. Hier zeigt sich Jeschke als politisch engagierter Kritiker der Gegenwart (wie ähnlich in *Der letzte Tag der Schöpfung* und *Das Cusanus-Spiel*) von einem humanen Standpunkt aus, der im Ich-Erzähler verkörpert ist.

Jeschkes Darstellung der verschiedenen Schauplätze in Ceylon, den USA und Syrien ist lebendig und anschaulich, besonders bemerkenswert ist die Szene auf der Raumstation. Anleihen beim abenteuerlichen Agententhriller verschaffen den oft verwirrenden Verwicklungen, besonders den Vorgängen in Damaskus, große Dramatik und Spannung. Die Sprache ist wie immer bei Jeschke stilsicher und lässt z.B. in den Titeln der Kapitel ironische Distanz zu den eigentlich katastrophalen Ereignissen spüren. So fungiert der „Trenchcoat", ein interkultureller Hinweis auf den Agentenroman, als Leitmotiv für die nicht perfekten Geheimdienste und der Einsatzleiter McEnroe wird durch seine Sprechweise als zynisch charakterisiert.

13.3.2 *Das Cusanus-Spiel*

Das ebenfalls prämierte *Cusanus-Spiel* (2008) verbindet wie viele Texte Jeschkes das Motiv der Zeitreise mit einer dystopischen Sicht der Zukunft durch eine doppelte ökologische Katastrophe, durch die Explosion des Kraftwerks Cattenom, die Mitteleuropas verwüstet hat, und durch den Klimawandel, der zur Dürre in Italien und zu vielen Flüchtlingen aus Afrika und Asien geführt hat. Besonders betroffen ist Rom, wo der Großteil der Handlung spielt, in dem die Immigranten von faschistischen Banden gejagt werden, während der Papst seinen Sitz nach Salzburg verlegt hat. Der technische Fortschritt zeigt sich in ausgeklügelten Grenzsperren, in der virtuellen Realität des „Simstim" (wie in Gibsons *Neuromancer*) und in vielen hybriden Wesen wie Mutanten der Atomkatastrophe, Cyborgs und genmanipulierten intelligenten Killerhunden. Die Hybriden sind aus der normalen Gesellschaft ausgeschlossen, denn sie zeigen die Perversion der technischen Ausbeutung der Natur, selbst des Körpers, der durch die Nanotechnologie in seiner Identität bedroht ist.

Eine positive Seite der Nanotechnologie besteht darin, dass ausgestorbene Pflanzenarten genetisch rekonstruiert werden können. Dazu unternimmt die Hauptfigur und Ich-Erzählerin Domenica Ligrini neben anderen Personen gezielte Zeitreisen ins Spätmittelalter, speziell in die Zeit des Nicolaus Cusanus, im Auftrag des „päpstlichen Instituts zur Wiedergeburt der Schöpfung Gottes". Über die Technik der Zeitreisen entwickelt der Roman eine Theorie, die vom Konzept der parallelen Universen ausgeht. Bei der Wirklichkeit handelt es sich um ein offenes Multiversum mit vielen sich überschneidenden Zeitfäden. Die Zeiträume überlagern sich und der Übergang erfolgt durch die Überschreitung der Grenzen des Realen und Virtuellen, so dass Paradoxa wie Spiegelungen und Verdopplungen von Personen entstehen. Domenica gerät in große Schwierigkeiten beim Sammeln von Kräutern und Samen und wird in Köln als Hexe angeklagt. Dabei versucht sie, Kontakt mit dem historischen Kardinal Nicolas Cusanus aufzunehmen. Da sie von einem überlegenen Zeitreisenden geschützt wird, wird nur ihre „Schattenschwester" aus einer anderen Zeitlinie bzw. einem anderen Universum verbrannt, und sie kann ins 21. Jahrhundert zurückkehren. Die spätmittelalterliche Szenerie mit Aberglauben und Hierarchien wird ebenso anschaulich geschildert wie die Auswirkungen der ökologischen und politischen Katastrophe in Italien. Im Verlauf des Romans vervielfachen sich die Stränge der Handlung in gegensätzlichen Varianten, z.B. bei der Bemühung Domenicas, ihren Vater vor einem tödlichen Zugunglück zu retten, so dass Identitäten aufgehoben werden und ein Gewebe von abweichenden Wiederholungen entsteht. Durch das Schwanken zwischen Realität und Virtualität erhält der Roman einen postmodernen Charakter. Dieser wird verstärkt durch die zahlreichen Anspielungen z.B. an E.T.A. Hoffmanns *Prinzessin Brambilla* und an die spekulative Philosophie des Cusanus, speziell seine Theorie der coincidentia oppositorum in Gott. Der interkulturellen Komplexität entsprechen die Alternativen und Perspektivenwechsel sowie die zahlreichen hybriden Wesen und Grenzüberscheitungen.

Das Cusanus-Spiel ist nicht nur der umfangreichste, sondern auch der gewichtigste Roman Jeschkes, weil er die vorher eher naiv verwendete Zeitreise mit der Theorie der parallelen Welten an neue physikalische Hypothesen anschließt und so glaubwürdiger macht und zudem in Vorgängen veranschaulicht. Zugleich aktualisiert er seine anderen Themen, besonders den kritischen Blick auf die Umweltzerstörung und das Versagen der Politik. Zudem wird hier die Science Fiction als virtuelle Reise in die Zukunft und potentieller Eingriff in die Wirklichkeit im Spiel mit Möglichkeiten reflektiert, was diesen Roman der philosophischen Linie des Zukunftsromans zuweist. So gilt in Anspielung auf das von Cusanus erfundene postmodern wirkende „Globusspiel" (*Cusanusspiel*, S. 107f):

> La construction spirale du texte, à travers l'idée du jeu de Cuse qui ne peut appréhender le centre sans tourner autour, qui consiste à se perdre pour atteindre le but, est bien sûrement une allégorie du processus d'écriture, peut-être même de la confection d'un imaginaire qui répondrait au réel contemporain; c'est-à-dire ici à une structure qui ne se lasse jamais tout à fait dévoiler, mais tourne précisément toujours autour de l'objet qu'elle tente de fixer (Hillard, 2018, S. 13).

Überhaupt gelingt es Jeschke, die moderne Handlung nicht nur mit dem Leben des mittelalterlichen Theologen und Philosophen sinnvoll zu verbinden, sondern auch mit seinem Denken, das zwischen Hexenwahn und modernem kombinatorischen Denken schwankt, und dessen Reflexion über die Zeit den Plot des Romans unterstützt. „Die Zeit ist eine Ausfaltung Gottes. Nicolaus Cusanus" lautet das erste Motto des Romans (*Cusanusspiel*, S. 9).

Der letzte Roman, *Dschiheads* (2013), greift in der Darstellung einer intoleranten und aggressiven Sekte die aktuellen Entwicklungen des Terrorismus auf, aber eher verharmlosend. Insgesamt kann man sagen, dass Jeschke immer die Politik verfremdet einbezieht, zuletzt bevorzugt die ökologische Krise, während ihn neue technische Erfindungen nicht so sehr interessieren und die sozialen Folgen der Ereignisse ihm wichtiger sind als eine abenteuerliche Darstellung.

13.4 Andreas Eschbach (*Quest*)

Andreas Eschbach (*1959) gehört zur zweiten Generation der Autoren, die nach dem Zweiten Weltkrieg zu schreiben beginnen und veröffentlicht – fast im Jahrestakt – Romane, die Laßwitz-Preise bekommen und oft zu Bestsellern werden. Daneben verfasste er zahlreiche Jugendromane wie das sechsbändige *Marsprojekt* und mehrere Romane für die Serie *Perry Rhodan*. Die frühen Texte haben teils fantastische Züge, teils solche des Thrillers und der Space Opera und können repräsentativ für die abenteuerliche Richtung der Science Fiction stehen.

Der erste Roman *Die Haarteppichknüpfer* (1995), aus verschiedenen Episoden in einem märchenhaften Reich des Sternenkaisers zusammengesetzt, war auch im Ausland ein Erfolg. *Solarstation* (1996) ist ein echter Thriller, der auf einer Station im Weltraum spielt, die Sonnenenergie auf die Erde sendet. Das *Jesus Video* (1998) war der erste Bestseller auf der Basis einer Zeitreise in die Zeit des biblischen Jesus. Hier wird die Möglichkeit einer alternativen Geschichte, die durch den Einbruch der Vergangenheit in die Gegenwart ungeahnte Wirkungen entfalten kann, ausgelotet. *Kelwitts Stern* (1999) bietet eine eher humoristische Version des Besuchs eines Außerirdischen in Deutschland, eine unterhaltsame Aliengeschichte mit kindlichem Helden. Eschbach orientierte sich mit *Quest* (2001) einerseits an der Space Opera und andererseits am Mysteryroman der mittelalterlichen Gralssuche. Da dieser Text aufgrund der modernen Technologie der Raumfahrt und der Erkundung des Weltalls der klassischen Science Fiction am nächsten steht, soll er anschließend ausführlicher untersucht werden. Mit *Eine Billion Dollar* (2001) beginnt die Reihe der Romane, in denen

Eschbach moderne Technik und aktuelle politische Anspielungen in eine realistische Gegenwartshandlung mit privaten Motiven wie einer Liebesgeschichte einbettet. Dabei ist die Beziehung zur Science Fiction teils schwach wie in *Ausgebrannt* (2007), *Ein König für Deutschland* (2009), teils stärker wie im Cyborgroman *Der Letzte seiner Art* (2003) und *Der Herr aller Dinge* (2011), in dem es um die Nanotechnologie Außerirdischer geht. Daneben schrieb Eschbach auch Texte, die man als Wirtschaftsthriller bezeichnen könnte.

Während sich H.W. Franke immer ausdrücklich zur Darstellung der Folgen der Technik bekannte, findet sich in den Werken des jüngeren Andreas Eschbach wie in den meisten neueren Science Fiction-Texten weniger Interesse für die Ausgestaltung futuristischer Maschinen oder Roboter. Die fremden Zivilisationen galaktischer Imperien, die beschrieben werden, sind weniger unter dem Gesichtspunkt der technischen Entwicklung oder der sozialen Organisation der Gesellschaft gesehen als unter dem geschichtlicher Wandlungen und kultureller Alternativen, wie sie auch in Asimovs *Foundation*-Trilogie oder in Herberts vielbändigem Dune-Epos begegnen. Dabei ist der frühere Glaube an den linearen Fortschritt der Geschichte verloren gegangen, und es dominiert nun die Beschreibung von Phasen des historischen Aufschwungs und des Rückfalls in die Barbarei wie in *Quest*. Dagegen bleiben die zentralen Motive des Weltraums und der Reisen in den einschlägigen Romanen Eschbachs erhalten, wobei auch verschiedene Arten Außerirdischer nicht fehlen. Mit dem Anderen in Gestalt des Exotischen und teilweise auch Wunderbaren (*Die Haarteppichknüpfer*) und dem Interesse an psychologischen Extremzuständen schlägt er zugleich Brücken zur Fantastik.

Vier Merkmale bestimmen Eschbachs Texte: 1. das spannende Erzählen in der Art des Thrillers, so dass der Leser durch Todesgefahr und knappes Überleben der Figuren in Atem gehalten wird. Dies zeigt sich besonders in der *Solarstation* und dem *Jesusvideo*; 2. das Aufgreifen aktueller Themen, sei es die Verwendung von Solarenergie, von neuer Medientechnologie oder von politischen Verwicklungen im Nahen Osten. Mit Humor werden das irdische Jahrtausendfieber und die Seltsamkeiten der modernen Gesellschaft in *Kelwitts Stern* auf die Schippe genommen. Das 3. Merkmal sind hintergründige Gedanken, die durch die Rätsel der Handlung angestoßen werden, seien es Fragen der Wirkung Jesu und der Rolle der Kirche im *Jesusvideo* oder des Sinns der Geschichte, der Existenz Gottes und der Sterblichkeit des Menschen wie in *Quest*. 4. gibt es auch ein postmodernes Moment, nämlich literarische Anspielungen und die zitathafte Verwendung literarischer Muster. So wird im *Jesusvideo* in der Figur eines deutschen Science Fiction-Autors das Genre und seine Erklärungsversuche parodiert und in *Kelwitts Stern* wird direkt auf die Aliens des Films und Fernsehens Bezug genommen. Im Titel von *Quest*, der vordergründig der Name der Hauptfigur ist, wird die Tradition der Sinnsuche thematisiert, die von der mittelalterlichen Artusepik bis zum modernen Roadmovie die Handlung bestimmt.

Die Kritik bezeichnet den Roman *Quest* (2001) als „so ungefähr die größenwahnsinnigste, rasanteste und perfekteste Space Opera, die sich ein deutscher Autor bis dato einfallen ließ" (Kruschel, 2002). Zu den amerikanischen Prototypen dieses Subgenres gibt es aber große Differenzen. Zwar dominiert eine futuristische Technik, die Sprünge zu benachbarten Galaxien erlaubt, aber es gibt keine direkten militärischen Auseinandersetzungen wie bei E.E. Smith, noch Machtkämpfe und Intrigen auf galaktischer Ebene wie bei Asimov. Nur im Hintergrund steht die drohende Eroberung des Reiches von Gheerah durch den haushoch überlegenen, militaristischen Sternenkaiser und die Katastrophe der Vernichtung eines ganzen Planeten, bei dem der Kommandant Quest als einziger entkommt. Stärker sind die Parallelen zur Serie *Perry Rhodan*, für die Eschbach auch einige Texte schrieb. Zu nennen ist z.B. die persönliche Unsterblichkeit des Sternenkaisers durch technische Mittel, was auch für Perry Rhodan gilt; die Vorstellung der Panspermie, also des einheitlichen Ursprungs allen Lebens im Kosmos; die Suggestion modernster Technik mit fremden Ausdrücken und Anspielungen an die moderne Physik und die galaktische Perspektive auf einen Kosmos voller Außerirdischer.

Die Handlung des Romans ist weder von Intrigen noch Kämpfen bestimmt, sondern entspricht der Anspielung des Titels an die mittelalterliche Suche nach dem Heiligen Gral als Mittel der Erlösung. Quest, der Herrscher des vernichteten Planeten hat angeblich von seinem Fürsten, dem „Pantap", den Auftrag erhalten, mit dem Riesenschlachtschiff Megatao den Planeten des Ursprungs des Lebens bzw. des Sitzes Gottes zu finden, wie er in vielen Legenden genannt wird, um Hilfe gegen den Sternenkaiser zu erhalten.[13] Tatsächlich will der zutiefst verunsicherte und todkranke Quest dort Gott treffen, um ihn wegen des sinnlosen Todes von Milliarden Menschen zur Rede zu stellen. Damit bekommt der Roman eine metaphysische Dimension, die an Leibniz' berühmte Theodizee erinnert, nämlich den allmächtigen Gott angesichts des Bösen und des Leides in der Welt zu rechtfertigen. Der Text nennt als Alternative die gnostische Version des bösen Demiurgen als Schöpfer einer unvollkommenen Welt, der „nur dazu da ist, uns ein Leben lang in Bewegung zu halten – damit das Schauspiel immer weiter geht, das Drama der Hoffnungen und Leidenschaften, über das ein böser Gott sich amüsiert" (*Quest*, S. 504).

Schließlich findet der Kommandant nach einer langen Reise kurz vor seinem Tod auf einem unbedeutenden leeren Planeten, der ihm als Planet des Ursprungs suggeriert wird, seinen Frieden, nachdem alle seine Vorwürfe ohne Antwort geblieben sind.

> „Ich habe eine andere Welt gesehen, nur mit anderen Augen. Wenn ich Euch nur sagen könnte, was ich gesehen habe! Es ist alles so viel gewaltiger, als wir es uns auch nur erträumen können. Die Wahrheit ist so wunderbar, dass es einen umbringen kann, sie zu erfahren" (*Quest*, S. 506).

Zuvor bietet die typische Reise durch den Weltraum verschiedene Abenteuer mit Gefahren und irritierenden Begegnungen, aber auch die Gelegenheit, die hierarchische Gesellschaft des Romans durch markante Personen zu charakterisieren. Die Leitung des Schiffes besteht aus adeligen Offizieren und „freien" Wissenschaftlern. Den absoluten Gegensatz bilden die unfreien „Niedern", die unten im Schiff leben, gering geachtet werden und die unangenehmen Arbeiten verrichten. Diese feudale Ordnung wird in Frage gestellt durch zwei Personen, die von außen kommen, nämlich zunächst den Novizen eines Mönchordens, Bailan, der beim Überfall auf die universale Bibliothek des „Paschkenariums" zur Entzifferung alter Schriften mitgenommen wird. Er beginnt einerseits eine Liebschaft mit einer „Niedern" und darf andererseits als Fremder an den Leitungssitzungen teilnehmen, wenn es um intellektuelle Rätsel, wie die Heimat der Außerirdischen geht. Es gibt die Eloa, welche die Bib-

---

13 Dies erinnert an das Motiv der Suche in Asimovs *Foundation* zunächst nach der zweiten Stiftung und später nach der Erde als Ursprung der Menschheit.

liothek gegründet haben, schneckenartige Wesen, die in Symbiose mit kleinen ballartigen leben, die übermächtigen Yorsen und die aus der Frühzeit des Kosmos stammenden, aber ausgestorbenen Mem'taihi's. Die andere fremde Person ist Smeeth, der als einziger die Katastrophe seines havarierten Raumschiffs überlebt hat und der unterwegs gerettet wird. Er gehörte zur Oberschicht der früheren republikanischen Zeit und ermöglicht durch den Kontrast zur aktuellen Gesellschaft Kritik an ihr. Es stellt sich später heraus, dass er ein sagenhafter „Unsterblicher" ist aufgrund einer unnennbaren Verfehlung seines Vaters. Als Gegenfigur des todgeweihten, verzweifelten Quest ist er souverän und unbeteiligt, weil er alles schon kennt. Bei der Krankheit des Kommandanten übernimmt er kurz den Oberbefehl, aber setzt sich schließlich wieder mit Bailan in den Weltraum ab, wobei sein Schicksal wie das der Megatao offen bleibt. Eine große Rolle spielt auch die adelige „Heilerin" Vilena, welche Quests geheimnisvolle Krankheit bekämpft und eine Affäre mit Smeeth hat, bevor sie einem Unfall im unteren Schiff zum Opfer fällt.

Der Roman ist im Wesentlichen der Science Fiction zuzurechen, wegen der Motive der galaktischen Raumfahrt, der technischen Geräte und Möglichkeiten, der verschiedenen Außerirdischen, der Bewältigung realer Gefahren und der weitgehend rationalen Erklärbarkeit der Vorgänge. Der zentrale Ort ist das symbolträchtige Raumschiff. Daneben gibt es fantastische Momente, die teilweise metaphysisch untermauert sind wie die Theodizee, die mögliche Begegnung mit Gott und die Legenden vom Planet des Ursprungs mit seinen Schätzen. Auf die Fantasy verweist die archaische Gesellschaft mit den entsprechenden Bezeichnungen und die mythische Bibliothek als Quell unvorstellbaren alten Wissens.

Als Science Fiction-Roman betrachtet akzentuiert *Quest* nicht Erfindungen neuer Technik mit ihren Folgen wie im früheren Zukunftsroman, sondern analog zur Wende in der Nachkriegszeit das Thema des Fremden und der alternativen Welten. Dabei liegt der Schwerpunkt auf Gefahren und Abenteuern, aber auch auf Überraschungen und Rätseln. Die anthropologische Frage des Genres scheint durch die Theodizee überlagert, aber die Leerstelle der ausgefallenen Begegnung mit Gott verweist wiederum zurück auf den

Menschen.[14] Dafür steht die Skepsis Smeeths: „'würdest du wirklich einen Gott kennenlernen wollen, der das Universum so unsinnig gestaltet hat, dass man Millionen von Lichtjahren reisen muß, um ihm zu begegnen?'" (*Quest*, S. 506).

Der Roman ist spannend und anschaulich mit Höhepunkten wie der Beraubung des Paschkenariums oder der Begegnung mit den Außerirdischen, aber eher traditionell erzählt, nämlich im Wesentlichen chronologisch aus auktorialer, aber den Figuren angenäherter Perspektive mit vielen Dialogen. Eschbach kommt mit diesem Roman der ‚klassischen' abenteuerliche Science Fiction am nächsten, allerdings mit einer zusätzlichen politischen und metaphysischen Dimension.

13.5 Andreas Brandhorst (*Das Artefakt*)

Während Eschbachs *Quest* nur eine Anleihe an die Space Opera darstellt, schrieb Andreas Brandhorst (*1956) klassische und prämierte Beispiele dieses Subgenre, allerdings erst in der zweiten Phase seines Schaffens nach 2003. Zuvor war er als Autor von Heftromanen auch für die *Perry Rhodan*-Serie und als Übersetzer tätig. Bemerkenswert ist sein Roman *Das Artefakt* (2012), in dem es um einen riesigen Gegenstand geht, der aus der fernen Zukunft gekommen ist und der das Interesse vieler Mächte weckt. Ein „Exekutor" einer menschlichen Vereinigung („Ägide") hofft, mit Hilfe des in dieser Singularität gespeicherten Wissens die Aufnahme der Menschen in den exklusiven Kreis der „Hohen Mächte" der von vielen verschiedenen Wesen besiedelten Galaxis zu erreichen. Auf der spannenden Jagd nach dem Artefakt gibt es viele Gefahren und Verwicklungen, aber Rahil Tenneritum, der vom Tode auferweckt worden ist, gelingt es schließlich, in das seltsame Gebilde einzutreten. Es wurde von Menschen aus der fernen Zukunft geschaffen, um eine Katastrophe der Menschheit zu vermeiden und kann nun

---

14 Doucet, 2014, S. 190 entwickelt die Parallelen zu Leibniz und besonders zur Theodizee; kommt aber dann zu einem überraschenden Schluss: „Il semble alors que la littérature de la science fiction soit marquée d'un complexe propre qui prenne la figure non pas d'une théodicée mais d'une ‚anthropodicée', car ouvrir la voie à tous les possibles exige de pouvoir répondre aux questions que poseront ceux qui hériteront ces possibles."

dazu dienen, den Kampf gegen eine feindliche außerirdische Rasse zu gewinnen. Im Roman werden eine Fülle von verschiedenen Wesen, Geräten und futuristischen Vorgängen erwähnt, wie die Regeneration von Menschen mit „Femtomaschinen". Es gibt eine deutliche Polarisierung von gut und böse und die Spannung beruht wie bei der abenteuerlichen Science Fiction vor allem auf Hindernissen und Gefahren, weniger auf Rätseln, die jeweils im Fortgang der Handlung gelöst werden. Der Schluss (ein auserwählter Einzelner rettet die Menschheit) ist unwahrscheinlich. Es gelingen aber stimmungsvolle Beschreibungen und spannende Sequenzen von Verfolgungen. Insgesamt ist der Text durch den galaktischen Schauplatz mit seinen Auseinandersetzungen, durch den Kampf gegen die Bösen und durch die Art und Benennung futuristischer Gegenstände der Serie *Perry Rhodan* sehr ähnlich. Im gleichen galaktischen Universum spielt mit ähnlichen Motiven und Ereignissen Brandhorsts *Omni* (2016) und die Fortsetzung *Das Arkonadia Rätsel* (2017).

13.6 Frank Schätzing (*Der Schwarm*)

Frank Schätzing (*1957) gehört ebenfalls der zweiten Generation der Autoren an und beschreibt in seinem Erstlingswerk *Der Schwarm* Aliens, die aber aus der Tiefsee stammen, also keine Außerirdischen sind.

> Die einfach gestrickte Grundstruktur des apokalyptischen Plots ist rasch zusammengefasst: Eine seit Urzeiten in den Tiefen der Ozeane lebende intelligente Rasse aus Einzellern attackiert die Menschheit ohne Vorwarnung aus dem Element, in dem sie sich am wenigsten auskennt und am Verwundbarsten ist: der Tiefsee. Motiviert wird das Ganze von einem Rache- und Selbstverteidigungsbedürfnis der Meeresbewohner gegen eine Menschheit, die durch Überfischung und maßlose Ressourcenausbeutung die ozeanische Welt, und damit [...] die gesamte Erde aus dem ökologischen Gleichgewicht zu bringen droht. [...] Diesem entgegenzusteuern, bemüht sich ein internationaler Krisenstab aus Naturwissenschaftlern, Militärs und Geheimagenten, der primär dem Geheimnis der maritimen Rebellen nachforscht, strukturell aber die stereotypen Muster und Handlungsintrigen des Katastrophenthrillers bedient und für die innerdiegetische Überset-

zungs- und Popularisierungsversuche komplizierter Sachverhalte aus diversen Wissensbereichen zuständig ist (Ramponi, 2010, S. 167f.).

Zwar wird in dem Roman einige gegenwartsnahe Technik verwendet, um die fremden Wesen aufzuspüren und die verheerenden Folgen ihres Auftretens zu bekämpfen. Aber ihr gilt nicht das Hauptinteresse, sondern den zunächst unverstandenen Katastrophen, die von einfachen Lebewesen hervorgerufen werden, welche andere Meerestiere als Mittel globaler Zerstörungen benutzen. Das Rätsel der geheimnisvollen Gegenspieler des Menschen, die ungreifbar im Verborgenen wirken, wird zuletzt gelüftet und zugleich durch eine Friedensbotschaft entschärft. Es handelt sich um symbiotische Wesen, die untereinander solidarisch sind und die weitere Naturzerstörung des Menschen verhindern wollen. Zwar könnte der Autor dabei an ein Gegenmodell zur destruktiven kapitalistischen Konkurrenzgesellschaft gedacht haben, doch liegt keine Utopie im Sinne eines normativen Vorbilds vor. Es geht um eine naturfreundliche alternative Lebensform auf der Erde, deren Entdeckung in einer spannenden Handlung beschrieben wird.

Es geht wie in Schätzings späteren Science Fiction-Romanen um eine Abschätzung aktueller Möglichkeiten, die sich in der realistischen Beschreibung von Orten und Einrichtungen und der Beziehung auf reale Personen oder soziale Rollen, Wissenschaftler, Politiker, Militärs, Manager zeigt. Der Autor akzentuiert die ökologischen Sackgassen der gegenwärtigen Wirtschaftsordnung mit ihrer fast unvermeidbaren Katastrophe. Er löst die ursprünglichen Rätsel der „Anomalien" des 1. Teils, die journalistisch episodenhaft berichtet werden, durch ausführliche wissenschaftliche Erklärungen schließlich vollständig auf. Dabei zeigt Schätzing eine klare Frontstellung zwischen den egoistischen und uneinsichtigen Menschen und den kompetenten und solidarischen Wesen am Meeresgrund. Diese erscheinen als die bloß biologisch agierenden guten Bewahrer der Natur gegenüber den technisch operierenden und störenden Menschen. Die eindeutige Wertung setzt sich nochmals innerhalb der Menschen fort in der Trennung in böse Politiker, aber gute Wissenschaftler.

Zu fragen wäre nun, welcher Richtung der Roman Schätzings, der vorher eher mit Kriminalromanen hervorgetreten ist, aber ausgiebige wissenschaftliche Studien für den Schwarm getrieben hat, angehört. Die nicht-menschlichen vernünftigen Lebewesen, die Yrrs, stellen ein übliches Motiv dar, allerdings werden sie normalerweise im Weltraum verortet. Hier kommen sie aus der Tiefsee, einem unbekannten Gebiet der Erde, das schon Jules Verne neben dem Erdinnern als Ort seiner Abenteuerromane wählte. Schätzing beschreibt auch zukünftige Technik z.B. beim Abbau der Methanvorräte oder der Erforschung des Meeres, doch spielt sie keine große Rolle und bleibt dabei wie Jules Verne sehr nahe an dem demnächst Möglichen. Insgesamt kann man sagen, dass der *Schwarm* eine populärwissenschaftlich untermauerte Warnutopie für ökologische Probleme ist, welche in der Form eines Thrillers in eher traditioneller auktorialer und chronologischer Erzählweise dargeboten wird. In den Anspielungen z.B. an Melville und Jules Verne zeigen sich auch gewisse postmoderne Züge. Damit gehört der Roman zur near future Science Fiction mit nur leichter Verfremdung, bei der das Novum, also das besondere neue Moment, nur schwach ausgeprägt ist. Die Forschung hebt die innovative Konzentration auf das Meer als Ort der globalen Wirtschaft hervor, sowie „die Diskursfetzen und Wissensfragmente aus so unterschiedlichen Bereichen wie Tiefseetektonik, Nautik, Mikrobiologie, Ingenieurswesen, Klimatologie, militärische Delfindressur, Gentechnik und künstliche Intelligenz", die sich dem Wissenschaftsjournalismus nähern (Ramponi, 2010, S. 267). Die Integration der verschiedenen Kenntnisse hat aber problematische Folgen.

> Or *Abysses* [der französische Titel] reprend à son compte l'ancienne posture vulgarisatrice, qui prétend divertir et instruire. Le roman se heurte à tous les écueils de cette pretention, mais en outre distille, à travers un divertissement efficace, une idéologie d'apaisement et de camouflage. La catastrophe n'est pas un avertissement, mais une instrumentalisation de la question écologique au service de sa dédramatisation, qui s'adresse à l'humanité pour mieux occulter la société, et remplace la politique par la métaphysique (Willmann, 2009, S. 75).

In Schätzings zweitem einschlägigem Roman *Limit* (2009) geht es um die Ausbeutung von Bodenschätzen auf dem Mond zur Energieversorgung in einer nahen Zukunft und mit absehbarer Technik. Der Text ist wie der erste Roman ein Thriller mit katastrophalen Ereignissen und gehört deshalb zu Jules Vernes abenteuerlicher Richtung der Science Fiction. Schätzings letzter Roman *Die Ty-*

rannei des Schmetterlings (2018) setzt sich nach ausführlichen Recherchen in ähnlicher Perspektive und Erzählweise, nämlich mit Spannung und Katastrophen, mit der aktuellen Entwicklung der künstlichen Intelligenz auseinander.

13.7 Hans Joachim Alpers (*Shadowrun*)

Hans Joachim Alpers (1943-2011) gehört dem Geburtsjahr nach zu den älteren Autoren, aber er ist erst in den neunziger Jahren richtig bekannt geworden. Für den ersten und letzten Roman seiner *Shadowrun*-Trilogie (*Das zerrissene Land*, *Die Augen des Riggers*, *Die graue Eminenz*) bekam er 1995 und 1996 den Laßwitzpreis. Der 2. Band wurde wohl nur deshalb nicht prämiert, weil er wie der erste schon 1995 erschien. Alpers machte sich auf vielfältige Weise um die deutsche Science Fiction verdient, deshalb bekam er auch 2012 posthum den Sonderpreis für sein Lebenswerk. Er schrieb nicht nur unter seinem eigenen Namen, sondern auch unter verschiedenen Pseudonymen einschlägige Romane, auch speziell für Kinder und Jugendliche. Außerdem produzierte er mit Kollegen Science Fiction-Lexika und gab sehr viele entsprechende Reihen, Almanache und Magazine heraus. 1984 war er Mitbegründer des erfolgreichsten Pen and Paperspiels *Das schwarze Auge*, das viele Romane angeregt hat, die sich dann auf Figuren und Strukturen des Spiels, aber auch auf eine treue Fangemeinde stützen konnten.

Die Trilogie ist an das Rollenspiel *Shadowrun* angelehnt und die direkteste deutschsprachige Verkörperung des Cyberpunks im Anschluss an William Gibsons Romane seit dem *Neuromancer* (1984). Darauf verweist die aufdringliche Verwendung der Slangsprache des Sprawls, des futuristischen Schauplatzes der Romane. Wesentliche Merkmale sind ebenso die Computerhelden als Außenseiter, die sich in die Matrix, den Ort aller elektronischen Datenströme, einhacken, um mit riskanten Unternehmen ihren Lebensunterhalt zu verdienen. Bei Alpers heißen sie „Decker", weil sie nicht ohne ihr „Deck" ihren tragbaren Computer leben können wie die Hauptfigur der Trilogie, Thor Walez. Ihre Ergänzung sind die „Rigger", die sich mental mit Maschinen kurzschließen, um eine optimale Wirkung zu erreichen und die „Straßensamurais", welche als Cyborgs mit bizarren Waffen kämpfen. Ihr Ort sind ähnlich wie Gibsons heruntergekommene Megacities an der amerikanischen Ostküste und in Japan die analogen in Deutschland, nämlich der „Rhein-Ruhr-Megaplex", Hamburg und Berlin. Gibsons Gesellschaft wird von den großen Konzernen beherrscht, die ungehindert durch die Staaten ihre gegensätzlichen Interessen rücksichtslos durchsetzen. Bei Alpers tritt besonders die Sicherheitsfirma Renraku und die AG Chemie auf, die weder vor Umweltverschmutzung, noch Menschenexperimenten zurückschreckt. Zentrale Themen Gibsons, nämlich die geheimnisvolle Aktion künstlicher Intelligenzen und virtuelle Vorgänge, fehlen aber bei Alpers.

Mit den genannten Zügen des Cyberpunks, zu denen noch futuristische Transportmaschinen und ausgefeilte Waffen zu rechnen sind, sind die wesentlichen Züge einer Zukunftsgesellschaft beschrieben. Sie existiert in einem „zerrissenen Land", wie der Titel des ersten Romans sagt, nämlich einem vielfach geteilten und von inneren Kriegen und Umweltkatastrophen wie der Explosion des Atomkraftwerks Cattenom mitgenommenen Deutschland, in dem die meisten Personen nur kümmerlich ihr unsicheres Leben fristen. Dies gilt nicht nur für die „Runner", d.h. die Decker, Rigger und Straßensamurais, die von den großen Firmen zum Einbruch und Datendiebstahl engagiert werden, sondern auch für die Sicherheitsleute und einfachen Angestellten der Firmen. Dieses Personal wird spektakulär ergänzt durch Figuren aus dem Rollenspiel, die der Fantastik angehören, nämlich Zwerge, Elfen, Orks, Trolle und sogar Drachen sowie Natur- und Elementargeister. Diese Wesen sind durch eine unerklärliche katastrophale Umwandlung aus normalen Menschen entstanden, aber haben sich ihren Platz in Deutschland erobert. Weitere fantastische Elemente sind: die Verzauberung der Personen und Gegenstände, Hellsehen, die Existenz eines Astralraums neben dem normalen, besondere magische Orte und nicht zuletzt der selbstverständliche Gebrauch der Magie, die wie eine Waffe eingesetzt wird. Auch dies erinnert an das Rollenspiel. Dem entspricht die Episodenstruktur, die immer neue Abenteuer in wechselnder Umgebung bietet, in der Industrie- und Unterwelt im Ruhrgebiet, auf der Nordsee, im überfluteten Hamburg, im heruntergekommenen Berlin, im autonomen Bezirk „Konzil von Marienbad" an der tschechischen Grenze oder im magischen „Herzogtum Rügen". Es gibt immer wieder überraschende Wendungen, die weder von der Vorgeschichte noch von den Personen her schlüssig begründet werden. Erst am Ende des dritten Romans endet der permanente Überlebenskampf des zentralen Paares, Thor Walez' und der Riggerin Dr. Natalie Alexandrescu, nach einer ununterbrochenen Flucht vor zunächst unbekannten Mächten. Ohne die verschiedenen Abenteuer näher zu beschreiben, die durch Hackversuche, Einbrüche, Verfolgung und Verrat verursacht werden, bleibt festzuhalten, dass sie durch futuristische technische Mittel, besonders auf dem Gebiet der Elektronik und die eigentümliche Hackerexistenz bedingt sind und also zur Science Fiction gerechnet werden können, wenn auch das abenteuerliche und kämpferische Moment des Thrillers stark im Vordergrund steht.

13.8 Michael Marrak (*Lord Gamma*)

Michael Marraks (*1965) prämierte Romane *Lord Gamma* (2000) und *Imagon* (2002) zeigen ebenso wie Eschbachs *Quest* und *Die Haarteppichknüpfer* einen Übergang zur Fantastik. Marraks *Imagon* versammelt viele Motive des Fantastischen wie die geheimnisvollen Götter, die magisch manipulieren und Zombies schaffen. Daneben gibt es aber auch Science Fiction-Motive wie Zeitreisen in die Vergangenheit und außerirdische Wesen. Außerdem spielen besonders in *Lord Gamma* neuere Techniken wie die Vervielfachung von Personen in einer albtraumartigen Zukunftswelt mit virtuellen Zügen eine Rolle.

13.9 Uwe Post (*Walpar Tonnrafir*)

Ein Roman, der ebenfalls aktuelle literarische Entwicklungen aufgreift, ist Uwe Posts (*1968) *Walpar Tonnraffir und der Zeigefinger Gottes*, der 2011 den Laßwitz-Preis bekam. 2017 erschien eine Art Fortsetzung *Walpar Tonnraffir und die Ursuppe mit extra Chili*. Davor schrieb der Autor verschiedene Kurzgeschichten und zwei Romane. Er hat einen einschlägigen Hintergrund, denn er hat nach dem Studium von Physik und Astronomie als Redakteur einer Computerzeitschrift gearbeitet und ist nun Softwareentwickler. *Walpar Tonnraffir* ist ein Beispiel für Pop in der Science Fiction mit satirischen und komischen Zügen, die Kritik charakterisiert den Roman mit Recht als „schräg, schrill, kreativ".[15] Offensichtlich ist der Einfluss von Douglas Adams *Per Anhalter durch die Galaxis*. Tonraffir ist ein Weltraumdetektiv, aber da ein Verbrechen fehlt, gibt es kaum eine Nähe zum Kriminalroman, eher kann man aufgrund der Verfolgungen und Reisen der Hauptfigur von einem episodenhaften Abenteuerroman sprechen. Der Schauplatz ist das von Menschen besiedelte Sonnensystem, aber da der Transport banal mit „Bussen" erfolgt, stellt sich nicht das Gefühl von kosmischen Reisen oder der Eroberung des Weltalls ein. Der titelgebende „Zeigefinger Gottes", ein geheimnisvolles Objekt, das plötzlich im Raum über der Erde auftaucht, wirkt nicht als Mahnung, sondern wird nur zum Ziel der Tourismusindustrie und der Aktivitäten verschiedener Gruppen. Die Sekte der pünktlichen Ankunft z.B., die sich angeblich aus dem Fanklub der deutschen Bahn („Pro Bahn") entwickelt hat, versucht, daraus Kapital zu schlagen. Die Nachforschungen, die Tonraffir ohne Auftrag anstellt, ergeben durch Zufall, dass es sich um einen abgesprengten Teil einer überdimensionierten künstlichen Frau handelt, die von einer kalifornischen Werbefirma als Werbegag und Vergnügungsort über der Erde geplant wurde. Die logisch wenig verknüpften und überraschenden Abenteuer des Detektivs, seines früheren homosexuellen Partners und anderer Personen erlauben es dem Autor, viele satirische Anspielungen an die moderne Werbung und das Freizeitverhalten zu platzieren, außerdem bitterböse Karikaturen von Rechtsanwälten, Superfirmen und Sektenmitgliedern zu entwerfen. Der Roman gehört wegen des Schauplatzes und der neuen technischen Transport- und Unterhaltungsmittel durchaus zur Science Fiction. Der Kern ist aber eine Persiflage des modernen Lebens, der Konsum- und Werbegesellschaft, durch eine fortgeschriebene Karikatur der Gegenwart. Die Science Fiction-Motive werden nicht ernsthaft präsentiert, die Wissenschaft spielt keine Rolle. Das schließliche Happyend in letzter Sekunde nach Mordanschlag und Bombenentschärfung gibt dem Roman einen versöhnlichen Schluss. Ein Zeichen der Popliteratur ist die Wahl von Außenseitern und extremen Ereignissen, die aber als alltäglich dargestellt werden. Dabei erscheint die schwule Orientierung des Detektivs als ebenso selbstverständlich wie die perfekte Manipulation elektronischer Geräte

---

15 Knapp, abgerufen am 6.1.2013.

durch den frühreifen Neffen. Eventuelle religiöse Diskussionen über die Bedeutung des angeblichen Zeigefinger Gottes treten hinter der Beschreibung des Massentourismus und der medialen Präsentierung zurück.

13.10 Marcus Hammerschmitt (*Target*)

Marcus Hammerschmitt (*1967) ist mit seinen reflektierenden Science Fiction-Texten, die das Fremde und die Zukunft thematisieren, ein bekannter Autor der dritten Generation. Er ist seit 1996 mit vielen Erzählungen, die mehrfach mit dem Laßwitz-Preis geehrt wurden, und nach 1997 mit Romanen, seit 2006 auch speziellen Jugendbüchern, hervorgetreten und hat Gedichte und Essays zu zeitgenössischen kulturellen Fragen (über die Vernichtung der Eisenbahn, die Esoterikwelle, den Rock'n'Roll) veröffentlicht. Zu nennen ist besonders der Erzählband *Der Glasmensch* (1996), in dem ökologische und soziale Folgen der Technik thematisiert werden. Gleiches gilt für den Roman *Wind* (1997), der die Windenergie als fortgeschrittenste Energietechnik zum Hintergrund einer Verfolgungsjagd macht. Ausflüge in eine alternative Geschichte, wohlgemerkt in der Zukunft, unternehmen die Romane *Der zweite Versuch* (1997), der einen zweiten Anlauf zur Mondlandung beschreibt, nachdem der erste 1969 angeblich missglückt ist, *Der Zensor* (2001), der die Eroberung Spaniens durch die Mayas dank der hypermodernen Nanotechnik imaginiert, und *Polyplay* (2002), der einen umgekehrten Verlauf der Wiedervereinigung phantasiert. Die Romane *Target* (1999) und *Opal* (2000) stellen eher klassische Themen der Science Fiction dar, nämlich die Erkundung alternativer Welten im Rahmen möglicher zukünftiger Zivilisationen. Hammerschmitts Texte reflektieren mit Hilfe einer spannenden und abenteuerlichen Handlung mögliche futuristische Erfindungen und fremde Wesen.

Die Begegnung mit dem Fremden und das Denken von Alternativen, das die Science Fiction nach 1960 auszeichnet, lässt sich am besten am Roman *Target* beobachten. Eine Gruppe von vier Personen, George, der Abgeordnete des Militärs als Kommandant, die Biologen Benjamin und Tatjana und die für die Kommunikation verantwortliche Sabrina sollen mit einem „Atmosphärentaucher" den geheimnisvollen „Wald" auf dem Planeten Target untersuchen, der zum ökologischen Sperrgebiet erklärt wurde. Die Besiedlung Targets wurde wegen des unwirtlichen Charakters aufgegeben und er dient nun als Übungsgelände für Waffenexperimente für den Kampf gegen die T'sai, Menschen, die früher auswanderten und nun vom „Syndikat", dem Machtkonglomorat der Menschheit, verfolgt werden. Das Besondere des Romans ist der Ich-Erzähler, eine künstliche Intelligenz, VED genannt, versehen mit einem menschlichen Profil,[16] das Kreativität und Emotionalität verleiht. Er allein überlebt das Desaster, das durch die Verkennung des Forschungsobjekts verursacht wurde und erzählt rückblickend davon fast auktorial, da er mit seinen Sensoren die Umweltereignisse und die psychischen und physischen Reaktionen der menschlichen Teilnehmer registrieren kann.

Wesentlich zur Katastrophe tragen die Diskrepanzen zwischen den Teilnehmern und das autoritäre Verhalten von George bei. Das Unheil beginnt mit dem defekten Radiosatelliten, so dass keine Verbindung mit der Außenwelt zustande kommt. Trotzdem stimmt der Kommandant dem Start zu und taucht in einen kilometertiefen und -breiten Krater im „Wald" ein. Dies wird mit Lichterscheinungen und einem Bombardement mit verschiedenen Gegenständen als feinseligem Willkommensgruß beantwortet. Um die Suche zu intensivieren, klettern die Expeditionsteilnehmer mit Hilfe von Plattformen an der Wand des Kraters hoch. Die Umwelt bietet immer neue Überraschungen, nämlich Flocken von „rotem Schnee", die sich aggressiv vermehren, aber mit chemischen Mitteln beseitigt werden können, „Sporen", die eine tödliche Spitze hervor schnellen und einen Unfall Sabrinas verursachen. Die hybride biologische Struktur der Wesen irritiert die Menschen. „Selbstreproduzierende Kristalle. Quasibiotisch. Eine Art Viren, die nicht in Wirtszellen leben" (*Target*, S. 63). Auch der künstliche Ich-Erzähler empfindet Unbehagen, aber leugnet das Ergebnis eines heimlichen Experiments. „Das weiß ich heute, damals ließ ich diese Interpretation zuvor als Arbeitshypothese zu, aber nicht als Tatsache" (*Target*, S. 55f). Sabrina nennt die Dinge beim Namen („Der

---

[16] Vgl. *Target*, S. 14f.: „Zur Zeit bin ich nach dem Willen meiner Lehrer ein hartnäckiger Sammler von Information, mit einem Hang zur Pedanterie, einem guten Schuß künstlicher Begabung und leichten Tendenzen zur sozialpathischen Gruppendiskompatibilität."

Wald will uns beim Aufsteigen hindern." *Target*, S. 59), aber George verbietet im Namen der Wissenschaft das Reden. Der Taucher geht verloren, weil George eine Kurzschlussreaktion begeht („Er war ein Soldat, und es ging hier um die Ehre" *Target*, S. 75), gesteht aber heimlich: „'Wir sind erledigt.'" Er zerstört die letzte Chance auf Hilfe und behandelt die anderen als Gefangene. In der Nacht gibt es Stimmen wie von Menschen, vielleicht versucht der Wald, zu den Eindringlingen zu sprechen. In der ausweglosen Situation begeht Sabrina Selbstmord und Tatjana versucht einen erfolglosen Angriff auf den Kommandanten. Beim Gang durch den Wald entdecken sie mechanische Elemente wie Kabel und finden schließlich die mumifizierten Überreste einer Expedition der T'sais. Als George sie zerstören will, tötet ihn Benjamin mit einer futuristischen Waffe. Es stellt sich heraus, dass er selbst ein T'sai ist und trotzdem an der Expedition teilnehmen durfte. „Das Syndikat kämpft mit uns, und wir kämpfen mit ihm, ich betone: mit. [...] Man kennt sich, man haßt sich, man tötet sich, man handelt miteinander" (*Target*, S. 105). Diese Situation erinnert an die Gegner im Kalten Krieg. Die T'sais unterscheiden sich nicht grundsätzlich von den anderen Menschen, obwohl manche biologisch modifiziert sind, aber haben eine solidarische Gesellschaftsstruktur. Tatjana verlässt sie, aber Benjamin und die KI kommen schließlich an den Rand des Kraters und sehen ein Raumschiff, ohne Hilfe herbeirufen zu können. Sie rätseln über die unergründliche Natur des Waldes, der wunderbare Phänomene produziert wie George als scheinlebendigen Wiedergänger:

> „Die Kokosnüsse hat der Wald für uns erfunden. Als sie nicht wirkten, hat er sich den Staub, die Sporne, das Gewölle ausgedacht.' [...] ,Du spricht von dem Wald, als sei er eine Person.' ,Ich weiß nicht, ob der Wald eine Person ist. [...] Der Wald ist ein Rechner, eine Lebensmaschine, eine biotechnische Gottheit, einer Person, ein irgendwas. Er ist ein n-dimensionaler zellulärer Automat" (*Target*, S. 110f).

Auch nachdem sich der geblendete Benjamin getötet hat, wacht die KI bei ihm mit der schwachen Hoffnung, gefunden zu werden: „Mein einziges Bedürfnis ist Energie. Wenn meine Energie aufgebraucht ist, sterbe ich. Wenn ich dann von jemand gefunden werde, der mit einer VED umgehen kann, werde ich wiedergeboren. Ich glaube an die Wiedergeburt" (*Target*, S. 14). Das Hauptthema von

Target ist der Umgang mit dem Fremden und Unbekannten auf drei Ebenen.

1. Ausdrücklich im Zentrum steht der Wald als das ganz Andere, das zwischen bloßer Natur und einer Person mit gezielten Aktionen, Widerstand gegen Erforschung, Stimmen als Kontaktaufnahme und Antwort auf Signale oszilliert. Ebenso schwanken die Phänomene zwischen Naturdingen: „Spechten", „Schnecken", „Rochen", „Blättern", Bäumen" und „Wurzeln" einerseits und technischen Artefakten wie „Kabel", „Rollen", und „Kristallen" andererseits. Diese Bezeichnungen geben aber ausdrücklich nur die menschliche und damit unangemessene Perspektive wieder.

2. Die M'tais werden zunächst als fremde Aliens erwähnt, aber dann als normale Menschen präsentiert.

3. Der Ich-Erzähler ist befremdlicherweise eine künstliche Intelligenz, also eine kybernetische Maschine, aber er zeigt fast mehr menschliche Gefühle und Reaktionen als die anderen. Damit ist die normale Perspektive auf die Technik umgedreht, denn er beobachtet die Menschen und versucht, sie zu verstehen.

Die allgegenwärtige Fremdheit ist letztlich durch die fortgeschrittene Technik bedingt. Nur diese erlaubte die Entdeckung des Planeten Target und die Erforschung des hybriden Waldes. Die Verwirrung, die dieser Wald erzeugt, beruht auf seiner technisch-biologischen Ambivalenz, wird aber dadurch akut, dass seine Beobachter ihre Vorurteile nicht überwinden können und in ihrem wissenschaftlichen objektivierenden Denken gefangen bleiben. Sie wollen und können das Unbekannte in seiner Fremdheit nicht akzeptieren. Der Roman ist so ein Gedankenexperiment über die Erkenntnismöglichkeit und den Umgang mit dem ganz Anderen, getragen von starkem Zweifel an einer adäquaten Reaktion.

13.11 Benjamin Stein (*Replay*)

Stein (Pseudonym für Matthias Albrecht, *1970) hat seit 1995 einige Romane veröffentlicht, von denen *Replay* (2012) als Science Fiction gelten kann. Der Roman umkreist das moderne Thema der virtuellen Welten und der totalen Vernetzung durch technische Mittel, nämlich durch Gehirnimplantate, die durch Smartphones an Firmencomputer angeschlossen sind. Stein wurde dazu wohl von seinen beruflichen Aktivitäten als Berater im Bereich der Informationstechnologie, aber auch durch die aktuellen Entwicklungen der Immersion in virtuelle Realität und der Abhängigkeit von den sozialen Netzen angeregt.

Der Roman ist bewusst verwirrend, was die Zeitordnung und Wirklichkeitswahrnehmung angeht, denn der Leser muss dem Ich-Erzähler, Ed Rosen, einem IT-Experten, bedingungslos folgen. Dieser gibt seine Erfahrungen als chaotische Wiederholungen, besonders einer paradiesischen Traumsituation vor dem Aufstehen, und als Rückgriffe auf Szenen der Vergangenheit wieder, wobei es unklar bleibt, ob es sich um Illusionen, eine subjektive Realität oder objektivierbare Vorgänge handelt. Der Chef seiner Firma, Matana, schlägt ihm vor, sein unbewegliches Auge durch ein technisches Implantat zu ersetzen, das dem Gehirn elektrische Impulse sendet, die wie körpereigene wahrgenommen werden, eine in gewissem Maße bereits funktionierende Technik. Da das Experiment gelingt, verbündet sich die Firma mit den großen technologischen Konzernen als „Big Brother Trust" und bietet allen Menschen die Möglichkeit an, über ein Implantat zusätzliche Informationen zu bekommen und außerordentliche Erlebnisse zu haben. „Nicht nur geht von nun an keine einzige Erinnerung mehr verloren – jede Erinnerung steht darüber hinaus als die Wahrnehmungsimpulse einer gezielten Rückkopplung bzw. Aufzeichnung wiederholendes ‚Replay' zur ständigen Verfügung" (Wehmeyer, S. 439). Das Geschäftsmodell ist so erfolgreich, dass 70% der Amerikaner teilnehmen, und alle anderen als verdächtig ausgegrenzt werden. „'Die Bevölkerung dieses Landes hat sich unterworfen. Es spielt keine Rolle, ob einem Herrscher oder einer Technologie'" (*Replay*, S. 156).

Ed Rosen selbst nutzt die Möglichkeit des „Driftens" mit Hilfe des Replays und der Neukombination seiner Erlebnisse, die mit dem „UniCom" der Firma aufgezeichnet werden, immer exzessiver zur Erschaffung einer persönlichen virtuellen Welt: „Beim Driften stieg ich aus der Wirklichkeit ins Bild" (*Replay*, S. 118). Er gerät in erotische Verstrickung mit seiner Freundin Katelyn und deren Gespielin Liam, die er aber aufgrund seiner sexuellen Sucht in der Realität verliert. Der extreme Versuch, mit einer geheimen Switchbox aus der Vernetzung auszusteigen, misslingt, so dass er am Ende nur noch in einer subjektiven Welt mit einem „symbiotischen Verhältnis zum Smartphone" (*Replay*, S. 106) lebt, das die Verbindung zu den Speichern der Firma herstellt. „So werde ich ewig im Kreis meiner Erinnerungen treiben, eigentlich bin ich längst tot und vegetiere nur noch in einem Zwischenreich" (*Replay*, S. 169).

Wie sein Chef ihm erklärt, fehlt es wie bei den sozialen Netzen an einer negativen Rückkopplung, welche die individuelle Gier bremsen könnte. Matana zeigt deutliche Parallelen zu dem Theoretiker der Selbstorganisation von Lebewesen, dem Biologen Umberto Maturana. Im Roman erklärt der Chef dessen Lehre: „'daß es [...] eine objektive Wahrnehmung der Wirklichkeit'" nicht gibt (*Replay*, S. 97), sondern dass diese von der Struktur des Organismus bestimmt ist. „'Die Welt ist, was wir wahrnehmen'" (*Replay*, S. 38). Symbol der Gier nach immer intensiveren persönlichen Erlebnissen ist die leitmotivliche Erscheinung von Pans Huf in Rosens Träumen, der von ihm bewusst als Markierung des virtuellen Charakters einer Szene eingesetzt wurde, aber zugleich auf die triebhafte Natur der Vernetzung mit dem Internet und die erotische Besessenheit verweist. Der Roman gibt insgesamt ein eindrucksvolles Bild von technischen Möglichkeiten und Gefahren einer totalen Kommunikation und elektronischen Manipulation des Bewusstseins, auch wenn diese nicht direkt politisch oder wirtschaftlich ausgenutzt werden.

13.12 Dietmar Dath

Dietmar Dath (*1970) ist der vielfältigste, bekannteste und produktivste Autor der dritten Generation. Er zeigt deutliche Zeichen der Postmoderne, da aber dieser Begriff meist sehr vage verwendet wird, möchte ich ihn zunächst für meinen Gebrauch definieren. Erstens bezeichnet er eine Haltung, die aus der Gegenposition zur normativen Moderne einerseits eine Zustimmung zur Abweichung und Vielfalt bedeutet, aber andererseits auch eine Unverbindlichkeit des ‚anything goes'. Zweitens beruht der formale Akzent der Postmoderne auf einem Verständnis der Literatur als ‚Wortwelten'. Daraus folgt einerseits die Verabschiedung von Originalität und Authentizität im Bewusstsein der Abhängigkeit eines Werkes von vielen anderen oder andererseits die Behauptung des totalen Zeichencharakters der Literatur ohne Realitätsbezug. Nach meinem

Eindruck hat sich Dath zur Darstellung von Vielfalt, aber gegen Beliebigkeit, für demonstrativen Bezug auf andere Werke in Zitaten und Anspielungen, aber mit einer aufklärerischen Hoffnung auf die Wirksamkeit der Literatur entschieden.[17]

13.12.1 *Die Abschaffung der Arten*

Nach einigen Romanen aus anderen Genres schrieb Dath 2008 seinen ersten Science Fiction-Roman *Die Abschaffung der Arten*, der großes Echo fand und mit dem Laßwitz-Preis prämiert wurde. Es ist eine eindrucksvolle Darstellung der grenzenlosen biologischen Manipulierbarkeit des Menschen und gehört mit dem technisch-wissenschaftlichen Komplex der Genforschung zum Kern des Zukunftsromans. Dieser komplizierte Roman voller phantastischer Einfälle, aber auch loser Fäden und Widersprüche soll nicht im Detail analysiert, sondern nur nach seinen postmodernen Zügen und seinem Umgang mit neuer Wissenschaft und Technik befragt werden. Das Feuerwerk an ausgefallenen Episoden und Figuren schafft besonders durch die Sprünge in der Ereignisfolge eine Fülle von Rätseln, die nur teilweise aufgelöst werden und so dem Leser Stoff zum weiteren Nachdenken geben. Dies bewirken ebenso die Anspielungen an moderne Wissenschaft, ebenso wie das Spiel mit der Sprache, z.B. ihre Auflösung in Stammeln bei zwei Figuren des Textes. Zur postmodernen Ablehnung einer normativen Ordnung gehört auf jeden Fall die Neigung zur Heterotopie als Vermeidung einer eindeutigen utopischen oder antiutopischen Wertung.[18] In Daths Zukunftsvisionen wird zuerst die Gesellschaft der Gente, intelligenter Tiere, welche intensiv mit chemischen Medien („Pherinfone") kommunizieren, anscheinend als Utopie beschrieben, welche die Zeit der „Langeweile" der Menschen abgelöst hat. Ihre bunte und sorgenlose Gesellschaft ähnelt einer kalifornischen Hippiekommune, in der jeder seinem ganz individuellen Interesse und

---

17 Nickel, 2011, S. 62-66 beschreibt Daths *Für immer in Honig* als faktisch postmodern, aber zugleich als „Postmoderne-Kritik", besonders gegen beliebige und unverbindliche Positionen. Diese Einschätzung lässt sich auch auf andere Romane des Autors übertragen.

18 Vgl. Leiß, 2010. Zwar untersucht die Autorin nicht den Roman von Dath, aber Texte von Franke.

seiner Selbstdarstellung frönen kann. Es stellt sich aber später heraus, dass die Gente selbst nur genmanipulierte Menschen sind, produziert von einem homosexuellen Paar, dem später herrschenden Löwen Cyrus Golden und dem unentbehrlichen Finanzgenie, Fuchs Ryuneke, die sich mit radikalen Mitteln und der Hilfe der lesbischen Komponistin Späth durchgesetzt haben. Diese Gesellschaft wird von den „Keramikanern" besiegt, einer Art von Cyborgs, die zwei vereinte Supercomputer geschaffen haben. Deren Herrschaft auf der Erde scheint antiutopisch zu sein, aber am Ende erfahren wir, dass die „Keramikaner" ihre „Göttin" getötet und ein zeitloses Tier- und Pflanzenidyll geschaffen haben, ein Posthistoire. Ein Rest der Gente konnte sich unter Führung der Tochter des Löwen, der Luchsin Lasara in Form von elektronischen Kopien, den „Setzlingen" auf Mars und Venus flüchten, nachdem ihr Liebhaber, der Wolf Dimitri den Löwen ermordete. Auf den Planeten hat sich jeweils eine unterschiedliche neue Gesellschaft entwickelt, auf der Venus versucht man vergebens, wieder zu den ursprünglichen Menschen zurückzukehren und auf dem Mars gibt es eine kriegerische mittelalterliche Gesellschaft. Dabei bleibt die normative Einordnung offen.

Insgesamt kann man von einer mehrfachen postmodernen Heterotopie sprechen: Die frühere menschliche Gesellschaft erscheint als Sackgasse, die Gentegesellschaft der sprachfähigen Tiere als misslungenes utopisches Experiment, die Keramikaner als mechanische Antiutopie, die Kolonien auf Mars und Venus als unmögliche nostalgische Veranstaltungen und das künstliche Paradies auf der Erde als nur scheinbare Rückkehr zur Natur. Daths Roman ist futuristisch aufgrund der genetischen Manipulation und Überschreitung biologischer Grenzen (=„Abschaffung der Arten"), moderner Architektur und allgegenwärtiger Medien. Man kann den Roman als anthropologische Frage danach verstehen, was aus dem Menschen werden kann oder soll, wenn er alle Möglichkeiten zur eigenen Veränderung hat. Insofern schreibt Dath genuine Science Fiction mit philosophischer Tendenz, auch wenn er eher Verwirrung statt wissenschaftlicher Erklärungen und fantastische Vorgänge statt rational nachvollziehbarer Handlungen präsentiert. „Dem Leser schwirrt der Kopf, aber wenn er sich einlässt und dabeibleibt, hat er auch Spaß an diesem grandiosen Denkspiel und will selbst anfangen zu spekulieren, was einmal sein könnte."[19]

13.12.2 *Pulsarnacht*

Pulsarnacht (2012), ebenfalls mit dem Laßwitz-Preis prämiert, ist ein klassischer Science Fiction-Roman, der im Weltall mit verschiedenen Arten von Aliens spielt und physikalische Probleme der Überwindung von Raum und Zeit sowie politische von Gesellschaftsordnungen und interkulturellen Beziehungen reflektiert. Es ist nötig, zum Verständnis der komplexen Themen und Motive die Handlung des Romans mit der Fülle seiner Einfälle ausführlich zu beschreiben.

Im ersten Teil „Gesetzloses Dunkel" sucht eine Gruppe von Soldaten, die vom Leser instinktiv als Menschen eingeordnet werden, im Auftrag von Shavali Castanon, der herrschenden Präsidentin der Vereinigten Linien, einem galaktischen Zusammenschluss zahlloser Welten mit verschiedenen intelligenten Arten, nach dem Gesicht der Admiralin Renée Melina Shemura, das sich wie ihre anderen Körperteile versteckt hält. Der Roman beginnt dramatisch mit dem einsamen Überlebenskampf der Elitessoldatin Valentina Elisabeta Bahareth in einem unüberschaubaren Raum, dann erst wird rückblickend von der gemeinsamen Aufgabe berichtet und das Raumschiff Stenello und seine national gemischte Besatzung vorgestellt. Vor der Landung der Gruppe auf dem künstlichen Asteroiden wird der Arzt Dr. Bin Zhou von einem unbekannten Saboteur ermordet. Die raffinierte Verteidigung mit desorientierenden Räumen führt zu einer Katastrophe, bei der der Kapitän Masaki Kuroda, der Sicherheitsoffizier Armand ‚Comte' Mazurier und die Kämpferin Sylvia Stuiving umkommen. Valentina gelingt es allein, allen bedrohlichen Gefahren zu entkommen, bis sie schließlich vom Gesicht der Admiralin freundlich begrüßt wird.

Im zweiten Teil „Ins Paradies verbannt" werden die drei Aufständigen vorgestellt, die in den „Linienkriegen" gegen die Präsidentin Castanon gekämpft haben und an den Rand der „kartierten Welten" auf ein planetarisches Lebewesen, die „Medea" namens

---

19 Knapp, abgerufen am 16.6.2014.

"Treue" verbannt wurden, wo sie idyllisch im Innern leben: der Shunkan César Dekarin, die Offizierin Laura Durantaye und Zera Axum Monjing, der hin und wieder sein Geschlecht wechselt. Der Text beginnt damit, dass César kleine blaue „Insektenspinnenkrebse", die von Treue hervorgebracht werden und die „Dim" Daphne aus einer menschenartigen Spezies, fasziniert beobachtet. Dann wird von der handwerklichen Arbeit der Dim und ihrem einfachen Fest erzählt, auf dem die alte weise Viktoria ihr astronomisches Wissen und die alten Mythen an ihre solidarischen Stammesgenossen weitergibt. Im Gegensatz zur bisherigen friedlichen Atmosphäre erfolgt danach ein technisch hochgerüsteter Angriff von Außerirdischen auf die drei Verbannten, den diese nur schwer verletzt aber regenerierbar überleben.

Der dritte Teil „Castanons Auftrag" beschreibt die Aufgabe der Admiralin, den Exilierten eine Amnestie anzubieten, wenn sie ein „Breve", einen künstlerischen Text, verfassen und der Gewalt abschwören. Vor dem Besuch der Präsidentin, auf dem Schemura die politischen Zustände als plutokratische Oligarchie kritisiert, wird eindrucksvoll die futuristische Hauptstadt Yasaka beschrieben, die über einem Pulsar konstruiert wurde, um dessen Energie zu nutzen.

> Mehrdimensionale Maschinen hatten in die bauschige Landschaft blut- und himmelsfarbene, türkise und schwarze Anlagen aus Titan, Glas und verspiegeltem Edelstahl geschnitten, an denen Bauten, die von denkenden Geschöpfen bevölkert waren, sich schraubenförmig in zerrissene Höhen drehten wie plastische gehärtete Kohle. Das Schauspiel aus Reflex und Welle, steilstem Starren und kantiger Majestät nannte man der veränderlichen, prachtvollen Farben wegen auch den diamantenen Planeten (*Pulsarnacht*, S. 143).[20]

---

[20] Dath erklärt das besondere der Stadt damit, dass „die Raumzeit selbst in metatopologischer Urbanität Baumaterial geworden war." Dazu greift er auf die moderne Physik zurück: „Lorentztransformationen waren ausgehoben worden wie früher alte Erden, so dass man auf Möbiusstraßen flanieren konnte und zur Sicherheit gegen Unwetter in Klein'schen Flaschen Schutz suchte, weil der ordnende Geist des Gesamtplans wich wie bei den äußerlich kleinen, innerlich riesigen Schiffen des präsidialen Militärs auch bei der Stadt, in der das Präsidialamt als fantastischster all der möglichen Bauten stand, die Dienstbarkeit zusätzlicher Dimensionen versichert hatte" (*Pulsarnacht*, S. 144).

Die Präsidentin und die Admiralin waren früher ein Paar und haben eine gemeinsame Tochter Irina, die demnächst zur Unsterblichen erhoben werden soll. Bei der Reise des Raumschiffs Swainsonia Casta nach „Treue" nehmen neben Valentina auch der Kapitän Kuroda und Sylvia Stuiving teil, die bei der Suche nach dem Gesicht der Admiralin getötet wurden, aber wiederbelebt werden konnten, da ihr „Tlalok" als Kern der Person erhalten blieb. Auf die Reise nehmen sie einige Dim mit, die auf einen zerstörten Planeten wollen, ihre Urheimat, die sich als die Erde entpuppt. Die Expedition auf „Terra Firma" wird von Räubern überfallen, die Kuroda nur dadurch besiegen kann, dass er seinen Tlalok benutzt. Weil es auf dem Planeten aber alte tödliche Einrichtungen gibt, wird dieser zerstört, und der Kapitän stirbt unrettbar. Offensichtlich gab es früher erbitterte Kämpfe zwischen der herrschenden Rasse und den Dim, die nur als die Sklaven der Custai, einer Helferrasse der Sieger, überlebten. Im letzten Kapitel erzählt die Präsdidentin dem wieder erweckten Armand, dass Sylvia in ihrem Auftrag den Arzt tötete, um dessen Wissen über die Dim zu unterdrücken.

Im vierten Teil „Treue und Verrat" geht es vor allem um die Exilierten. César erholt sich zurückgezogen allmählich von seinen Verletzungen und sieht eine anscheinend reale schwarze Frau, die der Präsidentin ähnelt. Da sie auch von anderen gesehen wird, suggeriert dies eine neuartige Überwindung von Raum und Zeit. César weist sie wegen ihrer früheren Differenzen zurück. Zera erzählt bei einem Besuch von ihrer neuen überqualifizierten Haushaltshilfe Daphne und spricht von der Pulsarnacht als „Endzeitphantasie" (*Pulsarnacht*, S. 233). Schließlich kommt Daphne zur Hilfe in Césars Haus und zwischen beiden entwickeln sich Freundschaft und Liebe. Armand erfährt als Spion der Päsidentin, dass alle mit der offiziell verschwiegenen Polarnacht rechnen und deshalb die Dim freigekauft und auf ihren Planeten geschickt werden. Laura spricht heimlich über EPR-Technik, einer komunikativen Überbrückung von Raum und Zeit, mit der Präsidentin, da Veränderungen an den Pulsaren beobachtet werden.

Der fünfte Teil „Ironie als militärischer Faktor" bereitet die Aufklärung über die Dim und die kosmologischen Ereignisse wie die Pulsarnacht vor. Die Admiralin erfährt in einem Gespräch mit einer Skyphe, einem astronomisch beschlagenen Alien, dass ihre

Gattung ursprünglich die technisch am weitesten entwickelte Rasse der „Regenfinger" war, welche die Ahtotüren, eine Art Wurmlöcher zum überlichtschnellen Transport erschufen. Das Alien kritisiert in seiner metaphorischen Redeweise die beschränkte Erkenntnisweise der ‚Menschen', die ihre Vorannahmen in die Welt projizieren. In der aktuellen verwickelten Situation von Erwartungen und vorweggenommenen Reaktionen der Gegner, die dem kalten Krieg und der Spieltheorie entsprechen, ist „Ironie", d.h. wohl eine Relativierung des Standpunkts, nötig. Shavali Castanon begegnet nach dem Fest zu Ehren ihrer Tochter ein „nachtschwarzer Menschenumriss" (*Pulsarnacht*, S. 309), der dem Shunkan gleicht, auch von einem anderen gesehen wird, aber plötzlich verschwindet. Daphne erzählt César in einer „Breve", dass ihr Großvater in seinem Dienst bei einer Schlacht geopfert wurde. Später gerät sie in einen tödlichen Kampf mit den Untergebenen der Admiralin, die César den toten Tlalok des Kapitäns bringen wollen. Anschließend wird vom Shunkan zur Heilung zu ihren Leuten gebracht.

Der sechste Teil, „Die Wellen" spielt an den Roman von Virginia Woolf an. Inzwischen hat die Pulsarnacht stattgefunden, d.h. die Pulsare haben überall gleichzeitig drei Minuten lang ausgesetzt, was die Einsteinsche Relativität von Zeit und Raum verletzt. Die Unterbrechung des Rhythmus hat zur Katastrophe in Yasaka und politischen Veränderungen geführt und bedeutet vielleicht den Übergang zu einem neuen Universum (*Pulsarnacht*, S. 401f.). Sylvia Stuiving will im Auftrag der Präsidentin Zera ermorden, weil er der Aufwiegler Lysander ist, dessen Texte in Yasaka verbreitet werden, wird aber von Valentina und der Admiralin gewaltsam daran gehindert, weil Castanon durch die Pulsarnacht, die sie zu verheimlichen versuchte, ihre Macht verloren hat. César besucht Dahne am Krankenbett und entdeckt, dass sie die Sprache Virginia Woolfs versteht. Er wird von Viktoria aufgefordert wegen seiner Schuld gegenüber ihrer Rasse, den toten Tlalok des Kapitäns zu öffnen. In der Kapsel ist aber nur

> ein kleines, weißes Spinnen-Kaktus-Krebstierchen. Bis auf den Umstand, dass es ein wenig kürzer und kompakter war, glich es in allen Einzelheiten den Gedankenkrabblern auf Treue. Sonst war nichts darin – keine Batterie, keine Schaltelemente, kein Chip, keine Magnetspule. Nur dieses Lebewesen [...] Der ganz um ihn herumarrangierte angebliche Mensch dagegen [...] war

ebensosehr künstliche Schöpfung wie je ein zweites Bein, ein neues Gesicht, ein geklontes halb organisches Bio-Marcha-Hirn (*Pulsarnacht*, S. 364f.).

Dies ist der Beweis, dass die als Menschen auftretenden Wesen mit den planetarischen Geschöpfen, den Medeen verwandt sind, deren Samen ihr Tlalok ähnelt. Ihr wahrer Ursprung aber bleibt ein Rätsel. César wird danach durch ein Gespräch mit einer Skyphe weiter aufgeklärt. Die Dim sind die wahren Menschen, die angeblichen Menschen, sind die „Regenfinger", die ihre Vergangenheit vergessen wollten und sich deshalb die Körper der Menschen als bloße Hülle und deren Namen und Kultur als Schein angeeignet haben. Nach dem Verlust der politischen Macht will sich die Präsidentin nun auf ihre wirtschaftliche Macht als Besitzerin der Castanonwerke zurückziehen, die alle wesentlichen technischen Artefakte produzieren. Inzwischen haben aber die geschäftstüchtigen außerirdischen Custai die Aktienmehrheit übernommen und Shavali muss jetzt deren Aufträge ausführen. Die Dim, auch Daphne, übersiedeln auf ihren Ursprungsplaneten, und César bleibt allein zurück. Der letzte Abschnitt trägt märchenhafte Züge: César und Shavali begegnen sich anscheinend physisch mit Hilfe ihrer geheimnisvollen Spiegel und überbrücken so ihre persönlichen Gegensätze, sowie Raum und Zeit. „César Dekarin wollte nicht bleiben, wer er war. Shavali Caastanon wollte nicht bleiben, wo und wann sie war. [...] Sie begegneten einander wieder. Das änderte alles" (*Pulsarnacht*, S. 412).

Dath spricht im Nachwort des Romans von der nötigen Verbindung der Prinzipien von Shavali Castanon und César Dekarin, Ordnung und Stabilität bzw. Freiheit und Innovation, als deren Vorbilder er die Science Fiction-Autoren Robert A. Heinlein bzw. Joanna Russ nennt. Symbolisch stehen dafür die „topologischen Pole der VL" (Vereinigten Linien) (*Pulsarnacht*, S. 147), nämlich Yasaka und Treue. Im Roman werden diese Positionen in Gesprächen besonders unter den Exilierten erörtert. Es geht nicht nur um politische Gegensätze wie Liberalismus oder Anarchismus gegen Konservativismus oder Sozialismus, sondern auch um anthropologische Alternativen.[21] César fragt „Wie weit können wir gehen? Wie sehr können wir uns mit Hilfe der Marcha, die Castanon entwickelt hat, verändern?" (*Pulsarnacht*, S. 120). Dagegen interessiert Shavali "nicht der Fortschritt, sondern der Status quo. [...] Rechte und Pflichten statt Chancen und Gefahren" (*Pulsarnacht*, S. 120). Auf das Individuum bezogen heißt dies, César setzt „aufs Lernen, auf die Verwandlung. Castanon setzt auf Wiederholung, auf die Fortsetzung dessen, was ihre Familie immer war" (*Pulsarnacht*, S. 224). Er träumt von den „Aussichten auf ein besseres freieres, wahreres Leben" (*Pulsarnacht*, S. 109). Aber „das rationale, illusionslose, mutige Denken – kann nicht auf die Dauer gewinnen" wegen der Natur der Menschen (*Pulsarnacht*, S. 225). Dagegen gilt von Castanon: "Sie will Regeln bewahren, um die Leute, die mal so sind, vor Schaden zu bewahren" (*Pulsarnacht*, S. 225).

Beide Positionen bringen Gefahren mit sich: „Stagnation, Verkalkung, Versteinerung" bzw. "Zerfall. Verschwendung, Chaos" (*Pulsarnacht*, S. 120). Dass eine Änderung notwendig ist, folgt aus den vorher gegangenen politischen Wirren wie aus den negativen Zügen der bestehenden Gesellschaft, nämlich die Willkür von Politik und Militär und eine auf Technik gestützte Eliteherrschaft. In der Pulsarnacht scheitert diese Herrschaft, die auf das Verschweigen einer schuldhaften Vergangenheit, der Versklavung und Enteignung de Dim, beruhte. Aber die Synthese erfolgt am Schluss nur auf persönlicher Ebene durch das Zusammenkommen der beiden Kontrahenten, auf gesellschaftlicher Ebene deutet sich keine Verbindung an. Die Ersetzung der Präsidentin durch ihre Tochter führt vermutlich zu einem liberalen Kapitalismus mit den wirtschaftlich tonangebenden Custai.

Die beschriebenen sozialen Fragen, die für die Romane Daths immer wichtig sind, werden grundiert von einer ebenso typischen postmodernen Vielfalt, Alterität und teilweise Hybridität der Figuren. Die zahlreichen Aliens, „sternenfahrende Spezies" (*Pulsarnacht*, S. 35), sind stark differenziert nach Aussehen, Fähigkeiten und Namensgebung, ein beliebtes Motiv der Science Fiction nach dem zweiten Weltkrieg zur Herstellung alternativer Welten. Auch die Polaritäten der Genderordnung werden grundsätzlich durch

---

[21] César hat laut der Präsidentin eine „transzendentale Vision einer Art, die sich in jedem Augenblick neu erfinden kann. Die ihren Horizont erweitert, bis er das All umfasst" (*Pulsarnacht*, S. 216).

gleichgeschlechtliche Liebschaften mit Kindern, durch die Möglichkeit des Geschlechtswechsels und durch die komplexe Sexualität der Außerirdischen unterlaufen, die teilweise mehrere Partner zur Fortpflanzung benötigen.

Die politisch und technisch maßgebende Spezies in diesem Roman sind die vom Leser aufgrund der Namensgebung und Sympathielenkung zunächst als Menschen angesehenen Wesen, auch irreführend „homo sapiens" genannt (*Pulsarnacht*, S. 48). Es stellt sich schließlich heraus, dass sie eine hybride Verbindung der Tlaloks, kleiner Spinnentierchen, mit künstlich gezüchteten menschlichen Körpern sind. Sozial verbunden sind sie mit den Custai, die an irdische Reptilien erinnern.[22] Diese sind ausschließlich am Handel interessiert wie dem Tausch ihrer Sklaven, der Dim, gegen technische Geräte. Daneben gibt es die Binturen, die als hundeartig angesehen werden, unaussprechliche Namen tragen und als Spezialisten mit den anderen Rassen zusammenarbeiten. Eher abseits stehen die Skypho, die weder humanoid noch therioid sind, als Geschöpfe des Weltalls nur in geschlossenen Zylindern leben können und nicht als Individualitäten hervortreten. Sie sind bewandert in der Theorie und Geschichte des Weltalls und können aufgrund ihres andersartigen Denkens den ‚Menschen' Aufschlüsse über den Kosmos und ihre Geschichte geben. Die Gattung der Dim, rassistisch abwertend „Trüben" genannt, ist dramaturgisch besonders interessant, da sie einerseits als humanoide Sklaven der Custai gelten, aber andererseits als „BioMarcha in Menschengestalt" (*Pulsarnacht*, S. 32), also Apparate, diffamiert werden. Sie entpuppen sich als die ursprünglichen Bewohner der Erde, die Vorbilder für viele Lebensformen gegeben hat, und als frühe Raum fahrende Spezies, die allerdings von den „Regenfingern" besiegt und kulturell und genetisch enteignet wurde. Neben diesen fünf Hauptrassen, die zwar jeweils einen anderen Ursprung und andere Interessen haben, aber zusammen siedeln und sich dabei mit ihren speziellen Möglichkeiten ergänzen, gibt es noch andere wie die planetengroßen „Medeen" und „Leviathane", die sich von den elektrischen und magnetischen Energien des Weltraums nähren.

Das Thema der Alterität und Hybridität wird durch das Verhältnis von Dim und Regenfinger vertieft, das sich im Laufe des

---

22 Man könnte an die Krokodile als Karikaturen der Kapitalisten in der russischen Revolution denken.

Romans überraschend umkehrt. Es stellt sich heraus, dass letztere ihren eigenen Ursprung vergessen haben, während die Dim das Wissen um die Polarnacht und ihre Geschichte bewahrt haben. Sie sind bewusst naturnahe Wesen, während die angeblichen Menschen Hybride sind, die nur in einer hoch technisierten Umgebung leben können. Die Dim bezeichnen sie als „Scheinzelne", weil sie in kollektiver Verschaltung mit Hilfe der Tlaloks agieren, was die heutigen kommunikativen Möglichkeiten der sozialen Medien fortschreibt. Ihre individuellen Körper sind nur technische Artefakte, die deshalb leicht rekonstruiert werden können.[23]

Das Verhältnis der beiden Rassen folgt einerseits dem Modell der Kolonisierung mit allen Folgen wie dem Missbrauch als Kanonenfutter, andererseits handelt es sich um den Gegensatz einer natürlichen Lebensweise mit solidarischen Beziehungen zu einer technisch gestützten, die durch Machtstrukturen bestimmt ist. Mit den verschiedenen Lebewesen werden gegenwärtige Verhaltensweisen verfremdet in den Weltraum projiziert: mit den Regenfingern ein scheinbar demokratisches, im Grund oligarchisches politisches System auf der Grundlage von fortgeschrittener technischer Produktion; mit den Custai ein kapitalistisches Wirtschaftsdenken; mit den Dim die Idee von Einfachheit und Naturnähe; mit den Skypho eine wissenschaftliche kontemplative Haltung. Dabei verwendet Dath nicht einfach eine Maskierung, sondern eine gebrochene Verfremdung. Die als Europäer gezeichneten ursprünglichen Menschen (ihre Stadt auf Terra Firma heißt Berlin!) sind im Roman die Kolonisierten. Noch stärker ist die Irritation bei den „Scheinzelnen", den Hauptfiguren, die mit Namen und Verhaltensweisen der heutigen Menschen präsentiert werden, nur dass sie technisch weiter entwickelt sind. Aber selbst nach ihrer Entlarvung identifiziert sich der Leser noch mit ihnen.

Neben der Alterität der Aliens gibt es einen zweiten prägenden Hintergrund, nämlich die für die Science Fiction typische Naturwissenschaft und Technik. Dath entwirft Transportmöglichkeiten, welche der Relativitätstheorie Einsteins widersprechen, aber an

---

23 Dies erinnert an die alte religiöse Vorstellung von den bloßen Scheinkörpern der Teufel und Dämonen oder an den Glauben Georg Ernst Stahls aus dem 17. Jahrhundert, dass sich die Seele (hier der Tlalok) ihren Körper baut. Tabbert, 2004, S. 462ff. spricht von „Pseudokörpern" in Bezug auf die Avatare in Frankes *Orchideenkäfig*.

neue physikalische Theorien anknüpfen. Es geht ihm um die Aufhebung der Raumzeit in Yasaka und um ein „höherdimensionales Raumzeitgeflecht" im so genannten C-Feld (*Pulsarnacht*, S. 146). Dazu gehört die Technik des EPR, der zeitlosen Verbindung, die anscheinend das Phänomen der verschränkten Quanten benutzt[24] und die rätselhafte Anwesenheit dunkler Personen trotz ungeheurer Entfernungen. Es ist nicht möglich, die Fülle der futuristischen Geräte aufzuführen, die wegen ihres Handelswerts „Marcha" genannt werden, und die im Roman die Grundlage der galaktischen Zivilisation bilden. Hervorzuheben ist aber die Zähmung der gewaltigen Energie eines Pulsars beim Bau der Hauptstadt Yasaka. Einen Schwerpunkt bilden die Apparate, die der Wahrnehmung und Kommunikation dienen wie die „twiSicht" im „Twistorraum" mit Hilfe von „C-Feldeffekten" (*Pulsarnacht*, S. 231f.), die Zusammenschaltung der Tlaloks und die EPR-Technik. Selbstverständlich ist das Klonen von neuen Körpern aus biologischen Resten und die Unsterblichkeit mit Hilfe von „Telomer-Marcha" (*Pulsarnacht*, S. 118). Dies alles wird nicht ausführlich erklärt, aber scheint durch die Art der Präsentation und in Anlehnung an moderne Technik plausibel. Die Geräte dienen im Roman besonders als Machtmittel der Präsidentin (*Pulsarnacht*, S. 118), sie sind aber auch zur erzählerischen Überwindung der riesigen Entfernungen nötig. Sie schaffen wie die „Environs", eine Art immersiven Kunstwerks, virtuelle Realitäten, welche Wahrnehmung und Wesen der gewohnten Raumzeit verändern, wie vor allem der Schluss zeigt. Dath extrapoliert aktuelle Trends und will damit offensichtlich die eingeschränkten Erfahrungen erweitern, wie es César in seinem Traum (*Pulsarnacht*, S. 108f.) gelingt, der ihn zum Nachbarn der Sterne macht und ihm zugleich politische Informationen liefert.

Der Roman *Pulsarnacht* wird aus personaler Perspektive, je nach Schauplatz und maßgebender Figur, erzählt. So wird der erste Teil im Raumschiff aus der Sicht Valentinas dargestellt und der dritte auf Treue aus der des Shunkan. Infolgedessen kommt es auch zu überraschenden Korrekturen des Wissens und der Wertung,[25] wenn die Mittelpunktsfiguren wechseln und Dinge plötzlich ent-

---

24 Darauf bezieht sich schon Franke beim *Orchideenkäfig*, s. das Interview in Neisser, 2000, S.112.
25 Hippel, 2012, S. 146 spricht von Daths „Poetik permanenter Überraschungen".

hüllt werden, welche die Präsidentin vorher verheimlicht hat. Auch die wissenschaftlichen Erklärungen sind personalisiert, da sie im kontroversen Dialog entwickelt werden wie die Geschichte der Dim und die Theorie der Pulsarnacht.[26] Durch das personale Erzählen wird, wie bei der Science Fiction üblich, der Leser über die Figuren in das Geschehen einbezogen. Die Sprache des Romans, besonders der Skypho und Dim ist bildhaft und metaphernreich, sonst oft von technischen Fachausdrücken durchzogen, deren Verständnis vorausgesetzt wird. Sie ist semantisch und syntaktisch komplexer als in anderen Science Fiction-Texten. Dath gelingt es, Informationen zu veranschaulichen und zu dramatisieren. So erfährt der Leser von der Schuld des Shunkans gegenüber den Dim durch die Breve, die Daphne ihm aus der Perspektive ihres sterbenden Großvaters erzählt (*Pulsarnacht*, S. 230).

Abschließend ist zu überlegen, ob der Text, der auf populärwissenschaftliche Erläuterungen verzichtet, eher zur Verneschen Richtung des spannenden Abenteuers oder der Laßwitzschen der philosophischen Reflexion gehört. Die zahlreichen dramatischen Kampfszenen, die von den Figuren selbst als „Abenteuer" erlebt werden (*Pulsarnacht*, S. 249) erinnern an die Aktionen der amerikanischen Space Opera, z.B. der Anfang des Textes mit dem rasanten Überlebenskampf Valentinas (*Pulsarnacht*, S. 11ff. und 69ff.). Dem stehen immer wieder Kapitel mit ruhigen Beschreibungen, reflektierenden Erörterungen und klärenden Gesprächen gegenüber, besonders mit dem Shunkan als Zentrum. Die Frage nach der idealen Gesellschaft und dem Wesen des Menschen erinnert an Laßwitz, auch wenn sie im 21. Jahrhundert dramatischer und phantastischer vermittelt wird. Die Spannung wird bei den Kämpfen

---

26 Dabei wird der Kosmos mit einer Turingmaschine verglichen: „'Die Pulsarnacht ist also ein Output für einen bestimmten Rechenschritt?' [...] ‚Pulsare, quasistellare Objekt, schwarze Löcher, das Altern sämtlicher Sonnen, sie alle gleichen dem, was in elektronischen Rechnern innere Uhr heißt. [...] Die Uhr, die ich meine, ist der Binnentaktgeber von Kalkülen.'" (*Pulsarnacht*, S. 400) „'Die Pulsarnacht. Sie ist ein ... Zeichen für eine Umstellung von synchronen auf asynchrone Vorgänge in dem Rechnerkomplex, der unser Universum ist. Eine Umstellung vom Maß der zeitversetzten Koniken, die durch die Lichtgeschwindigkeitsgrenze wie durch ein absolutes Zeitmaß synchronisiert sind, auf...' [...] ‚Etwas, das wir nicht denken können, bis jetzt, weil unsere Hirne, oder womit wir sonst denken, noch in der Raumzeit stecken" (*Pulsarnacht*, S. 401f.).

natürlich durch Gefahren erzeugt, sonst eher durch Rätsel wie die Pulsarnacht und der Ursprung der Dim und der Regenfinger. Verwirrung und Geheimnis verschwinden aber nicht ganz, so dass der Leser über die vorläufige Auflösung hinaus in Spannung gehalten wird. Dazu trägt wesentlich die komplexe Anspielungsstruktur bei, die bei der intertextuellen Namensgebung z.B. von Shunkan (nach einem japanischen Mönch, der eine Verschwörung anzettelte und im Exil starb) beginnt und bis zur Figur des Erhabenen aus dem 18. Jahrhundert reicht. Sie wird anlässlich von Valentinas Einsamkeit im Weltraum (*Pulsarnacht*, S. 249f) als Umschlag von der Erschütterung durch den Kosmos zur Selbstgewissheit und in moderner Version im Traum des Shunkans (*Pulsarnacht*, S. 108f) vorgeführt.[27] Es ist unmöglich, alle intertextuellen Verweise zu entschlüsseln, auch wenn Dath im Nachwort einige auflöst, und ihre unterschiedliche Tragweite und Bedeutung zu erklären. Sie schaffen eine reflexive Metastruktur, die eine Entgrenzung der Perspektive und Erweiterung der Erfahrung ermöglicht. Damit reiht sich der Text in die philosophische Richtung der Science Fiction ein.[28]

Daths andere Romane, soweit man sie zur Science Fiction im engeren Sinne rechnen kann und sie nicht nur ähnliche Motive verwenden, haben trotz unterschiedlicher Schauplätze und Handlungsverläufe einige grundlegende Gemeinsamkeiten, nämlich alternative Gesellschaften infolge des Zusammenlebens von Menschen mit ganz andersartigen intelligenten Lebewesen. Dazu kommt eine Fülle von technischen Neuerungen und naturwissenschaftlichen Überlegungen, die von aktuellen Möglichkeiten und Theorien angeregt sind. Willer spricht von *Dietmar Daths enzyklopädischer Science*

---

27 „Cesars phantastischer, glatter, absolut lichtabweisender Leib, der Hunderte von Kubiklichtjahren auszufüllen schien, hätte sich in Todesangst vor diesen kugelförmigen Giganten [Sterne], in denen absoluter Unverstand und erbarmungslose Naturgewalt wüteten, vor Angst krümmen und winden müssen. [...] Er wusste sich im Vorteil, weil er ihre Namen kannte, vor denen sie großen Respekt hatten, die sie zurückzucken ließen und mit denen sich wie mit Händen nach ihnen greifen ließ [...]. Sie hatten weder Verstand noch Gedächtnis, diese Riesen" *Pulsarnacht*, S. 108.
28 Vgl. Hartmut Kasper, 2013, S. 368: „Aber ich möchte den Roman loben als ein ungemein farbenprächtiges, abgründig-detailverliebtes, in vielen Passagen die Herzschlagfrequenz durch pure Faszination erhöhendes Werk, das sich vorwagt in eine Zukunft, die unsere Vorstellungskraft erweitert, indem es sie sprengt."

Fiction bei der Analyse seines frühen Romans *Für immer in Honig*, aber diese Bezeichnung trifft mehr oder weniger auf alle seine Texte zu.

> Sein Schreiben ist gekennzeichnet durch Geschwindigkeit und Überfluss; es ist verschwenderisch in Motivik, Thematik, Handlungsfülle und witzig in der Erfindung von Personenkonstellationen und einzelnen Formulierungen. In diesem Überangebot an Einfallsreichtum und Scharfsinn artikuliert sich immer auch die sowohl ästhetische wie intellektuelle Ungeduld eines Autors, der von ‚epischer Naivität' denkbar weit entfernt ist (Willer, 2013, S. 394).[29]

In der *Abschaffung der Arten* haben die gentechnisch veränderten „Gente" die reduzierten ursprünglichen Menschen verdrängt. Es werden verschiedene heterotopische Gesellschaften mit vielfältigen offenen Formen vorgeführt. Das wichtigste Novum ist die Gentechnologie und die Frage nach ihren Möglichkeiten und Wünschbarkeiten.

13.12.3 *Feldeváye*

Feldeváye. Roman der letzten Künste (2014) spielt auf dem gleichnamigen fiktiven Himmelkörper und thematisiert Wesen und Funktion der Kunst. Er zeigt verschiedene Arten von sozialer Ordnung wie das Matriarchat im Thomasstreifen, die primitiven Siedlungen der Lacs, das alternative Dorf der Contramuralen und das idyllische Zusammenleben auf dem Planeten, nachdem er aus Zeit und Raum entrückt wurde. Dominant ist aber die besonders kommunikativ hoch technisierte Gesellschaft der Galaxis, total elektronisch vernetzt und mit manipulierbaren Körpern, in der sich „Admins" mit „Prodisten" über den Vorrang streiten. In diese einbezogen sind außer den Menschen oft sehr fremdartige Aliens wie

---

29 Diese Charakterisierung trifft auch auf Jean Pauls enzyklopädische Romane mit der Überfülle des Wissens wie der Bilder und Metaphern zu. Zu diesem Autor gibt es bei Dath eine bildliche Parallele. Wenn es heißt, dass „all diese Sterne als polierte Knöpfe seinen Mantel hätten schmücken können" (*Pulsarnacht*, S. 109), erinnert dies in der Verbindung des Kosmos mit dem Alltag an eine Beschreibung von Sesseln im *Schulmeisterlein Wuz*: „Milchstraßen von gelben Nägeln sprangen auf gelben Schnüren als Blitze herum" (Jean Paul: Sämtliche Werke I,I,S. 447).

die „Storarier", die ein hölzernes Exoskelett haben, die „Rengi", die muschelartig und introvertiert sind, die „Lapithen" mit silbergrün glänzendem Fell als Helfer der „Mennesker", die sich im Laufe des Romans aus intelligenten Schlangen zu übermächtigen Wesen entwickeln. Diese sind aber paradoxerweise schon am Anfang des Romans als Retter der Kunstwerke aktiv und geben damit ein Beispiel für zirkuläre Zeit oder mathematisch ausgedrückt für einen rekursiven Vorgang, da sie ihre eigene Entstehung initiieren.

Kennzeichnend für die Mennesker, die selbst nicht in Erscheinung treten (bzw. nur im Schlangen-Stadium), ist ihr hoch entwickeltes, nicht sprachliches Denken, das sich bewusst der ‚Reifizierung' (Schematisierung, Verdinglichung) entzieht […]. Insofern sie die Kunstwerke als geheimnisvolle Botschaft nach Feldeváye schicken, wird diese Mehr- und Vieldeutigkeit letztlich auch als eine Bestimmung der Kunst exponiert, über die es weiterhin heißt, dass sie mit dem Bewusstsein die Eigenschaft teile, dass es da Dinge gibt, die es eben nicht gibt (Hippe, 2015, S. 146).

Die futuristische Technik ist die perfekte Basis eines Lebens ohne Geld und mit ausreichend kostenlosen Gütern, das allerdings im Laufe der bürgerkriegsartigen Wirren in Schwierigkeiten gerät. Da alle Wünsche materiell befriedigt werden können, scheinen Kunstwerke als Versprechungen des Glücks (Adorno) nicht mehr nötig zu sein. Für die herrschende Gesellschaft gilt: ‚'In Zukunft wird die Verwirklichung des reinen Gestaltungsausdrucks in der greifbaren Realität unserer Umwelt das Kunstwerk ersetzen. […] Dann werden wir keine Bilder und Skulpturen mehr nötig haben, weil wir in der verwirklichten Kunst leben'" (*Feldeváye*, S. 172). Dies entspricht der frühen These Herbert Marcuses „von der restlosen Überführung von Kunst in Praxis", die er allerdings später revidierte und sich stattdessen gegen „eine entsublimierte Praxis aussprach" (Hohendahl, S. 284). Die Rettung von Kunstwerken aller Art auf Feldeváye suggeriert aber deren bleibende Funktion, die im Roman immer wieder erörtert wird (z.B. *Feldeváye*, S. 221ff.). Die Kunst wird von den Opponenten des Systems als Waffe bezeichnet (*Feldeváye* S. 674), als Erholung (*Feldeváye* S. 377) oder als subjektiver Ausdruck (*Feldeváye* S. 192, 532). Am wichtigsten scheint die Definition als Ort der Möglichkeit im Gegensatz zur Wirklichkeit: „Dass es da Dinge gibt, die es eben nicht gibt" (*Feldeváye* S. 729) und „Verwirklichung ihrer Kunst — das heißt ja nur, dass sie die wirklichen Räume von den möglichen trennen wollen" (*Feldeváye* S. 327).

13.12.4 *Venus siegt*

Venus siegt (2015) ist ein Science Fiction-Roman über Zivilisationen in der fernen Zukunft auf den Planeten, Asteroiden und Monden des Sonnensystems. Im Vordergrund steht das „Bundwerk" auf der Venus, das aus Menschen (B=Biotische), Robotern (D=Diskrete) und Künstlichen Intelligenzen (K=Kontinuierliche) besteht. Das „Bundwerk", das einmal zum idealen „Freiwerk" mit der Gleichberechtigung aller Glieder werden soll, ist im Bürgerkrieg gegen die „Verwelter" entstanden, kapitalistische Kolonisatoren von der Erde, welche ein Terraforming eingeleitet haben. Die Gesellschaft der Venus ist aus Not hoch technisiert, z.B. erlaubt das „schwarze Eis" durch die Erzeugung von Schwerelosigkeit schwebende Städte. Fast noch wichtiger ist die totale kommunikative Vernetzung untereinander und mit dem gesamten Wissen durch den intelligenten Schaum („écumen") und andere Medien, deren Rezeptoren in den Körpern der Menschen implantiert sind. Grundlage dieser Technologie ist eine neue Mathematik, die das „Toposcoding" und damit eine Verständigung mit den Robotern und KIs erlaubt.[30] Die Gesellschaft ist im Prinzip demokratisch, wird aber faktisch von einer Elite und der ersten Delegierten, Leona Christensen, regiert, die sich in den internen Auseinandersetzungen und im Kampf gegen den von den Konzernen abhängigen irdischen Diktator Sumito selbst zu einer autoritären Führerin entwickelt. Sie kann die Invasion mit Hilfe anderer Planeten abwehren, aber nach ihrem Tod verfällt das Bundwerk unter ihren unfähigen Nachfolgern und die kapitalistische Konkurrenzgesellschaft der „Diversitas" breitet sich im Sonnensystem aus.

Das Buch präsentiert sich als autobiographischer Bericht eines unzuverlässigen Ich-Erzählers Nikolas Helander, des jüngsten Sohns des getreuen Helfers von Christensen und einer genialen Mathematikerin. Anlass seines Erzählens ist die Begegnung mit

---

30 Im Anhang wird diese höchst abstrakte Mathematik und ihre Anwendbarkeit skizziert. Es wird suggeriert, dass es sich um Entdeckungen nach dem zweiten Weltkrieg handelt.

seiner Nichte, welche das Bundwerk wieder erwecken will und seine Erinnerungen mit einem Gehirn-Update auffrischt. Der Erzähler steht von Anfang an seinem Vater und der ersten Delegierten kritisch gegenüber, nimmt aber keine konsequente Position ein und ist auch in seiner Liebesbeziehung ungeschickt. Er dient dem Regime in verschiedenen Rollen, was Gelegenheit zu Berichten über die Gesellschaft gibt: die Roboter auf dem Land, Theaterkünstler, die führende KI von Arc und das alternative Leben der „Neukörper", genmanipulierter Menschen, darunter sein älterer Bruder. Aufgrund interner Kämpfe wird Helander verhaftet und gefoltert, aber schließlich wegen seines unzugänglichen inneren Ichs, das von seiner Mutter programmiert wurde, wieder frei gelassen. Nach dem Sieg über den irdischen Diktator übernimmt er eine Aufgabe auf der Erde, pflegt dort das kulturelle Erbe und beseitigt Kriegsschäden. Der Besuch seiner Nichte in seinem Exil, wohl bei Freiburg, motiviert ihn, seine Erinnerungen, den ersten Teil des Romans, aufzuschreiben, ohne sich für das Bundwerk zu engagieren.

Hippe deutet den Roman als zugleich kritischen und sympathisierenden Rückblick Daths auf die Geschichte der Sowjetunion aus der detaillierten Perspektive eines Zeitgenossen mit der Möglichkeit der Bewahrung ihrer Ideale. Er findet besonders zu den Hauptfiguren, aber auch zu den zentralen Ereignissen genaue Parallelen.

> So finden sich deutliche Anspielungen u.a. auf den Streit zwischen Josef Stalin (Leona Christensen) und Leo Trotzki (Edmund Vuletic) um den richtigen Weg vom Sozialismus („Bundwerk") zum Kommunismus („Freiwerk"); auf die großen Gruppen der Arbeiter (D/) und der bürgerlichen Intelligenzija (K/); auf den Mord an Kirow (Thalberg) und die bald darauf einsetzende „Große Säuberung" samt dem diesbezüglichen NKWD-Befehl; auf die Schauprozesse gegen Siniwjew und Kamenew (Singh und Hsü) sowie den als ‚Liebling der Partei' (‚Liebling des Bundes') betitelten Bucharin; auf den Pakt Stalins mit Hitler (Sumito), den späteren Angriff Hitlerdeutschlands (des Planeten Erde) auf die Sowjetunion (Venus); den letztendlichen Sieg der Anti-Hitler-Koalition, die Konferenzen der Siegermächte, den beginnenden kalten Krieg sowie schließlich, zeitlich stark gerafft: auf den Niedergang des Sozialismus bis hin zur späteren Auflösung der Sowjetunion (Hippe, 2016, S.80f.).

Gegen die Reduktion des Textes auf die „Chiffren eines Schlüsselromans" (Hippe, 2016, S. 81) ist einiges einzuwenden. Die Personen sind in Charakter und Aussehen und die politische Hauptfigur sogar im Geschlecht so stark verändert, dass sie nicht als einfache Parallelen angesehen werden können. Zu einer maßgebenden Figur, der Mutter des Erzählers, die die entscheidenden Codes entworfen hat, gibt es zudem keine Entsprechung. Sie repräsentiert aber die moderne Technik und avantgardistische Mathematik, die den Roman prägt. Der Autor verschränkt die Züge der Science Fiction, die Möglichkeiten einer weit fortgeschrittenen Technik vor allem in der Kommunikation, untrennbar mit den gesellschaftlichen Umwälzungen. Die Folie der russischen Revolution dient dazu, das Versanden eines revolutionären Aufbruchs in Routine und die Erstarrung in einer Diktatur samt dem folgerichtigen Untergang der Ideale und Errungenschaften verfremdet zu erklären. Ähnliches könnte auch an der Französischen Revolution beobachtet werden.

Die Fortsetzung, *Venus lebt. Eine Erzählung vom geretteten Erbe* (2016 mit einer verbesserten Fassung des ersten Teils erschienen) spielt eine unbestimmbare Zeit nach dem ersten Teil und schildert die Krise der „Diversitas", einer kapitalistischen und individualistischen Gesellschaft,[31] die durch die Organisation der „Lilaws" (lebende Verträge), wirtschaftlich ausgerichteter Künstlicher Intelligenzen,[32] und der Herrschaft der Tridivs, eines von deren Informationen abhängigen menschlichen Dreierkollegiums, bestimmt ist. Schon allein wegen der erzählten Zeit weit in der Zukunft spielt der Bezug auf die Sowjetunion keine Rolle. Es gibt nur noch Reste des Bundwerks und die Erinnerung an seine Ideale. Christensen wird geklont, aber als Falle für den obersten Polizisten geopfert. Die durch die wirtschaftlichen Schäden des Krieges gegen Sumito und die politischen Folgen, nämlich die Degeneration zur Diktatur, untergegangene Gesellschaft der Venus hat vor ihrem Ende, das zentrale „Toposcoding" fragmentarisiert, aber die Bruch-

---

[31] Vgl. *Venus siegt*, S. 477: „'das Zeitalter der Individuen, erzwungen vom Stand der Technik, die Verwirklichung der uralten Idee, die Liberalismus hieß, als die Menschen noch an die Erde gefesselt waren, und die wir heute Diversitas nennen, da sie keine bloße Idee mehr ist, sondern unsere politische Wirklichkeit.'"

[32] Vgl. S. 532: „Die Lilaws sind im Grunde nichts anderes als eine gigantische Sicherheitsarchitektur für ein System von Besitz und Hierarchie. [...] Die Lilaws basieren auf Herrschaft. Wissen wird vorenthalten, Wissensdifferenzen werden ausgenutzt."

stücke an verschiedenen Stellen für eine Wiederherstellung verborgen.

„Wir haben Topos zerstört, zersetzt, und als die Fonds und die frühen Lilaws schließlich die Venus kolonisierten, waren nur noch Fetzen übrig, in denen auch die KIs zergingen […]. Die Keime waren bewahrt, die Saat war lebendig, allerdings aufgeteilt auf … Kuratorinnen und Geheimnisträger. Die Leute wussten nichts voneinander. Sie sollten erst wieder in Kontakt treten, wenn sich das entstehende neue System der Unterdrückung und Ausbeutung weit genug entwickelt hatte, um reif zu sein für den Angriff" (*Venus lebt*, S. 496).

Einer der verborgenen Orte des Überlebens war die „Kirche des Propheten Johnston", bei der Gertie Torres, die Nichte und Besucherin Nikolas Helanders, die Beraterin des Papstes ist. Die Zentren der Rekonstruktion der informationellen Grundlage des Bundwerks, von der der Roman handelt, sind übrig gebliebene Diskrete wie der Androide Rojo in Form eines Asteroiden, die Reste der Neukörper auf der Venus und ein „Wald" in Deutschland, in dem sich Flora und Fauna, Menschen und KIs wie „von Arc", vermischen.[33] Koordiniert wird die „DE" (diskrete Erhebung) von dem geheimnisvollen Menschen mit dem Signum „KT" („Koala Transporter"), der im Laufe der Handlung aufständische Roboter und Menschen in seinem Raumschiff sammelt und trotz der Verfolgung auf die Venus retten kann. Gertie Torres bewirkt inzwischen durch Überflutung mit Daten eine Überforderung und einen Zusammenbruch der Lilaws und damit auch der politischen Ordnung. Das Ende bleibt offen. „'Ordnung… man wird eine neue verhandeln müssen, aber das kann nur gelingen, wenn die lokalen Regierungen, Produktionsleitungen, Militäreinheiten nicht mehr Befehlsempfänger bleiben, sondern sich ins Gespräch einmischen'" (*Venus lebt*, S. 533). Das Bundwerk muss also von der Basis her im gesamten Sonnensystem wieder hergestellt werden, nachdem es auf der isolierten Venus als Diktatur gescheitert ist.

---

33 Vgl. *Venus siegt*, S. 447: „'wenn ein Wald als riesiger Rechner, inklusive Pflanzen und Tiere, Flora und Fauna … ich meine, es geht da um ein paar Schnittstellen zu den menschlichen Waldbewohnern […]. Man muss nur begreifen, dass Menschen auch zur Fauna gehören. Und da im ursprünglichen Plan […] von Anfang an Hybride zwischen Tier und Pflanze vorgesehen waren.'"

Was Daths Text auszeichnet, ist die Ausweitung konkreter historischer Ereignisse zu einem Modell gesellschaftlicher Umwälzungen, veranschaulicht durch die Aktivitäten besonderer Individuen. Zugleich wird die anthropologische Frage nach dem Wirken des Menschen im Weltraum und seiner Abgrenzung gegenüber den von ihm geschaffenen künstlichen Extensionen, Maschinen und KIs, aufgeworfen. Dath stellt damit auch die aktuelle Frage nach dem Posthumanismus, den er allerdings nicht vertritt. Vielmehr geht es bei (D=B=K) um die Integration neuer Fähigkeiten des Menschen in sein Selbstverständnis. „Kamalakara war der Erste, der es sah: Menschen waren längst, noch vor der Eroberung des Sonnensystems, teils Maschinen, teils Programme. Man musste das nur nach allen drei Seiten hin bewusst entwickeln" (*Venus lebt*, S. 269).

Auch für den Roman *Der Schnitt durch die Sonne* (2017) sind die Außerirdischen entscheidend, in diesem Fall besonders fremdartige Wesen auf der Sonne, zu denen einige ausgewählte Menschen besuchsweise als Avatare geschickt werden, die sich dort um Erkenntnis und Kommunikation bemühen. Dies wird dadurch erschwert, dass die Sonnenbewohner untereinander intrigant und zerstritten sind und ihre Erscheinungsweisen und Äußerungen zum Verständnis erst eine komplexe Transformation durchlaufen müssen.

Die in diesem Kapitel vorgestellten Autoren, die nur einen kleinen Teil der einschlägigen Schriftsteller ausmachen, bieten eine Vielfalt von kybernetischen und fantastischen Strukturen, einen von Pop, Cyberpunk und Postmoderne beeinflusstem Stil, Motive der Zeitreise, der Weltraumfahrt, des galaktischen Kampfes, der Roboter, Künstlichen Intelligenzen und Aliens, alternative Gesellschaften und futuristische Technik. Zwar lassen sich diese Merkmale wegen der langen Zeitspanne von den sechziger Jahren bis zur Gegenwart nicht auf einen einfachen Nenner bringen, doch kann man einige Tendenzen benennen als Nähe oder Ferne zum bloßen Abenteuer, zur Phantastik, zur Politik, zu Wissenschaft und Technik. Die Romane Brandhorsts, Posts und Eschbachs bevorzugen spannungsreiche Aktion in Thrillern, bei Schätzing spielt zusätzlich die Wissenschaft eine wichtige Rolle. Bei Alpers ergibt sich ein Übergang vom Abenteuer zur Fantastik, die am stärksten bei Marrak zu spüren ist. In seinem *Imagon* und in der *Shadowrun-Trilogie* Alpers hat das Übernatürliche einen selbstverständlichen Platz und wird nicht rational aufgelöst. Die politische Dimension ist dominant bei Amery und Jeschke, besonders der Kalte Krieg und die Umweltzerstörung. Die zukünftige Gesellschaft hingegen spielt eine wichtige Rolle bei Franke, Hammerschmitt, Stein und Dath, doch geht es bei diesen im Wesentlichen um wissenschaftliche Theorien und mehr noch um neue technische Erfindungen, die genuinen Themen der Science Fiction.

Historisch gesehen lassen sich Veränderungen gegenüber der Gründungszeit des Zukunftsromans feststellen. Die Wissenschaftlichkeit der Texte hat offensichtlich an Bedeutung verloren. Nur bei Schätzing finden sich noch ausdrückliche Erklärungen. Bei Post und Eschbach spielen direkte Erläuterungen keine Rolle, bei Dath und Franke, den prominentesten Verfechtern von Wissenschaft und Aufklärung, gibt es indirekte Erklärungen mit Bezug auf bekannte wissenschaftliche Erkenntnisse und eine Handlungslogik in Anlehnung an Mathematik und Kybernetik. So lässt Dath im Roman *Der Schnitt durch die Sonne* (2018) eine Figur sagen:

> Es geht eben nicht um Wissensvermittlung, es geht um bestimmte Haltungen zum Wissen, die da erprobt werden, man könnte die jeweilige Wissenschaft auch ganz frei erfinden, am klügsten nimmt so ein Schriftsteller was, das wenigstens wirklicher Wissenschaft ähnelt, weil man damit schon mal den Grundrespekt vor Wissen und Können mitteilt, von dem alles andere abzweigt – die Hoffnungen, die Ängste, die Möglichkeiten (*Schnitt*, S. 76).

Von zentraler Bedeutung bleibt meist die futuristische Technik als Novum, die aber nicht unbedingt eine Zukunftsgesellschaft zu charakterisieren braucht wie bei Franke, Dath und Stein oder eher beiläufig bei Post, Alpers und Eschbach, sondern auch nur Auslöser der Handlung sein kann wie bei den Zeitreisen Jeschkes. Bei Alpers und Marrak erscheint die Magie als fantastische Technik. Ein weiteres entscheidendes Moment der Science Fiction war immer die Nähe zur Utopie oder Dystopie. Auch dies scheint in den untersuchten Texten an Bedeutung verloren zu haben. Selten wird eine zukünftige ideale Ordnung oder abschreckende Diktatur beschrieben. Wenn der Akzent auf der Gesellschaft liegt, so ist sie ambivalent, heterotopisch dargestellt wie bei Franke, Hammerschmitt, Stein und Dath oder eher apokalyptisch wie bei Schätzing, Alpers, Jeschke, Marrak und Amery. Meist stehen individuelle Aktionen im Vordergrund wie bei Eschbach, Jeschke und Alpers, und die Gesellschaft bietet dafür nur einen Hintergrund.

So kann man insgesamt eine Verschiebung bemerken: vom Thema der Wissenschaft und Technik in utopischen Gesellschaften im Zukunftsroman entweder zu einer Dominanz thrillerartiger Abenteuer von Einzelkämpfern in der Nachfolge Jules Vernes oder zu sozialen Folgen der Technik mit Reflexionen über die Zukunft des Menschen im Sinne von Laßwitz. Grundsätzlich aber hat das spannende und phantasievolle Erzählen den Sieg über den technischen, wissenschaftlichen und utopischen Diskurs davongetragen.

Literaturverzeichnis

Zitierte Science Fiction-Texte

Abenteuerliches Herz = Jünger, Ernst (1979): Das abenteuerliche Herz.
Afrikanische Spiele = Jünger, Ernst (1978): Afrikanische Spiele.
Andymon = Steinmüller, Angela und Karlheinz (2004a): Andymon.
Arbeiter = Jünger, Ernst (1981): Der Arbeiter.
Atlantis = Dominik, Hans (1925): Atlantis.
Auf zwei Planeten = Laßwitz, Kurd (1926): Auf zwei Planeten.
Bemerkungen = Döblin, Alfred (1963): Bemerkungen zu Berge meere und Giganten.
Berge = Döblin, Alfred (2006): Berge Meere und Giganten.
Betatom = Fahlberg, H.L. (1957): Betatom.
Bilder = Laßwitz, Kurd (1987): Vorrede und Vorbemerkung zu den Bildern aus der Zukunft.
Dasein = Döblin, Alfred (1964): Unser Dasein.
Denken = Franke, Herbert W. (1984): Science Fiction – Denken in Modellen.
Der letzte Tag = Holk, Freder van (1948). Vielleicht ist morgen der letzte Tag....
Der unendliche Raum = Scheer, Karl Heinz (1957): Der unendliche Raum.
Die Erde brennt = Holk, Freder van (1951): Die Erde brennt.
Die Großen = Scheer, Karl Heinz (1977): Die Großen in der Tiefe.
Elektropolis = Hanstein, Otfried von (1928): Elektropolis. Die Stadt der technischen Wunder.
Elfenbeinturm = Franke, Herbert W. (2017): Der Elfenbeinturm.
Erde ohne Nacht = Fahlberg, H.L. (1956): Erde ohne Nacht.
Erinnerungen = Franke, Herbert W. (2008): Erinnerungen.
Feldeváye = Dietmar Dath (2014): Feldeváye.
Geist = Döblin, Alfred (1989): Der Geist des naturalistischen Zeitalters.
Giganten = Döblin, Alfred (1932): Giganten.
Gigantum = Del'Antonio, Eberhardt (1957). Gigantum.
Golem = Lem, Stanislaw (1986): Also sprach GOLEM.
Heliopolis = Jünger, Ernst (1980): Heliopolis.

Helium = Khuon, Ernst von (1949): Helium.
Ich = Döblin, Alfred (1928): Das Ich über der Natur.
Island = Wells, H.G.: The Island of Dr. Moreau.
I, robot = Asimov, Isaac(1950): I, Robot.
Kreis = Ulbrich, Bernd (1981): Der unsichtbare Kreis.
Krieg = Bialkowski, Stanislaus (1935): Krieg im All.
Kybernetisches Modell = Franke, Herbert W. (1968): Ein kybernetisches Modell der Kreativität.
Lesabéndio = Scheerbart, Paul (1986): Lesabéndio.
Literatur = Franke, Herbert W. (1972): Literatur der technischen Welt.
Lokaltermin = Lem, Stanislaw (1985): Lokaltermin.
Lune = Verne, Jules (1966): Autour de la lune.
Macht = Dominik, Hans (1922): Die Macht der drei.
Midas = Jeschke, Wolfgang (1993): Midas oder Die Auferstehung des Fleisches.
Orchideenkäfig = Franke, Herbert W. (2015a): Der Orchideenkäfig.
Phantastik = Lem, Stanislaw (1984): Phantastik und Futurologie.
Philosophie = Vaihinger, Hans (1920): Die Philosophie des als ob.
Prometheus = Döblin, Alfred (1972): Prometheus und das Primitive.
Pulsarnacht = Dietmar Dath (2012): Pulsarnacht.
Quest = Eschbach, Andreas (2001): Quest.
Replay = Stein, Benjamin (2012): Replay.
Roboter = Lem, Stanislaw (1972): Roboter in der Science Fiction.
Robotergeschichten = Asimov, Isaac (1982): Alle Robotergeschichten.
Schnitt = Dath, Dietmar (2017): Der Schnitt durch die Sonne.
Schriften = Bodmer, Johann Jakob u. Breitinger, Johann Jakob (1980): Schriften zur Literatur.
Science Fiction = Franke, Herbert W. (1980): Science Fiction – Für und wider.
Sphinx = Franke, Herbert W. (2004): Sphinx_2.
Spiegel = Franke, Herbert W. (1990): Spiegel der Gedanken.
Schwarze Spiegel = Schmidt, Arno (1987): Schwarze Spiegel.
Target = Hammerschmitt, Marcus (1998): Target.
Technische Intelligenz = Franke, Herbert W. (1982): Sciencefiction und technische Intelligenz.

Thesen = Marx, Karl (1953): Thesen über Feuerbach.
Time Machine = Wells, H.G.: The Time Machine.
Tour = Jules Verne (1990): Le Tour du Monde en quatre-vingts jours.
Traummeister = Steinmüller, Angela und Karlheinz (1992): Der Traummeister.
Tunnel = Kellermann, Bernhard (1986): Der Tunnel.
Unser Recht = Laßwitz, Kurd (1910): Unser Recht auf Bewohner anderer Welten.
Utopolis = Illing, Werner (1974): Utopolis.
Venus siegt = Dath, Dietmar (2016a): Venus siegt.
War = Wells, H.G.: The War of the Worlds.
Ypsilon = Franke, Herbert W. (2018): Ypsilon Minus.
Zentrum = Franke, Herbert W. (1990): Zentrum der Milchstraße.
Zukunftsträume = Laßwitz, Kurd (1900): Über Zukunftsträume.

Besprochene Science Fiction-Texte

Alpers, Hans Joachim (2003): Deutschland in den Schatten. Drei *Shadowrun*-Romane in einem Band. München (Heyne).
Amery, Carl (1990): Das Geheimnis der Krypta. München (Heyne).
Asimov, Isaac (1950): I, Robot. New York (Fawcett crest).
Asimov, Isaac (1982): Alle Robotergeschichten. Bergisch Gladbach (Bastei-Lübbe).
Asimov, Isaac (1971): The Foundation Trilogy. London (Panther Books).
Autenrieth, Otto (1920): Der Tag des Gerichts. Eine Prophezeiung über Frankreich auf Grund tausendjähriger Geschichte zugleich ein Trostbuch für Deutschland. Der deutschen Jugend und dem deutschen Volke gewidmet. Naumburg a. S. (Tancré-Verlag).
Baumgarten, Alexander Gottlieb (1928): Meditationes Philosophicae de Nonnullis ad Poema Pertinentibus. In: Albert Riemann: Die Ästhetik Alexander Gottlieb Baumgartens, unter Berücksichtigung der Meditationes, nebst einer Übersetzung dieser Schrift. Halle/Saale (Niemeyer).

Bialkowski, Stanislaus (1935): Krieg im All. Roman aus der Zukunft der Technik. Leipzig (Fr. Wilh. Grunow).
Bodmer, Johann Jakob und Johann Jakob Breitinger (1980): Schriften zur Literatur. Hg. von Volker Meid. Stuttgart (Reclam).
Brandhorst, Andreas (2012): Das Artefakt. München (Piper).
Brandhorst, Andreas (2016): Omni. München (Piper).
Brandhorst, Andreas (2017): Das Arkonadia Rätsel. München (Piper).
Braun, Johanna und Günter (1972): Der Irrtum des Großen Zauberers. Ein phantastischer Roman. Berlin (Neues Leben).
Braun, Johanna und Günter (1974): Unheimliche Erscheinungsformen auf Omega XI. Utopischer Roman. Berlin (Das Neue Berlin).
Braun, Johanna und Günter (1978): Conviva ludibundus. Utopischer Roman. Berlin (Das Neue Berlin).
Braun, Johanna und Günter (1983): Das kugeltranszendentale Vorhaben. Phantastischer Roman. Frankfurt/M. (Suhrkamp).
Braun, Johanna und Günter (1991): Herbeigeschriebener Untergang. Manuskript.
Braun, Johanna und Günter (1988): Die Geburt des Pantamannes. Berlin (Das Neues Berlin).
Braun, Johanna und Günter (1989): Die Zeit bin ich, Paskal. Berlin (Das Neues Berlin).
Braun, Johanna und Günter (1991): Das Ende des Pantamannes. Berlin (Das Neues Berlin).
Dath, Dietmar (2008): Die Abschaffung der Arten. Berlin (Suhrkamp).
Dath, Dietmar (2012): Pulsarnacht. München (Heyne).
Dath, Dietmar (2014): Feldeváye. Roman der letzten Künste. Berlin (Suhrkamp).
Dath, Dietmar (2015): Venus siegt. Lohmar (Hablizel).
Dath, Dietmar (2016a): Venus siegt. (erw. Neuausgabe). Frankfurt/M. (Fischer Tor).
Dath, Dietmar (2016b): Leider bin ich tot. Berlin (Suhrkamp).
Dath, Dietmar (2017): Der Schnitt durch die Sonne. Frankfurt/M. (S. Fischer).
Del'Antonio, Eberhardt (1957). Gigantum. Utopischer Roman. Berlin (Das Neue Berlin).

Del'Antonio, Eberhardt (1959): Titanus. Zukunftsroman. Berlin (Das Neue Berlin).
Del'Antonio, Eberhardt (1962): Projekt Sahara. Zukunftsroman. Berlin (Das Neue Berlin).
Del'Antonio, Eberhardt (1966): Heimkehr der Vorfahren. Zukunftsroman. Berlin (Das Neue Berlin).
Del'Antonio, Eberhardt (1988): Okeanos. Zukunftsroman. Berlin (Das Neue Berlin).
Döblin, Alfred (1928): Das Ich über der Natur. Berlin (S. Fischer).
Döblin, Alfred (1932): Giganten. Ein Abenteuerbuch. Berlin (S. Fischer).
Döblin, Alfred (1989): Der Geist des naturalistischen Zeitalters. In: Schriften zu Ästhetik, Poetik und Literatur. Olten, Freiburg i.Br. (Walter), S. 168-191.
Döblin, Alfred (1963): Bemerkungen zu Berge Meere und Giganten. In: Aufsätze zur Literatur. Olten, Freiburg i.Br. (Walter), S. 345-356.
Döblin, Alfred (1964): Unser Dasein. Olten, Freiburg i. Br. (Walter).
Döblin, Alfred (1970): Briefe. Olten, Freiburg i.Br. (Walter) 1970.
Döblin, Alfred (1972): Prometheus und das Primitive. In: Alfred Döblin: Schriften zur Politik und Gesellschaft. Olten, Freiburg i.Br. (Walter), S. 346-367.
Döblin, Alfred (2006): Berge Meere und Giganten. Saner, Gabriele (Hg.). Olten, Freiburg i.Br. (Walter).
Dominik, Hans (1922): Die Macht der drei. Ein Roman aus dem Jahre 1955. Berlin. (Scherl).
Dominik, Hans (1925): Atlantis. Berlin (Scherl).
Dominik, Hans (1927): Der Brand der Cheopspyramide. Berlin (Scherl).
Dominik, Hans (1934): Ein Stern fiel vom Himmerl. Leipzig (Köhler und Amelang).
Dominik, Hans (1935a): Das Erbe der Uraniden. Berlin. (Scherl).
Dominik, Hans (1935b): Atomgewicht 500. Berlin (Scherl).
Dominik, Hans (1938): Lebensstrahlen. Berlin (Scherl)
Dominik, Hans (1983): Kautschuk. Ein klassischer Science Fiction Roman. München (Heyne).
Dominik, Hans (1985): Das stählerne Geheimnis. Ein klassischer Science Fiction Roman. München (Heyne).

Dominik, Hans (2016): Die Spur des Dschingis-Kahn. Kommentierte und unzensierte Originalfassung. [o. Ort] (Null Papier Verlag).
Eichacker, Reinhold (1924): Der Kampf ums Gold. München, Leipzig (Universal-Verlag).
Eschbach, Andreas (1995): Die Haarteppichknüpfer. München (Schneekluth).
Eschbach, Andreas (1996): Solarstation. Bergisch Gladbach (Bastei Lübbe).
Eschbach, Andreas (1998): Das Jesus Video. Thriller. Bergisch Gladbach (Bastei Lübbe).
Eschbach, Andreas (1999): Kelwitts Stern. Bergisch Gladbach (Bastei Lübbe).
Eschbach, Andreas (2001): Quest. München (Heyne).
Eschbach, Andreas (2003): Der letzte seiner Art. Bergisch Gladbach (Bastei Lübbe).
Eschbach, Andreas (2011): Herr aller Dinge. Köln (Bastei Lübbe)
Eschbach, Andreas (2011): Ein König für Deutschland. Köln (Bastei Lübbe).
Fahlberg, H.L. (1956). Erde ohne Nacht. Technischer Zukunftsroman. Berlin (Das Neue Berlin).
Fahlberg, H.L. (1957): Betatom. Kriminalroman. Berlin (Das Neue Berlin).
Franke, Herbert W. (1968): Ein kybernetisches Modell der Kreativität. In: Grundlagenstudien aus Kybernetik und Geisteswissenschaft, Bd. 9 (Sept. 1968), S. 85-88.
Franke, Herbert W. (1972): Literatur der technischen Welt. In: Barmeyer, Eike (Hg.) (1972): Science Fiction. Theorie und Geschichte. München (Fink), S. 105-117.
Franke, Herbert W. (1980): Science Fiction – Für und wider. In: Ermert, Karl (Hg.): Neugier oder Flucht? Zu Poetik, Ideologie und Wirkung der Science Fiction. Stuttgart (Klett), S. 70-76.
Franke, Herbert W. (1982): Science-fiction – Grenzen und Möglichkeiten. In: Polaris 6. Ein Science Fiction-Almanach. Frankfurt/M. (Suhrkamp), S. 141-148.
Franke, Herbert W. (1982): Science-fiction und technische Intelligenz. In: Polaris 6. Ein Science Fiction-Almanach. Frankfurt/M. (Suhrkamp), S. 149-157.

Franke, Herbert W. (1984): Science Fiction – Denken in Modellen. In: Aus Politik und Zeitgeschichte (Beilage zur Wochenzeitung Das Parlament) B1, S. 29-38.
Franke, Herbert W. (2008): Erinnerungen. In: Fantasia 216/17 (2008-12) (EDFC).
Franke, Herbert W. (1980): Schule für Übermenschen, Frankfurt/M. (Suhrkamp).
Franke, Herbert W. (1990): Spiegel der Gedanken. Science-fiction-Erzählungen. Franfurt/M. (Suhrkamp).
Franke, Herbert W. (1990): Zentrum der Milchstraße, Frankfurt/M. (Suhrkamp).
Franke, Herbert W. (2004): Sphinx_2. München (dtv).
Franke, Herbert W. (2015): Der grüne Komet. Science-Fiction-Erzählungen. Murnau (p.machinery).
Franke, Herbert W. (2015a): Der Orchideenkäfig. Science-Fiction-Roman. Murnau (p.machinery).
Franke, Herbert W. (2015b): Die Glasfalle. Science-Fiction-Roman. Murnau (p.machinery).
Franke, Herbert W. (2017): Der Elfenbeinturm. Science-Fiction-Roman. Murnau (p.machinery).
Franke, Herbert W. (2018): Ypsilon Minus. Science-Fiction-Roman. Murnau (p.machinery).
Franke, Herbert W. (2018): Zarathustra kehrt zurück. Science-fiction-storys. Murnau (p.machinery).
Gail, Otto Willi (1949): Hans Hardt's Mondfahrt. Eine abenteuerliche Erzählung. Stuttgart (Union Deutsche Verlagsgesellschaft).
Gail, Otto Willi (1979): Der Schuss ins All München (Heyne).
Grunert, Carl (1908): Der Marsspion und andere Novellen Berlin, Leipzig (Verlag fürs Deutsche Haus).
Hammerschmitt, Marcus (1997): Wind. Der zweite Versuch. (Suhrkamp).
Hammerschmitt, Marcus (1998): Target. Frankfurt/M. (Suhrkamp).
Hammerschmitt, Marcus (2000): Der Opal. Hamburg (Argument).
Hammerschmitt, Marcus (2001): Der Zensor. Hamburg (Argument).
Hammerschmitt, Marcus (2002): Polyplay. Hamburg (Argument).

Hanstein, Otfried von (1928): Elektropolis. Die Stadt der technischen Wunder. Stuttgart (Levy & Müller).
Hanstein, Otfried von (1929): Mond-Rak I. Eine Fahrt ins Weltall. Stuttgart (Levy & Müller).
Harbou, Thea von (1928): Frau im Mond. Berlin (Scherl).
Holk, Freder van (1948). Vielleicht ist morgen der letzte Tag... Braunschweig (Löwen-Verlag,).
Holk, Freder van (1951): Die Erde brennt., Berlin (Non Stop-Bücherei).
Holk, Freder van (1955): Kosmotron. München, Berlin (Gebrüder Weiss).
Illing, Werner (1974): Utopolis. Frankfurt/Main (Fischer).
Inführ, Heinrich (=Rudolf Lämmle) (1924): Alis. Die neue deutsche Kolonie und das Ende von Versailles. Technischer Zukunftsroman. Friedeberg u.a. (Iserverlag Dresler).
Jeschke, Wolfgang (1993): Midas oder Die Auferstehung des Fleisches. München (Heyne).
Jeschke, Wolfgang (2005): Der letzte Tag der Schöpfung. München (Heyne).
Jeschke, Wolfgang (2006): Der Zeiter. Erzählungen. Überarb. u. erw. Auflage Berlin (shayol).
Jeschke, Wolfgang (2008): Das Cusanus-Spiel. München (Knaur).
Jeschke, Wolfgang (2013): Dschiheads. München (Heyne).
Jünger, Ernst (1978): In Stahlgewittern. Sämtliche Werke, Bd. 1. Stuttgart (Klett-Cotta).
Jünger, Ernst (1979): Strahlungen II. Das zweite Pariser Tgebuch. Sämtliche Werke, Bd. 3. Stuttgart (Klett-Cotta).
Jünger, Ernst (1980): Über den Schmerz. Sämtliche Werke, Bd. 7. Stuttgart (Klett-Cotta).
Jünger, Ernst (1981): Der Arbeiter. Herrschaft und Gestalt. Sämtliche Werke, Bd. 8. Stuttgart (Klett-Cotta).
Jünger, Ernst (1979): Das abenteuerliche Herz. 2. Fassung. Sämtliche Werke, Bd. 9. Stuttgart (Klett-Cotta).
Jünger, Ernst (1978): Gläserne Bienen: Sämtliche Werke, Bd. 15. Stuttgart (Klett-Cotta).
Jünger, Ernst (1978): Afrikanische Spiele. Sämtliche Werke, Bd. 15. Stuttgart (Klett-Cotta).
Jünger, Ernst (1949): Heliopolis. Rückblick auf eine Stadt. Salzburg, Wien (Diana-Verlag).

Jünger, Ernst (1980): Heliopolis. Rückblick auf eine Stadt. Sämtliche Werke, Bd. 16. Stuttgart (Klett-Cotta).
Kant, Immanuel (1960): Allgemeine Theorie und Geschichte des Himmels. In: Werke in 10 Bänden, hg. v. Wilhelm Weischedel. Bd. 1, Wiesbaden (Insel), S. 219-400.
Kellermann, Bernhard (1986): Der Tunnel. Frankfurt/M. (Suhrkamp).
Kiss, Edmund (1931): Die letzte Königin von Atlantis. Ein Roman aus der Zeit um 1200 vor Christi Geburt. 3. Aufl Leipzig (von Hase & Köhler).
Kiss, Edmund (1933): Frühling in Atlantis. 2. Aufl. Leipzig (von Hase & Köhler).
Khuon, Ernst von (1949): Helium. München (Hans Reich).
Kondor [Pseudonym] (1932): Gelb- Weiß. Ein Zukunftsroman. Leipzig (Theodor Weicher).
Laßwitz, Kurd (1900): Über Zukunftsträume. In: Wirklichkeiten. Beiträge zum Weltverständnis. Berlin (Felber) 1900, S. 420-442.
Laßwitz, Kurd (1910): Unser Recht auf Bewohner anderer Welten. In: Empfundenes und Erkanntes. Aus dem Nachlasse. Leipzig (Elischer), S. 163-174.
Laßwitz, Kurd (1926): Auf zwei Planeten. Roman in zwei Büchern. Berlin (Felber).
Laßwitz, Kurd (1982): Traumkristalle. Utopische Erzählungen, Märchen, Bekenntnisse. Berlin (Das Neue Berlin).
Laßwitz, Kurd (1987): Vorrede und Vorbemerkung zu den Bildern aus der Zukunft: In: Wenzel, Dietmar (Hg.): Kurd Laßwitz. Lehrer, Philosoph, Zukunftsträumer. Die ethische Kraft des Technischen. Meitingen (Coriolan), S. 95-98.
Leibniz, Gottfried Wilhelm (1985): Die Theodizee von der Güte Gottes, der Freiheit des Menschen und dem Ursprung des Übels. In: Hering, Herbert (Hg.): Philosophische Schriften 2,1-2,2. Darmstadt (Wissenschaftliche Buchgesellschaft).
Lem, Stanislaw (1972): Roboter in der Science Fiction. In: Barmeyer, Eike (Hg.): Science Fiction. Theorie und Geschichte. München (Fink), S. 163-185.
Lem, Stanislaw (1984): Phantastik und Futurologie. Bd. 1, Frankfurt/M. (Suhrkamp).
Lem, Stanislaw (1985): Lokaltermin. Frankfurt/M. (Suhrkamp).

Lem, Stanislaw (1986): Also sprach GOLEM. Frankfurt/M. (Suhrkamp).
Lem, Stanislaw (1987): Ein hoffnungsloser Fall mit Ausnahmen. Essays. Frankfurt/M. (Suhrkamp).
Lem, Stanislaw (1992): Die Vergangenheit der Zukunft. Frankfurt/M., Leipzig (Insel).
Marrak, Michael (2000): Lord Gamma. Bergisch Gladbach (Bastei Lübbe).
Marx, Karl (1953): Thesen über Feuerbach, In: Landshut, Siegfried (Hg.): Die Frühschriften. Stuttgart (Kröner).
Post, Uwe (2010): Walpar Tonnraffir und der Zeigefinger Gottes. Stolberg (Atlantis).
Schätzing, Frank (2005): Der Schwarm. Frankfurt/M. (Fischer).
Schätzing, Frank (2009): Limit. Köln (Kiepenheuer & Witsch).
Schätzing, Frank (2018): Die Tyrannei des Schmetterlings. Köln (Kiepenheuer & Witsch).
Scheer, Karl Heinz (1957): Der unendliche Raum. Balve i. Westfalen (Balowa Verlag).
Scheer, Karl Heinz (1977): Die Großen in der Tiefe. Rastatt, Baden (Pabel).
Scheerbart, Paul (1985): Die große Revolution. Ein Mondroman. Frankfurt/M. (Suhrkamp).
Scheerbart, Paul (1986): Lesabéndio. Ein Asteroidenroman. Mit 14 Zeichnungen von Alfred Kubin. Hofheim (Wolke).
Schmidt, Arno (1987a). Schwarze Spiegel. Bargfelder Ausgabe. Band I/1. Zürich (Haffmann), S. 199-260.
Schmidt, Arno (1987b). Die Gelehrtenrepublik. Bargfelder Ausgabe. Band I/2. Zürich (Haffmann), S. 221-351.
Schmidt, Arno (1987c). Kaff auch Mare Crisium. Bargfelder Ausgabe. Band I/3. Zürich (Haffmann), S.7-279.
Stein, Benjamin (2012): Replay. München (Beck).
Steinmüller, Angela und Karlheinz (1984): Windschiefe Geraden. Science–fiction-Erzählungen. Berlin (Das Neue Berlin).
Steinmüller, Angela und Karlheinz (1992): Der Traummeister. München (Heyne).
Steinmüller, Angela und Karlheinz (2004a): Andymon. Eine Weltraum-Utopie. Berlin (Shayol).
Steinmüller, Angela und Karlheinz (2004b): Spera. Ein phantastischer Roman in Erzählungen. Berlin (Shayol).

Steinmüller, Angela und Karlheinz (2004c): Pulaster. Roman eines Planeten. Berlin (Shayol).
Ulbrich, Bernd (1981): Der unsichtbare Kreis. Utopische Erzählungen (Suhrkamp).
Vaihinger, Hans (1920): Die Philosophie des als ob. 4. Aufl. Leipzig (Meiner).
Verne, Jules (1966): De la terre à la lune. Paris (Hachette).
Verne, Jules (1966): Autour de la lune. Paris (Hachette).
Verne, Jules (1976): Les cinq cents millions de La Bégum. Paris (Livre de Poche).
Verne, Jules (1990): Le Tour du Monde en quatre-vingts jours. Paris (Presses Pocket).
Verne, Jules (2010): Vingt mille lieues sous les mers. Paris (Gallimard).
Wells, H.G.: Works. Atlantic edition. London (T. Fisher, Unwin Limited) 1924ff. Bd. 1: The Time Machine, Bd. 2: The Island of Dr. Moreau, Bd. 3: The War of the Worlds, Bd. 6: The First Men in the Moon.
Wells's, H.G. (1980): Literary Criticism. Hg. v. Parrinder, Patrick und Philmus, Robert M.. Brighton (Sussex) (The Harvester Press).

Forschung zur Science Fiction

Abret, Helga und Boia, Lucian (1976): Das Jahrhundert der Marsianer. Der Planet Mars in der Science Fiction bis zur Landung der Vikingsonden. München (Heyne).

Abret, Helga (1980): Mikromodell einer Antiutopie. Zu Herbert W. Frankes Kurzgeschichte *Das Gebäude*. In: Quarber Merkur 53, 18. Jg.; Nr. 2. Passau (EDFC), S. 5-8.

Abret, Helga (1981): „Schreibend die Notwendigkeit von Veränderung demonstrieren." Zu Herbert W. Frankes utopisch-technischen Erzählungen und Romanen. In: Polaris 5. Ein Science Fiction-Almanach. Frankfurt/M. (Suhrkamp), S. 17-37.

Abret, Helga (1982): Herbert W. Frankes Roman *Ypsilon Minus* – eine negative Utopie? In: Polaris 6. Ein Science Fiction-Almanach Herbert W. Franke gewidmet. Frankfurt/M., S. 287-300.

Albrecht, Wolfgang (1998): Arno Schmidt. Stuttgart, Weimar (Metzler).

Aldiss, Brian W. (1980): Der Millionen-Jahre-Traum. Die Geschichte der Science Fiction. (Aus dem Amerikanischen) Bergisch Gladbach (Bastei-Lübbe).

Alkon, Paul (1992): Deus Ex Machina in William Gibson's Cyberpunk Trilogy. In: Slusser, George u. Shippey, Tom (Hg.): Fiction 2000. Cyberpunk and the Future of Narrative. Athens, GA, und London (Univ. of Georgia press), S. 75-87.

Alpers, Hans Joachim (1972): Verne und Wells – zwei Pioniere der Science Fiction? In: Barmeyer, Eike (Hg.): Science Fiction. Theorie und Geschichte. München (Fink), S. 244-258.

Alpers, Hans Joachim u. a. (1987): Lexikon der Science Fiction Literatur. Erweiterte u. aktualisierte Neuausgabe in einem Band. München (Heyne).

Alpers, Hans Joachim u. Pusch, Harald (Hg.) (1984): Isaac Asimov. Der Jahrtausendplaner. Meitingen (Coriolan).

Anders, Günther (1980): Die Antiquiertheit des Menschen. München (Beck).

Anton, Uwe (1986): Philip K. Dick. Entropie und Hoffnung. München (Tilsner).

Antonsen, Jan Erik (2007): Poetik des Unmöglichen. Narratologische Untersuchungen zu Phantastik, Märchen und mythischer Erzählung. Paderborn (mentis).

Arnold, Armin (1966): Die Literatur des Expressionismus. Sprachliche und thematische Quellen. Stuttgart u.a. (Kohlhammer).

Bailey, James Osler (1947): Pilgrims through space and time. New York (Argus Books).

Barmeyer, Eike (Hg.) (1972): Science Fiction. Theorie und Geschichte. München (Fink).

Barnouw, Dagmar (1982): Science-fiction. In: Propyläen Geschichte der Literatur. Bd. 6: Die moderne Welt. 1914 bis heute. Berlin (Propyläen), S. 398-415.

Baruzzi, Arno (1973): Mensch und Maschine. Das Denken sub specie machinae. München (Fink).

Batchelor, John (1985): H.G. Wells. Cambridge (Univ. Press).

Bergner, Klaus-Dieter (1998): Natur und Technik in der Literatur des frühen Expressionismus. Dargestellt an ausgewählten Prosabeispielen von A. Döblin, G. Benn und C. Einstein, Frankfurt/M. u.a. (Lang).

Bergonzi, Bernard (1961): The early H. G. Wells. A study of the scientific romances. Manchester (Univ. Press).

Berthel, Werner (Hg.) (1981): Über Stanislaw Lem. Frankfurt/M. (Suhrkamp).

Bieger, Marcel (1983): Raumschlacht und Raumbarriere. Einige Aspekte des Science Fiction-Leihbuchs und seiner Inhalte. In: Science Fiction-Almanach, S. 307-342.

Bluhm, Lothar (2014): „Seien Sie mit den Bienen vorsichtig!" Technik und Vorbehalt in Ernst Jüngers *Gläserne Bienen*. In: Liebert, Wolf-Andreas u.a. (Hg.): Künstliche Menschen. Transgressionen zwischen Körper, Kultur und Technik. Würzburg (Königshausen & Neumann), S. 231-241.

Böker, Uwe (1986): Isaac Asimov, *Foundation* Trilogie. In: Heuermann, Hartmut (Hg.): Der Science Fiction-Roman in der angloamerikanischen Literatur. Interpretationen. Düsseldorf (Bagel), S. 118-143.

Böttcher, Hans Ulrich (1983): Perry Rhodans kleine Brüder. Science Fiction Heftreihen der sechziger Jahre. In: Science Fiction-Almanach, S. 279-298.

Bould, Mark u.a. (Hg.) (2009): The Routledge Companion to Science Fiction. London, New York (Routledge).

Bould, Mark und Vint, Sherryl (2011): The Routledge Concise History of Science Fiction. London, New York (Routledge).

Boy, Hinrichs (1986): Utopische Prosa als Längeres Gedankenspiel. Untersuchungen zu Arno Schmidts Theorie der Modernen Literatur und ihrer Konkretisierung in *Schwarze Spiegel*, *Die Gelehrtenrepublik* und *Kaff auch Mare Crisium*. Tübingen (Niemeyer).
Brandt, Dina (2007): Der deutsche Zukunftsroman 1918-1945. Gattungstypologie und sozialgeschichtliche Verortung. Tübingen (Niemeyer).
Braun, Hans-Joachim u. Kaiser, Walter (1997): Energiewirtschaft, Automatisierung, Information. Propyläen Technik-Geschichte seit 1914. Berlin (Propyläen).
Braun, Wolfgang (1980): „Von Mitternacht kommt die Macht". Technik und Ideologie in Hans Dominiks *Die Macht der Drei*. In: Ermert, Karl (Hg.): Neugier oder Flucht? Zu Poetik, Ideologie u. Wirkung der Science Fiction. Stuttgart (Klett), S. 116-125.
Breitenfeld, Annette (1994): Die Begegnung mit außerirdischen Lebensformen. Untersuchung zur Science-Fiction-Literatur der DDR. Wetzlar (Phantastische Bibliothek).
Brittnacher, Hans Richard u. May, Markus (2013): Phantastik. Ein intersiziplinäres Handbuch. Stuttgart, Weimar (Metzler).
Broderick, Damien (1995): Reading by Starlight. Postmodern science fiction. London, New York (Routledge).
Broich, Ulrich (1987): Science Fiction. In: Borchmeyer, Dieter u. Zmegac, Victor (Hg.): Moderne Literatur in Grundbegriffen. Frankfurt/M. (Athenäum).
Brunn, Clemens (2000): Der Ausweg ins Unwirkliche. Fiktion und Weltmodell bei Paul Scheerbart und Alfred Kubin. Oldenburg (Igel).
Büdeler, Werner (1965): Geschichte der Weltraumfahrt. Möglichkeiten und Grenzen. Gütersloh (Bertelsmann).
Burmeister, Klaus u. Steinmüller, Karlheinz (Hg.) (1992): Streifzüge ins Übermorgen. Science Fiction und Zukunftsforschung. Weinheim (Beltz).
Castein, Hanne (1992): Mit der Reichsbahn ins Weltall. Zur Science-Fiction der DDR. In: Goodbody, Axel u. Tate, Dennis (Hg.): Geist und Macht. Writers and the State in the GDR. Amsterdam, Atlanta (Rodopi), S. 84-89.

Cavallaro, Dani (2000): Cyberpunk and Cyberculture. Science Fiction in the work of William Gibson. London, New Brunswick, NJ (The Athlon Press).

Chelebourg, Christian (2007): L'invention de *Voyages extraordinaires*. Métalecture de *Cinq semaines en ballon*. In: Reffait, Christophe u. Schaffner, Alain (Hg.): Jules Verne ou Les inventions romanesques. Amiens (Encrage Université), S. 263-280.

Chesneaux, Jean (1982): Jules Verne. Une lecture politique. Paris (Maspero).

Clute, John (2011): Pardon this Intrusion. Fantastika in the World Storm. Harold Wood (Beccon Publications).

Clute, John (2015): Ruinen und Zukünftigkeit. In: Das Science Fiction Jahr 2015, Berlin (Golkonda), S. 89-104.

Compère, Daniel (2005): Jules Verne. Parcours d'une œuvre. 2. Aufl. Paris (Encrage).

Cornils, Ingo (2003): The Martians Are Coming! War, Peace, and Scientific Progress in H.G. Wells's *The War of the Worlds* and Kurd Laßwitz's *Auf zwei Planeten*. In: Comparative Literature, vol. 55, S. 24-41.

Couleau, Christèle (2007): 'Quit sait?': faire savoir et faire croire dans les romans de Jules Verne. In : Reffait, Christophe u. Schaffner, Alain (Hg.): Jules Verne ou Les inventions romanesques. Amiens (Encrage Université), S. 51-66.

Csicsery-Ronay, Istvan (2003): Science Fiction and Empire. In: Science Fiction Studies 30/2, S. 231-245.

Dammann, Günter (2007): Unsichtbarkeit und Terror. Zu einem Motiv der technischen Zukunft bei H.G. Wells, J. Verne und im Roman der Weimarer Republik (H. Dominik und K. Siodmak). In: literatur für leser 30, S. 213-240.

Daniels, Karl-Heinz (1969): Expressionismus und Technik. In: Rothe, Wilhelm (Hg.): Expressionismus als Literatur. Bern, München (Francke), S. 189-192.

Daum, Andreas W. (2002): Wissenschaftspopularisierung im 19. Jahrhundert. Bürgerliche Kultur, naturwissenschaftliche Bildung und die deutsche Öffentlichkeit 1848-1914. 2. erg. Aufl. München (Oldenbourg).

Dehs, Volker (2005): Jules Verne. Eine kritische Biographie. Düsseldorf, Zürich (Artemis & Winkler).

Del Rey, Lester (1980): The World of Science Fiction 1926-1976. The History of a Subculture. New York, London (Garland Publishing).

Delabar, Walter (2001): Sonnenstadt und Waldgang. Ernst Jünger. In: Amsterdamer Beiträge zur neueren Germanistk, S. 309-320.

Denlinger, Ardon (1977): Alfred Döblins *Berge Meere und Giganten*. Epos und Ideologie, Amsterdam (B.R. Grüner).

Dietz, Ludwig (1961): Der Zukunftsroman als Jugendlektüre. In: Deutschunterricht, 13. Jahrgang, Heft 6, 1961, S. 90-95.

Doucet, Dominique (2014): Andreas Eschbach. Nouer et dénouer. In: Recherches Germaniques Nr. 44 (2014), S. 175-190.

Dowling, David (1987): Fictions of Nuclear Disaster. Houndmills, Basingstoke, London (Macmillan Press).

Draut, David (2014): Zwiespältige Zukunftsvisionen. Das Autorenpaar Steinmüller und die ostdeutsche utopische Science Fiction. Marburg (Tectum).

Drews, Jörg (2014): „Wer noch leben will, der beeile sich!" Weltuntergangsphantasien bei Arno Schmidt. In: J. D. Im Meer der Entscheidungen. Aufsätze zum Werk Arno Schmidts 1963-2009, hg. v. Axel Dunker. München (text & kritik), S. 125-142.

Dunn, Thomas P. u. Erlich, Richard D. (Hg.) (1982): The Mechanical God. Machines in Science Fiction. Westport, Connecticut, London (Greenwood Press).

Durand-Dessert, Liliane u. Guise, Reneé (1978): Le Voyage dans la Lune en France au début du XIXe siècle. L'originalité de Jules Verne. In: Colloque d'Amiens. Nouvelles recherches sur Jules Verne et le voyage. Paris (Minard), S. 17-36.

Durst, Uwe (2001): Theorie der phantastischen Literatur. Tübingen, Basel (Francke).

Eco, Umbert (1988): Die Welten der Science Fiction. In: U. E.: Über Spiegel und andere Phänomene. München, Wien (Hanser), S. 214-222.

Elias, Norbert (1985): Thomas Morus' Staatskritik. In: Voßkamp, Wilhelm (Hg.): Utopieforschung. Frankfurt/M. (Suhrkamp) Band. 2, S. 101-150.

Ellerbrock, Beate u.a. (1976): *Perry Rhodan*. Untersuchung einer Science Fiction-Heftromanserie. Gießen (Anabas).

Elm, Ursula (1993): Technikkult und Naturmythos bei Alfred Döblin. In: Stauffacher, Werner (Hg.): Internationales Alfred

Döblin-Kolloquien Münster 1998 u. Marbach am Neckar 1991. Bern u.a. (Lang), S. 73-83.
Emter, Elisabeth (1995): Literatur und Quantentheorie. Die Rezeption der modernen Physik in Schriften zur Literatur und Philosophie deutschsprachiger Autoren (1925-1970). Berlin, New York (de Gruyter).
Ermert, Karl (Hg.) (1980): Neugier oder Flucht? Zu Poetik, Ideologie und Wirkung der Science Fiction. Stuttgart (Klett).
Esselborn, Hans (1992a): Der poetische Entwurf des „anderen". Jean Pauls Traumvisionen im Licht der Science Fiction-Literatur. In: Iwasaki, Eijiro (Hg.): Begegnung mit dem ‚Fremden'. Grenzen- Traditionen- Vergleich. München (iudicium), Bd. 9, S. 300-308.
Esselborn, Hans (1992b): Science Fiction als Lehr- und Forschungsgegenstand interkultureller Deutschstudien. In: Jb. Deutsch als Fremdsprache 18, S. 87-107.
Esselborn, Hans (1994a): Vexierbilder der literarischen Anthropologie. Möglichkeiten und Alternativen des Menschen im europäischen Reiseroman des 17. und 18. Jahrhunderts. In: Schings, H.-J. (Hg.): Der ganze Mensch. Anthropologie und Literatur im 18. Jh. Stuttgart (Metzler), S. 499-516.
Esselborn, Hans (1994b): Die andere Industrie. Laßwitz' *Auf zwei Planeten* und Döblins *Berge Meere und Giganten*. In: Deutschunterricht 46, H. 3, S. 26-39.
Esselborn, Hans (1997): Die Verwandlung von Politik in Naturgeschichte der Macht. Der Bürgerkrieg in Ernst Jüngers *Marmorklippen* und *Heliopolis*. In: Wirkendes Wort 47, H. 1, S. 45-61.
Esselborn, Hans (2000): Die literarische Science Fiction. Textband und Materialienband. Hagen (Fernuniversität).
Esselborn, Hans (Hg.) (2003): Utopie, Antiutopie und Science Fiction im deutschsprachigen Roman des 20. Jahrhunderts. Würzburg (Königshausen & Neumann).
Esselborn, Hans (2006a): H.W. Frankes Roman *Zentrum der Milchstraße* als Beispiel für Intertextualität in der Science Fiction. In: Literatur für Leser, Jg. 29, H. 4, S. 237-253.
Esselborn, Hans (2006b): Ausrastende Roboter und machtlüsterne Elektronengehirne. Das Böse in der Science Fiction. In: Bonacker, Maren u. Kreuzer, Stefanie (Hg.): Von Mittelerde bis in

die Weiten des Alls. Fantasy und Science Fiction in Literatur und Film. Wetzlar (Phantastischen Bibliothek), S. 82-110.

Esselborn, Hans (2007): Die Atomenergie in der Science Fiction – unerschöpfliche Energiequelle oder implizite Katastrophe? In: Inklings 25, S. 212-239.

Esselborn, Hans (2009a): Kybernetik in der Science-Fiction. Störung und Rückkopplung bei Androiden, Computern und Künstlichen Intelligenzen. In: Esselborn, Hans (Hg.): Ordnung und Kontingenz. Das kybernetische Modell in den Künsten. Würzburg (Königshausen & Neumann), S. 89-102.

Esselborn, Hans (2009b): Symbiose oder Ignoranz? Beziehungen zwischen Literatur, Wissenschaft und Technik am Beispiel der Erkundung des Weltraums. In: Stetemeier, Rolf (Hg.): Neue Utopien. Zum Wandel eines Genres. Heidelberg (Winter), S. 36-54.

Esselborn, Hans (2010a): L'intelligence artificielle dans la science-fiction. In: Francoise Willmann (Hg.): La science-fiction entre Cassandre et Prométhée (Presses Universitaires de Nancy), S. 87-102.

Esselborn, Hans (2010b): Virtualität bei Herbert W. Franke. In: Bluescreen, Heft 43/44, S. 181-188.

Esselborn, Hans (2017): Die imaginäre Fahrt ins Unbekannte. Planetenreisen als Frühform der Science Fiction. In: Schliff 7, München (text & kritik), S. 161-170.

Evans, Arthur B. (1988): Jules Verne Rediscovered. Didactism and the Scientific Novel. New York, Westport, London (Greenwood Press).

Faßler, Manfred (Hg.) (1999): Alle möglichen Welten. Virtuelle Realität – Wahrnehmung – Ethik der Kommunikation. München (Fink).

Faßler, Manfred u. Halbach, Wulf R. (Hg.) (1994): Cyberspace. Gemeinschaften, virtuelle Kolonien, Öffentlichkeiten. München (Fink).

Fischer, William B. (1976): German Theories of Science Fiction. Jean Paul, Kurd Laßwitz, and After. In: Science Fiction Sudies 3 (1976), S. 254-265.

Fischer, William B. (1984): The Empire Strikes Out. Kurt Laßwitz, Hans Dominik, and the Development of German Science Fiction. Bowling Green, Ohio (Bowling Green Univ. Press).

Fisher, Peter S. (1991): Fantasy and Politics. Visions of the Future in the Weimar Republic. Madison (Univ. of Wisconsin Press).

Fitting, Peter (2000): Estranged Invaders: *The War of the Worlds*. In: Parrinder, Patrick (Hg.): Learning From Other Worlds: Estrangement, Cognition, and the Politics of Science Fiction and Utopia. Liverpool (Liverpool Univ. Press), S. 127-145.

Flechtheim, Ossip (1968): Futurologie. Möglichkeiten und Grenzen. Frankfurt/M. (ed. Voltaire).

Flechtheim, Ossip (1987): Ist die Zukunft noch zu retten? Hamburg (Hoffmann & Campe).

Flessner, Bernd (1991): Weltprothesen und Prothesenwelten. Zu den technischen Prognosen Arno Schmidts und Stanislaw Lems. Frankfurt/M. u.a. (Lang).

Flessner, Bernd (1997): Das Finis mundi als museale Agonie. Zu Herbert W. Frankes Orchideenkäfig. In: B. F.: Die Welt im Bild. Wirklichkeit im Zeitalter der Virtualität. Freiburg/ Br. (Rombach), S. 97-115.

Fore, Devon (2012): Realism after Modernism. The Rehumanization of Art and Literature. Cambridge (Ma), London (MIT Press).

Franke, Henning (1985): Der politisch-militärische Zukunftsroman in Deutschland 1904-14. Ein populäres Genre in seinem literarischen Umfeld. Frankfurt/M. u.a. (Lang).

Freedman, Carl (2000a): Critical Theory and Science Fiction. Hanover, CT (Wesleyan Univ. Press).

Freedman, Carl (2000b): Science fiction and Utopia. A Historico-Philosphical Overview. In: Parrinder, Patrick (Hg.): Learning From Other Worlds: Estrangement, Cognition, and the Politics of Science Fiction and Utopia. Liverpool (Liverpool Univ. Press), S. 72-97.

Frey, Hans (2011): Der galaktische Voltaire. Die Welten des Isaac Asimov. Robots und Foundation. Der umfassende Werkreport. München (Martin Meidenbauer).

Friedrich, Hans-Edwin (1995): Science Fiction in der deutschsprachigen Literatur. Ein Referat zur Forschung bis 1993. Tübingen (Niemeyer).

Fritsche, Sonja (2006): Science Fiction Literature in East Germany. Bern (Lang).

Fuhse, Jan A. (Hg.) (2008): Technik und Gesellschaft in der Science fiction. Berlin (Lit Verlag).

Galle, Heinz J. u. Bauer, Markus R. (2003): Sun Koh, der Erbe von Atlantis und andere deutsche Supermänner. Paul Alfred Müller alias Lok Myler alias Freder van Holk. Leben und Werk. Zürich (SSI-Verlag).

Galle, Heinz J. (2006): Volksbücher und Heftromane. Streifzüge durch über 100 Jahre populäre Unterhaltungsliteratur. Bd. 2. vom Kaiserreich zum ‚Dritten Reich'. Lüneburg (Dieter van Reeken).

Galle, Heinz J. (2008): Wie die Science Fiction Deutschland eroberte. Erinnerungen an die miterlebte Vergangenheit der Zukunft. Hg. v. Reeken, Dieter van. Lüneburg (Dieter van Reeken).

Galle, Heinz J. (2017): Müller, Paul. In: Lorenz, Christoph (Hg.): Lexikon der Science Fiction-Literatur seit 1900. Mit einem Blick auf Osteuropa. Frankfurt/M. u.a. (Lang).

Gaßner, Robert (1992): Plädoyer für mehr Science Fiction in der Zukunftsforschung. In: Burmeister, Klaus u. Steinmüller, Karlheinz (Hg.): Streifzüge ins Übermorgen. Science Fiction und Zukunftsforschung. Weinheim (Beltz), S. 223-234.

Geier, Manfred (1999): Fake. Leben in künstlichen Welten. Mythos – Literatur – Wissenschaft. Reinbek bei Hamburg (Rowohlt).

Gemmingen, Hubertus von (1976): Paul Scheerbarts astrale Literatur. Bern, Frankfurt/M. (Lang).

Gerritzen, Daniel (2016): Erst-Kontakt. Warum wir uns auf Außerirdische vorbereiten müssen, Stuttgart (Kosmos).

Geser, Guntram (1996): Cyberpunk. Techno-Pop/ Techno-Fiction. In: Döring, Jörg (Hg.): Verkehrsformen und Schreibverhältnisse. Medialer Wandel als Gegenstand und Bedingung von Literatur im 20. Jahrhundert. Opladen (Westdeutscher Verlag), S. 204-218.

Gill, Stephen (1977): Scientific romances of H.G. Wells. A Critical Study. New Edition. Cornwall, Canada (Vesta Publications).

Glass, Hildegard F. (1997): Future Cities in Wilhelminian Utopian Literature. New York u.a. (Lang).

Gnüg, Hiltrud (1982): Warnutopie und Idylle in den Fünfziger Jahren. Am Beispiel Arno Schmidt. In: H. G. (Hg.): Literarische Utopie-Entwürfe. Frankfurt/M. (Suhrkamp), S. 277-290.

Göktürk, Deniz (1998): Künstler, Cowboys, Ingenieure. Kultur- und mediengeschichtliche Studien zu deutschen Amerika-Texten 1912-1920. München (Fink).

Gollwitzer, Heinz (1962): Die gelbe Gefahr. Geschichte eines Schlagworts. Studien zum imperialistischen Denken. Göttingen (Vandenhoeck & Ruprecht).

Gottwald, Ulrike (1990): Science-fiction (SF) als Literatur in der Bundesrepublik der siebziger und achziger Jahre. Frankfurt/M. u.a. (Lang).

Gräfrath, Bernd (1993): Ketzer, Dilettanten und Genies. Grenzgänger der Philosophie. Hamburg (Junius).

Groeben, Norbert (1994): Frauen – Science-fiction – Utopie. Vom Ende aller Utopie(n) zur Neugeburt einer literarischen Gattung? In: Internationales Archiv für Sozialgeschichte der deutschen Literatur 19, S. 173-206.

Gunn, James (1975): Alternate Worlds. The illustrated history of Science Fiction. Engelwood Cliffs N.Y (Prentice Hall).

Gunn, James E. (1996): Isaac Asimov. The Foundation of Science Fiction. Lanham, Maryland, Kent, England (Oxford Univ. Press).

Gunn, James (1977): The Road to Science Fiction. From Gilgamesh to Wells. New York (Mentor Books).

Günther, Gotthard (2016): Science Fiction als neue Metaphysik? Gotthard Günthers Kommentare zu *Rauchs Weltraum-Büchern*. Hg. v. Reeken, Dieter van. Lüneburg, 2. erg. Aufl. (Dieter van Reeken).

Guthke, Karl S. (1983): Der Mythos der Neuzeit. Das Thema der Mehrheit der Welten in der Literatur- und Geistesgeschichte von der kopernikanischen Wende bis zur Science Fiction. Bern, München (Francke).

Hahn, Robert (2001): Völkische Zukunftsromane. Unveröffentlichte Magisterarbeit Köln.

Hahn, Robert (2003): Der Erfinder als Erlöser – Führerfiguren im völkischen Zukunftsroman. In: Esselborn, Hans (Hg.): Utopie, Antiutopie und Science Fiction im deutschsprachigen

Roman des 20. Jahrhunderts. Würzburg (Königshausen & Neumann), S. 29-47.

Hahn, Ronald M. (1972): Wissenschaft & Technik = Zukunft. Geschichte und Ideologie der SF-Hefte. In: Barmeyer, Eike (Hg.): Science Fiction. Theorie und Geschichte. München (Fink), S. 219-243.

Hahn, Torsten (2002): ‚Vernichtender Fortschritt'. Zur experimentellen Konfiguration von Arbeit und Trägheit in *Berge Meere und Giganten*. In: Hahn, Torsten (Hg.): Internationales Alfred- Döblin-Kolloquium 12, 1999 in Bergamo. Bern u.a. (Lang), S. 107-130.

Hahn, Torsten (2003): Fluchtlinien des Politischen. Das Ende des Staates bei Alfred Döblin. Köln, Weimar, Wien (Böhlau).

Hahn, Torsten (2005): Tunnel und Damm als Medien des Weltverkehrs. Populäre Kommunikation in der modernen Raumrevolution. In: Böhme, Hartmut (Hg.): Topographien der Literatur. Deutsche Literatur im transnationalen Kontext. Stuttgart, Weimar (Metzler), S. 479-500.

Hahnemann, Andy (2010): Texturen des globalen. Geopolitik und populäre Literatur in der Zwischenkriegszeit 1918-1939. Heidelberg (Winter).

Hallmann, Claus (1979): *Perry Rhodan*. Analyse einer Science-Fiction-Romanheftserie. Frankfurt am Main (Fischer).

Haraway, Donna (1995): Ein Manifest für Cyborgs. Feminismus im Streit mit den Technowissenschaften. In: D.H.: Die Neuerfindung der Natur. Primaten, Cyborgs und Frauen. (Aus dem Amerikanischen) Frankfurt, New York (Campus).

Hartung, Thomas (1990): Science Fiction in der DDR. In: DAF Sonderheft, S. 33-36.

Hartung, Thomas (1992): Die Science Fiction der DDR von 1980-1990. Magdeburg (Helmuth-Block-Verlag).

Hassler, Donald M. (1991): Isaac Asimov. Mercer Island (Stormont House).

Hayles, Katherine N. (1999): How we became posthuman. Virtual bodies in cybernetics, literature, and informatics. Chicago (Chicago Univ. Press).

Heidtmann, Horst (1982): Utopisch-phantastische Literatur in der DDR. Untersuchungen zur Entwicklung eines unterhaltungsliterarischen Genres von 1945-1979. München (Fink).

Helmes, Günter (1988): Von „Formindalls" und anderen „Hominiden". Überlegungen zu Arno Schmidts *Die Gelehrtenrepublik*. In: Schardt, Michael M. (Hg.): Arno Schmidt. Das Frühwerk II. Romane. Interpretationen von *Brand's Haide* bis *Gelehrtenrepublik*. Aachen (Rader), S. 216-225.

Herbrechter, Stefan (2009): Posthumanismus. Eine kritische Einführung. Darmstadt (Wissenschaftliche Buchgesellschaft).

Hermand, Jost (1982): Unbewältigte Vergangenheit. Westdeutsche Utopien nach 1945. In: J. H: Nachkriegsliteratur in Westdeutschland 1945-49. Schreibweisen, Gattungen, Institutionen. Berlin (Argument), S. 102-127).

Hermand, Jost (1988): Der alte Traum vom neuen Reich. Völkische Utopien und Nationalsozialismus. Frankfurt/M. (Athenäum).

Hermand, Jost (2003): Weiße Rasse – gelbe Gefahr. Hans Dominiks ideologisches Mitläufertum. In: Esselborn, Hans (Hg.): Utopie, Antiutopie und Science Fiction im deutschsprachigen Roman des 20. Jahrhunderts. Würzburg (Königshausen & Neumann), S. 48-57.

Hienger, Jörg (1972): Literarische Zukunftsphantastik. Eine Studie über Science Fiction. Göttingen (Vandenhoeck &Ruprecht).

Hienger, Jörg (1983): Großstadt Masse Maschine in der Literatur. Lust, Angst und Hoffnung in der Maschinenwelt. In: Köbner, Thomas (Hg.): Zwischen den Weltkriegen. Wiesbaden (Athenaion), S. 239-268.

Hienger, Jörg (1990): Das Motiv der ersten Begegnung in Bewohnbarkeitsphantasien der Science Fiction. In: Maler, Anselm (Hg.): Exotische Welt in populären Lektüren. Tübingen (Niemeyer), S. 111-123.

Hillard, Anne Sophie (2018): Entre soi et les autres. Technoidentités et futurs hybrides. *L'abolition des espèces* de Dietmar Dath et *Le jeu de Cuse* de Wolfgang Jeschke. Manuskript.

Hillegas, Mark R. (1967): The Future as Nightmare. H.G. Wells and the Anti-utopians. Oxford, New York (Oxford Univ. Press).

Hillegas, Mark R. (1971): Science Fiction as a Cultural Phenomenon. A Re-evaluation. In: Clareson, Thomas D. (Hg.): SF. The other side of realism. Essays on modern fantasy and science

fiction. Bowling Green, Ohio (Bowling Green Univ. Press), S. 272-281.
Hippe, Christian (2015): *Veldeváye.* In: Das Science Fiction Jahr 2015. München (Heyne), S. 144-147.
Hippe, Christian (2016): *Venus siegt.* In: Das Science Fiction Jahr 2016. Berlin (Golkonda), S. 79-83.
Höger, Alfons (1980): Die technologischen Heroen der germanischen Rasse. Zum Werk Hans Dominiks. In: Text und Kontext, H. 2, S. 378-395.
Hohendahl, Peter Uwe (2014): *Heliopolis. Rückblick auf eine Stadt.* In: Schöning, Matthias (Hg.): Ernsts Jünger-Handbuch. Stuttgart, Weimar (Metzler), S. 174-183.
Hohendahl, Peter Uwe (1980): Politisierung der Kunsttheorie nach 1945. In: Lützeler, Paul (Hg.): Deutsche Literatur in der Bundesrepublik seit 1965. Königstein/Ts. (Athenäum), S. 282-300.
Hölscher, Lucian (1999): Die Entdeckung der Zukunft. Frankfurt/M. (Fischer Tb).
Huntington, John (1982): The logic of fantasy: H. G. Wells and science fiction. New York (Columbia Univ. Press).
Innerhofer, Roland (1996): Deutsche Science Fiction 1870-1914. Rekonstruktion und Analyse der Anfänge der Gattung. Wien (Böhlau).
Innerhofer, Roland (2013): Science Ficton. In: Brittnacher, Hans Richard u. May, Markus (2013): Phantastik. Ein interdisziplinäres Handbuch. Stuttgart, Weimar (Metzler), S. 318-327.
Jablkowska, Joanna (1993): Literatur ohne Hoffnung. Die Krise der Utopie in der deutschen Gegenwartsliteratur. Wiesbaden (Deutscher Universitätsverlag).
Jacobs, Jürgen (2005): Erst Jünger als Romancier. Zu *Heliopolis.* In: Wirkendes Wort 55, S. 77-85.
James, Edward (1994): Science Fiction in the Twentieth Century. Oxford, New York (Oxford Univ. Press).
Jameson, Frederic (2005): Archaeologies of the Future. The Desire Called Utopia and Other Science Fiction. London, New York (Verso).
Jehmlich, Reimer (1980): Science-fiction. Darmstadt (Wissenschaftliche Buchgesellschaft).

Jehmlich, Reimer und Lück, Hartmut (Hg.) (1974): Die deformierte Zukunft. Untersuchungen zur Science Fiction. München (Goldmann).

Jeschke, Wolfgang (1980): Science-Fiction-Literatur in der Bundesrepublik. In: Ermert, Karl (Hg.): Neugier oder Flucht? Zu Poetik, Ideologie und Wirkung der Science Fiction. Stuttgart (Klett), S. 53-59.

Jørgensen, Sven- Aage (1985): Utopisches Potential in der Bibel. Mythos, Eschatologie und Säkularisation. In Voßkamp, Wilhelm (Hg.): Utopieforschung. Frankfurt/M. (Suhrkamp), Bd. 1, S. 375-401.

Junkerjürgen, Ralf (2002): Spannung – Narrative Verfahrensweisen der Lesaktivierung. Eine Studie am Beispiel der Reiseromane von Jules Verne. Frankfurt/M u.a. (Lang).

Just. Klaus Günther (1976): Über Kurd Laßwitz, in: K. G. Just: Marginalien. Probleme und Gestalten der Literatur. Bern, München (Francke), S. 170-192.

Kaltefleiter, Paul (Hg.), in Zusammenarbeit mit Rauschenberg, Katja (1998): Über Paul Scheerbart III. 100 Jahre Scheerbart Rezeption in drei Bänden. Band III: Rezensionen. Artikel zu Leben und Werk. Paderborn (Igel).

Karolak, Ceslaw (1995): Unbewältigte Zukunft. Kriegs- und Fortschrittsvisionen in der westdeutschen Science Fiction –Literatur der 50er Jahre. In: Bernhard Spies (Hg.): Ideologie und Utopie in der deutschen Literatur der Neuzeit. Würzburg (Königshausen & Neumann).

Kaspar, Hartmut (2004): Perry Rhodan. Der Erbe der Space Opera. In: Das Science Fiction Jahr 2004. München (Heyne), S. 69-98.

Kaspar, Hartmut (2013): Dietmar Dath: Pulsarnacht. In: Das Science Fiction Jahr 2013. München (Heyne), S. 364-368.

Kaya, Nevzat (2002): „Tellurische" Rationalitätskritik. Zur Weiblichkeitskonzeption in *Berge Meere und Giganten*. In: Hahn, Torsten (Hg.): Internationales Alfred-Döblin-Kolloquium 12, 1999 in Bergamo. Bern u.a. (Lang), S. 131-141.

Kellner, Rolf (1986): *Perry Rhodan. Der Computermensch.* Mit Materialien zusammengestellt von Rolf Kellner. Stuttgart (Klett).

Kiesel, Helmuth (2007): Ernst Jünger. Die Biographie. München (Siedler).

Kittstein, Ulrich (2005): Der Erfinder als Messias und das eiserne Gesetz der Arbeit. Zukunftsvisionen in den Science-Fiction-Romanen von Hans Dominik und Bernhard Kellermann. In: Sprachkunst 36, S. 127-145.

Klein, Gérard (2000): From the Images of Science to Science Fiction. In: Parrinder, Patrick (Hg.): Learning from Other Worlds. Estrangement, Cognition and the Politics of Science Fiction and Utopia. Essays in Honour of Darko Suvin. Liverpool (Liverpool Univ. Press), S. 119-126.

Klein, Herbert G. (1998): Konstruierte Wirklichkeiten. Kybernetische Bewußtseinsformen im anglo-amerikanischen Roman des 20. Jahrhunderts. Heidelberg (Winter).

Klein, Joachim (1995): Arno Schmidt als politischer Schriftsteller. Tübingen, Basel (Francke).

Klein, Klaus-Peter (1976): Zukunft zwischen Trauma und Mythos: Science-fiction. Zur Wirkungsästhetik, Sozialpsychologie und Didaktik eines literarischen Massenphänomens. Stuttgart (Klett).

Klotz, Volker (1977): Nachwort zu Alfred Döblin: *Berge Meere und Giganten*. Olten, Freiburg i. Br. (Walter-Verlag), S. 513-539.

Knapp, Ruth Lisa (2013): http://suite101.de/article/die-abschaffung-der-arten-rezension-a49796. Abgerufen am 6.1.2013.

Knapp, Ruth Lisa (2014): <http://suite101.de/article/die-abschaffung-der-arten-rezension-a49796> vom 16.6.2014.

Kojio, Pierre Nenguie (2002): Döblins Reflexionen zur technischen Zivilisation. Das Bespiel des *Wadzek*-Romans. In: Hahn, Torsten (Hg.): Internationales Alfred- Döblin-Kolloquium 12, 1999 in Bergamo. Bern u.a. (Lang), S. 75-86.

Könneker, Carsten (2001): „Auflösung der Natur. Auflösung der Geschichte". Moderner Roman und NS-„Weltanschauung" im Zeichen der theoretischen Physik. Stuttgart, Weimar (Metzler).

Kosellek, Rainer (1985): Die Verzeitlichung der Utopie. In: Voßkamp, Wilhelm (Hg.): Utopieforschung. Frankfurt/M. (Suhrkamp) 1985, Bd. 3, S. 1-15.

Koslowski Peter (1991): Der Mythos der Moderne. Die dichterische Philosophie Ernst Jüngers. München (Fink).
Krah, Hans (2001):. Atomforschung und atomare Bedrohung. Literarische und (populär-)wissenschaftliche Vermittlung eines elementaren Themas 1946-1959. In: Ars Semeiotica, 24, S. 83-114.
Krah, Hans (2001/2): ‚Nur ein Druck auf den Knopf'. Zur Genese einer Denkfigur im ästhetischen Diskurs des frühen 20. Jahrhunderts. In: Luserke, Matthis (Hg.): Musil-Forum 27, S. 63-87.
Krah, Hans (2002): ‚Der Weg zu den Planetenräumen'. Die Vorstellung der Raumfahrt in Theorie und Literatur der Frühen Moderne. In: Christine Maillard u. Michael Titzmann (Hg.): Literatur und Wissen(schaften) 1890-1935. Stuttgart (Metzler), S. 112-164.
Krah, Hans (2004a): Untergangsszenarien und Zukunftsentwürfe. Narrationen vom ‚Ende' in Literatur und Film 1945-1990. Kiel (Ludwig).
Krah, Hans (2004b): Die Apokalypse als literarische Technik. Ernst Jüngers *Heliopolis* (1949) im Schnittpunkt denk- und diskursgeschichtlicher Paradigmen. In: Hagstedt, Lutz (Hg.): Ernst Jünger. Politik – Mythos – Kunst. Berlin, New York (de Gruyter).
Kraiker, Gerhard (1998): Rufe nach Führern. Ideen politischer Führung bei Intellektuellen der Weimarer Republik und ihre Grundlage im Kaiserreich. In: Jahrbuch zur Literatur der Weimarer Republik. St. Ingbert (Röhrig), S. 225-273.
Kreutzer, Leo (1970): Alfred Döblin. Sein Werk bis 1933. Stuttgart u.a. (Kohlhammer).
Kruschel, Karsten (1995): Spielwelten zwischen Wunschbild und Warnbild. Eutopisches und Dystopisches in der SF-Literatur der DDR in den achtziger Jahren Passau (EDFC).
Krysmanski, Hans Jürgen (1963): Die utopische Methode. Eine literatur- und wissenssoziologische Untersuchung deutscher Romane des 20. Jahrhunderts. Köln, Opladen (Westdeutscher Verlag).
Kümmel, Albert (2004): War of the Worlds Revisited. In: Epping-Jäger, Cornelia u.a. (Hg.): Freund, Feind & Verrat. Das politische Feld der Medien. Köln (DuMont), S. 82-90.

Kurzweil, Ray (2000): Homo S@piens. Leben im 21. Jahrhundert- Was bleibt vom Menschen? 3. Aufl., Köln (Kiepenheuer & Witsch).

Lach, Roman (2008): Fantastischer Szientismus. Wissenschaft und Poesie in Jules Vernes Mondromanen. In: Reulecke, Anne-Kathrin (Hg.): Von null bis unendlich. Literarische Inszenierungen naturwissenschaftlichen Wissens. Köln, Weimar, Wien (Böhlau), S. 189-208.

Latham, Rob (Hg.) (2014): The Oxford Handbook of Science Fiction. Oxford (Oxford Univ. Press).

Leiß, Judith (2010): Inszenierungen des Widerstreits. Die Heterotopie als postmodernistisches Subgenre der Utopie. Bielefeld (Aisthesis).

Lethen, Helmut (1970): Neue Sachlichkeit 1924-1932. Stuttgart (Metzler).

Leucht, Robert (2016): Dynamiken politischer Imagination. Die deutschsprachige Utopie von Stifter bis Döblin in ihren internationalen Kontexten, 1848-1930. Boston, Berlin (de Gruyter).

Lorenz, Christoph (Hg.) (2017): Lexikon der Science Fiction-Literatur seit 1900. Mit einem Blick auf Osteuropa. Frankfurt/M. u.a. (Peter Lang).

Lück, Hartmut (1977): Fantastik, Science-fiction, Utopie. Das Realismusproblem der utopisch-fantastischen Literatur. Gießen (Focus-Verlag).

Lundberg, Nils (2016): „Hier aber treten die Ordnungen hervor". Gestalttheoretische Paradigmen in Ernst Jüngers Zukunftsromanen. Heidelberg (Winter).

Mackey, Douglas A. (1988): Philip K. Dick. Boston (Twayne Publishers).

Mähl, Hans-Joachim (1985): Die Republik des Diogenes. Utopische Fiktion und Fiktionsironie am Beispiel Wielands. In: Voßkamp, Wilhelm (Hg.): Utopieforschung. Frankfurt/M. (suhrkamp), Bd.3, S. 50-85.

Malmgren, Carl D. (1991): Worlds apart. Narratology of Science Fiction. Bloomington, Indianapolis (Indiana Univ. Press).

Mamczak, Sascha (2014): Die Zukunft. Eine Einführung. München (Heyne).

Mamczak, Sascha (2016): Die Aeronauten. In: Das Science Fiction-Jahr 2016. Berlin (Golkonda), S. 105-120.

Marzin, Florian (1982): Die phantastische Literatur. Eine Gattungsstudie. Frankfurt/M. u.a. (Lang).

Mergel, Thomas (2005): Führer, Volksgemeinschaft und Maschine. Politische Erwartungsstrukturen in der Weimarer Republik und dem Nationalsozialismus 1918-1936. In: Geschichte und Gesellschaft. Sonderheft 21: Politische Kulturgeschichte der Zwischenkriegszeit 1918-1939.

Mergen, Torsten (2014): *Midas* oder *Die Auferstehung des Fleisches* von Wolfgang Jeschke. In: Recherches Germaniques Nr. 44, S. 157-174.

Meyer, Martin (1993): Ernst Jünger. München (dtv).

Miller, Marjorie Mithoff (1977): The Social Science Fiction of Isaac Asimov. In: Olander, Joseph D. und Greenberg, Martin Harry (Hg.): Isaac Asimov. Edinburgh (Taplinger Publishing.), S. 13-31.

Miloradovic-Weber, Christa (1989): Der Erfinderroman 1850-1950. Zur literarischen Verarbeitung der technischen Zivilisation – Konstituierung eines literarischen Genres. Bern u.a. (Lang).

Minerva, Nadia (2001): Jules Verne aux confins de l'utopie. Paris (L'Harmattan).

Minois, Georges (2002): Die Geschichte der Prophezeiungen. Düsseldorf (Albatros).

Minsky, Marvin (1990): Mentopolis (Aus dem Amerikanischen) Stuttgart (Klett-Cotta).

Moravec, Hans (1988): Mind Children. The Future of Robot and Human Intelligence. Cambridge, MA (MIT Press).

Moylan, Tom (1986): Demand the Impossible. Science Ficition and the Utopian Imagination. London (Methuan).

Moylan, Tom (2001): Scraps of the Untained Sky. Science Fiction, Utopia, Dystopia. Westport, CT (Westview).

Müller, Götz (1989): Gegenwelten. Die Utopie in der deutschen Literatur. Stuttgart (Metzler).

Müller-Salget, Klaus (1988): Alfred Döblin. Werk und Entwicklung, 2., erw. Aufl., Bonn (Bouvier).

Mumford, Lewis (1974): Mythos der Maschine. Kultur, Technik und Macht (Aus dem Amerikanischen). Wien (Europaverlag).

Nagl, Manfred (1972): Science Fiction in Deutschland. Untersuchungen zur Genese, Soziographie und Ideologie der phantas-

tischen Massenliteratur. Tübingen (Tübinger Vereinigung für Volkskunde).
Nagl, Manfred (1981): Science Fiction. Ein Segment einer populären Kultur im Medien und Produktverbund. Tübingen (Tübinger Vereinigung für Volkskunde).
Nast, Miriam (2017): *Perry Rhodan* lesen. Zur Serialität der Lektürepraktiken einer Heftromanserie. Bielefeld (transcript).
Nate, Richard (2008): Herbert G. Wells und die Krise der modernen Utopie. Wolnzach (Kastner).
Nees, Georg (1982): Die Orchidee nimmt wahr. In: Polaris 6. Ein Science Fiction-Almanach, S. 169-205.
Neisser, Eva Katharina (2000): Virtuelle Realität in den Texten Herbert W. Frankes. Unveröffentlichte Magisterarbeit Köln.
Neuhaus, Wolfgang (2003): Im Banne des Hyperraums. Eine Annäherung an das (modernisierte) Genre der Space Opera. In: Das Science Fiction Jahr 2003. München (Heyne), S. 399-416.
Nicholls, Peter (Hg.) (1979): The Encyklopedia of Science Fiction. An illustrated A to Z. London u.a. (Granada).
Nickel, Beatrice (2014): Reisen zum Mond zwischen Wissenschaft und Fiktion. In: Komparatistik 2013, S. 105-124.
Nickel, Gunther (2011): Die Kritik der Postmoderne im postmodernen Roman. Robert Menasses *Trilogie der Entgeisterung* und Dietmar Daths *Für immer in Honig*. In: Schöll, Julia u. Bohley, Johanna (Hg.): Das erste Jahrzehnt. Narrativen und Poetiken des 21. Jahrhunderts. Würzburg (Königshausen & Neumann), S. 57-68.
Nickisch, Craig W. (1988): Aus der Zukunft die Vergangenheit. Ernst Jüngers *Heliopolis*. In: Heinrich Mann Jahrbuch 6, S. 137-146.
Noiray, Jacques (1982): Le romancier et la machine. L'image de la machine dans le roman français (1850-1900). Vol. II, Jules Verne – Villiers de L'Isle-Adam. Paris (José Corti).
Noiray, Jacques (2007): L'inscription de la science dans le texte littéraire: l'exemple de *Vingts mille lieues sous les mers*. In: Reffait, Christophe u. Schaffner, Alain (Hg.): Jules Verne ou Les inventions romanesques. Amiens (Encrage Université), S. 29-50.
Nusser, Peter (1991): Trivialliteratur. Stuttgart (Metzler).

Olander, Joseph D. und Greenberg, Martin Harry (Hg.) (1977): Isaac Asimov. Edinburgh (Taplinger Publishing.).
Osterkamp, Ernst (1977): Die Gegenwärtigkeit von Paul Scheerbarts Gegenwelten. In: Schardt, Michael M. u. Steffen, Hiltrud (Hg.): Über Paul Scheerbart. 100 Jahre Scheerbart-Rezeption in drei Bänden, Bd. I: Analysen, Aufsätze, Forschungsbeiträge. Paderborn (Igel), S. 236-258.
Päch, Susanne (1980): Von den Marskanälen zur Wunderwaffe. Eine Studie über phantastische und futuristische Tendenzen auf dem Gebiet der Naturwissenschaft und Technik, dargestellt am populärwissenschaftlichen Jahrbuch *Das Neue Universum* 1880-1945. Diss. München.
Palumbo, Donald E. (2016): An Asimov Companion. Charakters, Places and Terms in the Robot/Empire/Foundation Metaseries. Jefferson, North Carolina (McFarland & Company).
Parrinder, Patrick u. Robert M. Philmus (1980): Introduction. In Parrinder, Patrick u. Robert M. Philmus (Hg.): H. G. Wells' Literary Criticismu. Brighton (The Harvester Press), S. 1-18.
Parrinder, Patrick (1995): Shadows of the Future. H.G. Wells, Science Fiction and Prophecy. Liverpool (Liverpool Univ. Press).
Parrinder, Patrick (Hg.) (2000): Learning from Other Worlds. Estrangement, cognition and the Politics of Science fiction and Utopia. Essays in Honour of Darko Suvin. Liverpool (Liverpool Univ. Press).
Pehlke, Michael und Lingfeld, Norbert (1970): Roboter und Gartenlaube. Ideologie und Unterhaltung in der Science-fiction-Literatur. München (Hanser).
Pesch, Helmut W. (2000): Fantasy. Theorie und Geschichte einer literarischen Gattung. Passau (EDFC).
Petz, Ernst (1992): „Also ab ins Wortall...". Arno Schmidt als Science Fiction-Autor. Drei Großbeispiele – drei Weltentwürfe. In: Das Science Fiction Jahr 1992. München (Heyne), S. 474-492.
Philmus, Robert M. (1970): Into the Unknown. The Evolution of Science Fiction from Francis Godwin to H.G. Wells. Berkeley, Los Angeles (Univ. of California Press).
Plank, Robert (1972): Der ungeheure Augenblick. Aliens in der Science Fiction. In: Barmeyer, Eike (Hg.): Science Fiction. Theorie und Geschichte. München (Fink), S. 186-202.

Qual, Hannelore (1992): Natur und Utopie. Weltanschauung und Gesellschaftsbild in Alfred Döblins Roman *Berge Meere und Giganten*. München (iudicium).

Raknem, Ingvald (1962): H.G. Wells and his Critics. Oslo (George Allen & Unwin).

Ramponi, Patrick (2010): Globen, Fluten, Schwärme. Das kulturelle Wissen maritimer Globalisierung am Beispiel von Frank Schätzings *Der Schwarm*. In: Bluescreen Heft 43/44, S. 262-271.

Reeken, Dieter van (Hg.) (2014): Über Kurd Laßwitz. Tagebuch 1876-1883. Bilder. Aufsätze. Lüneburg (Dieter van Reeken).

Reemtsma, Jan Philipp (1992): Der Vorgang des Ertaubens nach dem Urknall. Nationalsozialismus und Nachkrieg als Textmerkmale. In: Arno Schmidt-Stiftung Bargfeld. Hefte zur Forschung 1, S. 21-50.

Rieder, John (2008): Colonialism and the Emergence of Science Fiction. Middletown, CT (Wesleyan Univ. Press).

Rieder, John (2016): Zur Definition von SF oder auch nicht. In: Das Science Fiction Jahr 2016, Berlin (Golkonda), S. 27-59.

Riess, Curt (1960): Bestseller. Bücher, die Millionen lesen. Hamburg (Christian Wegner).

Riha, Karl (1989): Science Fiction und Phantastik. Zur unterschiedlichen literarischen Reaktion auf den technischen Prozeß um die Jahrhundertwende. In: Großklaus, Götz u. Lämmert, Eberhard (Hg.): Literatur in einer industriellen Kultur. Stuttgart (Cotta), S. 239-257.

Ringmayr, Thomas (1992): Arno Schmidts *Gelehrtenrepublik*. Ein historischer Zukunftsroman aus der Gegenwart. In: Menke, Timm (Hg.): Arno Schmidt am Pazifik. Deutsch-amerikanische Blicke auf sein Werk. München (text & kritik), S. 49-63.

Ritter, Claus (1978): Start nach Utopolis. Eine Zukunfts-Nostalgie. Frankfurt/M. (Röderberg).

Ritter, Claus (1987): Kampf um Utopolis oder Die Mobilmachung der Zukunft. Berlin (Verlag der Nation).

Robinson, Kim Stanley (2005): Die Romane des Philip K. Dick. Eine Monographie. (Aus dem Amerikanischen) Berlin (Shayol).

Rodiek, Christoph (1997): Erfundene Vergangenheit. Kontrafaktische Geschichtsdarstellung (Uchronie) in der Literatur. Frankfurt/M. (Klostermann).

Rottensteiner, Franz (1971): Kurd Laßwitz: A German Pionier of Science Fiction. In: Clareson, Thomas D. (Hg.): SF: The other side of realism. Essays on modern fantasy and science fiction. Bowling Green, Ohio (Bowling Green Univ. Press), S. 289-306.

Rottensteiner, Franz (1973): Ordnungsliebend im Weltraum: Kurd Laßwitz. In: Polaris 1. Ein Science Fiction-Almanach. Frankfurt/M. (Insel), S. 133-164.

Rottensteiner, Franz (1981): Die „wissenschaftliche Phantastik" der DDR. In: Polaris 5. Ein Science Fiction-Almanach. Frankfurt/M. (Suhrkamp), S. 91-118.

Rottensteiner, Franz (1987a): Vorwort. Zweifel und Gewissheit. Zu Traditionen, Definitionen und einigen notwendigen Abgrenzungen in der phantastischen Literaratur. In: F.R. (Hg.): Die dunkle Seite der Wirklichkeit. Aufsätze zur Phantastik. Frankfurt/M. (Suhrkamp), S. 7-20.

Rottensteiner, Franz (1987b): Kurd Laßwitz' *Bilder aus der Zukunft*. In: Wenzel, Dietmar (Hg.): Kurd Laßwitz. Lehrer, Philosoph, Zukunftsträumer. Die ethische Kraft des Technischen. Meitingen (Coriolan), S. 79-94.

Rottensteiner, Franz (1987c): Laßwitz und die deutsche Science Fiction. In: Wenzel, Dietmar (Hg.): Kurd Laßwitz. Lehrer, Philosoph, Zukunftsträumer. Die ethische Kraft des Technischen. Meitingen (Coriolan), S.121-128.

Rottensteiner, Franz (1996): Der Dichter des „anderen". Paul Scheerbart als Science-Fiction-Autor. In: Schardt, Michael M. u. Steffen, Hiltrud (Hg.): Über Paul Scheerbart. 100 Jahre Scheerbart-Rezeption in drei Bänden, Bd. I: Analysen, Aufsätze, Forschungsbeiträge. Paderborn (Igel), S. 259-272.

Rottensteiner, Franz (2016): Nachwort in Günther, Gotthard: Science Fiction als neue Metaphysik. Gotthard Günthers Kommentare zu *Rauchs Weltraum-Büchern*. Hg. von Reeken, Dieter van. Lüneburg (Dieter van Reeken). 2. erg. Aufl. 2016, S. 125-139.

Rottensteiner, Franz (2017): Stanislaus Bialkowski. In: Lorenz, Christoph F. (Hg.): Lexikon der Science Fiction-Literatur seit 1900. Frankfurt/M. u.a. (Lang), S. 211-217.
Rötzer, Florian u. Weibel, Peter (Hg.) (1993): Cyberspace. Zum medialen Gesamtkunstwerk. München (Boer).
Rüster, Johannes (2013): Fantasy. In: Brittnacher, Hans Richard u. May, Markus (Hg.): Phantastik. Ein intersiziplinäres Handbuch. Stuttgart, Weimar (Metzler), S. 284-292.
Ruyer, Raymond (1950): L'utopie et les utopies. Paris (Presses Universitaires de France).
Saage, Richard (1991): Politische Utopien der Neuzeit. Darmstadt (Wissenschaftliche Buchgesellschaft).
Saage, Richard (1999): Innenansichten Utopias. Wirkungen, Entwürfe und Chance des utopischen Denkens. Berlin (Duncker & Humblot).
Säbel, Markus (2000): Cyberspace – Cyborg – AI. Technologie in William Gibsons *Neuromancer*. In: Inklings 18, S. 250-271.
Salewski, Michael u. Stölken-Fitschen, Ilona (Hg.) (1994): Moderne Zeiten. Technik und Zeitgeist im 19. und 20. Jahrhundert. Stuttgart (Steiner).
Salewski, Michael (1986): Zeitgeist und Zeitmaschine. Science fiction und Geschichte, München (dtv).
Sander, Gabriele (1988): "An die Grenzen des Wirklichen und Möglichen...". Studien zu Alfred Döblins Roman: *Berge Meere und Giganten*. Frankfurt/M. u.a. (Lang).
Saul, Nicolas (2013): „An entirely new form of bacteria for them". Contagionism and its Consequences in Laßwitz and Wells. In: Rütten, Thomas u. King, Martina (Hg.): Contagionism and Diseases. Medicine and Literature 1880-1933. Berlin, Boston (de Gruyter), S. 131-146.
Schäfer, Martin (1977): Science-fiction als Ideologiekritik? Utopische Spuren in de amerikanischen Science-fiction-Literatur 1940-1955. Stuttgart (Metzler).
Schäffner, Wolfgang (1995): Die Ordnung des Wahns. Zur Poetologie psychiatrischen Wissens bei Alfred Döblin. München (Fink).
Scherpe, Klaus R. (2002): Stadt, Krieg, Fremde. Literatur und Kultur nach den Katastrophen. Tübingen, Basel (Francke).

Schetsche, Michael und Engelbrecht, Martin (Hg.) (2008): Von Menschen und Außerirdischen. Transterrestrische Begegnungen im Spiegel der Kulturwissenschaft. Bielefeld (transcript).

Scholes, Robert u. Rabkin, Eric S. (1977): Science Fiction. History, Science, Vision. New York (Oxford Univ. Press).

Schößler, Franziska (2009): Börsenfieber und Kaufrausch. Ökonomie, Judentum und Weiblichkeit bei Theodor Fontane, Heinrich Mann, Thomas Mann, Arthur Schnitzler und Émile Zola. Bielefeld (Aisthesis).

Schreier, Wolfgang (Hg.) (1988): Geschichte der Physik. Ein Abriß. Berlin (Deutscher Verlag der Wissenschaften).

Schröder, Torben (1998): Science Fiction als Social Fiction. Das gesellschaftliche Potential eines Unterhaltungsgenres. Münster (Lit Verlag).

Schröter, Olaf (1993): „Es ist am Technischen viel Illusion". Die Technik im Werk Ernst Jüngers. Berlin (Köster).

Schulz, Hans-Joachim (1986): Science fiction. Stuttgart (Metzler).

Schütz, Erhard (1986): Romane der Weimarer Republik. München (W. Fink).

Schwarz, Hans-Peter (1962): Der konservative Anarchist. Politik und Zeitkritik Ernst Jüngers. Freiburg i. Br. (Rombach).

Schweikert, Rudi (1977): „Ko Bate!" Kurd Laßwitz' Roman *Auf zwei Planeten* im Werk Arno Schmidts. Neben einigen Anmerkungen zur Schmidtschen Zitierkunst und zu seinem Realitätsverständnis. In: Bargfelder Bote. Materialien zum Werk Arno Schmidts. Lieferung 26. München (Text & Kritik), S. 3-23.

Schweikert, Rudi (1979): Anhang zu Kurd Laßwitz: *Auf zwei Planeten.* Frankfurt/M. (Verlag 2001), S. 847-1045.

Schweikert, Rudi (1987): Über Kurd Laßwitz. Eine Auswahlbibliographie mit Kommentaren. In Wenzel, Dietmar (Hg.): Kurd Laßwitz. Lehrer, Philosoph, Zukunftsträumer. Die ethische Kraft des Technischen. Meitingen (Coriolan), S. 221-254.

Schwiglewski, Katja (1995): Erzählte Technik. Die literarische Selbstdarstellung seit dem 19. Jahrhundert. Köln, Weimar, Wien (Böhlau).

Schwonke, Martin (1957): Vom Staatsroman zur Science Fiction. Eine Untersuchung über Geschichte und Funktion der naturwissenschaftlich-technischen Utopie. Stuttgart (Enke).

Scimonello, Giovanni (1998): Zur Theorie und Praxis der Utopien im technischen Zeitalter: Alfred Döblins *Berge Meere und Giganten* (1924) und F. T. Marinettis *Mafarka il futurista* (1910). In: Bhatti, Anil u. Turk, Horst (Hg.): Reisen Entdecken Utopien: Untersuchungen zum Alteritätsdiskurs im Kontext von Kolonialismus und Kulturkritik, S. 69-79.

Seeber, Hans Ulrich (1985): Thomas Morus' *Utopia* (1516) und Edward Bellamys *Looking Backword* (1888). Ein funktionsgeschichtlicher Vergleich. In: Voßkamp, Wilhelm (Hg.): Utopieforschung. Frankfurt/M. (Suhrkamp), Bd.3, S. 357-377.

Seefried, Elke (2015): Zukünfte. Aufstieg und Krise der Zukunftsforschung 1945-1980. Berlin, Boston (de Gruyter).

Segeberg, Harro (1987): Literarische Technikbilder. Studien zum Verhältnis von Technik- und Literaturgeschichte im 19. und frühen 20. Jahrhundert. Tübingen (Niemeyer).

Segeberg, Harro (1995): Technikverwachsen. Zur ‚organischen Konstruktion' des ‚Arbeiters' bei Ernst Jünger. In: Eggert, Hartmut u.a. (Hg.): Faszination des Organischen. Konjunktur einer Kategorie der Moderne. München (iudicium), S. 211-230.

Segeberg, Harro (1997): Literatur im technischen Zeitalter. Von der Frühzeit der deutschen Aufklärung bis zum Beginn des Ersten Weltkriegs. Darmstadt (Wissenschaftliche Buchgesellschaft).

Silberer, Julia (2017): Carl Grunert. In: Lorenz, Christoph F. (Hg.): Lexikon der Science Fiction-Literatur seit 1900. Frankfurt/M. (Lang), S. 321-326.

Simon, Erik (1992): Der Zerfall der Zukunft. Die kommunistische Utopie im Werk der Strugazkis. In Burmeister, Klaus u. Steinmüller, Karlheinz (Hg.): Streifzüge ins Übermorgen. Science Fiction und Zukunftsforschung. Weinheim, Basel (Beltz), S. 145-164.

Simon, Erik (1999): Die Science-Fiction der DDR 1991 bis 1998 (und davor). In: Lichtjahr 7. Ein Phantastik-Almanach. Leipzig.

Simon, Erik u. Spittel, Olaf R. (1982): Science-fiction in der DDR. Personalia zu einem Genre. Berlin (Das Neue Berlin).

Simon, Erik u. Spittel, Olaf R. (1988): Die Science-fiction der DDR. Autoren und Werke: Ein Lexikon. Berlin (Das Neue Berlin) 1988.

Smith, Eric D. (2012): Globalization, Utopia, and Postcolonial Science Fiction. New Maps of Hope. London (Palgrave McMillan).

Speier, Hans-Michael (1983): *Lesabendio* (1913) von Paul Scheerbart. In: Freund, Winfried u. Schuhmacher, Hans (Hg.): Spiegel im dunklen Wort. Analysen zur Prosa des frühen 20. Jahrhunderts. Frankfurt/M., Bern (Lang), S. 97-130.

Spiegel, Simon (2016): Fremder Klassiker. Zu Darko Suvins Metamorphoses of Science Fiction. In: Zeitschrift für Fantastikforschung 2/2016, S. 96-107.

Spittel, Olaf R. (1987): Die Idee vom Fortschritt in der Science-Fiction. Anmerkungen zur jüngsten SF-Literatur der DDR. In: Weimarer Beiträge 33, S. 420-433.

Spittel, Olaf R. (1992): Wie denkt die Science Fiction? Utopie und Realität, Science Fiction und Zukunft – made in G.D.R. In: Burmeister, Klaus u. Steinmüller, Karlheinz (Hg.): Streifzüge ins Übermorgen. Science Fiction und Zukunftsforschung. Weinheim, Basel (Beltz), S. 165-177.

Spreen, Dierk (2008): Kulturelle Funktionen der Science Fiction. In: Fuhse, Jan (Hg.): Technik und Gesellschaft in der Science Fiction. Berlin (Lit Verlag), S. 19-33.

Sprengel, Peter (1995): Künstliche Welten und Fluten des Lebens oder: Futurismus in Berlin. Paul Scheerbart und Alfred Döblin. In: Eggert, Hartmut u.a. (Hg.): Faszination des Organischen. Konjunkturen einer Kategorie der Moderne. München (iudicium), S. 73-102.

Stache, Rainer (1986): *Perry Rhodan*. Überlegungen zum Wandel einer Heftromanserie. Tübingen (Verlag S+F).

Stähle, Rudolf (1965): Die Zeit im modernen historischen Roman. Ernst Jüngers *Heliopolis*, Hermann Hesses *Glasperlenspiel* und Fran Werfels *Stern der Ungeborenen*. Freiburg i. Br. (Rombach).

Steinmüller, Angela (1992): Rückblick auf das Atomzeitalter. Science Fiction zwischen Paradies und Weltuntergang. In: Burmeister, Klaus u. Steinmüller, Karlheinz (Hg.): Streifzüge ins Übermorgen. Science Fiction und Zukunftsforschung. Weinheim (Beltz), S. 95-110.

Steinmüller, Angela u. Karlheinz (1994): Literatur als Prognostik. Das Zukunftsbild der utopischen Literatur der DDR in den fünfziger und sechziger Jahren. Gelsenkirchen (Sekretariat für Zukunftsforschung).

Steinmüller, Angela u. Karlheinz (1995): Vorgriff auf das Lichte Morgen. Studien zur DDR-Science-Fiction. Passau (EDFC).

Steinmüller, Angela u. Karlheinz (1996): Die befohlene Zukunft. DDR-Science Fiction zwischen Wunschtraum und (Selbst-)Zensur. In: Brockmeier, Peter u. Kaiser, R. (Hg.): Zensur und Selbstzensur in der Literatur. Würzburg (Königshausen & Neumann), S. 275-288.

Steinmüller, Karlheinz (1992a): Das Ende der utopischen Literatur. Ein themengeschichtlicher Nachruf auf die DDR-Sciencefiction. In: The Germanic Review LXVII, Nr 4, S. 166-172.

Steinmüller, Karlheinz (1992b): Zukunftsforschung und Science Fiction. No close encounters? In: Burmeister, Klaus u. Steinmüller, Karlheinz (Hg.): Streifzüge ins Übermorgen. Science Fiction und Zukunftsforschung. Weinheim (Beltz), S. 13-31.

Steinmüller, Karlheinz (Hg.) (1993): Wirklichkeitsmaschinen: Cyberspace und die Folgen. Weinheim, Basel (Beltz).

Steinmüller, Karlheinz (1995b): Gestaltbare Zukünfte. Zukunftsforschung und Science Fiction. Gelsenkirchen (Sekretariat für Zukunftsforschung).

Steinmüller, Karlheinz (2010): Science Fiction: eine Quelle von Leitbildern für Innovationsprozesse und ein Impulsgeber. In: Hauss, Kalle u. Ulrich, Saskia (Hg.): Foresight. Between Science and Fiction. Bonn (Institut für Qualitätssicherung), S. 19-34.

Steinmüller, Karlheinz (2016): Antizipation als Gedankenexperiment. Science Fiction und die Zukunftsforschung. In: Popp, Reinhold u.a. (Hg.): Einblicke, Ausblicke, Weitblicke. Aktuelle Perspektiven in der Zukunftsforschung. Berlin u.a. (Lit Verlag), S. 320-338.

Streim, Gregor (2007): Das Ende des Anthropozentrismus. Anthropologie und Geschichtskritik in der deutschen Literatur zwischen 1930 und 1950. Berlin, New York (de Gruyter).

Strowa, Christian (2008): Things Don't Like Me. Paranoia, McCarthism and Colonialism in the Novels of Philip K. Dick. Trier (Wissenschaftlicher Verlag).

Suerbaum, Ulrich, Borgmeier, Raimund u. Broich, Ulrich (1981): Science Fiction. Theorie und Geschichte, Themen und Typen, Form und Weltbild. Stuttgart (Reclam).

Suvin, Darko (1977) (Hg.): H. G. Wells and Modern Science Fiction. London (Associated Univ. Press), S. 90-115.

Suvin, Darko (1979a): Metamorphoses of Science Fiction. On the Poetics and History for a Literary Genre. New Haven, London (Yale Univ. Press).

Suvin, Darko (1979b): Poetik der Science Fiction. (Aus dem Amerikanischen) Frankfurt/M. 1979.

Suvin, Darko (1981a): Spielerisches Erkennen oder Kunstfehler in Harmonopolis. Die Science-fiction von Johanna und Günter Braun. In: Polaris 5. Ein Science Fiction-Almanach. Frankfurt/M. (Suhrkamp), S. 119-130.

Suvin, Darko (1981b): Stanislaw Lem und das mitteleuropäische soziale Bewusstsein der Science-fiction. In Berthel, Werner (Hg.): Über Stanislaw Lem. Frankfurt/M: (Suhrkamp), S. 157-171.

Tabbert, Thomas T. (2004): Menschmaschinengötter. Künstliche Menschen in Literatur und Technik. Fallstudien einer Artifizialanthropologie. Hamburg (Artislife Press).

Thomsen, Chr. W. (1982): Robot Ethics and Robot Parody. Remarks on I. Asimov's *I, Robot* and Some Critical Essays and Short Stories by St. Lem. In: Dunn, Thomas P. u. Erlich, Richard D. (Hg.): The Mechanical God. Machines in Science Fiction. Westport, CT, London (Greenwood Press), S. 27-40.

Todorov, Tzvetan (1972): Einführung in die fantastische Literatur. München (Hanser).

Turing, Alan M. (1994): „Kann eine Maschine denken?" In: Zimmerli, Walter Ch. und Stefan Wolf (Hg.): Künstliche Intelligenz. Philosophische Probleme. Stuttgart (Reclam), S. 39-78.

Tzschaschel, Rolf (2002): Der Zukunftsroman der Weimarer Republik. Eine geschichtswissenschaftliche Untersuchung. Wetzlar (Förderkreis Phantastik).

Ueding, Gert (1980): Utopia liegt ganz in der Nähe. Anmerkungen zum staatsphilosophischen Modell des Zukunftsromans und seiner Transformation in der Zeit. In: Ermert, Karl (Hg.): Neugier oder Flucht?: Zu Poetik, Ideologie u. Wirkung der Science Fiction. Stuttgart (Klett), S. 18-32.

Uerz, Gereon (2006): ÜberMorgen. Zukunftsvorstellungen als Elemente der gesellschaftlichen Konstruktion der Wirklichkeit. Paderborn, München (Fink).

Uschtrin, Sandra (1999): Sozialistische Gesellschaft und wissenschaftlich-technische Revolution in der Science-Fiction-Literatur der DDR am Beispiel ausgewählter Werke von Johanna und Günter Braun. In: Quarber Merkur 89/90, S. 199-241.

Vierne, Simon (1973): Jules Verne et le roman initiatique. Contribution à l'étude de l'imaginaire. Paris (éditions du Sirac).

Vierne, Simon (1986): Jules Verne. Une vie, une oeuvre, une époque. Paris (éditions balland).

Vollmer, Hartmut (1988): Glückseligkeiten letzter Menschen. Arno Schmidts *Schwarze Spiegel*. In: Schardt, Michael M. (Hg.): Arno Schmidt. Das Frühwerk II. Romane. Interpretationen von *Brand's Haide* bis *Gelehrtenrepublik*. Aachen (Grüner), S. 55-98.

Voßkamp, Wilhelm (2016): Emblematik der Zukunft. Poetik und Geschichte literarischer Utopien von Thomas Morus bis Musil. Berlin, Boston (de Gruyter).

Voßkamp, Wilhelm (Hg.) (1985): Utopieforschung. 3 Bände, Frankfurt/M. (Suhrkamp).

Warrick, Patricia S. (1977): Ethical Evolving Artificial Intelligence. Asimov's Computers and Robots. In: Olander, Joseph D. und Greenberg, Martin Harry (Hg.): Isaac Asimov. Edinburgh (Taplinger Publishing), S. 174-200.

Warrick, Patricia S. (1980): The Cybernetic Imagination in Science Fiction. Cambridge, MA, London (MIT Press).

Warrick, Patricia S. u. Greenberg, Martin H. (Hg.) (1984): Robots, Androids, and Mechanical Oddities. The Science fiction of Philip K. Dick. Carbondale-Edwardsville (Southern Illinois Univ. Press).

Weigand, Jörg (1982): Vorwort zu Kurd Laßwitz: Homchen, Bergisch Gladbach (Lübbe).

Wenzel, Dietmar (Hg.) (1987): Kurd Laßwitz. Lehrer, Philosoph, Zukunftsträumer. Die ethische Kraft des Technischen. Meitingen (Coriolan).

Werber, Niels (2007): Die Geopolitik der Literatur. Eine Vermessung der medialen Weltraumordnung. München (Hanser).

Wessels, Dieter (1973): Welt im Chaos. Struktur und Funktion des Weltkatastrophenmotivs in der neueren Science Fiction. Diss. Bochum.

Wiener, Norbert (1948): Cybernetics or Control and Communication in the Animal and the Machine. Cambridge, MA. (MIT Press).

Wiener, Norbert (1952): Mensch und Menschmaschine. (Aus dem Amerikanischen) Frankfurt/M, Berlin (Metzner).

Wiener, Norbert (1963): Kybernetik: Regelung und Nachrichtenübertragung im Lebewesen und in der Maschine (Aus dem amerikanischen). 2., erg. Aufl., Düsseldorf, Wien (econ).

Willer, Stefan (2013): Dietmar Daths enzyklopädische Science Fiction. In: arcadia 48, H 2, (2013), S. 391-410.

Williamson, Jack (1973): H. G. Wells. Critic of Progress. Baltimore (The Mirage Press).

Willmann, Francoise (2002): Kurd Lasswitz' Popularisierungswerk. Wissenschaft im Märchen. In: Maillrd, Christine u. Titzmann, Michael (Hg.): Literatur und Wissen(schaften) 1890-1935. Stuttgart (Metzler), S. 97-109.

Willmann, Françoise (2009): Scientisme et catastrophisme dans le best-seller de Frank Schätzing *Der Schwarm*. In: Françoise Willmann (Hg.): La science-fiction entre Cassandre et Prométhée. Nancy (Presses Universitaires), S. 53-76.

Willmann, Francoise (2017): Science – Philosphie – Fiction. L'œuvre de Kurd Lasswitz (1848-1910). Nancy (éditions universitaires de Lorraine).

Wittig, Frank (1997): Maschinenmenschen. Zur Geschichte eines literarischen Motivs im Kontext von Philosophie, Naturwissenschaft und Technik. Würzburg (Königshausen & Neumann).

Wolfzettel, Friedrich (1988): Jules Verne. Eine Einführung. München, Paris (Artemis).

Wünsch, Marianne (1991): Die phantastische Literatur der frühen Moderne (1890-1930). Definition – Denkgeschichtlicher Kontext – Strukturen. München (Fink).

Wünsch, Marianne (2004): Ernst Jüngers *Der Arbeiter*. Grundpositionen und Probleme. In: Hagstedt, Lutz (Hg.): Ernst Jünger. Politik – Mythos – Kunst. Berlin, New York (de Gruyter).

Zimmermann, Rainer E. (2006): Die außerordentlichen Reisen des Jules Verne. Zur Wissenschafts- und Technikrezeption im Frankreich des 19. Jahrhunderts. Paderborn (mentis).

Bildnachweis

Die Abbildungen zu den ersten vier Kapiteln sind mit freundlicher Genehmigung des Autors Herbert W. Frankes Computergraphiken entnommen (www.zi.biologie.uni-muenchen.de/~franke/).
Die Abbildung zu Kapitel 5 stammt aus Vierne, 1973, S. 163, die zu den Kapiteln 6 und 7 aus Gunn, 1975, S. 93 bzw. 37; die Abbildung zu Kapitel 8 aus Scheerbart, *Lesabéndio*, S. 153, die zu Kapitel 10 aus Hanstein, *Elektropolis*, S. 1 und die zu Kapitel 11 aus Del'Antonio, *Titanus* (Cover).
Die Abbildung zu Kapitel 10 stammt aus Wikipedia, Kernwaffenexplosion, die zu Kapitel 12 von https://www.techinside.com/robotlar-800-milyon-isi-elimizden-alacak/ und die zu Kapitel 13 von https://www.deutschlandfunk.de/erstflug-der-orion-kapsel-fruehestens-2019-ohne-mann-zum.732.de.html?dram:article_id=392239, alle abgerufen am 5.12.2018.